战争事典
WAR STORY /081

兵临险境

德军1942年11月—1943年3月的最后反扑

[英]普里特·巴塔 著　　小小冰人 译

台海出版社

北京市版权局著作权合同登记号：图字 01-2023-5460

Copyright: ©Prit Buttar, 2018
Copyright in the Chinese language translation (simplified character rights only)
©2024 Chongqing Vertical Culture Communication Co., Ltd.
This translation of On a Knife's Edge is published by Chongqing Vertical Culture Communication Co. Ltd. by arrangement with Bloomsbury Publishing Plc.
All rights reserved.

图书在版编目（CIP）数据

兵临险境：德军1942年11月—1943年3月的最后反扑 /（英）普里特·巴塔著；小小冰人译. -- 北京：台海出版社，2024.3
书名原文：On a Knife's Edge: The Ukraine, November 1942 - March 1943
ISBN 978-7-5168-3783-2

Ⅰ.①兵… Ⅱ.①普… ②小… Ⅲ.①斯大林格勒保卫战（1942-1943）-研究 Ⅳ.① E512.9

中国国家版本馆 CIP 数据核字（2024）第 026534 号

兵临险境：德军1942年11月—1943年3月的最后反扑

著　　者：[英]普里特·巴塔	译　　者：小小冰人
出版人：蔡　旭	责任编辑：曹任云
封面设计：杨静思	策划制作：纵观文化

出版发行：台海出版社
地　　址：北京市东城区景山东街20号　邮政编码：100009
电　　话：010-64041652（发行，邮购）
传　　真：010-84045799（总编室）
网　　址：www.taimeng.org.cn/thcbs/default.htm
E - mail：thcbs@126.com

经　　销：全国各地新华书店
印　　刷：重庆长虹印务有限公司
本书如有破损、缺页、装订错误，请与本社联系调换

开　　本：787毫米×1092毫米	1/16
字　　数：468千字	印　　张：28
版　　次：2024年3月第1版	印　　次：2024年3月第1次印刷
书　　号：ISBN 978-7-5168-3783-2	

定　　价：149.80元

版权所有　翻印必究

目 录

书中主要人物 1

序言 7

第一章
通往危机之路 13

第二章
铁锤落下:"天王星行动" 45

第三章
薄弱的防线 81

第四章
12月:"冬季风暴行动" 111

第五章
12月:"小土星行动" 143

第六章
机不可失,时不再来 167

第七章
绝望的圣诞节 193

第八章
奥斯特罗戈日斯克—罗索什战役 215

第九章
力挽危局 251

第十章
2月：撤离顿河 285

第十一章
2月：运动战 309

第十二章
2月：钟摆摆动 337

第十三章
哈尔科夫 375

第十四章
喘息之机 405

书中主要人物

德国

博多·克莱内——第337步兵师军士

威廉·亚当中校——保卢斯的副官

弗朗茨·贝克少校——第11装甲团第2营营长

卡尔·艾布尔中将——第385步兵师师长,后任第24装甲军军长

马丁·菲比希中将——第8航空军军长

赫尔曼·霍特大将——第4装甲集团军司令

阿尔诺·雅尔中将——第387步兵师师长,后任第24装甲军军长

埃里希·勒韦少校——第11装甲团第1营营长

埃哈德·劳斯少将——第6装甲师师长

马丁·汪戴尔中将——第24装甲军军长

瓦尔特·文克上校——罗马尼亚第3集团军参谋长,后任霍利特集团军级支队参谋长

赫尔曼·巴尔克少将——第11装甲师师长

费迪南德·海姆中将——第48装甲军军长

汉斯·耶顺内克大将——空军总参谋长

弗朗茨·哈尔德大将——陆军总参谋长

汉斯·克赖西希中将——第3山地师师长

里夏德·莱佩尔上校——第6集团军战斗群指挥官

瓦尔特·卢赫特少将——第336步兵师师长

阿图尔·施密特中将——第6集团军参谋长

库尔特·蔡茨勒大将——陆军总参谋长

京特·冯·克鲁格元帅——中央集团军群司令

沃尔夫冈·皮克特少将——第9高射炮师师长

费多尔·冯·博克元帅——南方集团军群司令

奥托·海德肯佩尔少将——第24装甲军军长

汉斯·哈尔费尔茨少尉——第6装甲师侦察排排长

霍斯特·沙伊贝特中尉——第6装甲师第4装甲连连长

格奥尔格·波斯特尔中将——第320步兵师师长

戈特哈德·海因里齐大将——第40装甲军军长

汉斯·冯·扎尔穆特大将——第2集团军司令

胡贝特·兰茨上将——兰茨集团军级支队司令

赫尔穆特·措伦多夫上校——第114装甲掷弹兵团团长

汉斯-格奥尔格·莱泽少将——第29摩托化步兵师师长

维尔纳·肯普夫上将——肯普夫集团军级支队司令

埃里希·冯·曼施泰因元帅——顿河集团军群（后改称南方集团军群）司令

海因里希·雷姆林格上尉——第4装甲掷弹兵团第1营营长

弗里德里希·冯·梅伦廷上校——第48装甲军参谋长

瓦尔特·冯·许纳斯多夫上校——第11装甲团团长

埃瓦尔德·冯·克莱斯特元帅——A集团军群司令

汉斯-乌尔里希·鲁德尔中校——第2俯冲轰炸机联队联队长

卡尔·阿道夫·霍利特上将——霍利特集团军级支队司令

弗朗茨-约阿希姆·基尼茨少校——第11装甲师作战参谋

埃贝哈德·冯·马肯森上将——第1装甲集团军司令

马克西米利安·冯·魏克斯元帅——B集团军群司令

弗里德里希·基希纳上将——第57装甲军军长

许亚钦特·冯·施特拉赫维茨中校——"大德意志"装甲团团长

党卫队全国副总指挥保罗·豪塞尔——党卫队第2装甲军军长

党卫队旅队长赫伯特-恩斯特·瓦尔——党卫队"帝国"装甲掷弹兵师师长

党卫队全国副总指挥特奥多尔·艾克——党卫队"骷髅"装甲掷弹兵师师长

党卫队全国副总指挥约瑟夫·迪特里希——党卫队"阿道夫·希特勒警卫旗队"装甲掷弹兵师师长

奥托·冯·克诺贝尔斯多夫上将——第48装甲军军长

沃尔弗拉姆·冯·里希特霍芬男爵大将——第4航空队司令

马克西米利安·弗雷特-皮科上将——弗雷特-皮科集团军级支队司令

党卫队二级突击队大队长约阿希姆·派佩尔——党卫队"阿道夫·希特勒警卫旗队"装甲掷弹兵师"喷灯"战斗群指挥官

瓦尔特·冯·赛德利茨·库尔茨巴赫上将——第51军军长

埃贝哈德·罗特上校(1943年3月被擢升为少将)——第22装甲师师长

阿尔诺·冯·伦斯基少将(1943年1月被擢升为中将)——第24装甲师师长

党卫队旗队长赫尔曼·普里斯(1943年4月被擢升为党卫队区队长)——党卫队"骷髅"装甲掷弹兵师师长

赖纳·施塔赫尔中校(1942年12月被擢升为上校,1943年2月被擢升为少将)——施塔赫尔战斗群指挥官

弗里德里希·保卢斯上将(1942年11月被擢升为大将,1943年1月被擢升为元帅)——第6集团军司令

匈牙利

维泰兹·亚尼大将——匈牙利第2集团军司令

哲尔吉·拉科夫斯基——匈牙利第3军军长

意大利

尤杰尼奥·科尔蒂中尉——意大利"帕苏比奥"师炮兵军官

卡尔洛·维琴蒂尼中尉——意大利第8集团军步兵军官

朱利奥·马蒂纳特准将——意大利山地军参谋长

加布里埃莱·纳希上将——意大利山地军军长

伊塔洛·加里博尔迪大将——意大利第8集团军司令

路易吉·雷韦尔贝里少将——意大利"特伦托天拿"师师长

罗马尼亚

米哈伊尔·拉斯克尔中将——罗马尼亚第6步兵师师长

佩特雷·杜米特雷斯库上将——罗马尼亚第3集团军司令

苏 联

伊萨克·科贝良斯基——红军士兵

加布里埃尔·泰姆金——波兰裔犹太人,后来成为红军战士

伊万·斯捷潘诺维奇·诺索夫——步兵第107师的炮兵

米哈伊尔·伊里奇·卡扎科夫中将——第69集团军司令员

曼苏尔·吉兹图洛维奇·阿卜杜林——红军士兵

彼得·基里洛维奇·科舍沃伊少将——近卫步兵第24师师长

瓦西里·伊万诺维奇·崔可夫中将——第62集团军司令员

亚历山大·伊里奇·利久科夫少将——坦克第5集团军司令员,1942年7月23日在沃罗涅日附近阵亡

谢尔盖·谢苗诺维奇·比留索夫少将——近卫第2集团军参谋长

帕维尔·谢苗诺维奇·雷巴尔科中将——坦克第3集团军司令员

谢尔盖·马特维耶维奇·什捷缅科中将——曾先后担任总参作战部方向处处长、作战部第一副部长、作战部部长等职务

帕维尔·缅杰列维奇·沙法连科少将——近卫步兵第25师师长

安德烈·伊万诺维奇·叶廖缅科上将——曾先后担任斯大林格勒方面军司令员和南方面军司令员

特罗菲姆·伊万诺维奇·塔纳希申少将——机械化第13军军长

瓦西里·伊万诺维奇·库兹涅佐夫中将——近卫第1集团军司令员

德米特里·丹尼洛维奇·列柳申科中将——近卫第3集团军司令员

米特罗凡·伊万诺维奇·津科维奇少将——坦克第12军军长

瓦西里·格拉西莫维奇·布尔科夫少将——坦克第10军军长

瓦西里·瓦西里耶维奇·布特科夫少将——坦克第1军军长

阿列克谢·格里戈里耶维奇·罗金少将——坦克第26军军长

伊万·伊万诺维奇·马斯连尼科夫中将——北高加索方面军司令员

基里尔·谢苗诺维奇·莫斯卡连科中将——第40集团军司令员

伊万·弗拉基米罗维奇·秋列涅夫大将——外高加索方面军司令员

安德烈·安德烈耶维奇·弗拉索夫中将——突击第2集团军司令员

瓦西里·季莫费耶维奇·沃利斯基少将——机械化第4军军长

马尔基安·米哈伊洛维奇·波波夫中将——突击第5集团军司令员，随后担任波波夫快速集群司令员

尼坎德·叶夫拉姆佩维奇·奇比索夫中将——第38集团军司令员

格奥尔吉·尼古拉耶维奇·菲利波夫中校——坦克第19旅旅长

费多尔·米哈伊洛维奇·哈里东诺夫少将——第6集团军司令员

瓦西里·阿列克谢耶维奇·科普措夫少将——坦克第15军军长

帕维尔·帕夫洛维奇·波卢博亚罗夫少将——坦克第17军军长

瓦西里·米哈伊洛维奇·波利亚科夫上校——近卫坦克第25旅旅长

普罗科菲·洛格维诺维奇·罗曼年科少将——坦克第5集团军司令员

尼古拉·格里戈里耶维奇·什特科夫少校——近卫步兵第25师副团长

米哈伊尔·斯捷潘诺维奇·舒米洛夫少将——第64集团军司令员

加夫里尔·斯坦尼斯拉沃维奇·兹达诺维奇上校——步兵第203师师长

格奥尔吉·康斯坦丁诺维奇·朱可夫元帅——红军副最高统帅

罗季翁·雅科夫列维奇·马利诺夫斯基中将——近卫第2集团军司令员

尼基塔·谢尔盖耶维奇·赫鲁晓夫少将（1943年2月被擢升为中将）——曾先后担任斯大林格勒方面军、东南方面军、南方面军、沃罗涅日方面军军事委员会委员

菲利普·伊万诺维奇·戈利科夫中将（1943年1月被擢升为上将）——沃罗涅日方面军司令员

瓦西里·米哈伊洛维奇·巴达诺夫少将（1942年12月被擢升为中将）——坦克第24军军长

康斯坦丁·康斯坦丁诺维奇·罗科索夫斯基中将（1943年1月被擢升为上将）——顿河方面军司令员

亚历山大·米哈伊洛维奇·华西列夫斯基大将（1943年2月被擢升为苏联元帅）——红军总参谋长

帕维尔·阿列克谢耶维奇·罗特米斯特罗夫少将（1942年12月被擢升为中将）——曾先后担任坦克第7军军长、近卫坦克第3军军长、近卫坦克第5集团军司令员

尼古拉·费拉多维奇·瓦图京中将（1942年12月被擢升为上将，1943年2月被擢升为大将）——曾先后担任沃罗涅日方面军、西南方面军司令员

序言

关于第二次世界大战的东线战事，普遍认为德国人以高超的战术、战役造诣从事了一场场交战，但最终因为寡不敌众和希特勒不断干预军务而败北；苏联红军作战技能拙劣，只能从事顽强的防御。许多德国老兵还积极宣扬另一个观点：纳粹当局确实在苏联被占领地区犯下许多罪行，但德国国防军大部和武装党卫队许多作战兵团并未参与其中，他们对这些暴行一无所知。这必然导致真相变得更加复杂。

苏联文献里说的伟大卫国战争，伴随德国军队一连串令人眼花缭乱的胜利而来，他们迅速打垮了波兰，随后又击败低地国家和法国，还把英国人逐出欧洲大陆。在这些初期战事中，德国军队看似轻松打垮了对手，却掩盖了几个基本事实。德国装甲师的攻击力毋庸置疑，可他们的坦克，无论是武器还是防护性，与英法军队的战车相比还是略逊一筹；德国陆军大部分兵团的运动速度，仍取决于马匹和人员的步行速度，与前几个世纪相比没什么变化。德国空军为地面进攻力量提供的密接支援，的确干得如鱼得水。可一旦他们跳出纯粹的战术任务，竭力证明自身的能力，哪怕戈林大肆吹嘘，德国国内许多人也对空军的战斗力满怀期望，英国人还是把他们的远征军顺利撤离敦刻尔克，而皇家空军也阻止了德国空军在英格兰东南部上方赢得空中优势——不掌握这种优势，入侵英国本土纯属妄想。

波兰、比利时、荷兰、法国败亡的惊人速度，还掩盖了德国另一个重要的弱点：德国陆军，更准确地说是整个德国，几乎在各个方面都没有为旷日持久的战事做好准备。军事计划恒久不变的公理是：手头必须掌握足够的预备队，可应对一切突发事件。而德国国防军从事的每一场战局，都把大部分作战力量投入初期突击。当然，此举的部分原因是出于必要性。所以，德国应对军事挫败的能力很有限，但这个弱点在二战初期几场战事中并未显现出来。

德国在后勤方面也有弱点。因为本土几乎没有石油资源，所以德国不得不依赖罗马尼亚等国家出产的石油，以及本国的合成油。但德国合成油厂的产量，数年来均远远低于计划产量。当德国军队以速战速决的方式击败敌人时，上述弱点不会造成太大影响，他们完全可以囤积足够多的油料，确保己方军队顺利从事激烈的速决战。可如果放缓速度，展开旷日持久的作战行动，有限的油料供应就会让德国后勤系统承受更大的压力。

此外，德国的工业状况也好不到哪里去。西方国家的空军通常会为每架飞机提供2台以上的航空发动机，而德国空军平均每架飞机只有1.4台航空发动机，而其他重要备件也存在类似的短缺情况。[1]这种情况造成的部分后果是，德国空军于1941年投入侵苏战役的作战飞机，与他们在1939年9月用于波兰战役的战机数量大致相当。[2]另外，德国的坦克产量也不高，虽说这种情况在一场场初期战事中没造成太大影响（不时中断的交战能让实力受损的装甲部队获得补充），可如果战事胶着，无法在短短几周时间内决出胜负的话，坦克产量不高的问题就显得比较严重了。德国生产的卡车和其他车辆的数量也不多，这迫使他们越来越依赖在法国和其他地方缴获的车辆，而这些车辆的零配件供应很有限。尽管德国企业获得了大量资金和物质资源，但生产效率始终远远低于其他国家的同类企业。在德国迅速赢得胜利、不断征服他国的时期，这种情况同样没什么影响，可如果德国的对手把战争继续下去，这些国家使用资源的杰出能力就会对战争产生影响。例如1940年，德国生产了大约10000架飞机，而英国却在这段时间以较少的资源消耗，生产了15000架飞机。[3]德国的弹药、武器、机动车产量一直远远落后于计划目标。赫尔曼·戈林对此负有责任，德国战争工业在战争前期表现欠佳，很大程度上应归咎于戈林的能力不足，没能组织起井然有序的军工生产。

在战争初期，这些问题无关紧要。但到1942年年末，东线战事发生戏剧性逆转，开始变得对德国不利之际，因上述种种缺陷而造成的影响就逐渐凸显出来。德国迄今为止从事的每一场战事，从很大程度上来看都是在冒险。德国顺利入侵波兰，完全是因为英法两国不作为。德军穿过阿登山区、比利时、法国北部发起的打击，动用了他们的摩托化部队主力，一旦进攻受挫，或者联军从法国境内果断攻入莱茵兰，就会给德国人造成致命的后果。德国于1941年入侵苏联的行为，可以说是"迄今为止最大的冒险"，他们把一切都押在"于冬季到来前赢得胜利"上。这场战事功亏一篑，反而促使德国人于次年投入更大的赌注，从东线其他地段抽调兵力，以确保乌克兰境内的德国军队能继续推进。如果此次攻势能获得成功，德军就有可能切断高加索地区，致使苏联无法再获得石油。不过，冒险的代价是德军极大地延长了战线，再加上大部分作战兵力都被部署在最前方，德军漫长的翼侧显然会带来严重的安全隐患。一旦红军抓住机会，无疑会给德国人造成大麻烦。

德国军队继续占有战术和战役优势，但红军学得很快。和德国人一样，苏联人也利用近期从事的交战，特别是1939年—1940年入侵芬兰的冬季战争，重新评估了和平时期制订的作战计划，并做出修改。但德国于1941年入侵苏联时，苏联人仍在消化他们得到的并不完善的经验教训。战争爆发后，苏联人不得不在越来越紧迫的情况下消化各种经验教训，同时进行变革。1942年年末，交战双方在乌克兰东部进行冬季战争之际，苏联红军在多大程度上学会了机动作战，以及德国人利用自身作战技能来弥补物资短缺的能力究竟如何，很快就会见分晓。

本书参考了许多个人回忆录——这种情况无法避免，因为这些人在1942年年末、1943年年初极富戏剧性的交战中发挥了各自的作用。这些回忆录的准确性和可信度不一。近些年的普遍看法是，许多德国将领，例如曼施泰因、巴尔克和梅伦廷，不仅对战争做出误导性描述，还"培育了流传至今的神话"，即德国国防军占有技术优势，军队将领个个技艺高超，最终败给红军这个"笨拙的巨人"，是因为对方纯粹靠压倒性的兵力优势取胜。他们的记述往往还给人留下这样的印象：虽说部分党卫队人员和另一些德国机构在占领区干出种种暴行，但德国国防军官兵基本是无罪的。苏联老兵的记述，可信度同样值得怀疑，这些著作写于苏联时代，迎合了当时的意识形态要求。[4] 不过，尽管存在众所周知的缺点，这些回忆录依然是宝贵的资料来源，特别是书中透露出的当事人的个性和态度。近期公开的当代苏联文献极大地弥补了上述缺憾，成为逐步重新评价东线战争的基础，研究人员越来越觉察到，德国实力的衰落，是缺乏工业规划、无法弥补的人员损失、希特勒的错误决策共同造成的，相比之下，苏联的实力却随着红军指挥员越来越擅长战役法而不断增长。德国与苏联在战争期间发展出一个重要的区别，红军总参谋部认真分析每一场战役，总是想方设法从相关经历中吸取一切经验教训；与他们相反，希特勒不断倒退，躲入自我世界——在这里，他的个人统治和"必胜的意志力"远比关乎战场经历的实际问题重要。20世纪60年代、70年代、80年代，红军下级指战员撰写的一批回忆录面世，与他们的许多德国同行做的一样，这些战争记述中"充满豪言壮语，无一例外地把所有敌人说成纳粹或法西斯，还描绘了抵抗德寇的普通男女"。时代的原因决定了这些军人看待敌人的方式，但他们的爱国主义精神和战友情谊，与所有参战国的战斗人员完全一样，这一点无可置疑。

1942年年底和1943年年初的交战有个重要特点：德国人和苏联人都毫不留情。红军首次解放德国人长时间控制的地区后，虽然红军指战员早就知道苏联平民百姓受到德国人虐待，但亲眼见证这些暴行，对他们来说还是第一次。在他们的记述中，普通官兵日益加剧的愤怒显而易见。复仇的欲望，再加上他们意识到"为了不让德寇犯下更多暴行，必须尽快把敌人赶出苏联领土"，促使红军越来越希望尽可能长久地持续他们的进攻战役。而德方的记述一再强调红军残杀俘虏，却对德军的类似行径缄默不语。值此关键时刻，德国人从事战争的方式也发生了变化。迄今为止，东线进行的主要是征服战争。消灭苏联，德国就能实现他们在东方建立陆地帝国的长期愿景。纳粹统治集团内部的许多人认为，要想实现这种愿景，必须采取残酷的占领政策——为获得最大的短期收益，就得充分开发被征服地区的资源，当地居民的死活不在考虑之列。这种政策导致乌克兰发生了大饥荒。要是德国人的所作所为更像解放者而不是征服者，如火如荼的游击运动可能早已消亡，战争的结局也许会大不相同。德国人横征暴敛，导致乌克兰农村没有足够的粮食来养活当地居民。德国人大肆搜捕身强体健的男男女女，把他们运回德国充当劳工，造成耕地面积急剧下降。此外，他们还大规模屠杀犹太人、有嫌疑者和当地居民中的"不良分子"。就算红军解放这些地区，也只能看到满目疮痍。到1942年年底至1943年年初，德国从事战争的豪言壮语发生了变化。入侵苏联不再仅仅是希特勒于1941年夏季宣称的"种族战争"，相反，正如许多德国官兵在回忆录里明确表述的那样，德国越来越倾向于把这场战争美化成"为了拯救欧洲，使其免遭共产主义威胁，并消灭苏联亚洲游牧部落对西方文明构成的危险"。

德国为1942年战争下的赌注太大——一切都建立在获得良好收益的基础上。倘若红军充分利用德国人过于暴露的态势，就能给德国军队造成难以恢复的惨败，很可能相对迅速地结束战争；相反，德国人要想避免灾难发生，就得最大限度地发挥他们的战术和作战技巧。

参考文献

1. R. Overy, *Goering* (Phoenix, London, 1984), p.176.
2. C. Webster and N. Frankland, *The Strategic Air Offensive Against Germany* (HMSO, London, 1961), Vol.IV, pp.501–04.
3. R. Wagenführ, *Die Deutsche Industrie im Kriege 1939–1945* (Deutsches Institut für Wirtschaftsforschung, Berlin, 1954), p.29.
4. R. Citino, *The Wehrmacht Retreats: Fighting a Lost War*, 1943 (University of Kansas Press, Lawrence, KS, 2012); R. Smelser and E. Davies, *The Myth of the Eastern Front: The Nazi-Soviet War in American Popular Culture* (Cambridge University Press, Cambridge, 2008).

通往危机之路

第一章

1941年年初，希特勒告诉他那些将领："巴巴罗萨（行动）发起时，整个世界都会屏住呼吸。"1941年6月22日，145个德国师在德国空军主力和芬兰、罗马尼亚大批兵力支援下，跨过边界攻入苏联，总兵力可能多达300万人。"巴巴罗萨行动"开始时的首要目标莫斯科，位于600英里（1英里约合1.61千米，600英里约合966千米）外，而德国军队与苏联首都之间，是苏联欧洲地区的广袤空间，缺乏公路和铁路，遍布庞大的森林和沼泽，红军还在这里部署了191个步兵师和37个机械化旅。[1]

迅速击败波兰和法国后，德国军队信心十足，虽说这一次的作战范围更广，可他们坚信己方同样能在此次战争中大获全胜——快速挺进的装甲师可分割红军，德国空军能控制天空，一切都不在话下。尽管红军兵力众多，尽管苏联地域辽阔，但德国人觉得自己能迅速赢得胜利。实际上，虽然戈林大肆吹嘘，并自诩为军备生产负责人，可德国的工业根本没有被组织起来，无法维系旷日持久的战事。因此，对德国人而言，这场战争必须速战速决。一旦击败苏联，德国就可立于不败之地，彻底确保千年帝国的未来。

在随之而来的交战中，德国国防军打得相当成功，多兵种合成的德国装甲师战斗力确实很强大，但他们迄今为止取得的胜利，绝不仅仅是快速兵团集中使用装甲战车的结果，地面部队与空军的紧密协同也是一个重要因素。而德国军官把决策权交给下属的做法也同样重要，这让他们在遇到意想不到的情况时能够即兴发挥，从而保持作战速度，始终让敌人处于慌乱无措的境地。

红军的固有理念，很大程度上依赖"俄国军队顽强从事防御作战的传统"，以及他们的兵力优势。第一次世界大战中德皇军队一再击败俄军的作战方式，极大地鼓舞了今天的德国国防军。但和那个时代的任何一支军队一样，红军也有些指挥员颇具远见卓识，撰写过许多关于机械化时代的战争的文章。实际上，除了德国，苏联军事思想家就机械化时代的交战方式所撰写的著作，远远多于其他任何国家的专业人士。[2]许多具有远见者在苏联总参军事学院任职，把他们的理念（更重要的是他们的思维方式）传授给学员。和其他国家的同行一样，他们明确阐述了准确性不一的多种理念，但20世纪30年代席卷苏联红军的大清洗，给新理念的发展、测试和应用造成巨大的破坏。米哈伊尔·尼古拉耶维奇·图哈切夫斯基可能是红军中最重要的思想家，他于1937年遭逮捕，在没有任何证据的情况下饱受酷刑，被迫承认自己参与了推翻斯大林的阴谋——法庭剥夺了他请辩护律师的权利，宣判他有罪，并于宣判当天就匆匆处决了他。清洗持续不断，参与审判图哈切夫斯基的五名法官很快也被逮捕并遭处决。伊耶罗尼姆·彼得罗维奇·乌博列维奇同样惨遭不幸，他曾撰写过许多文章，竭力提倡新的交战方式。

图哈切夫斯基和另一些人死于非命，可他们从事多兵种合成大纵深战役的理念，依然是苏联军事学说的组成部分。格奥尔吉·朱可夫出色地运用了这种理念，于1939年在哈拉欣河边界交战中，以机械化力量对日军发动反攻。重新评估所有军事思想，弄清这些思想在实际情况中的准确性至关重要。可是，红军没能完全消化他们对付日军的经验，也没能吸取西班牙内战的教训。1939年—1940年，红军与实力相对较弱的芬兰军队开战，面对作战顽强、意志坚定的敌人，苏联红军呆板地恪守既有的"军事教义"，结果死伤惨重，战果甚微。后来，红军实施了变革。曾于1939年—1940年在总参军事学院学习，并于战争期间在总参作战部任职的谢尔盖·马特维耶维奇·什捷缅科后来写道：

> 最高统帅部从刚刚结束的战争中得出的结论，对总参军事学院产生了显著的影响……课程里删除了一切陈旧过时的东西，特别强调野外演练，强调研究复杂的战役和战斗方式……教学工作做出改进，以便把学员培养成有能力应对各种情况的指挥员。[3]

苏联人在这方面朝德国人的思维方式靠拢，认为下级指挥员也要具备应对突发情况的技能和知识。现代战争中，下级指挥官根本没时间等待上级下达明确的指令。不过，就算培训机构能改变红军指战员的备战方式，此类变革也要很长时间才能对整个体系发挥作用，而且还迫切需要对组织结构做出重大调整。1941年前，苏联红军的编组错误频频，各个兵团不是大而无当、无比笨拙，就是小而虚弱、无法独立作战。相比之下，德军的编组（特别是他们的装甲师），就显得极为均衡。

技术装备方面，交战双方的兵器各有优劣。与英国皇家空军对阵期间，德国的轰炸机，特别是斯图卡俯冲轰炸机，显得异常脆弱。但面对苏联空军，德国空军迅速取得空中优势，轰炸机得以相对轻松地展开行动。地面上，德国人的坦克性能依然堪忧，坦克炮的威力和装甲防护性能都不够强，但他们可获得反坦克炮支援，再加上紧密协同的训练水准较高，各级部队的通信联络能力出色，让他们赢得了大多数交战。反观苏联红军，大量坦克都没有配备电台。苏联人发现，一旦投入交战，他们几乎无法改变战术方案。要改变战术，只能在坦克炮塔舱盖上挥舞旗帜——这种做法在战斗中毫无用处。战争爆发前几年，红军获得了大量新坦克。T-26，其实就是英国维克斯6吨坦克的改进型，其产量超过了当时世界上任何一款战车。另外，红军还有T-28和T-35。由于熟练的技术人员数量不足，以及缺乏零配件，导致红军在任何时候都有很大一部分战车无法投入使用。还有一些型号的坦克（例如T-35），由于可靠性很差，最后几乎损失（因故障而非战斗）殆尽。还有些坦克，例如T-26，很快就在战斗中暴露了装甲太薄的弱点，无法对付敌人的战车。而苏联最新式的T-34坦克，性能远远优于德国或其他国家当时装备的任何一款战车，但战争爆发时，红军装备的T-34数量太少，最多只能取得一些局部战果。至于KV-1、KV-2重型坦克，除了在面对德国性能最强的反坦克炮时，几乎可以说坚不可摧，可这款坦克也很少安装电台、很容易发生故障、很难操控（例如，驾驶员换挡时，经常要用锤子敲击变速杆）。除此之外，红军各个方面的作战表现都令人失望，通信经常迅速中断，指挥员根本无法掌控笨拙的庞大兵团。面对更灵活的对手，红军一个个集团军不知所措，一连串大规模的合围似乎是德军赢得速决战的征兆。1939年，苏联占领了波兰东部，随后迫使波罗的海诸国允许红军进驻。1940年，苏联干脆吞并了这几个国家。苏联的边界线向西延伸了几百英里，可事实证明，这种情况有利也有弊。一方面，以空间换取时间的余地更大，而另一方面，沿新国界修筑的防御工事进展甚微。在苏联的军事机构中，有许多人觉察到德国即将发动入侵，可斯大林6月初拒不批准全面动员。红军边防部队只能眼睁睁地看着德国人发起攻击，并英勇抵抗到最后一刻。红军边防军指挥员缺乏训练，既不懂得发挥主动性，也不知道如何率领部队突出重围。红军边防军战士作战英勇，但面对日渐绝望的处境，他们只好放下武器束手就擒——他们中的大多数人后来都死在被德国人囚禁期间。

不过，即便面临一场场灾难，红军指战员仍在不断总结经验教训。随着战争的持续，他们在战术层面使用坦克的技术越来越娴熟，给德国人造成很大的麻烦。

斯大林觉得某些指挥员表现欠佳，并毫不留情地解除了他们的职务——这些人的命运各不相同，有人被降级甚至被处决，但另一些指挥员，特别是苏俄内战期间就与斯大林过从甚密的人，只是被派去担任新的非作战职务。而在战役层面，战争头几周的惨败促使红军迅速对原先的军事学说重新做出评估。为改善作战指挥能力，苏联最高领率机构几次改组。尽管战事严重受挫，但苏联的官员和高级指挥员几乎没有产生失败主义情绪。只要能挡住德国人，只要红军能获得喘息之机，他们就会成为越来越强大的对手。

德国1941年的冒险能否取得成效，取决于他们能否赶在冬季到来前，占领苏联大片领土。由于气候欠佳，再加上德国必须先控制南斯拉夫和希腊，"巴巴罗萨行动"的发动日期被推延了。尽管如此，德军还是进抵莫斯科城下，并最终被朱可夫的反攻击退。德国人能否在1941年年底前击败苏联？有很多针对这个问题的书籍和文章。从当时的情况来看，就算德军能通过最后的突击到达，甚至包围苏联首都，相应的损失也会让他们没有足够的兵力来征服并控制这座城市。特别是，德军各步兵师仅剩编制力量一半的兵力。早在1939年，德军装甲师夺取华沙的交战经历就已说明，没有大批步兵支援，他们无法在满是建筑物的地区有效从事战斗。[4] 不管怎样，朱可夫把担任预备队的若干西伯利亚师投入战斗后，一连串反攻让德国人这场冒险的弱点暴露无遗：德军进攻莫斯科战线上的兵力日趋衰竭，几乎没有预备队可用于击退红军的反攻。

突击势头耗尽，兵力分散在苏联的冰天雪地里，德国军队在随后的交战中差一点就遭遇灭顶之灾。许多德军将领认为，现在必须大步后撤，希特勒起初也同意将部队撤到更合适的防御阵地。[5] 可过没几天，元首亲自介入，命令部队就地坚守。许多将领，例如古德里安和赫普纳（他们此时分别是第2和第4装甲集群司令，这两个装甲集群负责率领德军攻往莫斯科），在提出反对意见后被解除了职务。德国空军全力支援、部队局部后撤（许多后撤未经批准），再加上红军战士日益疲惫，终于让德国人稳住战线。

德军没能攻占莫斯科，战火在城市西面肆虐，这种情况对战争的后续发展产生重大影响。希特勒解除了瓦尔特·冯·布劳希奇的职务，亲自担任陆军总司令。他对古德里安这些不断提出批评和反对意见的指挥官深感恼火，故而采取措施，把更多敢于直言不讳的将领罢官免职。之后，这位军事门外汉对德国陆军发号施令，

17

甚至不考虑高级将领提出的建设性批评意见。

  由于德军战线离莫斯科很近，斯大林担心德国人在1942年再次进攻这座城市，故而削弱了战线其他地段的兵力，把大批预备队留在首都附近。德军先前对莫斯科的突击分两个阶段执行，他们在等待地面冻结、补给物资前运期间暂停行动。斯大林执意趁此机会发动反攻，但朱可夫不赞成这样做，他觉得目前集中的兵力不足以完成这项任务，而且可用的预备队也不够。德军第二次进抵莫斯科城下的企图失败后，红军发起规模更大的反攻，终于把德国人驱离莫斯科郊区。现在，轮到苏联人来了解坦克战的真相了：虽然坦克兵确实能程度不一地轻松突破敌军战线，但能否发展胜利，并一举歼灭陷入重围的德军部队，则完全是另一回事。红军耗费大量突击力量，好不容易攻入开阔地带，却发现打击范围内既没有明确的目标，也没有可用于挤压德军或占领后会导致德军阵地难以为继的地理特征。当时在最高统帅部大本营代理总参谋长职务的亚历山大·米哈伊洛维奇·华西列夫斯基，数年后回忆道：

  莫斯科附近的反攻过程中，暴露出部队指挥和作战方面的一些重大缺点……诚然，深深的积雪妨碍了部队的前进，但主要问题是最重要的突击方向上，坦克、飞机和弹药的数量不足。兵团、部队、分队的战斗队形都被编为两个梯队，而且都在短暂、不够强大的炮火准备后发动进攻；对攻入敌防御纵深的我方步兵和坦克的炮火护送效力不够，有时候甚至根本没有起到作用。坦克部队一般被用于直接支援步兵，几乎没有独立执行过任务。但苏联红军逐步积累了经验，开始比以前更成功地从事战斗。[6]

  在本书描述的诸多事件中，华西列夫斯基是当之无愧的主要人物，所以有必要详细介绍他的成长经历。他出生于莫斯科东北方的维丘加镇，是一名贫穷牧师的八个孩子中的第四个：

  父亲的微薄收入不足以维持我们这个多子女家庭的基本需求。所以我们兄弟姐妹，从最小的到最大的，大多数时候都在菜园和田地里劳动。冬天，父亲会有一些额外的收入——做点木工活，为地方当局打制学校用的课桌、饭桌、门窗，以及养蜂场的蜂箱。[7]

1909年，14岁的华西列夫斯基去科斯特罗马神学校就读，他父亲为此承受了沉重的经济负担。华西列夫斯基即将进入最后一学年时，第一次世界大战爆发了，他立即志愿参军入伍。1915年1月，他和几名同学被召为镇内驻军，随后又被送到莫斯科的军事学校，接受初级军官培训。华西列夫斯基在军校里认真学习了苏沃洛夫、德拉戈米罗夫和斯科别列夫等人（后来他们都为发展苏联的军事学说做出过重大贡献）的著作。这些前辈中的许多人，不仅没能认清火器和火炮不断增强的威力，还鼓吹"近距离拼刺刀比火力和机动更具价值"，并因而受到严厉批判。但对华西列夫斯基这个来自外省，且从未受过军事教育的年轻人来说，这些著作还是让他茅塞顿开，他很聪明，知道该如何选择性地接受书里的内容：

我牢牢记住了从这些著作中学到的道理——"不要光讲，而是要示范，同时加以讲解"；"先讲述一个想法，反复讲解，让部下理解吸收，然后再讲述下一个想法"；"起初只传授最基本的内容"；"委托而不是命令"；"我们的任务是消灭敌人——消灭敌人，自身不受伤亡是不可能的……自身遭受伤亡却没消灭敌人是愚蠢的"。[8]

当年年底，华西列夫斯基在漫长东线的南端加入俄国第9集团军。他亲身经历了堑壕战，参加了1915年年底和1916年年初俄军发起的进攻——这几次进攻的战术陈旧过时，纯属浪费兵力，但他在回忆录里没提到这些情况。相反，华西列夫斯基着重讲述了1916年夏季的布鲁西洛夫攻势——俄国军队一举突破奥匈帝国军队设在战线南半部的防线，一度构成赢得决定性胜利的威胁。俄军在此次攻势中采用了创新的战术，这些战术中的许多内容，在接下来几年对战术和战役的发展起到了重要作用。[9]随着罗马尼亚加入协约国一方参战，当年年底，华西列夫斯基跟随第9集团军投入部署，全力支援俄国的新盟友。

次年，俄国十月革命爆发。与驻地较远的部队相比，最靠近革命摇篮彼得格勒的军队，更容易受革命精神影响。随着时间推移，俄国军队开始动荡不安，而第9集团军被部署在战线南端，受到的影响相对较小。在华西列夫斯基看来，对旧秩序挥之不去的忠诚，都被科尔尼洛夫的叛乱一扫而空，一连串混乱的事件促使刚出任俄军最高总司令的拉夫尔·格奥尔吉耶维奇·科尔尼洛夫铤而走险，企图攫夺政权，但最终以失败而告终。[10] 十月革命后，华西列夫斯基与集团军内部成立的一个个革命委员会走得很近，团里的军官，像他这样做的人可不多：

士兵激动地讨论《和平法令》和《土地法令》，丢下枪支与奥地利士兵联欢，并公开表达对长官的不满，欢迎代表人民利益的新政权。

最招人恨的军官有时候会受到私刑威胁。军官阶层的分裂加剧了。不久前我们还坐在同一张桌子旁，而现在，昔日的战友却互相怒目而视。我因为承认苏维埃政权、结交布尔什维克、担任士兵代表而遭到白眼。[11]

和许多官兵一样，华西列夫斯基觉得自己不能再忍受战争。1917年11月，他以休假的名义返乡回家，不想再回军队了。没过几周，华西列夫斯基收到一封信，获知他那个团的士兵选举他当团长。由于局势动荡混乱，他最终决定加入当地军事部门，担任役前普遍军训处教官。布尔什维克设立普遍基础军事训练制度的目的是武装民众，消灭旧秩序的残渣余孽。华西列夫斯基很喜欢在红军服役，但正如他指出的那样，县军事委员会似乎不太想让当过沙皇军官的人担任他目前的职务。1918年后期，华西列夫斯基改行当了教师，次年4月，他终于加入了红军。新成立的革命军从事的头几场交战都以惨败而告终，布尔什维克逐渐认识到，无论意识形态多么先进，都无法弥补军事知识和作战经验的不足。参加过苏俄内战的华西列夫斯基，曾协助保卫莫斯科，抵御安东·伊万诺维奇·邓尼金将军的进攻，并参与了进攻波兰的行动。1920年华沙战役结束后，他的师奉命阻击进行追击的波兰军队。华西列夫斯基的回忆录写于苏联时代。

接下来几年，华西列夫斯基先后担任过各种指挥职务，无论在哪个岗位上，他都把自己当过军官和教师的经历完美地结合起来。他结识了苏维埃政权几位大人物，例如克利缅特·叶夫列莫维奇·伏罗希洛夫和鲍里斯·米哈伊洛维奇·沙波什尼科夫，他与沙波什尼科夫的关系极为亲密，这些都对他接下来几年的职业生涯大有帮助。华西列夫斯基随后被调到工农红军军训部任职也就顺理成章了，他在那里结识了图哈切夫斯基和朱可夫。1937年，华西列夫斯基被调到总参谋部任职。那几年，他之所以幸免于难，固然有沙波什尼科夫这些好友发挥的作用，但他与生俱来的交际手腕和聪明劲儿也功不可没。斯大林与华西列夫斯基私交甚笃，他在得知后者与父亲（华西列夫斯基的父亲是牧师，不是苏联共产党员，因而被视为人民公敌）断绝了关系后，敦促后者重新联系家人。华西列夫斯基擅长人际交往，对谁都没有敌意，是个老好人。人们对他为人处世的作风贬褒不一。有些人，例如红军总参谋部的什捷缅科，在许多方面都紧紧追随华西列夫斯基的脚步（他们俩曾共事多年）。什捷缅科认为华西列夫斯基是个才华横溢而又谦虚谨慎的人，工作能力很强：

这种亲密而又长期的合作，让我彻底了解到华西列夫斯基的个人品质。我对他了解得越深，就越是尊敬这位虚怀若谷、和蔼可亲的人，他具有军人的真诚，是个名副其实的军事领导人。

……华西列夫斯基有个突出的特点，就是他信任部属，尊重下级，用心维护他们的自尊心。他非常清楚，在对我方不利的战争初期，保持严密的组织性和工作的严肃性很不容易，所以他竭力提倡团结精神，努力营造和谐的工作气氛，不让大家觉察到来自上级的压力，而是感受到经验丰富的老同志提供的有力支持，这种支持在关键时刻是可以信赖的……华西列夫斯基在总参谋部不仅享有崇高的威望，还受到众人的衷心爱戴。

……华西列夫斯基有特殊的天赋，他总是能从容不迫地抓住要点，得出正确的结论，极为清楚地预见到事情的后续发展。但他从不炫耀自己，相反，他总是专注地倾听其他人的见解。他从不打断别人的话，哪怕他不赞同对方的观点，也能耐心讨论，并说服对方。最后，他往往能让对方心悦诚服。同时，华西列夫斯基很善于在最高统帅（斯大林）面前坚持自己的观点，他巧妙而又坚定地做到了这一点。[12]

有人猜测，华西列夫斯基之所以官运亨通，是不是恰恰因为他在斯大林面前总是俯首帖耳，在某些情况下甚至近乎怯懦。[13]尼基塔·谢尔盖耶维奇·赫鲁晓夫认为华西列夫斯基彻底屈从于斯大林，但我们很快就会看到，华西列夫斯基与赫鲁晓夫之间的敌意不无原因。[14]值得注意的是，我们在华西列夫斯基的回忆录里见不到丝毫虚荣自负的东西，他在书中总是不遗余力地夸赞其他人。与其说华西列夫斯基是斯大林的应声虫，倒不如说斯大林认为前者没有个人政治野心，不太可能对自己构成威胁，所以乐于容忍这个勤勉、懂事的人。更何况，华西列夫斯基知道如何以不引人反感的方式表达自己的不同意见。

第二次世界大战爆发前，华西列夫斯基出任总参作战部副部长。冬季战争结束时，他亲自参与了与芬兰划定新国界的谈判。1941年8月，华西列夫斯基出任作战部部长和副总参谋长。次年冬季，沙波什尼科夫病退，华西列夫斯基接任总参谋长——他在这个岗位上积极参与了莫斯科周围的交战。尽管这些行动是由朱可夫指挥的，但华西列夫斯基不知疲倦地操劳，忙于提供后勤保障，他的目的只有一个：先挡住德寇，尔后击退对方！他一次次证明自己是个堪称模范的参谋人员，总是勤勤恳恳地把其他人的作战计划付诸实施，在不偏离计划制订者想法的前提下，视具体情况修改作战计划。

冬季交战取得的战果很有限，但斯大林固执地认为已经扭转了不利态势，德国军队元气大伤。1月初，他致函各高级指挥部：

> 我军在德国法西斯军队精疲力竭之后转入反攻，向西追击德国侵略者。为阻止我军前进，德寇转入防御，着手构筑设有堑壕、障碍物和野战工事的防线，企图在春季到来前阻挡我军的进攻，以便集中兵力，再次对我军发动攻击。由此可见，德寇企图争取时间，获得喘息之机。
>
> 我们的任务是不给德寇喘息之机，毫不停顿地把他们赶往西面，迫使他们在春季到来前耗尽预备队。届时，我们会获得大批新锐预备队，而德寇已没有任何预备力量，这样就能确保在1942年彻底击败纳粹军队。但要完成这项任务，我军必须学会如何突破敌人的防线，学会如何组织对敌防御全纵深的突破，从而为我方步兵、坦克和骑兵开辟前进的道路。德寇不满足于只有一道防线，他们正在构筑新的防线，很快会有第二道、第三道防线出现。如果我军不能学会又快又彻底地摧毁、突破敌军防线的技能，我们就无法前进。[15]

所以，红军必须沿整条战线继续反攻。朱可夫再次提出反对意见，他认为红军的实力还没强大到足以实施此类行动的程度，如果没有明确的战役或战略目标，继续进攻只会白白消耗兵力,而得不到相应的收益。但他的异议纯属徒劳。[16] 斯大林固执己见,严令红军发起全面进攻。他认为这样一来就能让德国人顾此失彼,再也无法夺回主动权,不能重新对莫斯科发动大举进攻——斯大林一直担心的问题就是能否守住莫斯科。[17]

　　红军随后发动的攻势,证明斯大林对德国军队的看法过于乐观了。红军在莫斯科城外的反攻,导致德军在勒热夫镇周围占据了庞大的突出部。1942年年初,红军试图消灭位于该突出部的德军。最终,红军不仅损失惨重,还没有取得任何战果。此外,红军还试图消灭杰米扬斯克合围圈(位于列宁格勒以南)里的大批德军。华西列夫斯基亲自协调进攻战役,付出了高昂的代价却一无所获。不过,德国空军一连数月为被围部队空运补给,也损失了几百架很难获得补充的运输机和大量机组人员,给接下来几个月的战事造成严重影响。不远处,安德烈·安德烈耶维奇·弗拉索夫将军的突击第2集团军担任先锋,全力发动进攻,试图"打破列宁格勒遭受的围困"。由于友邻的诸集团军没能前出到弗拉索夫集团军身旁,突击第2集团军在陷入重围后被迫投降。

　　南方战场,苏俄内战期间斯大林的老战友谢苗·康斯坦丁诺维奇·铁木辛哥将军率领军队发动强有力的进攻,一度构成进抵哈尔科夫的威胁。但最高统帅部大本营不知道,德军1942年的作战重点是乌克兰。德军发起致命的反突击,一举扭转了态势,还给红军造成堪称灾难的损失。朱可夫和华西列夫斯基一再建议斯大林取消进攻,撤回已投入的部队,可斯大林拒不接受建议——待他醒悟过来后,为时已晚,红军的损失人数攀升到30万人,其中17.1万人被俘。最要命的是,红军还损失了1200多辆宝贵的坦克,这导致他们在接下来的交战中,"坦克力量寡不敌众"。在铁木辛哥身边担任军事委员会委员的赫鲁晓夫,不仅认为华西列夫斯基没有全力劝说斯大林改变想法,还把军队遭受损失归咎于华西列夫斯基。他责怪华西列夫斯基是毫无道理的。西南方面军大败亏输,主要责任是铁木辛哥的评估和战役规划过于乐观,把部队置于危险境地(赫鲁晓夫本人也难辞其咎),次要责任才是斯大林拒不接受朱可夫和华西列夫斯基的建议。不过,斯大林企图把这场灾难的责任推给铁木辛哥和赫鲁晓夫:

　　方面军领率机构主动发起此次战役,总参谋部忧心忡忡地关注着战事的进展。

大本营提醒过方面军，无法为此次行动提供额外的部队、弹药或油料……但西南方面军军事委员会保证，没有这些增援也能赢得胜利。

……那里的局面变得越来越困难，并最终发展到岌岌可危的地步。方面军军事委员会请求援助，斯大林不得不回复道："……大本营没有可以立即投入战斗的新锐师……我们的武器装备也很有限，你们应该明白，除了你们这个方面军，我们还有其他方面军……打胜仗靠的不是数量，而是作战技能。要是你们不学会更好地指挥部队，就算把整个国家生产的所有武器装备都给你们也不够。"[18]

斯大林多次敦促各方面军司令员继续发展冬季攻势，现在却把进攻失利的责任彻底归咎于前线指挥员，似乎有些冷酷无情。但无论责任该由谁来负，随着春去夏来，德军再次发动攻势，击退了当面的红军。

出乎斯大林意料，德军的新攻势没有针对莫斯科。相反，希特勒命令德军前出到伏尔加河下游一线，企图把高加索和那里的油田与苏联其他地区隔开。一旦实现这一目标，德军就要尽快征服高加索地区。希特勒认为，控制高加索的油田对德国继续从事战争而言至关重要。

斯大林本该知道接下来会发生一些什么，因为当年6月19日，红军击落了德国第23装甲师作战参谋赖歇尔少校乘坐的飞机，并在飞机残骸里找到了全套地图——德军拟定的战役计划在地图里标得清清楚楚。[19]当时，这一情报立即被呈送给了斯大林，可他却认为这是德国人的诡计，德军企图误导红军，故而没有加以理会。[20]斯大林之所以会做出误判，有部分原因是德国人真正的欺骗措施造成的。

哈尔科夫周围的交战胜利结束后，OKH（德国陆军总司令部）下达了代号"克里姆林宫行动"的指令，要求恢复上一年冬季的攻势，一举攻占莫斯科。面朝苏联首都的各个德国师，将莫斯科详图下发到团一级部队，而夏季召开作战规划会议的指示也已下达。这些情况完全符合斯大林的预料。因此，是秉承自己的看法，还是相信从飞机残骸里找到的新情报，斯大林选择前者也就不足为奇了。[21]

赖歇尔事件还造成另一个后果：希特勒下达指令，为防止此类事件再次发生，各部队不得把下达的命令告知友邻部队。此举导致德军指挥机构越来越僵化，并严重影响到他们在历次战争中屡建奇功的作战方式。德军开始逐渐丧失了技艺娴熟、适应力强的优势。

红军在哈尔科夫附近的灾难性交战中损失惨重，让德国人就此获得决定性优势。德国第1和第4装甲集团军没费吹灰之力就冲破红军防御，一路向东而去。此时的红军正处于转型期，战前的许多指战员在1941年就已阵亡或被俘，接替他们的新人仍在前线学习作战技能。为避免无谓的牺牲，再加上形势所迫，红军各部队开始向后退却，以免陷入重围——德军去年的一场场合围让他们吃够了苦头，正如德国第3装甲师一名中士写的那样：

眼下的情况与去年大不相同，更像我们当初在波兰的遭遇。苏联人的兵力并不多，他们像疯子似的开火射击，但我们毫发无伤。[22]

"阻止德军装甲大潮的企图纯属徒劳，这注定是个灾难性决策。"最高统帅部大本营下达指令，要求红军守住德国人这场攻势的两肩——也就是北面的沃罗涅日和南面的罗斯托夫——限制德军的突破规模。德国第4装甲集团军进展神速，一路攻往沃罗涅日附近的顿河河段，几乎立即破坏了苏联方面的防御计划。最高统帅部大本营迅速组建沃罗涅日方面军，并将其交给尼古拉·费多罗维奇·瓦图京中将指挥。

红军及时加强了抵抗力量。德国南方集团军群司令费多尔·冯·博克元帅制订了详细的计划，打算把大批兵力投向沃罗涅日，企图夺取这座城市，以保障德军攻势的北翼。

希特勒不想让红军在沃罗涅日的坚决抵抗，妨碍他火速攻往伏尔加河和高加索地区的计划。于是，希特勒把南方集团军群一分为二，A集团军群向南攻往高加索油田，B集团军群负责掩护伏尔加河下游一线。博克负责指挥B集团军群，但希特勒对德军在沃罗涅日的耽搁深感不耐，随即解除了博克的职务。接替博克的是马克西米利安·冯·魏克斯大将，希特勒认为这位巴伐利亚贵族可能比普鲁士人博克更听话。

沃罗涅日与罗斯托夫之间，红军继续退却。德军在各处都没遭遇抵抗，有些人对此感到不安，一名记者在《人民观察报》上写道：

苏联人迄今为止一直为每千米土地顽强奋战，现在却不发一枪一炮就后撤了。只有炸毁的桥梁和敌机给我们的推进造成耽搁。敌后卫一旦被我们追得太紧，就选择一处能坚守到夜间的阵地……深入这片广袤的区域，却没发现敌人的踪迹，这种情况令人深感不安。[23]

希特勒认为这是敌人实力虚弱的迹象，他觉得红军的兵力耗尽了。7月20日，他与陆军总参谋长弗朗茨·哈尔德大将交谈时说道："苏联人完蛋了，我对此深信不疑。"[24]

哈尔德也想赞同元首的看法，但不断发来的一份份情报让他确信，苏联仍有大量人力物力资源，征服高加索地区的行动不啻一场冒险。的确，这场行动只有在希特勒的判断正确无误，红军土崩瓦解，再也无法恢复实力的情况下才能赢得胜利。否则，德军沿顿河和伏尔加河延伸的漫长翼侧，很容易遭受打击。朱可夫去年冬季在莫斯科"门前"的反攻，没实现任何重要目标就丧失了进攻势头，而眼下的情况不同，红军作战范围内有几个重要的战略目标。他们最明显的选择是一路向下攻往亚速海，切断渗透到高加索地区的所有德军部队，而第聂伯河下游的若干铁路交叉口无疑也在红军打击范围内，一旦德军失去对这些目标的控制，就无法为河流东面的兵团提供补给。

这些情报越来越令人不安，而且基本准确，要说它们有什么不足之处，那就是低估了红军的实力。1941年大部分时间，由于各座工厂被匆匆拆解，仓促运往东部，苏联的军工生产受到严重影响（可即便是在那段时期，苏联生产的坦克数量也比德国多）。1942年年初，这些工厂已顺利重建，不再受到战火干扰，但许多工厂的条件比较简陋。车里雅宾斯克周围新建了许多坦克厂，苏联媒体把这座城市称为"坦克格勒"，这里的工人经常在没有供暖设施的厂房里干活，许多车间的窗户还没来得及安装玻璃，有些厂房甚至没封顶。到夏季，红军已获得足够多的坦克，他们先组建了2个坦克集团军，随后又组建了4个坦克集团军。不过，了解红军坦克军团在编制和作战能力方面与德军装甲兵团的差异很重要。

1942年，红军坦克集团军编有2个坦克军和1个步兵师。每个坦克军辖3个坦克旅和1个摩托化步兵旅，共计拥有20辆重型KV-1坦克、40辆T-34坦克和40辆轻型坦克。红军坦克军的战斗力相当于德军实力虚弱的装甲师。也可以说，红军一个坦克军的战斗力与德国一个加强装甲师或一个实力不足的装甲军大致相当。

1942年7月6日，德国第4装甲集团军一路攻往沃罗涅日西部，红军新组建的坦克第5集团军，在亚历山大·伊里奇·利久科夫少将率领下发起反突击。由于缺乏经验，再加上后勤补给的种种困难，让这场进攻执行得零零碎碎——首日红军只投入1个坦克军，集团军余部在接下来两天才陆陆续续地加入交战。

尽管如此，要是利久科夫面对的是德军步兵，这场反突击还是能赢得胜利的。可惜，挡在红军面前的是德国第24装甲师，该师当年冬季以德军唯一的骑兵师改编而成，他们粉碎了利久科夫的每一轮冲击。没过一周，坦克第5集团军就损失8000多人和75辆坦克。[25] 利久科夫被降职，改任坦克第2军军长。7月23日，他奉命再次发动进攻，但麾下几个旅被敌人分割，陷入重围。利久科夫搭乘重型KV-1坦克出发，力图与被围部队会合，却遭到德军顽强抵抗。KV-1坦克厚重的装甲挡住了德国人射来的大部分反坦克炮炮弹，但战车却动弹不得，并很快被蜂拥而上的德军步兵击毁，利久科夫也因此而阵亡。[26]

尽管一次次遭遇挫败，但红军继续学习各种经验教训。时任某机械化军[①]参谋长的帕维尔·阿列克谢耶维奇·罗特米斯特罗夫上校写了份报告，坦率地分析了坦克军失败的原因：

> 问题在于，虽说轻型坦克（T-60）和中型坦克（T-34）在公路上的行驶速度没太大差别，但穿越乡村土路时，轻型坦克很快就会落在后面。而重型坦克（KV系列坦克）不仅早已掉队，还经常会压塌桥梁，致使身后的部队无法跟上。在战场条件下，这种情况往往会导致先行开抵的T-34孤军奋战。轻型坦克几乎无法对付德军坦克，而KV坦克却远远落在后面。指挥这些坦克连也很困难，因为他们的战车有时候会配备不同型号的电台，大多数时候根本没有电台。[27]

针对这份报告和另一些报告，时任苏联副国防人民委员兼装甲坦克和机械

---

① 译者注：机械化第3军。

化兵司令的雅科夫·尼古拉耶维奇·费多连科中将展开一连串变革。坦克车组的训练情况得到改善（着重加强单车与小股分队的配合）；更多坦克安装了电台；车身焊接了握把，好让步兵搭乘坦克投入战斗。各坦克旅不再装备 KV-1，彻底换上 T-34 和 T-70，每个旅的坦克数量增加到 60 辆，每个坦克军共计 180 辆坦克，这样就能更好地应对德国装甲师。坦克军的炮兵力量也获得稳步加强（至少在编制上是这样），但上级很难在短期内提供足够的火炮，无法彻底落实新编制表拟定的数目。不管怎样，红军坦克兵团的主要缺点是他们在指挥和战术技能方面的不足。因此，诸如利久科夫杂乱无章的反突击这些灾难，继续浪费着红军来之不易的资源。

许多红军部队在 1941 年的混乱后撤期间，奋战到全军覆没，而寥寥无几的生还者则被匆匆编入新建兵团。现在，东线大部分地段保持平静，红军终于能把实力严重受损的部队调离前线，并为这些部队补充新兵和损失的技术装备。获得补充的部队随后被部署到相对平静的地段，好让新兵有时间学习作战技能。这些新兵不会加入由完全没有战斗经验者组成的兵团匆匆投入交战，而是努力吸取老兵的实战经验，并学会与他们并肩战斗。这样一来，各级指战员之间的关系变得更加密切，他们的信心和相互间的信任也得到了加强。只要明智地使用这些部队，一旦出现作战良机，他们就会成为德国人望而生畏的对手。

不过，红军首先要阻止德国人继续攻往斯大林格勒和高加索地区。为实现这一目标，他们付出了高昂的代价。虽说瓦图京的沃罗涅日方面军成功守住德军推进的"北肩"，但计划中的南侧堡垒罗斯托夫却于 7 月 23 日陷落。同一天，利久科夫在战场上阵亡。这是红军遭受的重大挫折，他们被德国人在南方的迅猛突击打得措手不及，不得不仓促应对。德军占领罗斯托夫、征服克里木后，就能沿宽大的战线发展战果了。当地的红军部队实力太弱，根本无法掩护目前已成为战场的广阔空间。

尽管如此，红军还是要阻止德国人前出到斯大林格勒和伏尔加河。他们目前有 2 个坦克集团军（坦克第 1 和第 4 集团军）可用，但这 2 个集团军的实际兵力与编制兵力相去甚远，而且只有坦克第 1 集团军做好了进攻准备。德军逼近卡拉奇的顿河渡场，坦克第 1 集团军辖内兵团投入交战，到 8 月中旬，该集团军已不复存在。但不管怎样，德军的前进速度放缓了。红军在复杂地形中艰难跋涉之际，德国人也发现自己难以集中兵力——主要因为各条道路的路况极为恶劣。德军沿顿河延伸的北翼变得越来越长，第6集团军不得不派步兵师掩护翼侧，这削弱了他们对付卡拉奇周边守军的兵力。匈牙利、意大利和罗马尼亚集团军逐渐开抵战场，沿顿河替换了第6集团军的步兵师。德国步兵师归建后，会同主力攻往斯大林格勒。不过，是抢在苏联人加强防线前继续进攻呢，还是等己方兵力集中后再前进？第6集团军司令弗里德里希·保卢斯将军纠结不已。最终，他决定继续进攻。结果，一个个德国师犹如涓涓细流般开抵战区，多多少少与被调往该地区的红军援兵实力相当。德军的伤亡数字稳步上升，尽管保卢斯一再请求，但他始终没有获得足够的补充兵。1942年战争开始时，他的步兵兵团就兵力不足，而整个夏季不断遭受的损失则进一步削弱了德军的实力。

如果说红军无法挡住德国军队，那么希特勒却能做到。德国人没能占领沃罗涅日，给对方留下个支撑点，红军可以从那里威胁德军前进的整个翼侧。希特勒没有理会这一点，反而急于在南面实现更大的战略目标。德国第4装甲集团军奉命南下，协助克莱斯特第1装甲集团军强渡第聂伯河下游，好让他们一路攻往高加索地区。这道命令下达时，情况确实需要第4装甲集团军南下——因为克莱斯特遭遇红军顽强抵抗。另外，德军把充足的机动力量集中到该地域，也许能歼灭竭力据守河流防线的红军部队。可当霍特率领第4装甲集团军开抵顿河时，红军早已撤退。随后，德国人几乎没遭遇抵抗，顺利渡过顿河下游。克莱斯特麾下兵团在油料补给允许的情况下全速向南。霍特白跑一趟，没能为A集团军群的任务做出任何贡献，仅仅造成两次交通大堵塞：一次是他从第6集团军身后穿过时，另一次是他开赴顿河下游的途中。克莱斯特装甲集团军直奔高加索而去，霍特则奉命转向东北方，攻往斯大林格勒。德国第6集团军一个个实力严重受损的师发现，红军预备队兵团正源源不断地开抵前线，被部署在德军前进路线上——这导致德军很难取得进展。如果第4装甲集团军照原定计划行事，从西北面径直攻往斯大林格勒，第6集团军就有可能抢在红军加强防御前攻占该城和伏尔加河下游西岸。可惜，第4装甲集团军先是转身向南，尔后又奉命从西南面攻往斯大林格勒。第6集团军很快就在斯大林格勒的废墟里被卷入越来越激烈的消耗战。德军各步兵师遭受的减员情况令人担心不已，而这种情况又因为另一个因素被加剧：保卢斯的副官威廉·亚当中校忧心忡忡地指出，病患给各个师造成的减员,与战斗伤亡同样严重。[28]希特勒认为红军实力虚弱,而德军战地指挥官却越来越感到不安。与上一年相比,他们俘虏的敌人数量少得可怜。希特勒判断,这恰恰是红军即将耗尽兵力的迹象,而德军前线官兵却越来越担心"苏联人正为即将到来的交战保存兵力"。

这是战争局势反复逆转的一年。1942年年初,没能攻占莫斯科,又遭到红军反攻的德国军队逐渐恢复过来。接下来几周,斯大林过于急切地发动进攻,结果反而丧失了主动权。德国人先粉碎了红军朝哈尔科夫展开的进攻,尔后又发起自己的主要攻势。随着秋季到来,战场上的态势再次发生变化。德国第6集团军和第4装甲集团军大部陷入斯大林格勒血腥的巷战之中,而克莱斯特第1装甲集团军在高加索山麓"耗尽了突击势头和物资"。德国人逐渐意识到,他们的后勤保障不足,无法在支持第1装甲集团军攻入高加索地区的同时,满足第6集团军在斯大林格勒的巨大需求。他们认为,只有决定性地击败红军,才能实现上述目标。可随着时间推移,德国人发现,他们没有彻底击败红军。就算物资补给不出问题,同时在两个方向展开的行动,也给德军作战部队造成难以承受的压力:德国空军可以支援高加索地区或斯大林格勒地区的战斗,但无法同时支援这两个地方。

德军从沃罗涅日延伸到斯大林格勒的漫长翼侧,现在看上去越来越容易遭到攻击。B集团军群辖内大部分德国兵团都被投入伏尔加河岸边的激战,掩护翼侧的任务只好交给罗马尼亚第3集团军(位于西北面)和罗马尼亚第4集团军(位于南面)来完成。罗马尼亚第3集团军编有10个师,需要掩护的战线长约170千米;罗马尼亚第4集团军在1942年11月下旬仍未完成集中,其需要掩护的战线长约200千米,但该集团军辖内只有7个师。意大利第8集团军位于罗马尼亚集团军防御地段北面,编有10个意大利师和2个德国师;匈牙利第2集团军编有12个匈牙利师和2个德国师。德国的联军沿顿河排列——这种兵力布势主要是因为政治因素。第一次世界大战结束后,罗马尼亚从匈牙利手里夺走了特兰西瓦尼亚地区,因此这两个国家之间始终存在极大的敌意。为确保这两个国家的军队不发生冲突,德国人的权宜之策是把意大利集团军安插在他们之间。

在这些轴心国联军中,现代化火炮和反坦克炮寥寥无几,且完全没有新式坦克。要是他们能获得德军强大的装甲力量加强,或者有足够的兵力在前线后方组

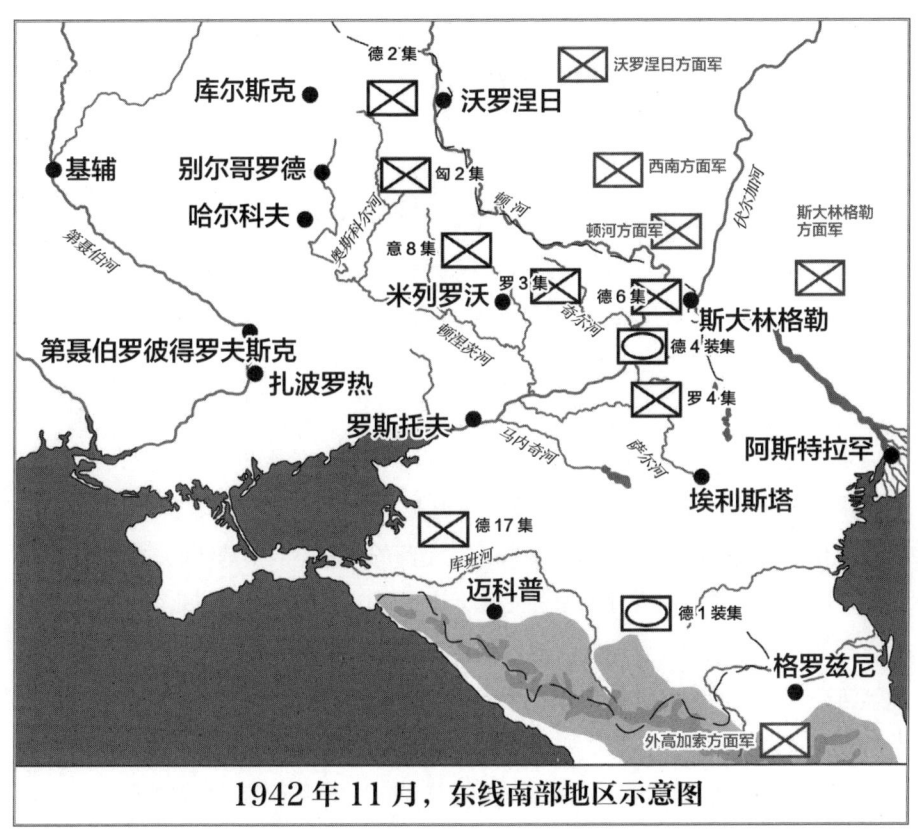

1942年11月，东线南部地区示意图

建大批预备队，又或者能安插更多德国兵团发挥中坚作用，他们也许能更可靠地守住自己的阵地。可情况恰恰相反，德国人和苏联人越来越清楚地认识到，罗马尼亚人据守的地段，为红军的反攻提供了绝佳机会。斯大林格勒两侧，位于顿河入海口和亚速海这片相对容易打击的范围内，一旦红军顺利前出到海岸，也许就能隔断德国A集团军群和B集团军群。就算红军无法到达海岸，也能包围斯大林格勒地区的德国第6集团军；如果红军到达罗斯托夫，就切断了高加索地区德国A集团军群赖以生存的漫长补给线。

甚至在争夺斯大林格勒的交战到达顶点之际，红军就着手试探德国人伸向这座城市的庞大突出部的翼侧。德国第14装甲军的任务是守卫紧邻斯大林格勒的北侧，9月份，该地多次遭到红军猛烈冲击。虽说德军击退了这些进攻，但付出的

31

代价也很高昂，正如第 3 摩托化步兵师作战参谋汉斯 – 于尔根·丁勒强调的那样，饱受补充兵缺乏训练之苦的不仅仅是红军：

> 敌人一次次发起冲击，我们的阵地好几次差点失守。从国内调拨给我们的人员和物资完全不够。没有作战经验的新兵在这场艰巨的战斗中派不上任何用场，他们被投入前线的第一天，就遭受了惊人的损失。我们无法把这些人安排到平静的地段，让他们逐渐适应战场的情况，因为当时根本就没有平静的地段。我们也不可能从前线抽调老兵，彻底训练这些新兵。[29]

部分德军高级将领对斯大林格勒突出部暴露在外的翼侧深表担忧，第 14 装甲军军长古斯塔夫·冯·维特斯海姆将军就是其中之一。第 6 集团军无力消灭城内最后几个敌支撑点，第 14 装甲军辖内几个师的兵力不断被消耗，维特斯海姆将军怀疑自己能否长时间守住突出部北翼，特别是因为目前据守西北面防线的是实力虚弱的罗马尼亚第 3 集团军。他写信给保卢斯，建议为安全起见，应当有序撤到顿河一线，并在那里组织防御。但此举意味着放弃斯大林格勒遍布瓦砾的废墟，希特勒不可能批准这种后撤，眼下夺取这座城市已成为重中之重。维特斯海姆在战前与希特勒发生过冲突，他显然不受元首青睐。维特斯海姆被解除职务后，他的部下，第 16 装甲师师长汉斯 – 瓦伦丁·胡贝将军接任军长一职。第 4 军军长维克托·冯·施韦德勒将军，也被深深卷入斯大林格勒城内越来越徒劳的厮杀，他着重强调了"把兵力集中在已然失败的突击重点非常危险"，还提出抽调主力掩护突出部翼侧，并在必要情况下撤出斯大林格勒。结果，施韦德勒也被解除了职务。由于空中支援和物资补给会优先供应斯大林格勒，A 集团军群司令李斯特元帅没能取得预期战果，于是，希特勒打发他走人，并亲自指挥 A 集团军群。陆军总参谋长哈尔德越来越心烦意乱。1942 年下半年，德国军队面临的风险与日俱增，这导致他与希特勒的关系严重恶化。结果，哈尔德也被解除职务。

哈尔德担任的职务深具影响力，包括希特勒在内的每个人都知道，陆军总参谋长一职对元首的军事权力是个强有力的制衡。因此，所有人都想知道，谁会接替哈尔德。OKW（国防军最高统帅部，这是战争部的替代机构，负责指挥除东线外的所有作战行动）负责人威廉·凯特尔元帅，敦促希特勒让埃里希·冯·曼施泰因元帅接替哈尔德的职务。和华西列夫斯基一样，曼施泰因也是东线后续战事的关键人物，但他的出身与华西列夫斯基形成鲜明的对比。

曼施泰因原名弗里茨·埃里希·格奥尔格·爱德华·冯·莱温斯基，是一名普鲁士将军的第十个孩子。他母亲的妹妹嫁给格奥尔格·冯·曼施泰因之后，一直没有生育，故而收养了莱温斯基家最小的孩子和这个孩子的堂兄弟，这种做法在当时很常见。弗里茨知道曼施泰因夫妇不是自己的亲生父母，但总是称他们为"父亲""母亲"，还毫不犹豫地用了他们的姓氏。曼施泰因的亲生家庭和领养家庭都与军队关系密切，他的一位伯父是保罗·冯·兴登堡——此人曾在第一次世界大战中担任集团军司令，并赢得了一些声誉。后来，兴登堡在担任德国总统期间，也曾对希特勒掌握政权起到重要作用。与普鲁士家庭常见的情况一样，曼施泰因很小就参军入伍，他去荷尔施泰因少年军校就读时才12岁。后来,他成为宫廷侍从，之后又加入普鲁士第3禁卫步兵团。1911年，曼施泰因成为该团燧发枪手营副官，两年后他又去柏林的皇家普鲁士战争学院接受参谋军官培训。离开燧发枪手营时，营长称赞他是自己见过的最好的副官。[30]

曼施泰因在战争学院里的同学有海因茨·古德里安（此人曾在第二次世界大战期间率领德国装甲部队立下赫赫战功），以及埃里希·赫普纳（"巴巴罗萨行动"的头几个月，曼施泰因就在他麾下作战）。曼施泰因本该在柏林完成三年学业，但仅一年后他就因为战争爆发而中断了学业。他加入第1禁卫预备役师，参加了攻克比利时那慕尔要塞的作战行动。随后，他所在的师被匆匆调往东线。1914年年底，他在波兰投入战斗。由于身负重伤，接下来六个月他一直在恢复肩膀和膝盖的伤势。之后，他又在东线和西线担任各种参谋职务。德国战败后，为了把自己所在的师撤回德国，曼施泰因开始展露他标志性的特点：精准而细致的参谋工作和快速提交方案。

与许多普鲁士军官一样，曼施泰因对德皇退位深感不安。整个军官团的成员都觉得自己受效忠德皇的誓言约束，实在难以接受现在又要宣誓效忠国家。希特勒后来要求所有德国军官宣誓效忠，并以此来利用他们的忠诚。推翻元首的事件发生后，大多数军官觉得自己的效忠宣誓几乎是一道无法逾越的障碍。不过，1918年时的军官还谈不上有这种顾虑。曼施泰因加入魏玛防卫军后，曾担任过各种职务。最后，他进入部队局（《凡尔赛和约》禁止德国保留总参谋部，但德国总参谋部在更名为"部队局"后,继续正常运作),担任作战处处长。他拟制了一份份计划,目的是在必要情况下,一有机会就把只有10万人的魏玛防卫军迅速扩编成规模更加庞大的军队。此外,他还参与了同苏联展开的密切合作,目的是让德国规避《凡尔赛和约》的诸多限制。

希特勒上台时,曼施泰因在波罗的海沿岸的科尔贝格当营长。与许多普鲁士军官一样,他觉得纳粹分子普遍让人反感。戈林到访科尔贝格时,曼施泰因趁机提出一个小小的抗议:他没有带着仪仗队向戈林报告,而是让仪仗队指挥官先向团长报告,再由团长邀请戈林检阅士兵。这不过是个"小小的冷落",但我们能从中看出,戈林对这位日后的陆军元帅相当反感的原因。[31]科尔贝格有一名医生,曾参加过第一次世界大战,并获得过勋章。因为有部分犹太血统,所以这名医生被当地党务部门刁难。曼施泰因介入此事后,引起了纳粹当局对他的不满。1934年,曼施泰因出任第三军区参谋长,他致函部队局局长路德维希·贝克将军,对禁止犹太人担任或留任公务员与军官的规定提出抗议。不过,这些做法未必表明曼施泰因拒不接受纳粹的"反犹意识形态"。在写给贝克的信里,他承认司法和医疗行业里的犹太人数量太多,必须把他们"清理掉",但他认为犹太人从军服役是个完全不同的问题。曼施泰因辩称,这些军人愿意为祖国献出生命,不该剥夺他们成为国家正式公民的权利。他提出,这些人是否适合继续服役,应当由军方决定——主要看他们的所作所为是否和纯种日耳曼人一样,是否具有可能会影响他们的行为的外国特征。尽管措辞委婉,还提出了先决条件,但曼施泰因这封信,还是让包括战争部长维尔纳·冯·布隆贝格将军在内的一些人打算对他采取纪律措施。就像沙波什尼科夫在特殊时期保护了瓦图京那样,贝克也以同样的方式保护了他的门徒——曼施泰因没受到任何处罚,但这也是他最后一次涉足政治这摊浑水。

曼施泰因的职业生涯一帆风顺,他于1935年出任总参作战处处长。这段时间,装甲战的激进理念与更为传统的观点发生冲突,曼施泰因对此的看法与思想保守的导师贝克完全不同(这可能是他职业生涯中首次与导师意见不合)。曼施泰因接受了古德里安组建独立装甲师,并由装甲师担任陆军先锋的观点,但他也呼吁为步兵提供装甲支援。他在1935年的一篇论文里提醒读者,步兵师在1918年就配备了由马匹拖曳的火炮,并将其用于进攻敌人临时修建的防御设施,而这些防御设施本来能让部队的前进步伐戛然而止——特别是在对方配备几挺机枪的情况下。随着机械化战争的出现，曼施泰因认为需要组建摩托化突击炮兵。[32]除了在初期遇到一些阻力外，他的观点迅速推广开来，首批没有炮塔的突击炮于1937年列装部队。曼施泰因希望每个步兵师都能配备1个突击炮营——每个营辖3个连，每个连拥有4—6辆突击炮。多余的突击炮可以分配给装甲师。不过，德国的军工企业显然不能提供这么多突击炮，特别是在国防军全速扩编的时期。所以，突击炮最后主要配备独立突击炮营。但后来的交战一次次证明，无论是支援步兵还是对付敌坦克，突击炮都是威力强大的兵器。

随后，曼施泰因出任第一军需长，后来又接替赫尔曼·霍特担任第18步兵师师长。在1942年年末到1943年年初至关紧要的那几周，霍特与曼施泰因再次重逢。1938年，贝克呼吁其他高级将领集体辞职，以此来抗议希特勒发动战争的政策，他认为德国肯定会输掉这场战争。没能获得同僚支持的贝克于当年8月独自辞职，并就此走上另一条道路（1944年，他因参与"7·20事件"送了命）。曼施泰因对自己被调任第18步兵师师长和贝克辞职这两件事都感到不满，特别是因为他原本希望有朝一日能接替贝克出任陆军总参谋长。接替贝克担任陆军总参谋长一职的是弗朗茨·哈尔德，曼施泰因后来和他的关系很糟糕。[33]

战争日益临近，曼施泰因改任南方集团军群参谋长，该集团军群受领的任务，是在格尔德·冯·伦德施泰特大将率领下攻入波兰。曼施泰因拟制了集团军群的作战计划，打算集中装甲力量，朝华沙发起强有力的突击。他在完成参谋工作时，不仅动作迅速，还很有创新精神，从而协助集团军群扭转了由波军反突击引发的危机，在布祖拉河会战中赢得了决定性的胜利。对处于发展期的曼施泰因和德国陆军而言，这都是一个重要时刻，正如他后来所写的那样：

> 这场合围并非预有计划，以强大的装甲兵团突破敌军防线后实现的，而是敌人对德军翼侧发起反突击，出乎意料地为我们提供了绝佳良机的结果。[34]

德军在作战行动中随机应变的能力，以及执行应急措施的指挥技能，和装甲师一样，都是德国在战争初期赢得胜利的重要因素。装甲师的确是强大的"兵器"，但制胜的关键却在于灵活运用它们。不过，虽说曼施泰因的观点完全正确，可他却继续评论道:"部队从事的依然是纯粹的军事斗争,因而能以颇具骑士风度的方式进行。"说得好听点,是他太天真;说得难听点,他是在误导读者。虽然日后的东线战事更加残酷,但波兰战役及其余波,是"以德国人对波兰人普遍的暴行为标志",党卫队固然在其中发挥了主导作用,可许多国防军部队,特别是曼施泰因的南方集团军群,同样也曾参与施暴。德国电影导演莱尼·里芬施塔尔到访前线后,曾亲眼看见了德军在孔斯凯屠杀犹太人的场面,曼施泰因把这起事件归咎于一名紧张兮兮的军官对镇上的骚乱反应过度。曼施泰因在回忆录里写到,这名军官被革除军衔,军事法庭判处他数年监禁,但希特勒"破坏了此类措施",他经常签发赦免令,并干脆在1941年撤销了军事法庭的管辖权,不再让他们审理涉及平民百姓的案件。希特勒确实为此类案件签发过赦免令,但也有证据表明,孔斯凯事件完全是因为里芬施塔尔一再坚持,军方才起诉了涉事军官。[35]不管怎样,这起事件肯定与曼施泰因"以颇具骑士风度的方式从事战争"的说法相去甚远。

波兰战败后,德国人的注意力转向西面,为曼施泰因展现他日益精进的专业技能提供了机会。10月9日,希特勒就继续从事战争下达了指示。他首先指出,倘若英法两国在波兰战败后仍不愿讨论和平问题,那么他希望尽快发动进攻,拖延时间对德国不利,受益的是敌人。为此,德国军队应当尽快在北翼发动进攻,穿过卢森堡、比利时、荷兰,尽可能多地击败西方国家的联军,同时夺取足够大的地盘,并以此掩护鲁尔区,进一步展开对英国的战争。也就是说,德国必须占领海峡沿岸。[36]OKH据此拟制了初期方案,实际上就是施利芬计划的机械化翻版(施利芬计划没能在1914年击败法国),新方案的不同之处在于,德军的这次迂回,把荷兰也囊括在内。曼施泰因对这份方案不以为然,他代表伦德施泰特集团军群提交了一连串备忘录,批评OKH的新方案。他认为,这份方案完全在西方国家的意料之中,德军很可能在法国北部的某个地方丧失突击势头,届时也许会重演"第一次世界大战旷日持久的消耗战"。尽管曼施泰因和伦德施泰特给出的理由非常专业,也很符合逻辑,但他们提出异议也许还有一些个人原因:在OKH的方案中,面对比利时和荷兰的B集团军群被列为主要突击力量,而伦德施泰特位于南面的A集团军群只起到辅助作用。另外,曼施泰因认为,此次战争的目的,不能仅仅是赢得部分胜利,而是应当把英法军队诱入比利时,然后一举歼灭对方。这样就能给法国造成致命的打击,使对方无力继续从事战争。为此,他和伦德施泰特提议,让B集团军群摆出主要突击的架势，而A集团军群则集中兵力发起强有力的突击，穿过阿登山区和色当，一路攻往法国北部的海峡沿岸。

不出所料，OKH对这一激进的建议不感兴趣，认为A集团军群的兵力不足以实施这样一场行动。曼施泰因代表伦德施泰特回应称，可以通过向南面调派更多兵力的方式来解决上述问题。OKH对这份方案缺乏热情，希特勒的态度却大不相同。当年11月，他批准组建一个快速装甲集群，并将其交给古德里安指挥[①]，执行攻往色当的任务。曼施泰因与古德里安商讨自己拟制的作战方案，古德里安告诉他，穿过阿登山区攻击前进完全可行，但这股打击力量不能仅以几个装甲师编成，必须集中尽可能多的装甲力量。就作战方案展开的讨论，一直持续了整个冬季。1月25日，陆军总司令布劳希奇与A集团军群的高级将领发生了极为激烈的争执——可能基于这个原因，曼施泰因在两天后收到调令，奉命去斯德丁担任第38军军长，就此远离即将到来的战争。

到了这个阶段，就连最初对A集团军群的建议不屑一顾的哈尔德也承认，计划攻往色当的装甲力量太弱，必须调拨更多兵力。这样一来，执行主要突击任务的部队就从B集团军变为A集团军群。历史的转折点出现在2月17日，当天，曼施泰因和几名新上任的军长应邀去帝国总理府，与希特勒共进工作早餐。其他人离开后，希特勒请曼施泰因留下，与他长时间商讨了西方战争的作战方案。希特勒最终采纳了曼施泰因的计划，也就是穿过阿登山区，取道色当攻往海峡沿岸。虽然曼施泰因在去年的布祖拉河会战中展现出杰出的应变能力，还在德国入侵波兰前为制订南方集团军群的作战计划做出过重要贡献，但这次毕竟是他首度策划以德国大部分机械化力量展开行动。此外，这次德军面对的也不再是作战英勇，但武器装备低劣的波兰军队，而是实力更加强大的英法联军。德军穿过阿登山区发动的进攻，代号"镰刀收割"。这场行动大获成功，充分证明了曼施泰因精通各个层级的作战，再加上他"对机械化部队打击力、突然性的价值、以空中力量替代速度缓慢的炮兵等做出的准确评估"，解释了他为何能精明地估算出敌人的预期目标和企图。

[①] 译者注：指挥该装甲集群的是克莱斯特，古德里安在前者麾下指挥第19摩托化军。

在庞大的西方战争开始阶段，德军全速冲向海峡沿岸，曼施泰因的第38军没有参与其中。相反，他的几个师被部署在第二梯队，其任务是掩护德军南翼。5月底，第38军投入交战，击退了英法军队对索姆河渡场杂乱无章的冲击。6月份，曼施泰因率领他的步兵军迅速穿过法国。因为手头没有装甲力量，所以他想方设法采取应急措施，利用现有的车辆组建了几个摩托化支队，并命令他们全速挺进。曼施泰因以身作则，督促疲惫的部下继续前进，以堪称典范的方式为其他人树立了榜样。无论是在军队还是在其他行业，任何有志于成为领导者的人都可以参考他的评论：

> 担任指挥的军官和其他士兵，他们的举止和榜样作用对部队具有决定性影响。在面对敌人时，表现得冷静而又英勇的军官，能让部下紧紧地跟随他。他还得明白部下的感受，了解他们的所思所想，无私地关怀他们，这样才能赢得他们的爱戴和信赖。[37]

曼施泰因的步兵军前进速度快得惊人。他们一路疾进，先后渡过索姆河、塞纳河和卢瓦尔河，有些步兵部队每天前进约70千米，全军每天平均前进约30千米。这番壮举为曼施泰因赢得骑士铁十字勋章，他在短短几个月里就证明，自己不仅是个见解独到、勇于创新的战役策划者，也是一个战术高手。在1940年剩下的大多数时间，他的军忙着准备对英国海岸发起两栖突击。1941年年初，曼施泰因被调往东部指挥第56摩托化军（该军后来改称第56装甲军）。早就期盼能指挥装甲军的他，满怀热情地走马上任了。

第56装甲军下辖第8装甲师、第3摩托化步兵师和第290步兵师。在即将发动的侵苏战争中，该军的首要任务是在陶格夫匹尔斯夺取道加瓦河渡场，这场行动的执行方式，充分展现出德军指挥和训练的所有优势。曼施泰因忠于"任务型命令"原则，规定了需要完成的任务，但没有详细指明该如何完成任务，赋予部下视情况大胆发挥的自由。第8装甲师在遂行主要突击时遭遇红军强有力的抵抗，师长埃里希·布兰登贝格尔少将迅速改变进攻方向，一举突破红军防御。他的部队迅猛疾进，不断制造、散布混乱，仅用四天时间就取得约315千米进展，到达并夺取了陶格夫匹尔斯的渡场。尽管第8装甲师的两翼彻底暴露在外，但布兰登贝格尔在曼施泰因知情并批准的情况下，命令部队全速挺进，以进军速度和敌人的混乱来确保自身的安全。之后第56装甲军的进展速度较慢，是因为曼施泰因的上司赫普纳要求该军停止前进，以便友邻部队赶上。红军趁机从最初的混乱中恢复过来。几乎可以肯定，要求第56装甲军停下脚步的命令出自更高层。北方集团军群司令威廉·冯·莱布骑士元帅是陆军中的保守派，不愿批准赫普纳的两个摩托化军孤身深入苏联腹地。但不管怎样，后勤方面的困难确实让这次暂停势在必行。

没过多久，瓦图京指挥的红军第11集团军对曼施泰因的部队发起了攻击，这是他俩首次在战场上交锋。德国第8装甲师损失惨重，被调离第56装甲军。一连几周，曼施泰因变得越来越沮丧，因为他不得不执行一项项相互矛盾的任务：一方面，赫普纳装甲集群打算向列宁格勒发起突击；另一方面，德军的进攻方向沿整条战线迅速散开，需要各装甲师协助保持战线的连贯——特别是在红军不断发动反突击的情况下。曼施泰因击败了红军的反突击，并一举歼灭库兹马·马克西莫维奇·卡恰诺夫将军的第34集团军（战败的卡恰诺夫在军事法庭上被判处死刑）。没过多久，曼施泰因获得新任命：调往南方指挥第11集团军。他受领的任务是征服克里木。

曼施泰因接掌的第11集团军辖内大多是步兵兵团，他用了几个月时间逐一完成各项目标。起初，德军似乎能在1941年年底前彻底占领克里木，但曼施泰因麾下各师遭受的伤亡，以及红军发动的两栖反突击，让德国人在初期取得的大部分战果付诸东流。最后，凭借猛烈的空中支援，第11集团军于1942年5月占领了克里木东部地区。随后，该集团军集中兵力对付塞瓦斯托波尔要塞（这座要塞堪称当时世界上最强大的堡垒之一）。面对红军的激烈抵抗和自身的惨重伤亡，曼施泰因谨慎行事，逐一粉碎红军的防御，于7月初攻克了要塞。这份赫赫战功让希特勒擢升他为陆军元帅。

围攻战大获全胜，德国最高统帅部打算把曼施泰因的部队调到遥远的北方，再次重演攻城壮举，一举夺取列宁格勒。就在这时，希特勒解除了哈尔德的职务，有人推荐由曼施泰因来接任陆军总参谋长。许多人认为曼施泰因是陆军总参谋长的最佳人选。实际上，贝克辞职后，曼施泰因就应该出任陆军总参谋长，而不是哈尔德。但希特勒否决了众人的建议，理由是德军计划在北方发动的战役更需要曼施泰因。希特勒没让曼施泰因接任陆军总参谋长一职，真正的原因也许还要复杂得多。曼施泰因现在拥有"可能是陆军最优秀的战略、战役专家"的美誉。战前几年，西格弗里德·韦斯特法尔一直在曼施泰因手下工作，他总结了这位上司的许多特点：

> 他很友善，是个军事天才，他在二战期间担任的各项职务均充分证明了这一点。他的工作速度快得令人难以置信。他缺乏耐性，受不了部下滔滔不绝的汇报。他既是个大度的上司，也是个彻头彻尾的绅士，但他肯定不是一个令人感到愉快的下属。他在同僚中没有太多朋友。[38]

1941年年底，在众人商量是否把曼施泰因从东线调回柏林担任高级职务时，希特勒的态度也很矛盾。他告诉哈尔德，虽然曼施泰因性情和善，可他太特立独行了，与自己的工作方式不搭调。[39]因此，凯特尔让曼施泰因接替哈尔德的建议遭到否决也就不足为奇了。后来，库尔特·蔡茨勒将军出任陆军总参谋长。他此前曾担任过各种参谋职务，并干得很出色，享有后勤专家的美誉。另外，他比曼施泰因听话得多。至少在当前看来，曼施泰因只能继续担任第11集团军司令。

10月25日，曼施泰因参加了佩波·施佩希特中尉的葬礼。这名深受曼施泰因喜欢的副官，在赶去担任新职务的途中因飞机失事而丧生。次日，曼施泰因飞赴元首大本营所在地文尼察，接受希特勒亲自颁发的元帅权杖。这位很有主见的陆军元帅，趁此机会与希特勒坦率地讨论了德国步兵师实力不断下降的问题：

> 由于敌人异常顽强，我方部队必然会在东线战争中付出高昂的代价。因此，各步兵团及时得到兵员补充至关重要。可是，自对苏战争开始后，补充兵几乎总是无法及时开抵，也就是说，各个团不得不在兵力完全不足的情况下投入战斗，而这又不可避免地导致各部队的兵力消耗变得越来越严重。[40]

最让曼施泰因恼火的是，德国明明还有大批兵员，完全能补充步兵的损失。德国陆军一直认为空军人员多得近乎奢侈，对苏战争开始后，他们多次提出从空军中抽调17万人拨给陆军。戈林当然不愿失去这么多人，他说服希特勒批准他组建22个空军野战师,理由是空军的人比陆军更忠于国家社会主义。在国社党看来,陆军依然是立场可疑的保守派。毫无疑问,曼施泰因认为这项决定愚蠢至极:

德国空军目前从替补人员中挑出的这些兵员,无疑都是第一流的军人。如果这些空军人员被当成补充兵提供给各个陆军师,让这些师充分保持战斗力的话,那么德国陆军很大程度上能避免1941年年底至1942年年初的危机。将这些优秀的士兵在空军框架内编为作战师纯属胡来,这些师从何处获得必要的战斗和部队训练,从哪里得到东线必不可少的作战经验?空军又能从何处找到师、团、营级指挥官?

此次会晤期间,我对希特勒详细阐述了这些看法,为引起他的重视,我后来又呈交了备忘录。他认真倾听了我的意见,但坚称自己仔细考虑过这些问题,不会改变主意。[41]

戈林明确指出,空军野战师的兵力少于正规陆军师,战斗力更是远远不及后者,所以只适合在前线较为平静的地段执行防御任务。几个空军野战师负责掩护B集团军群翼侧,可他们发现,那片地域一点也不平静。为防止战线土崩瓦解,这些空军野战师不得不展开殊死战斗。

曼施泰因等人的回忆录,把造成1942年军事灾难的主要责任推给希特勒,但有证据表明,希特勒敏锐地意识到了潜在的威胁(特别是在B集团军群北翼)。早在8月16日,OKW的战时日志就写道:

元首生怕斯大林会想起红军在1920年进行的那次堪称经典的进攻。为打击弗兰格尔将军的白军,布尔什维克当时在谢拉菲莫维奇附近渡过顿河攻往罗斯托夫。这场进攻大获全胜。元首担心,守卫顿河河段的意大利第8集团军无法挡住这样的进攻,因而再次提出,待第22装甲师获得补充,就应尽快将其部署到意大利人身后。[42]

第22装甲师组建于1941年9月。1942年年初,该师没做好战斗准备就被投入东线,结果遭受了惨重的损失。该师装备的主要是35(t)坦克,对苏战争伊始,捷克设计的这款战车就已经过时了。虽然第22装甲师继续留在东线,参加了击败"红军朝哈尔科夫发动灾难性进攻"的交战,还协助其他部队攻往罗斯托夫,但依然是"优先补给"的受害者。在德军于斯大林格勒消耗了大量人力、物力之际,没人会关心为第22装甲师恢复满编的问题。第22装甲师和罗马尼亚第1装甲师[该师装备的也是捷克35(t)坦克]被编为第48装甲军,负责加强B集团军群北翼。由于油料短缺,德军装甲师车组人员不得不把战车半埋在防御阵地上,还铺上稻草,以免坦克被冻坏。结果稻草引来老鼠,咬断了许多坦克的线缆,进一步削弱了该师的实力。上级命令第22装甲师分成小股装甲战斗群,支援前线的罗马尼亚和意大利部队。由于装甲力量被分散使用,致使该师无法集中兵力,对红军日后发动的进攻展开卓有成效的反突击。

红军的确在策划这种进攻。早在9月份,他们就开始考虑反攻的问题。首批方案迅速获得批准,两场行动的代号都以太阳系的行星命名。"火星行动"的任务是对莫斯科西面的勒热夫突出部发起果断突击,目的是彻底消除德军对苏联首都构成的威胁;"天王星行动"的任务是打击斯大林格勒地区德国第6集团军暴露的翼侧,目的是围歼该集团军。在"火星行动"付诸实施后不久,红军又制订了另一个计划,也就是攻往罗斯托夫和亚速海的"土星行动",该行动的目的是隔断、歼灭顿河以东和高加索地区的全部德军。华西列夫斯基在回忆录里说"火星行动"是辅助突击,但实情远非如此。红军用于"火星行动"的兵力,远远多于在南面发起的"天王星行动"。从11月下旬起,持续一个月的激战仅仅是红军计划对德国中央集团军群展开行动的初步措施。展开"火星行动"后,红军又发起了"木星行动",其目的是歼灭斯摩棱斯克东面的德军。结果,"火星行动"遭遇惨败,红军损失惨重,而"木星行动"自然也没奏效。红军阵亡、负伤和被俘人数超过30万,德军损失4万人左右。[43]但这场战役对南方的作战行动至关重要:面对红军施加的压力,德国中央集团军群无法抽调任何兵力去支援其他地区。

东线战争的决定性转折点恰恰出现在其他地区,而不是"莫斯科门前"——交战双方于1941年年底在那里激烈厮杀,斯大林认为德国人来年的作战重点是重新进攻苏联首都。正是"天王星行动"给德国军队造成陷入合围的危机,为苏联彻底击败德国开辟了道路。

参考文献

1. M.Cooper, *The German Army 1939–1945* (Scarborough House, Lanham, MD, 1990), p.283.
2. M.Tukhachevsky, *New Problems in Warfare* (Art of War Symposium, Carlisle, PA, 1983);I. Uborevich, *Operativno-Takticheskaia i Aviatsionnaia Voennye Igry* (Gosudarstvennoe izdatel' stvo, Otdel Voennoi Literatury, Moscow, 1929); G. Isserson and B. Menning (trans.), *The Evolution of Operational Art* (Combat Studies Institution Press, Fort Leavenworth, KA, 2013); S. Krasilnikov, *Organizatsiya Krupnykh Obshchevoyskovykh Soyedineniy. Proshedsheye, Nastoyashcheye i Budushcheye* (Gosudarstvennoe izdatel' stvo, Otdel Voennoi Literatury, Moscow, 1933); V. Melikov, *Problema strategiceskogo razvertyvanija po opytu mirovoj i grazdanskoj vojny* (Naucno-Issledovatelskiye Otdel Voenny Akademie, Moscow, 1935).
3. S.Shtemenko, *The Soviet General Staff at War 1941–1945* (Progress, Moscow, 1970), p.23.
4. D.Glantz and J. House, *When Titans Clashed: How the Red Army Stopped Hitler* (University Press of Kansas, Lawrence, KA, 1995), pp.80–82.
5. H.Guderian, *Erinnerungen Eines Soldaten* (Vowinckel, Heidelberg, 1951), pp.353–55.
6. A.Vasilevsky, *A Lifelong Cause* (Progress, Moscow, 1973), p.126.
7. Vasilevsky, *Lifelong Cause*, p.8.
8. Ibid., p.13.
9. P.Buttar, *Russia's Last Gasp: The Eastern Front in World War I 1916–1917* (Osprey, Oxford, 2016), pp.139–293.
10. P.Buttar, *The Splintered Empires: The Eastern Front in World War I 1917–1923* (Osprey, Oxford, 2017), pp.209–17.
11. Vasilevsky, *Lifelong Cause*, p.21.
12. Shtemenko, *Soviet General Staff*, pp.124–26.
13. P.Mezhiritsky, 'Reading Marshal Zhukov' in *The Soviet and Post-Soviet Review* (Libas Consulting, Philadelphia, PA, 1995), Vol. XXIII 1, pp.349–50.
14. N.Krushchev and S. Krushchev (ed.), *Memoirs of Nikita Krushchev* (Pennsylvania State University Press, University Park, PA, 2004), Vol. I, pp.362–70.
15. Vasilevsky, *Lifelong Cause*, p.152.
16. G.Zhukov, *The Memoirs of Marshal Zhukov* (Jonathan Cape, London, 1971), Vol. II, pp.43–44.
17. D.Glantz, *Kharkhov 1942: Anatomy of a Military Disaster* (Sarpedon, New York, 1998), pp.21–37.
18. Shtemenko, *Soviet General Staff*, p.56.
19. W. Adam and O. Rühle (trans. T. le Tissier), *With Paulus at Stalingrad* (Pen and Sword, Barnsley, 2015), pp.22–23.
20. C.Bellamy, *Absolute War: Soviet Russia in the Second World War* (Pan, London, 2007), p.498.
21. E.Ziemke, *Moscow to Stalingrad: Decision in the East* (University of Michigan Press, Ann Arbor, MI, 1987), pp.328–30.
22. A.Clark, *Barbarossa: The Russian-German Conflict 1941–1945* (Papermac, London, 1985), p.205.
23. Ibid., p.208.
24. Ibid., p.209.
25. R.Forczyk, *Tank Warfare on the Eastern Front 1941–1942: Schwerpunkt* (Pen and Sword, Barnsley, 2014), p.201.
26. Ibid., p.202.
27. S.Zaloga and L. Ness, *Red Army Handbook 1939–1945* (Sutton, Stroud, 1998), pp.78–79.
28. Adam and Rühle, *Paulus at Stalingrad*, p.29.
29. F.von Mellenthin, *Panzer Battles* (University of Oklahoma Press, Danvers, MA, 1956), p.153.

30. J.Engelmann, *Manstein: Stratege und Truppenführer – ein Lebensbericht in Bildern* (Podzun Pallas, Friedburg, 1981), p.19.
31. E.von Manstein, *Soldat im 20. Jahrehundert* (Bernard & Graefer, Munich, 1997), p.177; M. Melvin, *Manstein: Hitler's Greatest General* (Orion, London, 2010), p.65.
32. T.Anderson, *Sturmartillerie: Spearhead of the Infantry* (Osprey, Oxford, 2016), p.11.
33. B.Lemay (trans. P. Heyward), *Manstein: Hitler's Master Strategist* (Casemate, Newbury, 2010), pp.56–57, 62–63.
34. E.von Manstein, *Lost Victories: The War Memoirs of Hitler's Most Brilliant General* (Presidio, Novato, CA, 1994), p.56.
35. O.von Wrochem, *Vernichtungskrieg und Erinnerungspolitik: Erich von Manstein, Akteur und Symbol* (Schoeningh Ferdinand, Paderborn, 2006), p.47.
36. H.Trevor-Roper, *Hitler's War Directives 1939–1945* (Birlinn, Edinburgh, 2004), p.50.
37. E.von Manstein, *Lost Victories*, pp.137–38.
38. S.Westphal, *Erinnerungen* (Hase & Koehler, Mainz, 1975), p.55.
39. C.Hartmann, *Halder: Generalstabschef Hitlers* (Schöningh, Paerborn, 1991), p.304.
40. E.von Manstein, *Lost Victories*, p.268.
41. Ibid., pp.268–69.
42. P.Schramm (ed.), *Kriegstagebuch des Oberkommandos der Wehrmacht* (Bernard & Graefer, Munich, 1982), Vol. III, p.597.
43. D.Glantz, *Zhukov's Greatest Defeat: The Red Army's Epic Disaster in Operation Mars 1942* (University Press of Kansas, Lawrence, KA, 1999).

铁锤落下:"天王星行动"

第二章

当希特勒和其他人忧心忡忡地盯着第6集团军翼侧（特别是北翼）之际，苏联高层也在思忖该采取怎样的行动。9月12日，斯大林、华西列夫斯基和朱可夫召开会议，再次讨论去年冬季反攻失利的原因，以及接下来几个月该如何行事。朱可夫老调重弹，先介绍了几个集团军遂行突击的方式，声称如果没有足够的坦克和火炮就无法确保胜利。随后，他又指出，不仅要解决上述问题，还要提供充足的空中支援。于是，斯大林指示他和华西列夫斯基研究相关问题，并于次日带上具体计划来见他。第二天，两人奉命到来，简要汇报了他们讨论一天后得出的结论：南方的德军阵地防御薄弱。朱可夫提出，既然德国人的注意力集中在斯大林格勒城区，那么他们就无法腾出足够多的兵力去加强罗马尼亚军队据守的翼侧阵地。以手头所有预备队打击敌军翼侧，大本营就能确保局部优势，达成快速突破。待红军把德国第6集团军包围、歼灭在斯大林格勒之后，就能掌握战略主动权。[1]北面的进攻，可以从红军在克列缅斯卡亚和谢拉菲莫维奇占据的登陆场（距斯大林格勒约161千米）发起；南面的进攻，可以从距斯大林格勒约80千米的几座盐湖发起。两位将军借助地图阐述了他们拟制的方案。斯大林提出修改建议，希望从靠近斯大林格勒的地方发起进攻，缩短突击力量的行进路程，尽快会师，一举切断德军。朱可夫不赞成这样做，他告诉斯大林，如果在靠近斯大林格勒的地方发动反攻，城内德军很容易变更部署，及时阻截红军纵队。经过进一步商讨后，斯大林同意了他们的设想。作战方案通过后，华西列夫斯基的任务是在严格保密的情况下展开细致的参谋工作，把草案变成可供部队执行的计划。一如既往，他干劲十足、勤勤勉勉地投入工作。

在目前这个阶段，红军攻往罗斯托夫和亚速海，发展他们预期赢得的一切胜利（这场进攻战役后来被称为"土星行动"），纯属推测性建议。红军的当务之急是达成两场突破，让两股突击力量会合后隔断德国第6集团军，尔后迅速歼灭被围之敌。9月28日，三人再次会晤，华西列夫斯基详细汇报了拟定的作战行动。遂行合围的"北钳"，需要配置比"南钳"更多的兵力，因为这股突击力量行进的路程较远。此外，华西列夫斯基还考虑到了被用来加强罗马尼亚第3集团军的德国第48装甲军，这说明他充分意识到，就连一个实力虚弱的德国装甲兵团，也有可能对红军构成严重威胁。红军各野战集团军被编入方面军，沿顿河重新组建了西南方面军，负责计划中这场合围的北半部。瓦图京因在保卫沃罗涅日的交战中表现出色，现在改任西南方面军司令员，手头掌握了第63集团军、第21集团军和重建的坦克第5集团军。此外，红军战线其他地段也变更了部署。瓦图京的西南方面军与斯大林格勒之间，被安插了一个新的军队集群，即顿河方面军。当时，这片地段一直由斯大林格勒方面军提供掩护。斯大林格勒方面军司令员瓦西里·尼古拉耶维奇·戈尔多夫中将是个能干的指挥员，但缺乏想象力。为便于他指挥部队，大本营在8月份分拆了斯大林格勒方面军，将位于南面的部队编为东南方面军，交由安德烈·伊万诺维奇·叶廖缅科将军指挥。随着戈尔多夫辖内更多的部队被调去组建顿河方面军，东南方面军接掌了斯大林格勒城内的红军部队。随后，东南方面军又被改称斯大林格勒方面军。斯大林起初想派戈尔多夫担任顿河方面军司令员，但华西列夫斯基和朱可夫提出了另一个人选。

他们看中的是有波兰血统的康斯坦丁·康斯坦丁诺维奇·罗科索夫斯基。此人战前一直是图哈切夫斯基的忠实信徒，这让他与谢苗·米哈伊洛维奇·布琼尼元帅等人发生了激烈冲突。布琼尼是斯大林的密友，他积极鼓吹日后的战争离不开骑兵。罗科索夫斯基在苏联远东地区待了很长一段时间（在瓦西里·康斯坦丁诺维奇·布柳赫尔元帅麾下任职）。20世纪30年代末期，罗科索夫斯基被控犯有间谍罪（指控他的证据很不靠谱），身陷囹圄。审讯人员认为罗科索夫斯基与日本人勾结，故意不好好训练部队。审讯人员毒打、虐待罗科索夫斯基，想让他在所谓的供词上签字画押，可他坚决不肯。之后，他被囚禁在列宁格勒。1940年夏季，相关部门没做任何解释就释放了他，还允许他回军队服役。苏德战争爆发时，罗科索夫斯基负责指挥一个机械化军。布罗德交战期间，他率领部队发起反突击。随后的战况清楚地表明，红军缺乏有效协同，难以匹敌德国兵团。罗科索夫斯基的方面军司令员米哈伊尔·彼得罗维奇·基尔波诺斯打算取消反突击，但没能获得朱可夫批准。最后，罗科索夫斯基自行决定挽救麾下部队。[2]

7月中旬，罗科索夫斯基被调往斯摩棱斯克，在那里指挥第4集团军。不过，德军对苏联西方面军辖内部队的快速合围，导致原定计划有变。西方面军司令员铁木辛哥命令罗科索夫斯基，以他拼凑的所有部队组建"亚尔采沃集群"，全力阻挡德军。罗科索夫斯基以逃离包围圈的后撤兵团和调自东面的少量援兵组织防御，竭力为西面的红军部队守住后撤路线。当年9月，罗科索夫斯基出任第16集团军司令员，在投入几个惩戒营后，好歹让集团军恢复到接近满编的状态。莫斯科保卫战期间，他和他的兵团表现出色。没过多久，罗科索夫斯基在战斗中负伤。伤愈后，他被调往沃罗涅日西北面指挥布良斯克方面军。现在，大本营又把他调回来，领导新组建的顿河方面军。顿河方面军下辖第65集团军（以坦克第4集团军残部为主组建的该集团军，在不久后被更名为坦克第4集团军）、第24集团军、第66集团军。

"天王星行动"的"南钳"由叶廖缅科将军指挥，他的第57集团军和第51集团军，获得4个坦克军、2个机械化军加强。叶廖缅科出生于哈尔科夫附近的农民家庭，和华西列夫斯基一样，第一次世界大战期间他在东线南部地段服役。他很早就加入了布尔什维克军队，曾跟随布琼尼骑兵第1集团军参加战斗。1939年，叶廖缅科率领骑兵第6军攻入波兰，执行苏联占领波兰东部的行动。由于油料短缺，骑兵第6军不得不请求空运补给，以便部队继续前进。尽管如此，叶廖缅科还是顺利完成了任务。之后，他被擢升为红旗远东独立第1集团军司令员。苏德战争爆发后，大本营把他召回莫斯科，派他指挥西方面军。西方面军的前任司令员德米特里·格里戈里耶维奇·帕夫洛夫因作战不力被解除职务，很快就被逮捕、处决。叶廖缅科指挥红军在斯摩棱斯克阻挡德军推进，他在战斗中负伤。伤愈后，叶廖缅科被调往布良斯克方面军，他竭力阻止德军从北面合围基辅，但没能取得战果。他率领实力严重受损的几个集团军，与重新攻往莫斯科的德军交战，辖内部队几乎都被对方围歼。叶廖缅科再次负伤——在这次战役剩下的时间里，他一直待在莫斯科的医院内疗伤。1942年1月，他率领突击第4集团军投入冬季反攻，深深楔入德军防线——勒热夫突出部就此形成。接下来几个月，交战双方为争夺该突出部付出了高昂的代价。叶廖缅科又一次负伤，但大本营还是把他调到南方去担任东南方面军司令员，他在这个岗位上指挥了斯大林格勒西面和斯大林格勒城内的大多数交战。后来，他的领率机构被分拆，组建了戈尔多夫的斯大林格勒方面军（戈尔多夫还是继续接受叶廖缅科指挥）。1941年，他冒着德军的空中优势顽强作战，吸收了很多经验教训——大规模使用坦克力量比零零碎碎地投入战车更有价值，而且空中支援也很重要。

朱可夫和华西列夫斯基视察了斯大林格勒附近的战线，朱可夫主要视察北部地段，而华西列夫斯基则把重点放在南部地段。他们严格遵守斯大林绝对保密的要求，亲自向几位方面军司令员通报情况，以"按需知密"的原则严格限制知情人数，还禁止以无线电或书面形式讨论相关情况。10月中旬，顿河方面军下令疏散前线约24千米内所有平民百姓：一是严防出现安全漏洞，二是为开始集中的红军指战员腾出住处。在进行准备工作期间，几乎各个领域的相关人员都要面对很大压力。调自战略预备队的各兵团必须开赴展开地域，为了不让德国人发现，这些行动主要在夜间进行。相关人员不仅要改善铁路线的运行状况、修葺道路，还得在伏尔加河和顿河上架设桥梁。为防止德国人发现并破坏桥梁，或者觉察到这是红军集中兵力的前奏，大多数桥梁都建在水面下。这场行动的规模很大：叶廖缅科位于斯大林格勒南面的军队，在三周内就把11.1万名官兵、420辆坦克、556门火炮，以及数千吨重的弹药、油料和物资运过了伏尔加河。考虑到伏尔加河当时布满浮冰，这番壮举就显得更了不起了。[3] 除了前运这么多兵力、坦克、火炮、弹药、油料和其他物资外，各兵团还得为即将到来的交战做好准备，正如华西列夫斯基所描述的那样：

> 随后，我们与各方面军辖内部队和领率机构展开实际作业，现场处理跟即将实施的战役有关的种种问题。各兵团展开的工作，主要将注意力放在以下几个方面：制定切实可行的措施，迅速摧毁、突破敌人的防御战术纵深，仔细选择以各兵种在敌战役纵深采取行动的方式，以及考虑自己承担的具体任务、各部队的协同和指挥问题。[4]

尽管红军行事谨慎，但依旧没能彻底隐瞒住规模如此庞大的准备工作。德国人逐渐觉察到对方正在集中兵力，不过，他们对这些情况的解释很成问题。"火星行动"旨在彻底消灭勒热夫突出部，德军东线外军处（这是德国的军事情报机构，负责全面评估红军的动态）认为，在即将到来的冬季，这里就是对方的作战重点。他们还发现红军逐渐集中在斯大林格勒两侧，但严重低估了对方的实力。不管怎样，希特勒提醒心存顾虑的将领，部署在斯大林格勒北翼的德国军队，曾于秋季多次遭到敌军攻击，虽然出现了一些险情，可还是击退了对方的所有冲击。红军根本没有足够的兵力同时发动两场大规模进攻战役，他们的战斗技能也不如德军。[5] 德国人已经给罗马尼亚军队调拨了更多反坦克炮——足以掩护翼侧，"挡住红军一切实力虚弱的突击"。当时，罗马尼亚各师装备的依然是37毫米反坦克炮，这种火炮在1942年中期已完全派不上用场。希特勒调拨给罗马尼亚人的新式

49

兵器是威力更大的75毫米反坦克炮，但每个师只得到6门，而每个罗马尼亚师据守的防线长达19千米。另外，这些火炮的弹药供应不足，罗马尼亚各兵团以寥寥几门反坦克炮来挡住红军坦克突击的可能性很小，更何况他们甚至没有足够的弹药来用于训练。

10月下旬，斯大林格勒地区的情报军官向上级汇报了逐渐逼近的威胁。德国第6集团军司令弗里德里希·保卢斯获悉，克列缅斯卡亚和谢拉菲莫维奇登陆场内，红军的兵力正在不断加强，而叶廖缅科的几个集团军也获得了援兵。保卢斯对此的反应，仅仅是把相关情报呈送上级。[6] 第6集团军的领率机构没在红军发动"天王星行动"前采取任何防范措施，是个很大的疏忽。虽然希特勒很可能禁止目前在斯大林格勒城内作战的德国装甲师变更部署，但后勤保障工作本就应该未雨绸缪，为迅速变更部署做好准备，以应对第6集团军翼侧日益明显的威胁。罗马尼亚第3集团军司令佩特雷·杜米特雷斯库将军，从他的部队接防突出部北翼防御那一刻起，就主张消灭红军设在克列缅斯卡亚和谢拉菲莫维奇的登陆场。他多次指出，除非占领整个顿河右岸，否则他那实力不足的部队无法执行防御任务。可就算B集团军群打算为他提供加强，德军在斯大林格勒巨大的人员和物资消耗也让他们无法采取此类措施。

10月下半月，杜米特雷斯库一再警告，当面的红军正在不断集中兵力。11月初，他估计红军几天内就会发动进攻。可随后的情况表明，红军的进攻仅仅是小规模突袭。这样一来，更多关于"敌人即将发动进攻的警告"也就没人理会了。实际上，由于前调人员和物资的作业发生延误，红军不得不两次推迟发动"天王星行动"。德国空军在发现苏联人正在进行准备工作后，也发出了更多警告。德国第4航空队负责为A集团军群与B集团军群提供空中支援，航空队司令沃尔弗拉姆·冯·里希特霍芬男爵大将是第一次世界大战中的著名飞行员"红男爵"的堂弟。此时，第6集团军仍在斯大林格勒城内争夺红军据守的最后几个支撑点，里希特霍芬认为这种厮杀徒劳无益，越来越想调离他的战机，去打击罗马尼亚第3集团军当面不断集中的红军部队。里希特霍芬11月12日的作战日志表明，他很清楚即将发生的事：

顿河畔，苏联人继续从事准备工作，打算对罗马尼亚人发动进攻，他们的态度非常坚决。第8航空军、第4航空队和罗马尼亚空军不断打击对方。苏联人集中了预备队，我很想知道他们何时会发动进攻！敌人似乎一直缺乏弹药，但现在他们开始部署火炮。我只希望苏联人不要在我们的防线上撕开太多的大缺口。[7]

里希特霍芬猜错了一点：红军炮兵不太活跃的原因并不是缺乏弹药。红军的炮兵部署到位后，只试射了几发炮弹，就奉命偃旗息鼓，以免德国人和罗马尼亚人发觉即将到来的进攻会有多么猛烈。

曼苏尔·吉兹图洛维奇·阿卜杜林是来自西伯利亚南部的红军战士，他在11月初跟随突击队渡过顿河，并首次经历了战斗——这是让新兵为即将到来的交战做好准备的好办法：

"站起来！"我们这群迫击炮兵听到这道不祥的命令。我们携带着火炮部件、炮身和底钣，稍一趔趄就会栽倒在地，被沉重的钢铁组件砸到头。

如果不是因为沉重的背包，负轻伤的迫击炮兵根本不会丧生——我们的负载足以让伤员送命。我们从一名阵亡的同志身上取下装备，朝前方冲去。我看见连里的共青团领导人拿走了他身上包括团员证在内的所有证件。

我们爬过高低不平的地面。空气中弥漫着一股恶臭。我们继续奔跑，一路向前。一颗紫色照明弹挂在空中，照亮了死者的面孔，各处都倒着法西斯分子和我们的同志。

枪炮声变得越来越激烈。我悄悄瞥了眼身旁的同志：他们注意到了吗？他们显然注意到了，但他们神情坚定，没有人犹豫不决。他们会说，这是战争，遇到这种情况很正常！而我才19岁，知道的东西很少……我跃过地上的尸体，根本没时间多想。我们这么快就适应了原本无法想象的东西……照明弹以紫色光芒照亮的场景令我感到震惊，战争的现实，"他们英勇牺牲"这类公告的实情就在我眼前。

和其他人一样，我做了自己该做的事。我竭力不让自己跌倒，子弹呼啸而过，我稍稍伏下身子。我几乎是爬着走完了最后几米，子弹从很低的地方射过，我爬入另一名战士旁边的战壕，我还活着，毫发无损。我们很快做好了接到命令就开火的准备……

我的排长帕维尔·格奥尔吉耶维奇·苏沃罗夫是个怪人，他看着我们不停地发笑……我从他善意的笑容中得知，从爬入战壕这一刻起，我们就是前线战士了。

无论接下来发生什么,都没人会记得或顾及我们不过是刚刚还在步兵学校接受训练的学员。[8]

11月中旬,阿卜杜林参加了另一场进攻。为试探罗马尼亚人的阵地,并弄清守军火力点,他所在的部队遭受了严重损失:

战斗结束后,我们于11月14日晚到15日凌晨撤回安全地带,直到这时我才获知此次行动的真实情况。

傍晚前后下起蒙蒙细雨,地上结了冰,黑暗中,我们就像踩在玻璃上。随后,一轮满月升起。

眼前的场景就像是一幅由数千名真人大小、冰冻的军人塑像构成的画面:(这些人)或仰卧,或趴伏,或蹲着,或蜷缩,或高举双臂……还有人在高呼时被冻结,冰冻的脸上双目圆睁,张开的嘴巴好像仍在呐喊。一具具尸体堆在铁丝网上,看来他们生前是想压倒铁丝网,为攻入法西斯匪徒的战壕打开通道。我仍有抵触情绪,不愿接受这幅冰冻的画面就是活生生的现实。似乎只要有人打开电影放映机,这幅冰冻的画面就能活动起来……

我清楚地记得,9月份某个傍晚,军校校长把我们这群学员召集起来,宣读了国防委员会的命令,要求学员大队立即出发,加入现役部队。当晚,我们擦油保养武器,第二天早上就列队出发,从塔什干开赴西北方,朝等待我们的命运而去。一路上满是笑声和歌声。我们乘坐的火车行驶了两天,毫不停顿地到达目的地,步兵第293师的几名指挥员在车站等候我们。这个师刚刚从前线调来,准备接收补充兵。

首场战斗中,我的许多同学牺牲了……他们都有机会从生活中知道自己可能会成为什么样的人吗?我们的政治教育也在这场战斗中结束了。

大雪纷飞,厚厚的雪毯遮住我们眼前可怕的战斗场面。早上落下的这片白色雪毯,又大又厚,犹如裹尸布。昼间,目力所及之处,草原上的一切都显得平坦、洁白、安静,仿佛只有和平和质朴的纯洁存在过。[9]

德国人也发现了红军在斯大林格勒南面的集中,第4装甲集团军司令赫尔曼·霍特大将一再对这种情况深表担忧。他手头只有一个机动兵团(也就是第29

摩托化步兵师）可用，该师目前的实力仍接近满编。红军发起"天王星行动"前夕，第29摩托化步兵师接到命令，要求他们做好开赴西北方的准备，任务是支援面对顿河登陆场的罗马尼亚第3集团军。如果第29摩托化步兵师真被调离的话，部署在斯大林格勒南面的罗马尼亚第4集团军，就没有任何装甲力量支援了。

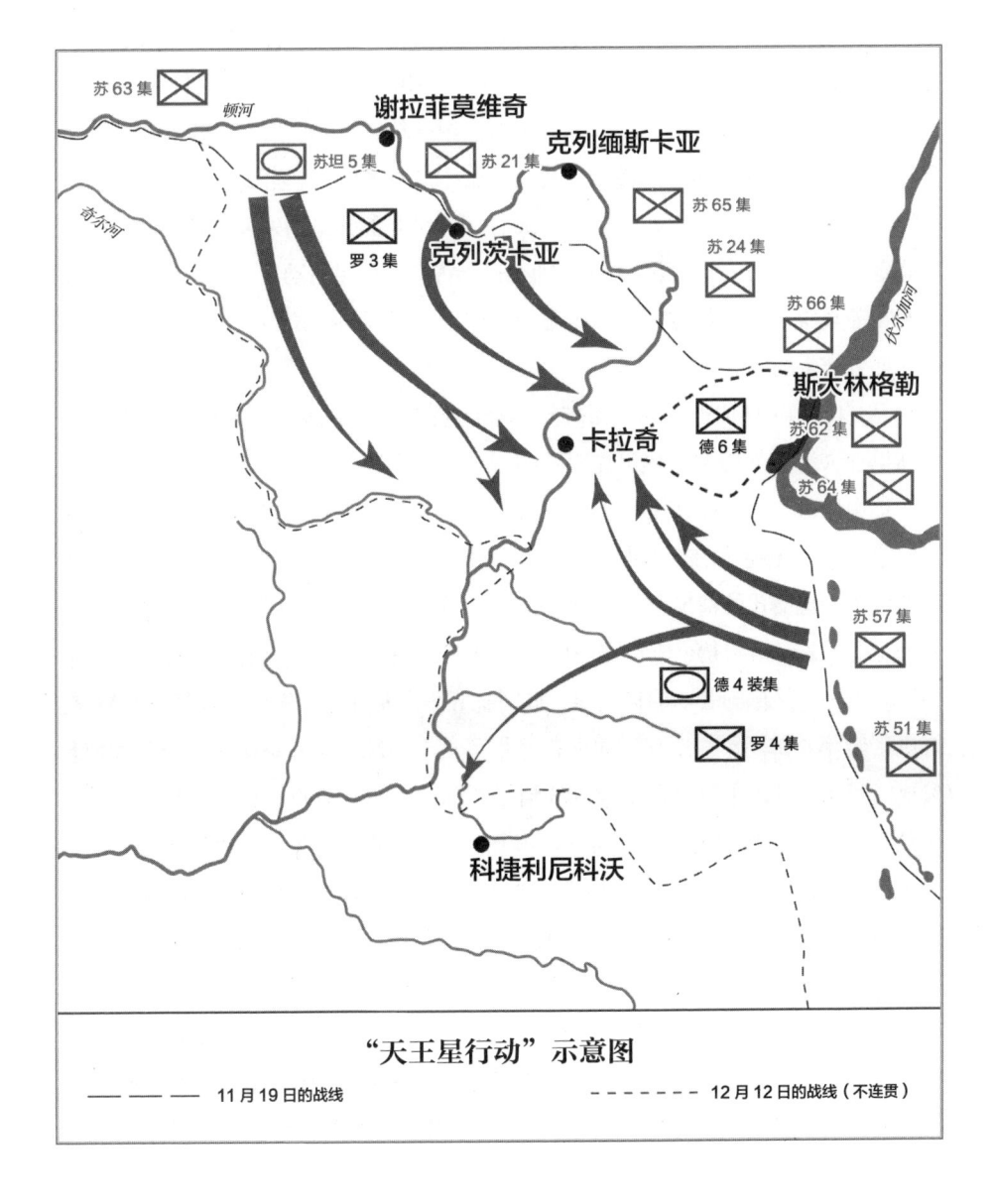

"天王星行动"示意图

—— 11月19日的战线　　 - - - - - 12月12日的战线（不连贯）

当时，克列缅斯卡亚和谢拉菲莫维奇登陆场当面的轴心国联军，仅有的装甲预备队是费迪南德·海姆中将第48装甲军辖下的罗马尼亚第1装甲师和德国第22装甲师，但这两个师的坦克数量不到100辆，而且这些坦克根本无法匹敌红军的T-34。11月初，德国第14装甲师奉命撤出斯大林格勒加入海姆装甲军。但第14装甲师不再是强大的作战力量，激烈的巷战导致该师两个装甲掷弹兵团的兵力不到1000人（仅仅是一个营的规模），而摩托化营的兵力仅相当于一个步兵连。另外，该师可用的坦克也寥寥无几。11月的大雪和冻雾妨碍了德国人的后续侦察，也减缓了红军的集中速度，红军不得不再次推延行动时间。斯大林担心再拖下去会让德国人获得变更兵力部署，以及及时做出应对的时间，可他别无选择，只能接受朱可夫和华西列夫斯基的建议。最后，一切准备就绪。朱可夫被调往西方面军监督"火星行动"，华西列夫斯基则亲自指挥"天王星行动"的两支铁钳。他来到谢拉菲莫维奇的西南方面军司令部，心中充满了任何一位高级将领在重大行动前夕都会产生的紧张不安。

从11月18日黄昏起，顿河畔红军登陆场内的人员活动迹象变得越来越多。罗马尼亚人清楚地听到预热坦克引擎的声音，他们还报告"发现大股敌军兵团正开入集中地域"。11月19日清晨，一支罗马尼亚骑兵巡逻队突然袭击了红军的小股侦察队，还在随后的交火中俘虏了红军侦察队队长。罗马尼亚人立即把他送到师部审讯，他交代的情况令人震惊：红军会在上午晚些时候展开大规模进攻。清晨5点过后不久，格哈德·施特克中尉（施特克曾在柏林奥运会上赢得过标枪金牌和铅球铜牌，是德国著名的运动员，此时他在罗马尼亚第4军中担任德军联络官）打电话给第6集团军司令部，向他们通报了这个情况。第6集团军司令部的值班参谋温里希·贝尔上尉整理了收到的情报，除此之外什么也没做——他先前就因收到类似报告而叫醒过第6集团军参谋长阿图尔·施密特将军，可后来发现这些报告完全是假警报，结果遭到参谋长训斥，他可不想再给自己惹麻烦。待施密特和保卢斯读罢这些报告，两人平静如昔，对此无动于衷。就算情报属实，第48装甲军肯定也能拦截并歼灭渗透到罗马尼亚军队防区的红军部队。[10]

11月19日天色渐亮，等待进攻的红军士兵惊愕地发现，整个顿河中游地段笼罩着浓浓的冻雾。瓦图京短暂地考虑了是否继续推延进攻，但他最终决定，无论如何都要展开行动。当地时间7点30分（对德国人来说是5点30分，无论他们置身欧洲何处，都以柏林时间为准。后文所写的时间，除非另有说明，否则都是指当地时间，即莫斯科时间），红军集中炮兵力量开火射击。这是历史的讽刺之一，红军最后一次推延"天王星行动"，是为了让自己的空军获得更多准备时间，可眼下的气候状况却导致航空兵无法出动。为获得空中优势，红空军本打算效仿德国人在发动"巴巴罗萨行动"时采用的战术，在战役开始前用三天时间来打击德国空军的机场。可现在，红空军指战员只好自我安慰：如果天气恶劣到己方战机无法升空的程度，那么德国人所面对的情况也同样如此。

红军集中了3500来门各种口径的火炮，朝罗马尼亚第3集团军防线实施的炮火准备持续了一个多钟头的时间。因为大部分红军炮兵连早在几天或几周前就标注了各自的目标，所以红军对罗马尼亚军队防御工事的炮击极为准确。虽说相关部门曾给罗马尼亚军队运去混凝土，让士兵构筑强化防御阵地，但后方地带和指挥部直属单位却截留了大部分建筑材料，用于改善自己的居住条件。结果，前线步兵在未获得加强的战壕和掩体内遭受了严重损失。尽管如此，当红军第63集团军和第21集团军的士兵在炮火准备结束2分钟后发起冲锋时，还是在某些地段遭遇顽强抵抗。[11]另一些地段，可能因为红军的炮火准备更具破坏性，罗马尼亚人开始越来越混乱地后撤。不过，某些罗马尼亚部队仍坚守阵地，击退了红军首轮进攻。虽然红军第二轮进攻获得了少量坦克支援，但还是没取得太大进展。守军布设的地雷场给苏联人造成很大的麻烦，正如红军工兵维克托·康德拉季耶维奇·哈尔琴科后来回忆的那样："地上满是弹片和其他碎片，探雷器根本派不上用场。"红军工兵不得不用金属探针勘察地面，凭手感来发现地雷。不过，暴雪和降到零下的温度导致这项任务异常艰巨。[12]

受挫的红军部队要求炮兵实施第二轮炮击。瓦图京命令坦克第5集团军的突击力量前进，打击罗马尼亚第2军的防线（该军编有第9步兵师和第14步兵师）。尽管被炮火炸得满是弹坑的地面会造成阻碍，在某些情况下还会误入罗马尼亚人布设的地雷场，但红军坦克第1军和第26军的T-34还是在骑兵第8军的支援下开始取得进展。骑兵第8军在战场的西部边缘，沿狭窄的正面发动进攻，并渗透到布利诺夫斯基村，迫使罗马尼亚第9步兵师后撤他们的东翼，为友邻的坦克兵团取得更快的进展开辟了道路。罗马尼亚人的防御火力击毁了一些坦克，可他们不仅没有足够的反坦克炮，就连弹药也不多。这场实力悬殊的交战持续到当天中午，红军终于突破了罗马尼亚人的防御阵地。坦克第 26 军军长阿列克谢·格里戈里耶维奇·罗金少将率领他的兵团继续前进，在当天结束前达成约 20 千米的纵深渗透。[13]

东面，第 21 集团军辖内的坦克第 4 军粉碎了罗马尼亚第 14 步兵师，并在发起进攻的第一个小时就成功穿过他们打开的缺口。编有第 5 步兵师和第 6 步兵师的罗马尼亚第 5 军（由第 6 步兵师师长米哈伊尔·拉斯卡尔统一指挥），被红军在两处达成的突破隔断。罗马尼亚第 9 步兵师、第 13 步兵师和第 14 步兵师作为战斗兵团已不复存在，这几个师的残兵败将在混乱中溃逃。红军在罗马尼亚人的防线上撕开一个宽约 80 千米的缺口。

红军发起炮火准备时，数英里外都能听见炮火的轰鸣声，第 48 装甲军的官兵还觉察到脚下地面的震颤。没等上级下达命令，德国第 22 装甲师就迅速以他们寥寥无几的战车做好战斗准备。该师师长赫尔穆特·冯·德尔·切瓦勒里少将刚刚收到改任第 13 装甲师师长的命令，埃贝哈德·罗特上校接替他出任第 22 装甲师师长。11 点 30 分，当坦克第 5 集团军的战车突破罗马尼亚军队防线之际，希特勒从遥远的元首大本营发来指示，命令海姆击退红军从谢拉菲莫维奇登陆场发动的进攻。

按照预先制订的计划，海姆已经把他的军派往克列缅斯卡亚，他知道那里位于红军进攻地域东部。克列缅斯卡亚离斯大林格勒最近，离第 14 装甲师也最近。因为这个师已转隶他的军，所以他觉得先把兵力集中到该地域才能发挥最大效力。一旦击败红军在克列缅斯卡亚的渗透，他就可以视情况需要攻往西面。可海姆现在获悉，第 14 装甲师被转隶罗马尼亚第 4 军。希特勒从数百英里外给他下达的指令，是让他"解决敌人在谢拉菲莫维奇达成的渗透"。

罗马尼亚第 1 装甲师奉命支援罗马尼亚第 5 军，他们发现自己刚好挡在罗金坦克第 26 军的前进路线上。一群红军坦克在遇到罗马尼亚第 1 装甲师师部，并发生短暂交火后，向南驶去。要命的是，罗马尼亚第 1 装甲师在战斗中损毁了几辆车，其中一辆半履带车上载有德国联络官的无线电台——这导致该师无法与第 48 装甲军军部取得联络。罗马尼亚第 1 装甲师的两翼很快就遭到攻击，被敌人逼入科罗特科夫斯基附近一片岸堤陡峭的河谷中，并在那里陷入包围。该师大部被歼。由于缺乏油料，该师残存的坦克只好退往南面，并幸运地遇到一支补给纵队，补充了油料。罗马尼亚第 1 装甲师于 11 月 19 日投入交战的 84 辆坦克，现在只剩 30 辆。[14]

"天王星行动"示意图：西南方面军

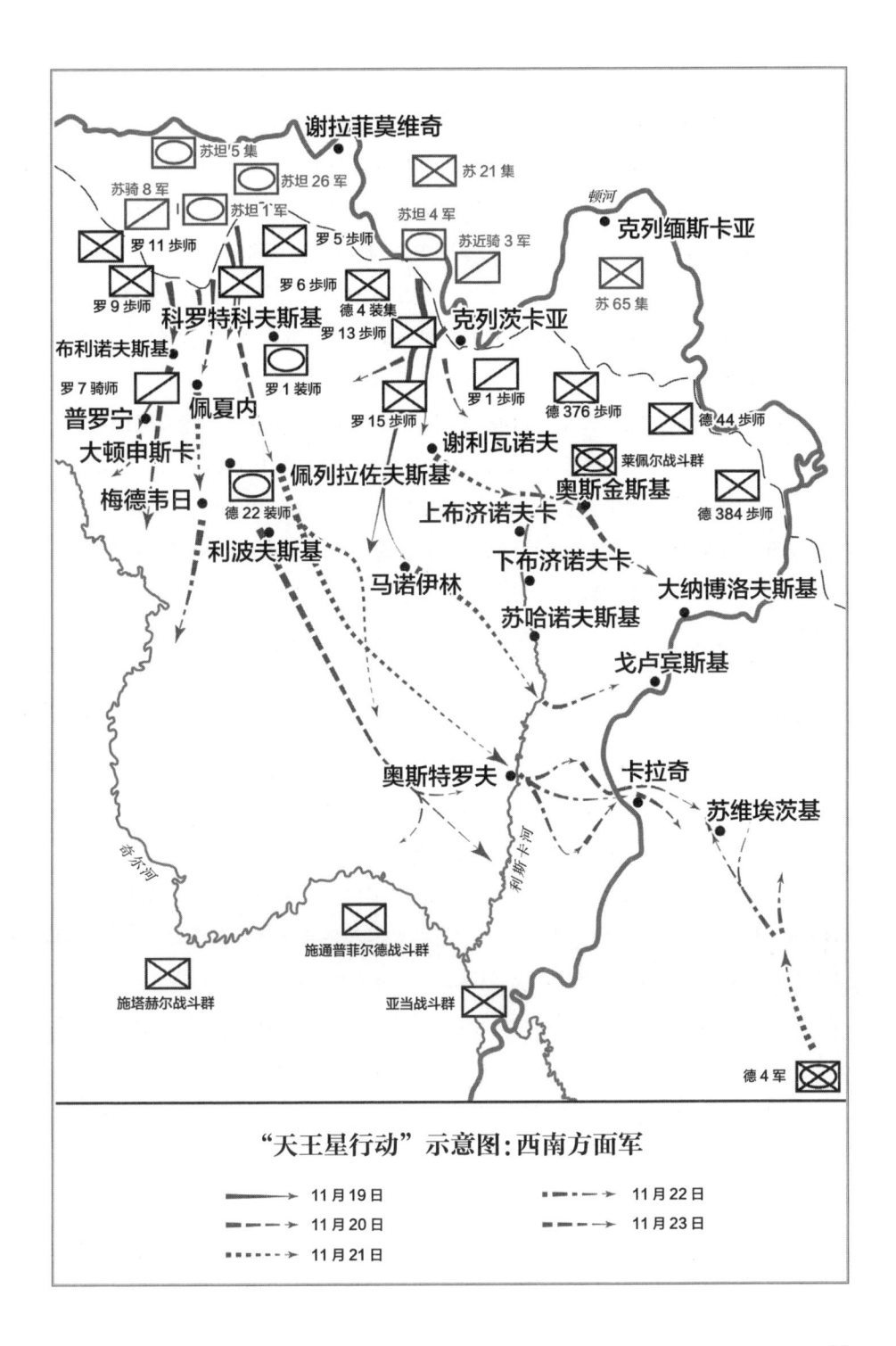

德国第22装甲师遵照希特勒的指示，调转方向赶去应对红军在谢拉菲莫维奇达成的突破。他们艰难地穿过罗马尼亚各步兵师后撤的残兵败将，想方设法以途中遇到的机动力量和尚具战斗力的部队来加强自身实力。该师在下午三点左右到达布利诺夫斯基，却发现红军骑兵第8军已从这里穿过。当天晚些时候，他们在稍南面的佩夏内附近与瓦西里·瓦西里耶维奇·布特科夫少将的坦克第1军相遇。随之而来的混乱交战，让实力虚弱的第22装甲师根本没机会发挥德国装甲兵团引以为傲的战术优势。交战双方都损失了一些车辆，随后苏联人脱离接触，消失在渐渐落下的夜幕中。

随着时间推移，天气状况得到极大改善，交战双方都投入了数量有限的战机。此时，汉斯-乌尔里希·鲁德尔中校在第2俯冲轰炸机联队里负责指挥一个中队。他早已不再是当年的"愣头青"，而是"俯冲轰炸的佼佼者"，曾驾机击中过几艘苏联军舰，并消灭过几十个地面目标，立下了赫赫战功。现在他从紧邻斯大林格勒西部的一座机场起飞，赶去打击前进中的红军。他的话可以反映出德军官兵当时普遍的观点：

收到紧急报告后，我们的联队迅速起飞，朝克列茨卡亚登陆场方向飞去。天气状况很恶劣，不仅云层低垂，还下着小雪，温度可能是零下20摄氏度。我们保持低空飞行。迎面而来的部队是敌是友？还没飞过一半航程，我们就看到大批身着棕色军装的人，是苏联人吗？不是，是罗马尼亚人。为了能逃得更快，有些罗马尼亚士兵就连步枪都扔掉了，这幅场景令人震撼。我们做好了最坏的打算。我们飞过长长的炮兵阵地，看到火炮被丢在原地，没有炸毁，而弹药就堆放在旁边。我们又向前飞了一段距离，这才看见首批红军部队。

他们发现前方的罗马尼亚阵地无人据守。我们以炸弹和机载武器发起攻击，可地面上没有己方部队实施抵抗，我们的空中打击又有什么用呢？

莫名的愤怒感油然而生，我们都有一种可怕的预感。怎样才能避免这场灾难呢？我毫不留情地朝敌人投下炸弹，还以机枪火力猛烈扫射这些朝我们涌来、一眼望不到尽头的黄绿色人潮。我一颗子弹都没留，完全不考虑万一遭遇敌机攻击无法自保的可能性。现在得赶紧回去补充弹药和油料。面对不断涌来的敌军大潮，我们的攻击无济于事，但我现在不愿意多想。

返航途中，我们又看见一些逃窜的罗马尼亚人。算他们走运，我耗尽了弹药，无法阻止这场怯懦的溃逃。易于防守的阵地、重型火炮和成堆的弹药，罗马尼亚人丢弃了一切，他们的懦弱肯定会导致我方整条防线土崩瓦解。[15]

许多罗马尼亚士兵确实未经战斗就逃之夭夭，但很明显，还是有不少人进行了顽强抵抗。他们的阵地并不像鲁德尔说的那么坚固，他们的炮兵长期缺乏弹药——因为所有物资都会优先供往斯大林格勒。鲁德尔说罗马尼亚人怯懦畏敌，这种指责不太公正。罗马尼亚人之所以没能守住阵地，主要是因为德国人没有信守承诺，没给他们提供足够的现代化武器，而不是罗马尼亚官兵丧失了士气。

整个1942年，苏联从亚洲调来大批士兵的说法越来越普遍。对苏战争伊始，希特勒和遵照他指令行事的德国国防军官兵就强调，对苏战争与先前的西方战局不同，是两种无法共存的世界观发生的冲突。随着战争的持续，他们又从国家社会主义的观点出发，讨伐苏联代表的一切。在1942年冬到1943年春的战事结束后，这一点成为德国侵苏战争更加强烈的特征。鲁德尔在谈到斯大林格勒战役时曾写道：

斯大林格勒是斯大林的城市，而斯大林是这些年轻的吉尔吉斯人、乌兹别克人、鞑靼人、土库曼人和蒙古人的神……在斯大林看来，这些人就是由喷火的战争野兽组成的近卫军，当这群野兽踌躇犹豫时，他们的政委就用左轮手枪射击，以这种或那种方式强迫他们在原地死守……政治委员站在他们身后……他们先向我们，最后向全世界证明，他们是新福音的信徒。所以，斯大林格勒会成为我们这个世纪的伯利恒，但这是一个充满战争、仇恨、破坏和毁灭的伯利恒。[16]

鲁德尔和许多德国国防军成员对苏德战争的评述完全相同，这恰恰说明他们毫不质疑地接受了希特勒的观点，还企图把这种观点强加给其他民族。但源自德国最高层的这些言论，目的之一是妖魔化、非人化敌人。他们把红军官兵视为异族，这样一来，各种形式的暴行就变得合情合理、无可厚非了。无独有偶，苏联人也把所有敌人都描述为法西斯主义者和希特勒分子，是对苏联人民犯下罪行的同谋，所以对他们采取任何还击措施都是合理的。

第6集团军司令部无所作为，没有积极应对前几天收到的各种情报，现在终于结出苦果。保卢斯仍未觉察到瓦图京这场突破构成的严重威胁，他命令在斯大林格勒北部指挥第51军的瓦尔特·冯·赛德利茨-库尔茨巴赫将军，腾出更多兵力调往被突破地段，包括第24装甲师辖内所有部队。第14装甲师已奉命赶去支援罗马尼亚人，不得不面对恶劣路况和油料短缺问题的他们，竭力赶往位于上布济诺夫卡的集中地域。有一件事可以说明，要是能做好更充分的准备，德军部队能取得怎样的战果。里夏德·莱佩尔上校①以几辆突击炮和支援步兵组成的德军小股战斗群，在克列缅斯卡亚突破口东部边缘构设了强有力的防御阵地，顽强地粉碎了红军第21集团军部署在东面的部队试图逼退他们的每一次进攻。由于克列缅斯卡亚登陆场拥挤不堪，红军近卫骑兵第3军只好在顿河北岸整装列队，辖内部分部队直到下午早些时候才渡过顿河。他们随后打算去对付莱佩尔战斗群，但又遇到更多问题。由于红军步兵没有在地雷场标出安全通道，骑兵遭受了严重的损失。

这一整天，德国第6集团军都在发起进攻（至少从理论上说是这样），企图夺取红军在斯大林格勒城内控制的最后几个支撑点。直到当晚10点，魏克斯才从B集团军群司令部发来电报，指示保卢斯停止一切后续进攻。除了第24装甲师之外，第6集团军还要派第16装甲师和1个步兵师发起反突击，恢复罗马尼亚军队的防线。直到这个阶段，德国人仍未想到，红军的这场进攻是为了合围斯大林格勒。1916年布鲁西洛夫攻势期间，俄军沿东线南部一连进攻了好几天，致使德国和奥匈帝国的预备队先开赴某个方向，尔后又赶往另一个方向，在任何一处都没能取得任何战果。这种战术已成为红军战役思维的组成部分。因此，他们刻意推迟了"天王星行动"的"南钳"的进攻，待瓦图京沿顿河展开行动一天后，"南钳"再投入交战。所以，尽管德国人掌握了叶廖缅科几个集团军在斯大林格勒南面集中兵力的大量情报，可还是没认清敌军调动的重要性。第4装甲集团军司令霍特，是寥寥几个担心苏联人在南面发动第二场进攻的德国高级将领之一。为此，他坚决反对上级调离第29摩托化步兵师，不许该师开往北面去协助阻止冲出克列缅斯卡亚和谢拉菲莫维奇登陆场的红军兵团。

---

① 译者注：莱佩尔时任第6炮兵指挥部司令，在斯大林格勒战役后被俘，1943年3月死在战俘营。

"天王星行动"的首日交战临近尾声之时，华西列夫斯基和瓦图京评估了战况。他们的主要突击已达成突破，但只有坦克第26军"大致实现了作战自由"，坦克第1军和骑兵第8军仍在对付敌军散兵游勇和罗马尼亚人陷入孤立的支撑点。莱佩尔战斗群坚决抵抗，挡住了红军的东翼，而西翼的罗马尼亚部队也没被击败。尽管如此，华西列夫斯基和瓦图京还是有理由对作战前景感到乐观。在策划作战行动期间，华西列夫斯基和他的参谋人员曾仔细察看了德军将预备队部署到该地区的迹象。不出他们所料，到目前为止，德国人投入的预备队仅仅只有第48装甲军（编有2个实力不足的师）。虽说罗马尼亚人在大多数情况下都抵抗得非常顽强，但如果没有更多援兵，他们坚持不了太久。之后，瓦图京的坦克兵团就能腾出手来，穿过雪地攻往卡拉奇，而且不会在途中遭遇任何抵抗。但行动成功与否，很大程度上取决于红军的"南钳"。

　　德国人的情绪很复杂，既担心又自负。虽然苏联人大举进攻罗马尼亚第3集团军，但这场行动的规模不明，更重要的是，对方的目标不明。有些德国将领，例如里希特霍芬，担心苏联人的推进可能会危及穿过卡拉奇的铁路线——这是第6集团军获得补给的重要交通线。可他们都没有意识到灾难即将临头。尽管如此，里希特霍芬还是命令在高加索地区作战的空军力量尽快北调，协助地面部队阻挡苏联人推进。[17]但德国人的自负和消极，很大程度上是德军领率机构被迫以脱节的方式展开工作造成的。希特勒禁止各部队与友邻部队建立联系，要求他们严格遵守自上而下的指挥控制体系。斯大林格勒地域的德军部队，大多掌握在保卢斯手里，但这些部队几乎都集中在斯大林格勒城内。红军在发起攻势时，特地选择了远离德军的前线地段。就算保卢斯想派部队掩护自己的纵深翼侧，他也没有获得授权——B集团军群司令魏克斯，从理论上说有权下达这种命令，但他不得不与希特勒和OKH的不断干涉"展开斗争"。

　　在所有人都把注意力集中到顿河地域之际，叶廖缅科和他的部队正准备投入这场大规模反攻。尽管相距90多千米，但从瓦图京那里传来的炮火声清晰可辨。当晚大多数时间，叶廖缅科都在给莫斯科打电话，要求在最后一刻推迟进攻。他的各个师在后勤保障方面遇到了种种困难，许多师仍缺乏油料、口粮和弹药。他争辩道，再推迟一天发起进攻可能会更好——这样不仅能获得更多物资，还能确保瓦图京的进攻可以把更多德军吸引到西北面。斯大林否决了叶廖缅科的请求，命令他按计划行事。

61

与西南方面军所面对的情况一样，德国人和罗马尼亚人发现了斯大林格勒方面军最后的准备工作，但对红军的突击规模一无所知。11月20日晨，与西南方面军遇到的情况如出一辙，叶廖缅科沮丧地发现，浓浓的冻雾限制了能见度，致使负责提供支援的飞机无法起飞。他决定把进攻发起时间推迟到上午10点左右，随即又打电话给最高统帅部，好不容易才说服大本营批准自己的决定。此后，叶廖缅科又打电话询问天气情况，气象专家告诉他，天气很快就会放晴。于是他向莫斯科方面汇报称，马上就可以发动进攻。上午10点，他的炮兵终于开炮射击。持续45分钟的炮火准备结束后，突击步兵开始前进，可天气几乎没什么好转。

在瓦图京的西南方面军发起进攻的初期阶段，罗马尼亚第3集团军实施了顽强抵抗。相反，叶廖缅科的部队发现，士气低落的罗马尼亚第4集团军不是一个强大的对手：

罗马尼亚军官和军士从来不去前线，而是待在后方的房屋里，喝酒、听音乐打发时间……罗马尼亚人打得很英勇，可面对红军一个个突击波次，他们根本无法抵抗得太久。[18]

米哈伊尔·彼得罗维奇·巴季金是叶廖缅科麾下反坦克炮兵部队的战士，这是他首次参加作战行动：

1942年11月20日上午，我记得清清楚楚。那天的雾很大，在我们上方缓缓飘动。能见度最多只有几十米。过了一会儿，天上开始下雪，草原上万籁俱寂。敌人没有任何动静。我们屏住呼吸，等待平生首次见到的炮火准备。炮火准备被推迟了一个钟头，随后又推迟了一个钟头。我们坐在深深的战壕里，把冻硬的面包掰成小块。硬邦邦的面包在嘴里嚼得嘎嘎作响，硌得牙齿发疼。不少人抽着烟等待战斗信号，他们把香烟拢在衣袖里。紧张的气氛不断加剧。

"喀秋莎"终于发出了怒吼，伴随撕心裂肺的尖啸声，闪烁的火箭弹拖着长长的尾焰从我们上空掠过。敌军阵地前沿所在的高地上，腾起一股股火焰和硝烟。"喀秋莎"齐射结束后，师里配备的火炮悉数开火，根本无从分辨各炮兵连的射击声。

重型火炮的轰鸣声与轻型火炮的齐射声混杂在一起。我们的火炮也朝敌机枪阵地开火了。炮声越来越响亮。尘埃和硝烟笼罩了高地的山脊。我们这里同样硝烟弥漫,根本看不清目标。随后,几十发信号弹腾入空中。我们的连长第一个站到战壕的胸墙上,手里攥着手枪:

"为了党,为了祖国,前进!"

我们这群军校学员中的一个跟了上去,然后是第二个、第三个。这一刻,我们听不到机枪的咯咯声,也听不见炮弹的爆炸声,只是奔跑着把火炮向前推去,竭力不落在步兵后面。阵亡的战友倒在一旁。连长牺牲了,他摊开双臂,手枪落在身旁,炮手萨沙·亚历山德罗夫也阵亡了。就这样,我们目睹了战友是如何在战斗中牺牲的。简单地说,某人倒在地上,就好像绊了一下或跌了一跤,但再也没有站起身。

进攻继续进行。我们把火炮推入步兵交战线。敌人的第一道堑壕里,爆发了短暂而又激烈的厮杀,交战双方全凭手榴弹和刺刀来解决问题。

敌人抵挡不住我们的进攻,犹豫不决地向后败退。这是个宝贵的战机!敌人逃跑了!对军人来说,还有什么能比眼下的场面更令人欣喜呢?

"我们胜利了!"喜悦的欢呼声响起。

我们就这样接受了战火的洗礼。

残存的纳粹分子(很可能是罗马尼亚人)高举双手走出掩体,一个个脸色惨白。这就是我们经常听说的法西斯分子!许多俘虏穿着夏季军装,头上和腿上裹着他们弄到的各种保暖物品,有毛巾,也有女式围巾。这就是他们的勇士!他们还觉得自己是不可战胜的。有些战士说道:"现在,我们会继续击败他们。"

进攻首日的战斗结束前,我们团前进了13—15千米,不仅夺得几座高地,还挖掘了阵地。[19]

德国第29摩托化步兵师被部署在罗马尼亚人后方,霍特保留这股力量,正是为了应对眼下这种突发状况。该师随即展开行动。汉斯-格奥尔格·莱泽少将的第29摩托化步兵师编有2个摩托化步兵团、1个装甲营,以及炮兵、反坦克、侦察和工兵部队,是一股强大的力量。而且,该师没有在斯大林格勒的交战中遭到削弱。由于先前受损的战车在修复后被重新投入使用,师装甲营的坦克数量,其实稍稍多于55辆的编制数量。第29摩托化步兵师攻往叶廖缅科军队的北翼,与特罗菲姆·伊万诺维奇·塔纳希申少将的机械化第13军①相遇。由于车辆短缺，再加上将卡车运过伏尔加河遇到的种种困难，塔纳希申的坦克没有得到本该跟随他们一同行动的大批步兵支援，机械化第13军很快就陷入不利境地。莱泽以一个步兵营挡住前进中的苏联人，再施以短暂的炮击，驱散了紧握T-34坦克把手的红军步兵。然后，他投入坦克，穿过红军队列。塔纳希申匆促撤回他暴露在外的坦克力量，但为时已晚，大批坦克被德国人精准的炮火击毁。为临时解决车辆短缺带来的问题，塔纳希申的部分步兵搭乘一列被征用的火车赶往坦克先遣力量处。激战声传来，这些步兵赶紧下了火车，但此时晨雾已消散，莱泽的部下清楚地看见了红军步兵。火车立即遭到打击，并很快燃起熊熊大火。没过多久，德国人就彻底挡住了机械化第13军的推进。

莱泽在听取了侦察营汇报的情况后，决心把这场反突击继续下去，彻底歼灭塔纳希申军，然后再去对付瓦西里·季莫费耶维奇·沃利斯基少将位于稍南面的机械化第4军。沃利斯基在听说德军发起反突击后，赶紧命令部下停止前进。可莱泽刚刚着手拟制命令，就被迫与敌人脱离接触。罗马尼亚军队溃败的速度太快了，在当日上午的激战中，只有第20步兵师作为完整的兵团幸免于难。战线后方，罗马尼亚人仅有的预备队是1个骑兵团。第6集团军整个南翼都暴露在外。因此，第29摩托化步兵师奉命撤出战斗，全力掩护缺口。与莱佩尔战斗群在北面展开的行动一样，第29摩托化步兵师对机械化第13军实施的短暂而又有力的阻截表明，要是第6集团军司令部和包括希特勒在内的德国高层不那么自负，这场交战可能会有不一样的结果。

即便第29摩托化步兵师脱离战斗，不再给红军制造麻烦，叶廖缅科麾下的部队依然进展不顺。机械化第4军几个纵队接到的复杂得毫无必要的命令，导致无法行进的车辆把寥寥几条道路堵得水泄不通。焦躁不安的叶廖缅科命令各部队继续前进。苏联方面的记录把主要责任归咎于沃利斯基，可能不仅仅是因为他的部队造成了交通堵塞。虽说他下达的指令看似有点混乱，但并不比其他指挥员的命令更糟糕，这片地域的路况很恶劣，各兵团都在苦苦跋涉。单单挑出沃利斯基来做替罪羊，部

---

① 译者注：该军于1942年11月20日—12月31日被改称为坦克第13军，但仍完全按机械化军编制组建，下辖3个机械化旅。

分原因可能是进攻开始前,他写信给斯大林,说他对此次进攻顾虑重重,还提醒斯大林,整个行动可能会惨败。斯大林打电话给沃利斯基,与他交谈了一番后,沃利斯基收回了信件。尽管如此,大本营很可能还是认为,沃利斯基对作战行动的顾虑,与他在战场上的处置失当有直接或间接关系。[20][①]

在叶廖缅科的军队发展突破之际,瓦图京的部下仍在肃清残存的敌支撑点。大部分抵抗都在当日土崩瓦解,但拉斯卡尔集群仍在继续坚守不断缩小的防御地段。从理论上来说,他们的后撤路线此时依然畅通。可实际情况是,拉斯卡尔集群的后撤路线已被隔断,他们只能与后方保持断断续续的无线电通信。拉斯卡尔命令部下原地坚守,等待德军和罗马尼亚军队的反突击——他满心指望第48装甲军的坦克能扭转局面。红军这场突破的东翼,近卫骑兵第3军辖内的近卫骑兵第5师,兵分两路攻击前进。其中,南路纵队遇见了莱佩尔的突击炮和罗马尼亚骑兵师部分部队。简而言之,过去几个世纪常见的情形再次上演,双方骑兵拔出军刀相互冲杀。力有不逮的罗马尼亚人向后退却,但德军突击炮挽救了局面。红军骑兵没有长时间卷入混战,而是绕过莱佩尔战斗群南翼,攻往谢利瓦诺夫。莱佩尔别无选择,为避免陷入合围,他只好后撤。

莱佩尔南面的缺口本该由保卢斯派往西面的装甲部队填补,可这股援兵没有为行动预先做好准备,而且他们几乎没有立即可用的油料和弹药储备。3个装甲师的主力仍在斯大林格勒前线激战,第62集团军精疲力竭的残部终于得知援兵即将到来。他们发起局部反冲击,竭力牵制德军,不让对方变更部署。第14装甲师是首个变更部署的德国兵团,11月20日,该师集中的部队朝马诺伊林村搜索前进,在那里遇到近卫骑兵第3军另一个团。尽管德军实力严重受损,可还是歼灭或驱散了红军骑兵和坦克第4军部分部队。第14装甲师方面称,11月19日和20日,他们击毁35辆敌坦克,但交战双方没有接触,越来越多的证据表明,对方已迂回第14装甲师左翼。于是,该师退回上布济诺夫卡的出发阵地。保卢斯调往西面的另外2个装甲兵团,也就是第16和第24装甲师,每个师只能派出部分力量组成的战斗群。可就连这些战斗群也很难找到足够的油料来维持行动。另外,这些部队也没想到自

[①] 译者注:斯大林没有处分沃利斯基,但要求华西列夫斯基密切留意该军在战役头几天的行动。斯大林表示,是否还让沃利斯基继续担任军长一职,要先看该军行动的结果再做决定。

己会被投入斯大林格勒城外的草原,所以没给坦克配备宽履带,很难在深深的雪地上展开行动。他们的战车艰难地向西行进,不时滑入沟壑,士兵不得不一次次把车辆拖出来,这种情况令人沮丧万分,不仅耗费精力,还严重耽误时间。

红军这场突破的西端,德国第22装甲师辖内部队,已经在佩夏内与罗马尼亚第7骑兵师一部会合。当日昼间,红军曾对他们发起几次缺乏协同的冲击——主要由坦克第1军和骑兵第8军遂行。德军击退了这些进攻,但罗特师的油料和弹药即将耗尽。实际上,该师开赴前线期间,不得不向沿途遇到的罗马尼亚后方部队索取油料。当日临近结束时,罗特师向南退却,红军骑兵小心翼翼地占领了佩夏内。坦克第1军试图攻往东南面的大顿申斯卡,这样就可以绕开德国师。该地区仅有的几条道路的路况,在红军坦克反复碾压下迅速恶化,车辆频频发生碰撞。各支队穿越野地,沿崎岖不平的地面艰难行进,车辆不时在雪地里倾斜,不少车组人员都被撞断了骨头。虽然布特科夫坦克军进展缓慢,但位于东翼的罗金坦克军干得不错。11月20日,罗金坦克军的坦克肃清了佩列拉佐夫斯基和利波夫斯基,尽管德国第22装甲师还在继续阻挡坦克第1军,但该师却遭到迂回,罗金坦克第26军继续发展胜利的道路敞开了。夜间,实力不断下降的德国装甲师又与红军兵团展开后续交战。第22装甲师击毁20多辆敌坦克,这番战果主要归功于师属反坦克营。因为面对T-34坦克,该师剩下的20辆38(t)坦克几乎派不上任何用场。之后,罗特的部队继续向南缓缓退却。

瓦图京西南方面军的指战员发现,一旦肃清罗马尼亚前线部队残部的顽强抵抗,取得进展就很容易了。罗马尼亚军队的大多数后方部队,只受过最简单的作战训练,毫无抵抗意志。瓦西里·谢苗诺维奇·格罗斯曼是《红星报》的军事记者。几年后,他因为反对红军士兵在德国行为不端而受到批判,但此时,他正跟随红军先遣部队冲出顿河登陆场:

路上满是敌人的尸体,被遗弃的火炮面朝错误的方向。马匹在沟壑里游荡,四处寻找食物,断裂的挽绳拖在它们身后的地上;被炮火摧毁的卡车腾起一股股灰烟;钢盔、手榴弹、步枪子弹散落在路上。[21]

11月20日下午,OKH终于获悉前线不断发展的危机。他们的第一反应要是早几周做出，情况可能会大不相同：德国打算为罗马尼亚军队提供200门反坦克炮和数量大致相当的榴弹炮，但具体交付时间待定。德军第二个应对方式是希特勒提出的。曼施泰因第11集团军，原先受领的任务是做好进攻列宁格勒的准备。随后该集团军奉命开赴维捷布斯克，准备发起冬季进攻，夺取位于中央集团军群北部地区的大卢基。曼施泰因现在接到指示，希特勒要求他和他的司令部介入南方日趋严重的危机。曼施泰因负责指挥新组建的顿河集团军群，该集团军群编有罗马尼亚第3集团军、第4集团军和德国第6集团军、第4装甲集团军。魏克斯B集团军群只统辖北面的意大利、匈牙利集团军，以及远在沃罗涅日的德国第2集团军。

对曼施泰因来说，新任命来得不是时候。10月29日，他在列宁格勒附近第18摩托化步兵师服役的儿子格罗，因遭遇红军空袭而丧生。曼施泰因的记述反映出无数痛失爱子的父母伤心欲绝的心情，无论他们的孩子在哪支军队服役，这种情绪都如出一辙：

10月31日，我们把这个可爱的小伙安葬在伊尔门湖畔。第18摩托化步兵师的随军牧师克吕格尔，在致悼词时称他为"一名步兵少尉"，我觉得这特别符合格罗的愿望。

葬礼结束后，我飞回国内和爱妻待了几天，多年来她无微不至地照料、关怀这个孩子。格罗带给我们的只有快乐，可见到他勇敢地与病魔斗争（格罗小时候患有哮喘），又让我们揪心不已。现在我们把他的灵魂托付给上帝。[22]

由于气候恶劣，飞机无法起飞，曼施泰因和他的司令部成员不得不乘火车赶赴新作战地域。11月21日，他们才离开维捷布斯克。途中又因为游击队破坏铁路线造成耽搁，他们三天后才到达目的地。

OKH和B集团军群司令部都不清楚眼下发生的状况。各防御地段的罗马尼亚兵团失去联系，叶廖缅科军队的快速推进迫使德国第4装甲集团军转移司令部，瓦图京的军队竭力避免与途中遇到的少数德军部队直接交战，恶劣的天气妨碍空中侦察，这一切造成了当前混乱、支离破碎的局面。直到11月21日上午10点左右，第6集团军司令部的保卢斯和施密特才觉察到问题的严重性。B集团军群司令部告诉他们，苏联人的两场突击似乎会在第 6 集团军身后的卡拉奇地域会合，切断斯大林格勒地区的德国军队。保卢斯和他的司令部匆匆放弃了戈卢宾斯基，留下后方小组焚毁文件，并转移到相对安全的古姆拉克——此处距离斯大林格勒只有约 13 千米。

顿河集团军群的任务是"挡住敌人的进攻，夺回对方发动进攻前我军既占阵地"。[23] 起初分配给顿河集团军群的额外部队，只有 1 个军部和 1 个步兵师，即便没掌握南方战事的详细情况，曼施泰因也毫不怀疑，凭他手头这么点兵力，根本无法完成受领的任务。曼施泰因在离开维捷布斯克前，与中央集团军群司令京特·冯·克鲁格元帅交谈了一番，这才获悉苏联人两场突破的规模，这充分说明德军指挥体系已运作失灵。他立即用电传打字机联系 OKH，请求调拨更多援兵，蔡茨勒说他会想办法再提供 1 个装甲师和 3 个步兵师。尽管手头掌握的情况少得可怜，但曼施泰因还是打算给麾下兵团增添些紧迫感：

> 我还发电报给 B 集团军群，请他们指示第 6 集团军把辖内部队果断撤出防线，确保后方卡拉奇地域的顿河渡场畅通。至于 B 集团军群司令部有没有给第 6 集团军下达指示，我就不得而知了。[24]①

部署在第 6 集团军最北端的兵团，是卡尔·施特雷克尔将军的第 11 军。去年指挥第 17 军期间，施特雷克尔曾多次阻止部下参与党卫队特别行动队在战线后方干的勾当。斯大林格勒城内的装甲兵团竭力坚守各自的阵地，红军西南方面军东翼部队试图扩大他们打开的突破口，德国第 11 军被暴露在外。罗科索夫斯基的部队，沿施特雷克尔的整条战线展开试探性进攻，试图牵制德军兵力，但第 11 军位于最西面的第 376 步兵师顺利撤往东南方，占据了正面朝西的防线。夜间，顿河大部分河段冻结，用不了几天，冰面就会变得足够厚。红军步兵到达时，会发现顿河不再是阻挡他们前进的物理障碍。风雪降低了交战双方的能见度，但给德国人造成的麻烦更大。从斯大林格勒开往西面的德军装甲力量又一次受到耽搁，阿

---

① 译者注：曼施泰因之所以请B集团军群代劳，是因为顿河集团军司令部还没有正式接手指挥，也没有架设通信线路。

尔诺·冯·伦斯基少将第24装甲师的先遣部队在前一日晚间到达卡拉奇，与师属修理厂会合。在斯大林格勒战役期间的大多数时间里，他们的修理厂一直留在卡拉奇。第24装甲师先遣部队获得少量修复后的战车，但他们没时间停下来等待师里其他部队赶到。天色渐亮，伦斯基奉命跨过顿河大桥，在西北面的苏哈诺夫斯基占据阵地，抵御昨日与第14装甲师交战的红军部队。卡拉奇镇内满是散兵游勇，甚至还有后撤中的罗马尼亚军队残部。全凭第24装甲师的军官采取强制措施（有时候不得不以枪口威逼），德军车辆才得以跨过顿河继续向前。

"天王星行动"第三天，也就是11月21日，雪下得越来越大，能见度很差。瓦图京作战地域西端，获得更多坦克支援的骑兵第8军，击退了坚守普罗宁的罗马尼亚骑兵师。随后，该军展开追击，打垮并俘获了罗马尼亚师的炮兵。稍东面，红军坦克第1军在大顿申斯卡与德国第22装甲师再次交锋，但主要进展却是友邻的坦克第26军取得的。该军前进路线上空无一人，给他们造成麻烦的是道路和气候条件，而不是德国人或罗马尼亚人的抵抗。罗金派部分坦克从紧邻第22装甲师防御阵地东面的佩列拉佐夫斯基出发，向南迂回德国师，而余部则转向东南方。当天结束前，他的先遣坦克到达利斯卡河畔的奥斯特罗夫——此地位于卡拉奇几座重要桥梁西面约20千米处。要是第24装甲师还留在卡拉奇，特别是如果该师能及时集中辖内部队的话，德军就有足够的兵力来应对红军的这场推进。但罗金没遇到抵抗，这说明德国人根本不知道苏联人的坦克在何处。

海姆不太清楚敌我部队的具体位置，此时他正在竭力恢复第48装甲军邻近地域的秩序。他派第22装甲师攻往东北面。该师很快就陷入重围，猛烈的火力从四面八方袭来，伤亡人数急剧攀升。该师的残余人员聚集到仅剩的一个装甲连周围，杀开血路退往西南面的梅德韦日。

朝西面发起的试探性进攻失败后，德国第14装甲师就把自己的战斗群撤回了上布济诺夫卡。拂晓前，他们遭到红军骑兵攻击。苏联人在发现轻松前进的可能性不大之后，就向后退却，并派近卫骑兵第6师穿过稍南面的下布济诺夫卡。为应对这种情况，德军战斗群开始发动进攻。虽然一群斯图卡俯冲轰炸机短暂驱散了红军骑兵，但德军战斗群兵力不足，无法击退对方。这天结束前，第14装甲师遭受了更多损失，被迫弃守上布济诺夫卡，撤往东面的奥斯金斯基。德国第24装甲师战斗群在第14装甲师南面很远处，无法为后者提供任何支援；一旦卡拉奇遭到攻击，位于卡拉奇北面很远处的第24装甲师，同样鞭长莫及。利用两个德国装甲师之间出现的缺口，红军骑兵集中力量对第24装甲师设在苏哈诺夫斯基的阵地发起攻击。他们迅速攻克该村，并于当日晚些时候粉碎了德军夺回村庄的企图。

第6集团军的3个装甲师本该在第14装甲军的全力支持下展开行动，但当年夏季就率领第16装甲师一路前出到伏尔加河的汉斯-瓦伦丁·胡贝少将，却无法控制这3个装甲师。因为他很难把这些师撤出斯大林格勒战线，也没办法为这些部队提供充足的补给。第14装甲军辖内的第三个装甲兵团，也就是第16装甲师，朝利斯卡河派了一个战斗群。混乱中，他们错过了红军近卫骑兵第3军辖内的骑兵力量，没有与对方交战。相反，他们与红军坦克第4军迎头相遇，对方紧紧跟随在下布济诺夫卡取得胜利的骑兵，试图前出到卡拉奇北面的顿河河段。德军战斗群在被卷入激战后，接到了撤往东面的命令。与苏联人的坦克脱离接触后，战斗群指挥官联系师部，询问为何要后撤。令他感到惊异的是，师部说没下达过后撤令。随后的战事发展，导致德国人根本无法仔细调查这道命令的来龙去脉。这道命令到底是苏联人的诡计，还是因战场上的混乱而造成的误会，谁也说不清。[25]

让我们将视线拉回南面。尽管不时就会与陷入孤立的德军步兵和装甲部队发生零零碎碎的交战，但叶廖缅科的先遣部队却如入无人之境。在一场战斗中，米哈伊尔·巴季金短暂的战斗经历暂时结束了：

我们前方的雪地上，布满炮弹爆炸留下的黑色弹坑。四辆敌坦克沿着沟壑向右行驶，这是我在战斗中第一次看见法西斯分子的坦克。我很震惊，但竭力掩饰自己的不安，以免被其他人看见。敌坦克离我们很远，现在朝它们开炮毫无意义。几辆坦克疏开队形驶来，西杰尔尼科夫的火炮率先开火，敌坦克射来的炮弹在他周围炸开，但他仍在开炮射击。

敌坦克逼近到800米内，我们也开炮了。我看见炮弹拖着尾迹命中一辆坦克，可那辆坦克继续行驶，就好像什么都没发生过。

最后，一辆敌坦克停了下来，但没有起火。其他坦克继续向前。就在这时，我们的反坦克炮出了故障。因为弹壳的一部分卡在身管里，炮弹没有射出。仓促中，装填手可能装了一发生锈的或脏的炮弹。怎么办？我们无法赤手空拳地对付坦克。几辆坦克朝我们驶来，短暂地停下来开炮射击。我们忙着修理卡壳的反坦克炮，可毫无结果。我看看哈希莫夫,他忙得满头是汗。

"哈希莫夫,快看,我们的人停止射击了,他们可能都牺牲了!"我喊道:"组员们,跟我来!"

我们朝西杰尔尼科夫那门反坦克炮冲去,它就在五步开外。突然,某个热乎乎的东西击中我侧面。我倒在地上。反坦克炮很快就发出轰鸣声,接着又是第二炮。我们的炮组朝逼近的敌坦克开炮了……随后,一个我不认识的大个子士兵把我拖到隐蔽处,我听见他粗重的呼吸声,看来,拖着我离开危险处很费力。疼痛加剧了,我咬紧牙关,竭力不发出呻吟声。我刚想对救了我的战友说声谢谢,就突然眼前一黑,觉得自己坠入了黑暗的深渊。[26]

五个月后,巴季金才重返前线。

尽管沃利斯基先前犹豫不决,对整个反攻顾虑重重,但他现在欣慰地向上级报告,机械化第4军进展迅速,在进攻次日结束前已到达卡拉奇东南方约50千米处。叶廖缅科集中部队期间遇到的种种后勤困难,现在造成严重的问题,许多兵团耗尽了油料。还有个师报告称,他们手头一点面包和肉食都没有了。[27] 为确保先遣部队继续前进,米哈伊尔·斯捷潘诺维奇·舒米洛夫少将的第64集团军,奉命把包括救护车在内的所有车辆都用于前运物资。伤员只好留在雪地里听天由命,其中大多数人都死掉了。[28] 尽管条件很艰苦,但红军指战员士气高昂。在经历了一次次后撤和失败之后,他们终于迫使德国人狼狈逃窜了。有些人把怒火发泄到罗马尼亚人头上,枪杀了投降的俘虏。

华西列夫斯基这场庞大的合围,两支铁钳即将合拢。德国人没弄清红军这场突击的规模和雄心,他们抽调第29摩托化步兵师设立防线,以防叶廖缅科的军队转身向北,进入斯大林格勒阵地正后方。苏联人在斯大林格勒突出部两侧全力发动进攻的意图昭然若揭,但B集团军群却迟迟没得出正确的结论。11月21日,保卢斯向B集团军群汇报了他对态势的评估,还提出相应的建议:

第6集团军应集中足够的装甲和步兵力量,朝即将形成的合围圈东南地域突围,尔后打开一条走廊,以装甲力量提供掩护,让所有部队和必要的技术装备穿过这条走廊,与顿河下游—奇尔河地域的德军部队会合。[29]

魏克斯把保卢斯的请求和他本人的赞同意见呈送OKH。蔡茨勒也支持这份方案，他立即向希特勒汇报，还指出这场后撤有几个目的：可以防止第6集团军在斯大林格勒陷入重围；可以缩短补给线，同时集中兵力掩护高加索地区A集团军群的补给线；保卢斯撤出斯大林格勒的各个师，可以对突破顿河中游罗马尼亚军队防线的苏联坦克纵队发起打击，有可能赢得实实在在的胜利，为即将到来的冬季重创苏联人的战斗力；最后，第6集团军还能获得休整和补充，以便来年重新发动进攻。蔡茨勒总结道，如果不批准保卢斯的建议，第6集团军就很可能会被敌人隔断在斯大林格勒，更要命的是，德军防线上的大缺口无法封闭。[30]

这是德国人首次考虑红军发起的进攻战役可能会造成更大的危害。无论第6集团军的命运如何，罗马尼亚第3集团军、第4集团军撤离的残兵败将和第48装甲军残部，根本无法修建绵亘的防线。尽管有些后知后觉，但在魏克斯和蔡茨勒这些职业军人看来，面对眼下的情况该做出怎样的应对显而易见。可希特勒却有不同的看法。当顿河西面的战场天色渐暗时，元首的回复发到了B集团军群司令部：

尽管暂时面临陷入合围的威胁，但第6集团军必须坚守各处阵地。尽可能长时间保持铁路线畅通。随后会就空运补给下达特别指令。[31]

蔡茨勒对这封电报的内容震惊不已，并于当晚再次劝说希特勒改变决定。元首此时正在巴伐利亚的贝希特斯加登，两人在电话里谈了很长时间。希特勒固执己见，认为必须坚守斯大林格勒。他告诉蔡茨勒，弃守这座城市的话，1942年夏季战局的流血牺牲就白费了。在职业高级将领看来，希特勒的立场实在令人难以理解。夏季战局的既定目标，一直是夺取伏尔加河下游，并掩护1942年作战行动的最终目标，即夺取高加索地区的油田。希特勒对斯大林格勒这座城市过于痴迷，导致战争的展开方式走了样，就算攻占斯大林格勒是真正的主要目标，"以眼下的方式执着于这个目标也过于冒险了"。去年冬季，希特勒命令德军在莫斯科前方坚守阵地可能是正确的，因为面对苏联人的猛烈进攻，贸然后撤很可能会招致灾难发生。相反，在目前的情况下坚守斯大林格勒却大错特错。因为，这两种情况毫无可比性。1941年年底，德军没有可供他们后撤的防御阵地，在苏联人的进攻范围内也没有什么战略目标；1942年年底时的情况，却正好相反。曼施泰因认为出现这种情况，从根本上来说，是希特勒害怕在战役层面上冒险——具体表现为，拒不接受以暂时放弃既占地域的方式来换取作战自由，且不愿削弱战线其他地段的兵力，并赋予战线最重要地段足够的优先权。他在多年后写道：

> 希特勒不愿在军事领域冒险，可能是出于三个原因。首先，希特勒私下里意识到自己缺乏应对此类危机的军事技能，但他认为，自己无力做到的，他那些将领就更无法做到。其次，每个独裁者都担心军事上的失败会动摇自己的威望。可最终结果往往是，在军事方面必然发生的失误会给独裁者的威望带来更大的威胁。最后，希特勒对权力的欲望，导致他不愿放弃到手的一切。[32]

曼施泰因继续写到，在需要做出艰难的决定，特别是唯一可行的选择是他不愿意采取的措施时，希特勒总是推诿搪塞，迟迟不做出决断——也许是希望情况届时会发生变化，不需要他再做出这项决定。眼下的情况就是这样：所有专业意见都指出，命令第6集团军留在斯大林格勒是极为鲁莽的做法，但将其后撤又完全不符合希特勒的本能反应。所以，在希特勒与空军指挥官进行商讨前，他实际上已经在考虑"为陷入重围的集团军空运补给"的问题了。

战场上，对苏联人的部署和意图全然不知的德军各部队，还在继续与大雪、极低的能见度、因罗马尼亚士兵后撤而造成的混乱状况作斗争。11月22日，第24装甲师侦察营终于与师里其他部队会合。伦斯基派该营一个排展开谨慎的侦察，并在奥斯金斯基找到第14装甲师辖内部队。此外，他还命令麾下两个装甲营向北攻击前进，夺回下布济诺夫卡和上布济诺夫卡，以便与友邻兵团会合。不过，他随后便遇到了红军坦克第4军辖内部队。此时，近卫骑兵第3军的两个师，正从两个德国装甲师之间的缺口溜过，攻往位于大纳博洛夫斯基的顿河河段。他们在那里遇到德国第16装甲师和第24装甲师辖内部队之后，试图渗透对方的北翼，但没能取得战果。尽管如此，胡贝第14装甲军主力，仍被牵制在至关重要的顿河渡场北面的混战中。位于大纳博洛夫斯基的德军部队，企图沿顿河公路攻往卡拉奇以西地域（也就是沿第24装甲师行进的路线返回）——由于油料严重短缺，再加上通信不畅，他们最终放弃了这个念头。

西面，德国第48装甲军辖内部队想要介入战事的混乱尝试即将告终。红军骑兵第8师迂回第22装甲师的阵地，并已绕到该师身后。罗马尼亚第1装甲师残部仍未与海姆的军部取得联系，他们企图杀开血路退往西南方。拉斯卡尔麾下有一群罗马尼亚步兵突出包围圈，他们的行进路线与罗马尼亚第1装甲师大致平行，但双方没有取得联系。拉斯卡尔毫不动摇，继续在克列茨卡亚与谢拉菲莫维奇中间坚守原先的防御地段（位于前进中的红军部队后方）。两支赶往梅德韦日的罗马尼亚军队，发现第22装甲师早在昨天就已被苏联人逐向西南面。

11月23日清晨，罗金准备实施自初期突破以来最重要的行动。他的任务是从利斯卡河攻往卡拉奇。于是，罗金将坦克军兵分三路，打算从西北面、西面和西南面朝卡拉奇汇聚。格奥尔吉·尼古拉耶维奇·菲利波夫中校的坦克第19旅担任中路纵队。在前几天的进攻中，他们缴获了2辆德国坦克和1辆装甲车，菲利波夫把这些战车摆在最前方，而其他坦克则搭载着步兵，跟在后方不远处。卡拉奇横跨通往斯大林格勒的铁路线——这条铁路对第6集团军的补给线而言至关重要，但如此重要的地方，德国人却没有派重兵防御（守军都是一些七拼八凑的部队）。这里的守军只有第16装甲师后勤部队一个连，以及师里大多数修理小组、一小群宪兵、1个建筑营、2个防空连。德军在卡拉奇的"步兵"数量相当于一个实力虚弱的营。由于缺乏军官和军士，再加上建筑营没接受过真正的作战训练，所以守军战斗力很差。此外，镇内还有数百名罗马尼亚士兵和德军后方地带的散兵游勇，他们从土崩瓦解的顿河防线逃到卡拉奇——由于宪兵数量不足，无法让溃兵恢复秩序。而且，这里也没有作战军官，所以没有人能把掉队者编入临时作战部队。德军在桥上可能留有一个排的士兵，并部署了一门威力强大、被誉为坦克杀手的88毫米高射炮。镇东面有一小股训练部队，德军准备将他们当成战斗工兵投入巷战，他们经常使用包括德国坦克和被缴获的苏联坦克在内的各种战车。所以，当菲利波夫的纵队开着车灯驶近桥梁时，桥上的哨兵还以为他们是赶往训练部队的队伍，毫不怀疑地挥手放行。一小群T-34跟在这些士兵身后，顺利驶过桥梁。

直到一辆T-34以车载机枪扫射桥梁周围的哨兵时，德国人才发觉出了岔子。88毫米高射炮立即开火，并击毁2辆T-34。可这门高射炮只有8发反坦克炮弹，弹药耗尽后，炮组人员就丢下火炮撤离了。与此同时，3辆被缴获的德国战车，与赶上来的T-34相配合，在桥梁东端设立了防御阵地——菲利波夫的其他坦克在更高的西岸提供炮火支援。临时拼凑的卡拉奇守军姗姗来迟地发动进攻，企图夺回桥梁东端，好引爆他们预先布设的炸药包，但三次冲击都被菲利波夫的部下击退。当更多红军步兵开抵后，菲利波夫发起攻击，一路冲入卡拉奇镇内。下午三点左右，卡拉奇被苏军占领。就这样，红军切断了第6集团军的补给线和通往外部的铁路线。尽管希特勒在电报里强调，必须尽可能长时间确保铁路线畅通，可保卢斯不仅没采取任何措施，也没有组建一股能有效守卫卡拉奇的力量。卡拉奇失守前一天，德国第24装甲师辖内部队穿过该镇，打算在北面的草原上建立防线。要是他们能留在卡拉奇，也许就可以挡住菲利波夫和罗金。镇内部分德军士兵和许多散兵游勇逃往南面，摆脱了陷入斯大林格勒合围圈的厄运，而其他人则沿道路退入沦为废墟的斯大林格勒。

占领卡拉奇后，罗金在镇内停留了很长一段时间，好让更多部队赶来会合。红军步兵于次日到达，但德国空军利用这段时间发起攻击，破坏了河上的桥梁。正如阿卜杜林回忆的那样，红军步兵小心翼翼地跨过冰冻的河面：

冰面还是很薄，而且滑得像玻璃一样，根本无法快步疾行。我们扛着迫击炮沉重的炮身、炮架和底钣，随时可能踩破冰面。要是有谁滑倒或跌上一跤，所有人都会落入冰冷的河水里。

上级命令我们用钢盔和大衣装上沙子，撒在我们前方，人与人之间保持5米间距。随后，我们排成长龙，一个接一个小心翼翼地通过冰面。冰面在我们脚下嘎嘎作响，听上去随时会破裂。在整个战争期间，我不记得有哪次渡河行动会如此安静。前后10米距离内，我只听到呼吸声和低低的嘟囔声："嘘！""别像大象那样踩脚！""当心！"……桥梁就在我们侧面，工兵像蚂蚁那样在桥上爬来爬去。桥梁前方聚集了大批车辆和马拉大车，而且随着时间推移，各种车辆越聚越多。炮兵无法踩着这么薄的冰面过河，只好等待工兵修复损坏的桥梁。

我们这些步兵已到达左岸。我们的坦克在哪里？从顿河河畔到卡拉奇镇的整条道路上，战壕里、沟渠内、路面上，法西斯分子的尸体和敌人遗弃的技术装备随处可见。在与希特勒分子的这场交战中，我们的坦克兵干得很棒！

拂晓时，我们进入卡拉奇。各条街道空空荡荡，只留下敌人仓促撤离的痕迹。街头散落着他们窃取的各种物品。几座房屋的窗户开着，玻璃已破碎，显然曾有些纳粹分子跳窗逃到街道上。一个死掉的德国人穿着长长的衬衫，尸体挂在窗台上。[33]

罗金随后率领部队朝东南方而去，沃利斯基正在从那个方向赶来，他的机械化第4军在油料补给允许的范围内全速前进。罗金的部队从卡拉奇出发，阿卜杜林所在的营位于纵队北翼。与每场战争中每支军队的士兵一样，阿卜杜林的战友也忍不住捡了点战利品：

> 一如既往，我们扛着步枪、迫击炮炮身和底钣，在奔跑中不断改变发射阵地，逐渐逼近敌人。我们的几个迫击炮组也蒙受了损失。来自博代博的一名好战友牺牲了，他是西伯利亚人。和我一样，他也来自米阿斯矿区……我把他的身子翻过来，发现一个重得异乎寻常的包裹，这不是迫击炮组的标准装备，他倒下时，这件东西压断了他的后颈。我打开包裹，发现里边是一台手摇缝纫机，机身上还裹着帐篷布。我震惊不已，就是这东西要了他的命。
> 这名西伯利亚人是个英勇而又果断的好军人，他在和平时期是个顾家的好男人。在他看来，缝纫机是富裕的象征，所以想留下它，在战争结束后送给妻子。我不由得想起战前的生活，在我们那片矿区，只有一两户人有缝纫机。电唱机和自行车也很罕见。可这部缝纫机让这名西伯利亚人送了命。我在他身上没找到任何伤口，看来，他只是在奔跑时绊了一跤而已。我没把缝纫机的事告诉连里任何人，以免让他背负罪名。[34]

红军这场庞大攻势的两支铁钳，在苏维埃茨基村附近会合，就此完成对德国第6集团军的合围。苏联方面的记述，包括事后补拍的电影，描绘了两支坦克部队如何在信号弹的引导下会合，两支部队的指战员欣喜若狂，相互交换伏特加和食物。可实际情况却不太一样，阿卜杜林当时就在罗金的队伍里：

> 我们热血沸腾，没觉察到我们之间已没有法西斯分子。结果，双方发生交火。和许多人一样，我很快就发觉情况不对：从我们身旁掠过的炮弹没有发出呼啸声，

炮弹的爆炸没有产生硝烟,冲锋枪和机枪火力也有所不同——对方没有使用爆炸弹。①

猛烈的火力迫使我们趴倒在地。我们看见许多人在朝我们开火射击。很奇怪,他们看上去不像是希特勒分子。随后有人反应过来,对面是己方部队!这个念头快似闪电——尽管慢了一拍。战斗戛然而止,所有人都停止射击。双方都朝对面跑去,四下里静寂无声,只有我们脚下的积雪发出嘎嘎声。

"哥们儿!"我们用俄语喊道。[35]

这两支部队没有通信联络,都认为在前进道路上出现的装甲力量是德军战斗群。这场交火给双方造成一些伤亡,他们随后才发现弄错了。罗金坦克第26军辖下的坦克第45旅旅长,在事后提交了报告,说部队按照他的指示发射了几发绿色信号弹,可随后就遭到对方火力打击。叶廖缅科司令部在进行调查后断然否认了他的说法,称对方根本没有发射信号弹。[36]

尽管遇到一些小小的意外,但红军还是顺利完成了第一阶段的反攻。斯大林格勒和德国第6集团军,以及第4装甲集团军大部都陷入合围。第6集团军派往顿河西面的部队,利用卡拉奇北面几座小桥渡过顿河,撤回斯大林格勒城内。大约在同一时间,顿河突破口地域最后的战斗也渐渐平息了。自红军发动"天王星行动"起,拉斯卡尔的部队始终在坚守他们负责的防御地段,与其他指挥部门的联系也断断续续。现在,这些残部不得不放下武器。他们获得的空投补给很少,只能在顽强奋战之际,徒劳地期盼第48装甲军赶来救援。步入战俘营的拉斯卡尔并不知道希特勒会授予他骑士铁十字勋章,他是首位获得这种勋章的外籍人士。直到战争临近结束,拉斯卡尔重返东线,指挥一支从战俘中招募的罗马尼亚军队为苏联而战时,才获悉此事。②

德国第48装甲军残部沿奇尔河一线重组,各后方部队和一群群掉队的士兵被编入这条薄弱的战线。海姆将军赶到该地域后,获悉自己因为没能击退敌人的进攻而被解除职务,他还震惊地得知,德国统帅部认为他犯有多项罪行,并下令

---

① 译者注:在东线交战的双方都认为对方使用了"爆炸步机弹",之所以有这种看法,是因为死伤者身上的伤口都很大。实际上,此类伤口是高射速武器(起初主要是德国人在使用,但后来双方都使用了此类武器)造成的。
② 译者注:拉斯卡尔早在克里木战役期间就获得了骑士铁十字勋章,希特勒这次授予他的是骑士铁十字勋章橡叶饰。

逮捕他：第22装甲师可用的坦克少得可怜，他必须为此负责；他没有给罗马尼亚人提供足够数量的反坦克炮；他没能妥善指挥麾下兵团，致使两个装甲师无法展开卓有成效的协同。总之，苏联人达成突破都是他的错。[37] 海姆自己的师都从来没有获得过足够数量的反坦克武器，更别说用来加强罗马尼亚人了。希特勒和OKH横加干涉，破坏了他以第48装甲军"先对红军这场突击的东部发起打击，尔后再对付西部"的作战计划。尽管如此，海姆还是沦为替罪羊。

魏克斯对逮捕海姆的命令一无所知，蔡茨勒也不清楚具体情况，他们起初觉得这肯定是某种误会。但凯特尔随后证实，希特勒的确下达了这道命令。海姆被开除军籍，剥夺军衔和勋章，在没经过任何正当的司法程序的情况下被单独囚禁在莫阿比特，还被判处死刑。1943年中期，他被转到一所军医院，随后获释。自始至终没人对他做出任何解释。海姆随后得知，自己已被列入退役人员名单，军衔和勋章都已复原。1944年8月，希特勒召回海姆，派他担任布洛涅要塞司令。海姆走马上任后发现，在布洛涅镇构筑大规模防御工事的计划根本就没完成，而自己也没有足够的兵力来据守这些工事。在盟军猛烈轰炸的帮助下，加拿大第3师仅用五天时间就攻克了布洛涅。海姆没有遵照希特勒给所有要塞指挥官下达的指示，坚守到最后一兵一卒。希特勒对此的反应我们不得而知。海姆在战俘营待到1948年，并于1971年在乌尔姆[这里离他的出生地罗伊特林根（海姆生于1895年）并不远]去世。

参考文献

1. Zhukov, *Memoirs of Marshal Zhukov*, p.140; J. Erickson, *The Road to Stalingrad* (Panther, London, 1975), p.389.
2. Erickson, *Road to Stalingrad*, pp.167–68.
3. Ibid., p.457.
4. Vasilevsky, *Lifelong Cause*, p.191.
5. P. McTaggart, *'Soviet Circle of Iron'* in *WWII History: Russian Front* (Sovereign Media, Herndon, VA, 2006), p.49–50.
6. A. Beevor, *Stalingrad* (Penguin, London, 1999), pp.229–30; W. Craig, *Enemy at the Gates – The Battle for Stalingrad* (Penguin, London, 2000), pp.147–48.
7. W. von Richthofen, *Kriegstagebuch* (Bundesarchiv-Militärarchiv, Freiburg, N671/9), 12 Nov 42.
8. M. Abdullin, *Stranits iz Soldatskogo Dnevnika* (Molodaya Gvardiya, Moscow, 1985), pp.4–5.
9. Ibid., pp.12–13.
10. Craig, *Enemy at the Gates*, pp.175–76; Beevor, *Stalingrad*, p.239; Bundesarchiv-Militärarchiv Freiburg RH20-6/221.
11. M. Axworthy, C. Scafes and C. Crăciuniou, *Third Axis, Fourth Ally: Romanian Armed Forces in the European War 1941–1945* (Arms and Armour, London, 1995), pp.89–92.
12. V. Kharchenko, *Spetsial'nogo Naznacheniya* (Voyenizdat, 1973), pp.67–68.
13. Vasilevsky, *Lifelong Cause*, p.195.
14. Erickson, *Road to Stalingrad*, pp.465–66.
15. H-U. Rudel, *Stuka Pilot* (Black House, London, 2013), p.68.
16. Ibid., p.65.
17. Richthofen, *Kriegstagebuch*, 19 Nov 42.
18. Major Bruno Gebele, quoted in A. Beck (ed.), *Bis Stalingrad* (Helmuth Abt, Ulm, 1983), p.170.
19. M. Badigin, *Boy Trebuyet Podviga* (Voenizdat, Moscow, 1980), pp.14–16.
20. Tsentralnye Arkhiv Ministrertsva Oborony, Podolsk, 48/486/25, p.287.
21. Rossiyski Gosudarstvennyy Arkhiv Literaturi I Iskusstva, Moscow, 618/2/108.
22. Manstein, *Lost Victories*, p.271.
23. Ibid., p.294.
24. Ibid., p.295.
25. W. Werthen, *Geschichte der 16. Panzer-Division – Weg und Schicksal* (Podzun, Bad Nauheim, 1958), p.142.
26. Badigin, *Boy Trebuyet Podviga*, pp.19–20.
27. Tsentralnye Arkhiv Ministrertsva Oborony, Podolsk, 48/486/25, p.290.
28. Tsentralnye Arkhiv Ministrertsva Oborony, Podolsk, 48/486/25, p.303.
29. O. Selle, K. Marx (trans.), *'The German Debacle at Stalingrad: Hitler Forbids Breakout'* in *Military Review* (US Army Command and General Staff College, Fort Leavenworth, KA, 1957), Vol. XXXVII, p.37.
30. V. Tarrant, *Stalingrad: Anatomy of an Agony* (Leo Cooper, London, 1992), p.112.
31. Craig, *Enemy at the Gates*, p.193.
32. Manstein, *Lost Victories*, p.278.
33. Abdullin, *Stranits iz Soldatskogo Dnevnika*, p.17.
34. Ibid., p.25.
35. Ibid., p.31.
36. L. Rotundo, *Battle for Stalingrad: The Soviet General Staff Study* (Macmillan, London, 1989), p.188.
37. H. Schröter, *Stalingrad: Bis zur Letzten Patrone* (self-published, Osnabrück, 1952), p.108.

薄弱的防线

第三章

19世纪和20世纪，随着军队的编制和军事行动的规模越来越大，以及现代兵器的弹药消耗量的不断增加，后勤变得越来越重要。早在美国内战时期，人们就意识到了控制铁路的重要性。除运送补给物资外，把铁路当成军队前进和后撤轴线的情况也变得越来越常见。俄罗斯帝国的铁路轨距与欧洲其他国家不同，这在第一次世界大战期间给东线的攻势带来很大限制。尽管在第二次世界大战前，机动车辆的数量和质量有所提升，但因为俄罗斯和乌克兰的恶劣路况，以及军队需要的后勤物资数量激增，所以控制各条铁路线依然是重中之重。特别是在与西线的英美军队相比，德国人没有那么多汽车和油料可用的情况下。

在东线南方地区，德军后勤保障面临两个主要的铁路堵塞点。第一处堵塞点位于第聂伯河下游，那里只有两个铁路道口——一个在第聂伯罗彼得罗夫斯克，另一个在扎波罗热。11月，顿河中游爆发危机时，位于扎波罗热的铁路道口只得到部分恢复。从这些道口起，铁路线一路延伸到顿河下游的罗斯托夫——这里就是第二处堵塞点。红军控制住任何一处堵塞点，都会给德国军队造成灾难性打击。粉碎罗马尼亚第3集团军的红军坦克兵团，离这两处堵塞点的距离都比该地区的德国军队近得多，这些德国军队不是已陷入斯大林格勒合围圈，就是被困在高加索山麓。

第6集团军陷入合围之后，给德国陆军的后勤保障系统带来了更大的麻烦。希特勒不愿放弃任何一处既占地域，特别是这座以斯大林的名字命名、已沦为废墟的城市。而且，抛弃保卢斯和他的部队，让他们在没有补给的情况下听天由命也是不可想象的事。德国人没有料到红军会切断己方军团后路，因而对此类不测事件毫无准备。而这种情况，也立即产生了不良影响。例如，合围圈内没有大规模烘焙面包的设备，所以必须为被围部队空运面包，而不是一袋袋占用运输空间更少的面粉。从陷入包围圈的那一刻起，第6集团军官兵的体力和战斗力就开始下降。因此，如果要他们向西突围，就得尽快下达命令。可希特勒最终接受了"第6集团军完全可以通过空运的补给来维持现状"的保证，而拒不批准该集团军突围。这项决定对东线乃至整个战争的后续作战都产生了巨大的影响，希特勒采取这种立场的原因值得仔细研究——因为它不仅关乎第6集团军和在城市西面进行的作战行动的命运，也为我们了解第三帝国高层的关系提供了宝贵线索。

在"天王星行动"的两支铁钳在草原上会合，完成对德国第6集团军的合围前，仍在贝希特斯加登的希特勒就召见了汉斯·耶顺内克大将。[1]他告诉这位空军总参谋长，第6集团军即将陷入重围，但曼施泰因新组建的集团军群会迅速恢复战场态势。希特勒随后又问，德国空军能否在第6集团军被围期间确保他们可以获得足够的补给。耶顺内克回答，只要合围圈内外都有足够多的空军基地，而运输机的数量也足够的话，就有可能做到。耶顺内克的保证，似乎是基于上一年冬季德军在杰米扬斯克遇到的情况而做出的。当时，德国空军为被围部队空运了他们需要的物资，让整个行动大获成功。但当时的情况与眼下相比，有几个重要的不同之处。为维持杰米扬斯克包围圈内10万名德军将士的生计，空军每天必须空运300吨物资。考虑到气候因素，总共需要500架Ju-52运输机——每架飞机只能搭载不到2吨重的物资，而气候和后勤方面的问题会导致并非所有飞机每天都能执行空运任务。[2]另外，红空军干预杰米扬斯克空运行动的可能微乎其微。相比之下，斯大林格勒合围圈内的德军人数超过25万人，他们每天需要750吨物资。而且，鉴于斯大林格勒周围的红空军实力更加强大，执行空运行动的德国空军估计会遭受更大的损失。哪怕仅进行最粗略的计算也可以发现，德国空军根本没有足以执行这场空运行动的资源。更雪上加霜的是，北非日益恶化的局势迫使德国空军把大部分空运力量转移到地中海战区，为隆美尔的军队运送援兵。

耶顺内克之所以过于草率地保证能以空运行动来维持第6集团军的正常运作，其实有很多原因。尽管他对希特勒忠心耿耿，可随着战争的持续，德国空军的战斗力不断下降，这让两人之间的关系逐渐恶化。再考虑到希特勒对待下属的方式，可以判断耶顺内克也许是想通过此举来重新获得他的青睐。此外，耶顺内克还错误地认为"合围圈很快就能被打破"，所以就算每天空运的补给数量不足，也不会造成太严重的后果。

马丁·菲比希中将的第8航空军在斯大林格勒地区负责空中作战。11月21日，他打电话给第6集团军参谋长施密特谈论了此事。

我问他们打算怎样确保第6集团军的后勤保障不出问题，特别是在后方补给线看上去很快会被敌人切断的情况下，施密特将军回答，必须空运补给。我告诉他，不可能以空运补给的方式来维持一整个集团军的正常运作。最要命的是，我们的运输机已被大量投入北非战区。我提醒他不要对空运行动抱有过高期望。另一条电话

83

线上的保卢斯大将偶尔插上几句。次日早上 7 点，我再次打电话给施密特，说他过于依赖空运补给了。我又一次向他强调，经过认真考虑，基于相关经验和对可用手段的了解，我认为根本不可能用空运的方式来为第 6 集团军提供补给。另外，天气和敌情这两个因素也无从预测。[3]

里希特霍芬完全赞同菲比希的看法，并于当晚给戈林、耶顺内克、魏克斯和蔡茨勒打了几个钟头的电话，竭力阐明以空运的方式来维持第 6 集团军的正常运作纯属幻想。他一直忙到深夜，终于说服了耶顺内克、魏克斯和蔡茨勒。可这又有什么用呢？为第 6 集团军空运补给的想法愚蠢至极，能看清这一点的战地指挥官不仅仅是里希特霍芬和菲比希。沃尔夫冈·皮克特少将的第 9 高射炮师也在即将形成的斯大林格勒合围圈内。11 月 22 日，他参加了保卢斯、施密特和霍特召开的会议，会上讨论了即将合拢的包围圈。据皮克特说，施密特征询他的建议，他毫不犹豫地回答，第 6 集团军应当集中全部兵力朝西南方突围。施密特反驳到，希特勒已命令第 6 集团军继续坚守斯大林格勒，另外，集团军也没有足够的油料发起任何突围行动。突围的话，德军不仅要冲破西面高地的红军封锁线，还得丢下数千名伤员。皮克特指出，这些问题当然很重要，可现在除了立即突围之外，没有其他务实的选择，第 9 高射炮师的重型高射炮可以为突围提供必要的火力支援，而 20 毫米轻型高射炮则可以让他的部下携行。施密特没采纳皮克特的建议，还告诉他，第 6 集团军应当构成环形防御阵地，等待空运补给。这是皮克特首次听说空运补给的方案，他完全无法赞同此方案，还直言不讳地告诉其他将领，根据他对德国空军空运能力的了解，这种行动根本不可能获得成功。一直缄默不语的保卢斯终于发言了，他告诉与会者，有两个至关重要的因素需要考虑。第一，希特勒指示第 6 集团军留在斯大林格勒；第二，贸然突围的话，会导致缺乏油料和补给物资的第 6 集团军滞留在荒郊野外，最终全军覆没。[4] 保卢斯还明确指出，集团军没有足够的油料和弹药来实施突围。可后来发生的事情表明，这种估计纯属臆测，而且很可能是错误的。

他们先期交换的这些意见至关重要。每个有资格发表看法的将领，都认为拟议的空运行动无法成功，就连耶顺内克也改变了想法，转而赞同其他空军将领的观点。如果第 6 集团军无法通过空运行动来维持生计，就得设法冲破敌军封锁线，哪怕丢弃大部分技术装备也在所不惜。道理很简单，要是空运行动失败，这些技术装备同样会损失殆尽。希特勒执意坚守斯大林格勒，而保卢斯则素以服从命令为己任。现在，这位集团军司令陷入艰难的境地，对所有合乎逻辑的观点都充耳不闻。

包括陆军和空军将领在内的大多数前线指挥官，都与希特勒和他的亲信出现了明显的意见分歧。11月22日，B集团军群司令部，魏克斯给OKH发了封电报，强调"空运补给的方式断不可行"。他还指出，无论突围会遭受多大损失，都是唯一可行的方案。[5] 第6集团军辖内，几位军长磋商后得出类似的结论。经魏克斯批准后，他们着手准备，打算立即变更部署，并于11月25日突出包围圈。保卢斯对这些计划一无所知，面对所有将领（参谋长施密特除外）的忠告和希特勒的殷切期望，他犹豫不决。11月22日，保卢斯向上级提出，如果无法重组麾下部队实施环形防御，就请赋予他自主决策权。但他又指出，要是能获得足够的补给物资，他仍准备坚守既占地域。保卢斯的说辞似乎有点奇怪——他刚刚才告诉皮克特和其他将领，集团军没有足够的油料发起任何突围行动，他应该过些时候再向上级申请自主决策权。因为，他多少需要一点时间来全面调查集团军的油料储备情况。由此可见，他先前说的油料问题纯属托词，其目的是让皮克特闭嘴。保卢斯于次日向希特勒报告称，几位军长一致认为必须立即突围，并表示他已知道无法通过空运的方式来为第6集团军提供补给。[6]

一天后，已返回东普鲁士的希特勒召见了蔡茨勒。希特勒明确指出，必须长时间为陷入重围的第6集团军空运补给。他把斯大林格勒定义为要塞，还态度坚定地告诉蔡茨勒，"经受一段时间的围困是要塞守军的职责"。蔡茨勒完全不同意希特勒的观点，他指出，所有陆军和空军的战地将领都确信"任何空运行动都不可能达成目的"，而且斯大林格勒显然不能同要塞相提并论。希特勒没采纳这些意见，还告诉蔡茨勒不要过于悲观，也别理会某些将领的失败主义言论。[7]

就连耶顺内克也改变了立场。他原先给希特勒的保证，是在与其交谈时迫于压力而做出的决定。他先与身边的工作人员商讨了一番，然后几次打电话给密友里希特霍芬。最后，他面见希特勒，承认自己先前的保证可能过于草率了。但希特勒决意坚守斯大林格勒。此时，希特勒更加信赖赞同他的观点之人，而不是持反对意见者。OKW参谋长凯特尔向来对元首言听计从，几乎从未提出过任何反

85

对意见,他此时反复宣称德军决不能撤离伏尔加河河岸。OKW指挥参谋部参谋长阿尔弗雷德·约德尔大将或许没这么阿谀奉承,但当年9月,他与希特勒就解除李斯特元帅职务的问题发生了激烈冲突,所以这次他想保持低调,只是说第6集团军应该等友军发起解围行动后再撤离。不过,他忽略了这样一个事实:突围行动拖得越久,就越难成功。

希特勒此前最看重的,可能是德国空军总司令——帝国元帅赫尔曼·戈林的意见。如今,希特勒已不像原先那么尊重戈林了。德国空军输掉了不列颠战役,战斗力也日益下降,元首对此深感失望。另外,马丁·鲍曼、海因里希·希姆莱等党内大人物为了自己的私利大进谗言,竭力诋毁戈林,进一步破坏了他在希特勒心目中的形象。戈林身兼数职,对德国工业生产和空军负有重大责任,因而无法事无巨细地悉心照料他掌管的所有事物。1942年年底,他急于采取一切手段来恢复自己的声望。戈林和耶顺内克很可能事先商量过为第6集团军空运补给的方案,因此耶顺内克才会对希特勒承诺"这场行动完全有可能成功"。[8]此时,希特勒已命令保卢斯坚守斯大林格勒,第6集团军会获得空运的补给。戈林手头并没有具体数据,他只是向希特勒保证空军会竭尽全力。随后,他命令身边的工作人员,将所有可用的运输机悉数投入空运行动。次日,戈林赶往贝希特斯加登。希特勒问他,是不是依然赞成通过空运的方式来为第6集团军提供补给,戈林毫不含糊地给出了肯定的回答。几乎就在同一时间,戈林收到一份简报,简报内容"破坏了空运行动所剩无几的可信度"。空军对飞机数量的初步估算,建立在"把轰炸机上的炸弹,换成可装载500千克和1000千克重的货物的容器"这一基础上。这种估算方式,引发了众人对整个空运方案的怀疑。戈林此时获悉,这里的重量指的是被替换的炸弹的重量,而不是容器内可装载的货物的重量。耶顺内克解释说,飞机的容量其实远远不够。因此,这次空运行动已完全没有成功的可能。耶顺内克恳请戈林告诉希特勒,他无法为第6集团军空运补给,但戈林不许耶顺内克向希特勒汇报货物容器的事情。相反,他亲自打电话给希特勒,并向后者保证空军完成任务。

后来,戈林在与布鲁诺·勒尔策交谈时,竭力为自己辩解,解释了他在收到耶顺内克的情况简报后,却依然向希特勒做出保证的原因。和戈林一样,勒尔策也是第一次世界大战中著名的战斗机飞行员。戈林告诉勒尔策,希特勒开门见山地指出,如果德国空军不提供空运支援的话,第6集团军就会全军覆没。戈林认为,如果在这种情况下拒不执行空运行动，那么第 6 集团军覆灭的责任就会落到空军头上。[9]但戈林为这番辩词所做的假设并不成立，他完全忽略了"执行空运任务"和"听凭第 6 集团军覆灭"之外的第三个选择——批准第 6 集团军立即突围。不过，戈林可能生怕自己背上骂名：夺取斯大林格勒的意义极为重大，是他迫使希特勒放弃了这座城市。

蔡茨勒竭力向希特勒解释，说这次空运行动的计算方式完全不合情理。希特勒把戈林召来，问他空军能否执行空运行动。戈林在敬礼后给出希特勒想要的答案，蔡茨勒又与戈林发生激烈争论。陆军总参谋长力图以"确保空运行动成功的每日最低交付吨位"来说服戈林，戈林毫不含糊地回答说，空军完全可以运送第 6 集团军需要的补给，而空军唯一的异议是对空运能力的计算。希特勒听到了他想听的话，并为此深感欣慰。他经常沉溺于各种数据，但这次他却没有重视陆军总参谋长给出的数据，而是赞同戈林的说法。他没理会蔡茨勒的意见，还说自己必须相信帝国元帅，此事已定，毋庸多议。[10]此次会晤的具体日期存在争议，因为 11 月 22 日—27 日戈林还在巴黎参观美术馆，没把精力花在空运工作上，所以会晤很可能是在他返回东普鲁士后进行的，此时希特勒已做出决定。不管怎样，第 6 集团军错失了冲出合围圈的最佳良机。

合围圈内，保卢斯终于获悉几名军长组织突围的计划。尽管他们已获得 B 集团军群司令魏克斯的批准，但保卢斯还是立即加以阻止。第 51 军军长瓦尔特·冯·赛德利茨 - 库尔茨巴赫将军，马上把一份言辞恳切的备忘录呈送给保卢斯：

希特勒让我们待在合围圈内，等待合围圈外发起解围行动的指令——这是完全靠不住的。我们不能执行这道指令，否则必然会引发一场灾难。而保全、挽救辖内各个师是我们神圣的职责，因此，集团军必须自行下达另一道命令或做出另一项决定。第 6 集团军只能朝西南方突围，否则过不了几周就会灰飞烟灭。我们对部下的生死负有道义上的责任。我们对第 6 集团军和国家的良知，要求我们拒不执行希特勒的命令，为自己争取行动自由。数十万名德国将士的生命危在旦夕。眼下别无他途。[11]

赛德利茨的呼吁，在逻辑上无懈可击，但保卢斯却不为所动：第 6 集团军必须遵照希特勒的指令就地坚守。不无讽刺意味的是，约德尔就解除李斯特元帅职务的问题与希特勒大吵一番后，德军内部盛传希特勒很快便会打发约德尔走人，派保卢斯接替其职务，而第6集团军司令一职则由赛德利茨接任。真这样的话，赛德利茨也许就能执行他提出的、但保卢斯拒不考虑的抗命行为。赛德利茨积极准备突围，甚至未经批准就命令第94步兵师做好撤离城市北郊的准备。苏联人发现了该师的动向，立即施以猛烈的炮击，给后撤的德国步兵造成严重损失。希特勒对这些情况一无所知，还任命赛德利茨担任北部地区指挥官，明确命令他不得后撤。这项任命的另一种解释是，希特勒让赛德利茨负责北部防线，试图以此来消除未经批准擅自后撤的一切可能性。无论真正的原因是什么，第94步兵师遭受的损失，接下来几周一直让保卢斯忧心忡忡。只要众人商讨收缩防御阵地、集中兵力发起突围的可能性，保卢斯就担心发生更大规模的类似事件，还以此为理由，否决未经希特勒批准就擅自从事突围准备的一切建议。

面对这种情况，曼施泰因和他的参谋人员不得不做出自己的评估和决断。11月24日，曼施泰因与顿河集团军群参谋长布塞评估了当前的态势：

> 敌人首先要做的就是设法歼灭陷入重围的第6集团军。但除此之外我们还得考虑到，敌人会利用罗马尼亚第3集团军溃败之机，以顿河河曲部的快速兵团朝罗斯托夫方向突破。一旦他们到达那里，不仅会切断第6集团军和第4装甲集团军与后方的联系，就连A集团军群也难逃厄运。敌人无疑会调来更多新锐兵团，加强手头的兵力，他们完全能同时寻求达成上述两个目标。
>
> 不管怎样，集团军群司令部的首要任务是解救第6集团军。一是因为此举关乎20万名德军将士的命运，二是因为如果不解救该集团军，不保全这股战斗力量，我们就很难恢复东线南翼的态势。很明显，即便我们以救援行动来与第6集团军重新建立联系，他们也决不能继续留在斯大林格勒。虽然斯大林格勒关乎希特勒的威望，但我们不太在乎这个问题。相反，如果我们能顺利救出第6集团军，就能以这股兵力稳定德军南翼的态势，安然度过这个冬季。[12]

换句话说，仅仅解救第6集团军是不够的，德军还需要第6集团军变更部署他们的兵力，以稳定东线整个南翼的态势，这样才能阻止发生更大的灾难。与许多将领的看法相同,曼施泰因认为突围的最佳时机是合围圈形成前或刚刚形成之际。而现在,第6集团军最快也要到11月底才能发起突围,他估计红军届时已部署了足够多的兵力,德军顺利突围的可能性会大为降低。因此,曼施泰因得出结论,第6集团军最好等待他发起解围行动,但这种等待的前提是空军能把足够多的物资运入合围圈,以确保第6集团军的战斗力不会下降。

曼施泰因在回忆录里强调了这一点:

毫无疑问,任何等待都有风险,因为敌人会利用这段时间加强他们的合围圈。承受这种风险的前提是,最高统帅部确定空运补给的行动能让第6集团军恢复自主作战的能力。

……尽管如此,但从作战角度来看,第6集团军最好还是等待计划中的解围集群展开行动,因为我们认为第6集团军已错失突围的最佳良机。但等待的前提是该集团军可通过空运行动获得足够多的补给。我们(在与第6集团军司令部的施密特联系时)强调过,后一个因素"**绝对必要**"。

……每天通过空运的方式提供400吨补给物资,是第6集团军不再立即冒险突围不可或缺的先决条件。[13]

鉴于里希特霍芬和菲比希这些空军战地指挥官普遍认为"无法通过空运行动来为第6集团军提供足够的补给",曼施泰因的表现似乎有点奇怪(他还在考虑是否执行空运行动),他肯定知道众人对空运行动的看法。也就是说,这似乎是曼施泰因事后的文饰——因为希特勒不可能改变立场。但曼施泰因或许也曾考虑得更多:如果被围部队立即突围,很可能会在行动期间遭受重大损失,这样德军就没有足够的兵力来填补前线出现的巨大缺口。合围斯大林格勒的若干红军集团军,尔后会腾出全部兵力投入顿河下游,困住A集团军群,造成更大的灾难。所以,无论空运行动的实际情况如何,第6集团军在"完整无损地获救,并作为一股作战力量发挥作用"之前,最好还是留在原地,把红军半数以上的兵力牵制在斯大林格勒地区。因为就算没有这股援兵,该地区的其他红军部队也已对A集团军群构成巨大的威胁。

第聂伯河下游和顿河畔的铁路道口数量寥寥无几,再加上游击队不断滋扰火车通行,给德国人调运援兵造成很大的麻烦。救援力量要想开抵斯大林格勒,或者说,要让东线整个南翼免遭灾难,调自东线其他地段或西面的部队必须执行大量的运动。为运送补给物资,铁路系统有限的运力已被发挥到极限,几乎无法再运行更多的火车(但相应的工作还得继续展开)。同时,红军的"天王星行动"在德军防线上撕开的大缺口必须封闭,否则对方会一路攻往罗斯托夫和顿河下游,并就此决定陷入重围的第6集团军和A集团军群(位于高加索地区)的命运。

红军在完成对斯大林格勒的合围后,一连数日,他们逐渐减小了对顿河集团军群支离破碎的防线施加的压力,这主要是因为华西列夫斯基希望集中力量来对付被围的德国第6集团军。他后来写道:

纳粹分子无疑会立即采取种种措施,企图在外来援助下,救出被合围在斯大林格勒的军队。因此在我们看来,最重要的任务就是尽快歼灭被合围的敌军集团,腾出参与这场战役的我方部队。完成这项主要任务前,我们必须全力以赴地隔断被包围的敌军集团,不让其他敌军部队向他们靠拢。为此,我们必须迅速建立牢固的对外正面,还要在对外正面后方配备足够多的快速预备队……合围对内正面,三个方面军辖内所有部队,不用做重大的部署变更和补充准备,从11月24日清晨起继续采取决定性行动,歼灭被围之敌。[14]

要是华西列夫斯基知道合围圈外德军的实力虚弱到无以复加的地步,他就会想到,阻止对方救援斯大林格勒,最好的办法也许是恢复进攻。但红军此时仍在学习机械化时代的战役法,无论如何都得停下来前运补给物资,并回收受损和被遗弃的坦克。罗马尼亚第3集团军溃败的残部退到奇尔河防线后,少数干劲十足的军官把他们组织了起来。瓦尔特·文克上校就是其中的一员,他后来成为德国最年轻的将级军官。文克当初年龄太小,没能参加第一次世界大战——他作为军校学员度过了自己的少年时代。战争结束时,他在柏林利希特费尔德军校的学业也即将完成。得知霍亨索伦王朝解体的消息后,一名军校学员描述了这些同学的心情,他们即将成年,而他们家里的几代人都为霍亨索伦王朝服役效忠过:

我们对眼下发生的事情痛苦万分,我们实际上被抛弃了,既无法支持,也无力反对,被迫怀着被唤醒的力量和渴望站在一旁,这是一支没有前线的预备队。我们的精力被倾注到可怕的虚空之中，尽管我们依然拥有自己的国家，但这不过是一种集体情感而已。令我们感到恐惧的是，我们似乎成了多余的人。每次列队穿过各条街道时，我们都能觉察到，那些盯着我们的旁观者，眼中流露出莫名的敌意。[15]

因此，许多复员军人于1919年志愿加入准军事机构"自由军团"，与现存制度的反对者展开斗争，文克这些军校学员投身其中也不足为奇。文克在赖因哈德自由军团中服役，还在柏林发生的一连串冲突中负伤。年轻的文克认为，这相当于在第一次世界大战中英勇负伤，可他父亲却强行把他送回军校，文克对这种粗暴的干涉深感愤慨。他随即逃离军校，加入冯·欧文自由军团。威尔弗里德·冯·欧文上校认识文克的父亲，便放了他几天假，劝他回家，还给他父母写了封信。文克不知道信里写了什么，反正父亲允许他返回自由军团了，自由军团很快就把他送入慕尼黑附近的步兵训练学校。和平时期的魏玛防卫军组建后，文克作为下级步兵军官加入其中，到第二次世界大战爆发时，他已是第1装甲师的作战参谋。文克后来在战争学院当了一段时间教官，随后出任第57军参谋长（适逢该军的番号改为装甲军）。红军发起"天王星行动"后，顿河方面的危机不断加剧，文克改任罗马尼亚第3集团军的联络官和参谋长。他于11月23日赶到莫罗佐夫斯克，任务是整顿几个在前线被击溃的兵团撤下来的残兵败将。文克描述了当时的状况：

次日晨，我乘坐鹳式飞机前往靠近前线的奇尔河河曲部。这里的罗马尼亚兵团已荡然无存。克列茨卡亚西面某处，拉斯卡尔集群英勇的残部仍在奋战。其他联军部队都在溃逃。我们兵力有限，无法阻止他们退却。我手头握有第48装甲军残部、临时拼凑的空军兵团，以及已陷入重围的德国第6集团军的后方地带部队，一些精力充沛的军官把他们编入一个个战斗群。第6集团军和第4装甲集团军结束休假的官兵也不断涌来……陆军总参谋长蔡茨勒将军直接给我下达指示，还发来各种情报。因为B集团军群司令部忙得不可开交，无法正确指导我这片防区的工作。

我的首要任务是派干劲十足的军官组建阻击部队，这样我们至少能在已成立的亚当、施塔赫尔和施庞战斗群两侧，与马丁·菲比希中将第8航空军的空军部队相配合，沿顿河和奇尔河战线展开侦察巡逻。于是，我把身边的工作人员沿公路散开，派他们拦截摩托车、汽车和通信设备。换句话说，我们必须弄到参谋工作所需要的一切。具备东线作战经验的高级军士特别宝贵,他们能执行一切受领的任务。

我没有自己的通信网络,但幸好可以使用第6集团军后方地带和德国空军的通信网。在利用这些通信网与各级指挥部频频联系后,我终于掌握了这片地域的总体情况:德军阻击部队正在战斗,这里还有一些罗马尼亚兵团。我带着寥寥几名部下四处奔波,亲自察看情况,确定哪些阵地应当实施弹性防御,哪些阵地必须顽强坚守。

我们唯一能指望的预备队是休假归来的官兵。我们从集团军群的仓库和修理厂中弄出各种装备把他们武装起来,有时候干脆采用了"组织"①的方式。

苏联人达成突破,击溃了我方三个集团军。要想把缺乏领导的群体和个人编入新部队,通常需要非凡且不断变化的创造力,以及采取严厉的措施。

我记得当时在莫罗佐夫斯克,我派一名国防军宣传连连长在某个主要路口播放露天电影,结果引来大批部队。我们把这些官兵组织起来,给他们配发了装备。大多数人在后来的战斗中打得很好。

还有一次,一名宪兵中士跑来报告,说他在主要补给路线附近发现一座弃守的油料库,而且"没有军官"看守。我们其实不需要油料,但急需车辆来运送我们新组建的兵团。于是我派人在后方地带的各条道路上竖起"车辆加油站"的指示牌。很快,急需油料的司机就开着卡车、汽车和其他车辆驶往被我们控制的油料库。这些车辆的确获得了油料,但它们不能随意离开了。通过这种方式,我们把游荡在后方地带或一心想逃离的车辆和司机编入新运输部队,满足了我们需要的机动性。我们打着"检查"的借口,从运往霍特集群(即第4装甲集团军)的每列火车上扣下一辆坦克,很快便以这种方式弄到10辆坦克。[16]

从修理厂中或打着"检查"的借口弄到的坦克和突击炮的数量逐渐增多,文克把这些战车编为装甲营,用于加强防线。他的作战参谋在向曼施泰因司令部汇报每日态势时,不小心提到"我们的装甲旅",于是曼施泰因把文克找去,让他解释从哪里弄到的坦克。尽管曼施泰因对文克的应急手段深表理解,但还是命令他把手头的坦克交给集中在这片地域里的几个装甲师。此后文克更谨慎了,

---

① 译者注:德国人经常用"组织"这个词来掩饰他们搜罗、抢夺各种物品的行为。

从不允许超过一个连的坦克集中在任何一处,以免引起上级部门注意,并再次让他交出坦克。

德国空军的大部分作战力量,一直从紧邻斯大林格勒西面的几座机场展开行动,支援城内的战斗。红军发起"天王星行动"后,这些空军部队仓促变更部署。此举造成严重的后果,因为他们丢弃了许多深具价值的装备——最要命的是除冰设备数量不足,空军地勤人员不得不冒着低于零度的气温勉力应对:

尽管我们采取了众所周知、多次经过验证的冷启动程序,但严寒还是给引擎保养和启动飞机引擎造成难以想象的困难。地勤人员没有任何抵御严寒和暴风雪的防护用品,就这样不停地忙碌,许多人的手被冻伤。大雾、冰冻、暴风雪带来的麻烦越来越多。夜间的情况更加复杂。[17]

上一年冬季,德国人从苏联人那里学到一些冷启动程序的技巧:为防止零下的低温导致机油黏稠度过高,无法启动引擎,可以往机油里加些汽油。一旦引擎达到工作温度,汽油就会蒸发,引擎可以正常运转,但这种做法极大地增加了引擎的磨损。

罗马尼亚第3集团军左翼仍在顿河坚守阵地,德国第48装甲军残部终于在奇尔河附近停止后撤。为恢复顿河—奇尔河之间支离破碎的防线,德国第17军被从B集团军群预备队中调往该地域。该军编有2个德国步兵师,由卡尔-阿道夫·霍利特将军指挥。霍利特是一个谦逊的步兵将领,他以往的战功看上去并不引人注目。不过,在率领缺乏训练的部下期间,霍利特学到许多技能,可以将普通部队打造成一流部队。目前的德军急需霍利特的这些技能。第17军很快就被扩编为霍利特集团军级支队,编有许多新组建的战斗群和若干罗马尼亚师(这些师先前被冲出顿河登陆场的红军击溃)的残部。

除了文克临时组建的部队外,另一些小集团也沿奇尔河河谷的新防线被组建起来。霍利特集团军级支队沿奇尔河上游占据阵地,依次排开罗马尼亚第1军、遭受重创的德国第48装甲军(该军编有罗马尼亚第1装甲师和德国第22装甲师残部),以及第一支新建的临时部队(施庞战斗群。该战斗群由后方地带部队、掉队的官兵、伤愈或结束休假后打算回部队的人员组成)。施塔赫尔战斗群位于他们东面，以第 8 航空军军部人员组建的这个战斗群，配备了威力强大的高平两用高射炮。再往东，则是施通普菲尔德战斗群和亚伯拉罕战斗群（后来被改称为亚当战斗群）。11 月的最后一周，这些部队成功取得程度不一的战果，击退了苏联人的试探性进攻。不过，尽管展现出了非凡的韧性，但这些主要以缺乏前线训练的后方人员组成的部队，几乎没有作战经验。因此，新防线还是危如累卵。苏联人只要发起强大的坦克突击，就能撕开这道防线。

亚当战斗群的组建，得益于德国军队中罕见的好运。斯大林格勒城内的激战导致德军下级军官的损失越来越大，第 6 集团军司令部决定设立一所学校，先培养各个兵团中有潜质的军士，尔后再提拔他们当军官，和步兵一同服役。这所学校设在下奇尔斯卡亚的奇尔河河口附近，红军发起"天王星行动"后，保卢斯本想把第 6 集团军司令部迁到此处，但他最终决定将司令部转移到合围圈内。在此之前，他把副官亚当派到了下奇尔斯卡亚。亚当立即把学校里的人员编为几个战斗群：教官出任营长，即将结束培训的学员担任排长和连长，掉队的官兵、后方地带人员和其他可用人手则充当士兵。尽管缺乏重武器，但该战斗群还是迅速扩充到近乎师级规模。于是，亚当建议派他的老朋友埃里希·亚伯拉罕上校来指挥该战斗群。亚伯拉罕先前曾在斯大林格勒城内的第 76 步兵师中服役，后因患病被调到后方地带，并一直在培训学校里工作。

令我深感惊愕的是，他拒不接受这项任命，理由是他病体未愈。我从来没对哪位同志产生过这么强烈的失望之情。我们要求普通士兵倾尽全力，可作为团级指挥官的这位现役军官又表现得如何呢？他说他病了，但最近几周，他的健康状况没什么问题……依我看，这位老战友的所作所为完全是因为意志消沉。[18]

亚当继续指挥该战斗群，直到他被召回合围圈内的保卢斯身旁。后来，这个战斗群被交由埃卡德·冯·加布伦茨男爵中将指挥。莫斯科战役期间，加布伦茨是第 27 军军长。在因为多次无视希特勒不得后撤的指令而被解除职务后，加布伦茨被任命为第 384 步兵师师长。该师在斯大林格勒合围圈内进行的战斗中遭遇灭顶之灾，番号也被撤销。

曼施泰因沿拥挤不堪的铁路线赶赴新指挥所。11 月 26 日，他到达罗斯托夫，遇到了德国驻罗马尼亚军事代表团团长阿图尔·豪费将军。豪费告诉曼施泰因，B集团军群辖内22个罗马尼亚师中的9个师已被彻底歼灭，还有9个师溃逃，只剩4个师尚具战斗力。豪费希望过段时间后，曼施泰因能把溃逃的部队重新送回前线。相比之下，罗马尼亚国家元首兼武装部队总司令扬·安东内斯库元帅在信里愤怒地指出，罗马尼亚人一再警告，说红军即将发动大规模攻势，可德国统帅部不仅置若罔闻，还没有提供足够的支援。正如曼施泰因简要总结的那样："看见别人的错误导致自己的军队遭受损失，这位军人在信里流露出的失望之情完全可以理解。"[19]

当日晚些时候，曼施泰因终于到达他设在新切尔卡斯克的司令部。顿河集团军群在夜间架设起通信线，于11月27日正式接掌这片地区。过去三天，红军首次试图攻入斯大林格勒合围圈，分割并歼灭第6集团军。但出乎红军意料的是，第6集团军顽强坚守阵地，不仅击退了所有冲击，还给红军造成严重的损失。红军进攻受挫的部分原因，是他们严重低估了合围圈内德国军队的规模。苏联人本以为被围之敌可能有9万人，但实际上，敌人的人数（德军官兵加撤入合围圈的数千名罗马尼亚人）几乎是这个数量的三倍。

苏联人将注意力转向后续行动，打算发展先期赢得的胜利。华西列夫斯基看望了几位方面军司令员，在听取了他们对态势的评估后，建议斯大林变更部署西南方面军辖内部队，组建近卫第1集团军和第3集团军。这些兵团尔后会协同坦克第5集团军，进攻德军沿奇尔河和顿河中游构筑的脆弱防线，其作战目的是粉碎霍利特集团军级支队和意大利第8集团军：近卫第1集团军从上马蒙攻往米列罗沃，并在那里与近卫第3集团军会合。粉碎德军防线后，这两个集团军会攻往顿涅茨河，夺取河流渡场，并朝罗斯托夫展开后续行动。在这股突击力量的西北面，沃罗涅日方面军辖内第6集团军也将投入进攻，而坦克第5集团军则会在东南面沿奇尔河展开行动。苏联人的作战企图是夺取位于莫罗佐夫斯克、塔钦斯卡亚的德国空军基地——德国人为第6集团军空运补给的行动就是从这里展开的。斯大林批准了这项代号为"土星"的行动，还朝该地域派遣了更多加强力量。这次行动的发起日期原本为12月10日，但由于苏联方面没能及时集中所需要的兵力，进攻日期被迫推延。[20]

在此期间，曼施泰因和他的参谋人员开始考虑自己面临的艰巨任务。他们必须恢复破裂的防线,阻止苏联人继续前进。倘若对方继续挺进,不仅会决定第6集团军的命运,还会危及德军整个南翼,并有可能让德国输掉这场战争。同时,他们还要以手头的少量兵力发起解围行动,解救保卢斯陷入重围的军队。德军沿顿河和奇尔河构筑的防线暂时稳定了下来,但这条防线是否是一道强大的阵地,曼施泰因对此不抱任何幻想。顿河南面也有一片防御薄弱的地带,倘若红军沿这条路线攻击前进,那么除了北面显而易见的威胁,他们还会从这个方向威胁位于罗斯托夫的几处渡场。无论希特勒在指令里对解救斯大林格勒合围圈内的德军和恢复原先的战线说了些什么,曼施泰因从一开始就打算让第6集团军撤出斯大林格勒,退守更利于防御的阵地。仅仅恢复11月中旬时的脆弱防线,无疑会招致苏联人再次发动进攻。

在希特勒拒不批准第6集团军突围后,保卢斯又回到原先的立场,声称他的军队没有足够的油料和弹药,无法展开任何大规模行动。曼施泰因在回忆录里挖苦道:"如果这些情况属实,集团军如何能执行他们在四天前提出的突围企图,这实在令人费解。"[21]

攻往斯大林格勒的解围行动有两条路线可选。第一条路线是从奇尔河下游穿过卡拉奇发起攻击,解围部队需要前进43千米左右的距离。但如果采用这条突击路线,德军就必须夺取顿河渡场,这里的地形对德军很不利。此外,德国人还知道,红军把坦克第5集团军强大的坦克力量部署在这片地域。第二条路线是从顿河南面的科捷利尼科沃附近发动进攻,当年夏季,德国第4装甲集团军就是沿这条路线首次攻往斯大林格勒的。这条突击路线的行程更远,约为120千米,而且途中还要渡过阿克赛河和梅什科瓦河。但总的说来,这里的地形更适合德军展开解围行动,而且红军的防御力量也较弱。一旦渡过梅什科瓦河,前方就是平坦而又开阔的草原——那里恰恰是保卢斯深感恐惧的地方,他担心突围的第6集团军会在这片草原上被敌人歼灭。不过,平坦的草原为解围力量从事机动作战提供了有利条件。虽说路程更远,但这个问题并非无法克服。曼施泰因决心在第4装甲集团军的掩护下组建一股装甲力量,沿第二条路线推进,执行解围行动的主要突击。待他们到达与奇尔河河口平行的位置后,顿河北面的德军就会投入进攻,他希望第6集团军可以同时从合围圈内发起突围。

海姆被解除第48装甲军军长职务后,获得接任这一职务提名的人不少。首先获得提名的是OKH快速部队总监部参谋长汉斯·克拉默将军，但他最终没能得到任命。几天后，海因里希·埃贝巴赫少将（战争初期，他曾率领第4装甲师装甲团。他的作战表现非常出色，堪称德军装甲部队里冉冉上升的一颗新星）出任第48装甲军军长。不过，他就任新职务没几天就负了伤。接替埃贝巴赫的是奥托·冯·克诺贝尔斯多夫将军——德国击败法国后，他监督过将第19步兵师改编成第19装甲师的工作。担任第48装甲军参谋长一职的是弗里德里希·冯·梅伦廷上校，他先前曾跟随隆美尔在北非东征西战，但不幸得了痢疾，此时刚刚康复。11月27日，梅伦廷到访位于东普鲁士的元首大本营，随即便获得了第48装甲军参谋长的任命。他立即飞往罗斯托夫，再从那里赶往第48装甲军军部。梅伦廷的前任和海姆一同被解除职务，无法在现场进行有序交接，梅伦廷只好听取了军部其他人员的简报。[22]

几个月前，克诺贝尔斯多夫在东线临时指挥过几个兵团，他现在接掌了海姆装甲军的残部。实力严重受损的第22装甲师只剩下几个小型战斗群，大多被部署在霍利特集团军级支队据守的防线上；罗马尼亚第1装甲师也遭到严重削弱，目前仅剩3辆坦克，而人员也主要由被编入作战部队的后方士兵组成，该师也加入了霍利特集团军级支队。除了这些残兵败将之外，克诺贝尔斯多夫还获得几个新兵团：1个空军野战师、瓦尔特·卢赫特少将的第336步兵师（从支援匈牙利第2集团军的地带调来）、赫尔曼·巴尔克少将的第11装甲师。

在军事技术日新月异的时代，许多人的职业生涯与众不同，巴尔克就是其中的一个。他参加过第一次世界大战，在德国战败后加入魏玛防卫军——起初是骑兵军官，后来又成为步兵军官。在这段时期，他曾两次获得加入陆军总参谋部的殊荣，但都被他拒绝了，他在回忆录里写到，他更愿意在前线部队服役。评论者后来猜测，他可能是因为担心自己达不到要求，所以没接受总参谋部的职位。1938年，巴尔克在古德里安的快速部队总监部任职。法国战役期间，他加入第1装甲师——先是指挥摩托化步兵团，尔后又临时指挥装甲团。他积极倡导把装甲力量与摩托化步兵（后来被改称为装甲掷弹兵）合编成临时性战斗群——1941年希腊战役期间，他在第2装甲师率领这样一个战斗群，作战表现相当出色。此后，对巴尔克这个明确表明自己希望留在前线部队、不愿担任参谋职务的人来说，职业生涯走向了完全相反的方向。他出任快速部队总监，在1941年余下的时间里负责监督装甲兵团的战车分配，还视察前线，就各装甲师的状况撰写报告。这段时间里，他频繁接触希特勒，似乎与元首建立了极为密切的关系。1942年5月，巴尔克重返前线，担任第11装甲师师长，该师在1941年冬季的交战中损失惨重。他想方设法恢复了装甲师的实力，率领该师攻往沃罗涅日。随后，该师被调到布良斯克地域担任预备队。后来，巴尔克第11装甲师被编入顿河集团军群，充当刚刚重建的第48装甲军的打击力量。尽管巴尔克想尽种种办法，但师里部分坦克还是被留在了中央集团军群。不过，第11装甲师依然是个实力强大的兵团。

巴尔克用几个月时间，把第11装甲师调教成了一流的作战部队。他表现得冷酷无情，撤换了不符合自己要求的指挥官。就这样，他麾下聚集了一群高素质的军官，例如第15装甲团团长特奥多尔·冯·席梅尔曼伯爵上校，以及分别指挥两个装甲掷弹兵团的阿尔贝特·亨策上校和亚历山大·冯·博塞上校。巴尔克还建起不同寻常的指挥体系，更喜欢下达口头命令而不是书面命令。他与古德里安等人一同工作的经历，让他对各种问题拥有深具价值的见解，把装甲师打造成"威力强大的兵器"，而不仅仅是把装甲战车集中起来编入一个兵团。在部队中广泛采用"任务型命令"，不仅需要下级指挥官能充分了解上级的意图，还需要他们具备视情况即兴发挥的能力。而且，保持通信畅通也至关重要，就像巴尔克在多年后说的那样：

> 古德里安在装甲战的通信领域做出两个非常重要的贡献。第一个贡献是给装甲师里的每辆坦克都增添了第五名组员（也就是报务员）和电台。这就让小型装甲部队、大型装甲部队在指挥与机动性方面获得了其他军队无法比拟的灵活性和速度。因此，我们的坦克能击败在火力和装甲方面都占有很大优势的敌坦克。
> 古德里安的第二个贡献，是为装甲兵配备了"信号组织"。这样一来，师长就能从师里的任何一处实施作战指挥。
> ……我总是让我的作战参谋留在后方指挥所，而我则在前线用电台指挥作战。所以，我总是置身战事最关键的地段。我把命令发给作战参谋，他负责把这些命令下达给正确的部队，以确保他们能采取正确的行动。这让我们在与当面之敌交战时获得了惊人的优势。[23]

这种做法显然需要一个能力出众、值得信赖的参谋小组，巴尔克幸运地获得了师作战参谋弗朗茨-约阿希姆·基尼茨少校的大力协助。在当年大多数时间里，他们俩朝夕相处，很熟悉对方的意图和工作方式。第 11 装甲师的坦克力量还不错，目前仍有 103 辆战车，但其中有 28 辆二号坦克——普遍的看法是，这款坦克的装甲板太薄，车载武器的火力也太弱，到 1942 年时已无法应对敌坦克，不过仍能作为装甲侦察车发挥作用。该师只有 11 辆装甲和火力能匹敌红军 T-34 的四号坦克。[24] 巴尔克的回忆录表明，他是个极为自信且固执己见的人，他这种个性让许多人深感厌烦。但在接下来的日子里，他需要这份自信和干劲。巴尔克于 11 月 27 日率领师部赶到米列罗沃，一如既往，他全力以赴地投入工作，为师属部队的到来做好一切准备。[25]

曼施泰因到任头几天，用电传打字机与 OKH 交换意见，商讨救援行动的计划。OKH 答应调拨给曼施泰因的援兵的集中工作进一步延误，曼施泰因觉得不能再拖下去了，于 11 月 28 日请求上级批准第 4 装甲集团军立即发动进攻。他明确指出，此举对恢复德军机动性而言至关重要：

最重要的是，敌人在数百千米长的战线上享有行动自由，而我方部队则被牵制在一片很小的地域里，从作战角度来看这是难以为继的。无论如何我们必须恢复作战能力。[26]

希特勒拖了整整五天才回复消息，还质疑曼施泰因作战地域内的红军兵力数量不准确，声称这些敌兵团在近期的交战中已遭到严重消耗，再加上补给欠缺，战斗力不足为惧。可希特勒忽略了一个事实：该作战地域内的德军部队的状况也不好，甚至还远不如敌军。不管怎么说，这是个好迹象，因为希特勒没有断然否决、拒不考虑将第 6 集团军撤出斯大林格勒的问题。但希特勒也没有认清此举的必要性。一如既往，面对自己不愿做出的决定，他总是敷衍搪塞了事。曼施泰因在回忆录里描述了这段时期发生的事情，却没有对第 6 集团军的补给状况重新做出评估。德国空军是否有能力顺利实施空运行动？此时，曼施泰因应该打消了之前挥之不去的疑虑。在这种情况下，是时候重新评估第 6 集团军能否等到霍特集中解围力量那一天了。第 6 集团军最起码应该做好发动进攻的准备，以便届时为赶来的救援力量提供协助。自始至终，这么做的必要性都显而易见。他们本该在目前这一阶段，下达相关命令。

99

执行解围行动的救援力量，是弗里德里希·基希纳中将的第57装甲军。基希纳是一个经验丰富的装甲兵将领，OKH从高加索地区召回他和他的军部，派他们负责执行代号为"冬季风暴"的解围行动。曼施泰因起初想集中3个或更多装甲师来执行解围任务，但上级答应提供的援兵迟迟不到，致使基希纳手头只有第6装甲师和第23装甲师可用。第6装甲师一直在法国整补改装，全师齐装满员。原先第6装甲师开赴东线，是准备在意大利第8集团军身后占据支援阵地，但现在该师被调来应对"顿河河畔快速发展的危机"。为加强该师实力，上级为他们提供了一个突击炮营，但这批突击炮目前还没有到位。第23装甲师在高加索地区就已被编入第57装甲军，虽然该师曾遭受一些损失，但实力仍接近满编状态。不过，当这个师零零碎碎地开抵集中地域时，突如其来的化冻把高加索地区寥寥几条道路变为泥沼，给师里的轮式车辆部队造成严重阻碍。按照希特勒的指令，第三个兵团（也就是第17装甲师）将接替第6装甲师，被调到意大利人身后，其后续用途待定。要是把这个师部署在意大利人身旁，该师也许能介入苏联人即将发动的进攻；倘若把该师及时编入第57装甲军，解围行动就能以更强大的兵力发起突击。可德军领率机构优柔寡断、混乱不堪，白白浪费了时间却没得到任何好处。此外，虽然第15空军野战师（这是戈林新组建的兵团之一）也在基希纳麾下，但没人对该师的战斗力抱有幻想。至于2个罗马尼亚骑兵师，则在解围行动翼侧展开，负责阻挡苏联人的反突击。

经过一段时间休整补充后，第6装甲师的战备状况还不错。与其他装甲师一样，他们也经历了大规模改编：三个装甲营被裁撤了一个，还取消了步兵旅旅部，但其技术装备比1941冬季好得多。第6装甲师那些陈旧过时的38（t）坦克都被换成了三号坦克与四号坦克，这让该师在对付苏联人的T-34坦克时更有信心。不过，第6装甲师仍对一些问题心存顾虑：尽管三号坦克装备的50毫米长身管火炮威力不小，但只能在800米内射穿T-34坦克的装甲板（相比之下，T-34却能在最大射程内击穿该师配备的任何一款战车）；第6装甲师只有一个搭乘半履带装甲车的装甲掷弹兵营。另外，该师还担心机械故障会减少可用坦克的数量。尽管如此，迫于无奈的第6装甲师还是采取了必要的措施：训练期间，他们经常把装甲团、半履带装甲车营、炮兵团的一个装甲摩托化营和装甲反坦克营的一个连编为装甲战斗群，以期能最大限度地发挥战斗力；师里其他部队被编为一个个战斗力略逊一筹的战斗群，在进攻中主要发挥辅助作用——掩护师主要突击力量的翼侧和后方。

第 6 装甲师的官兵斗志昂扬，装甲连连长霍斯特·沙伊贝特写道：

> 由于领导指挥得很出色，我们在先前的交战中遭受的损失并不大……我们现在有意志坚定的老下士，还有由高级军士和军官构成的杰出指挥核心。他们多次讲述了自己的作战经历和战争经验……全体士兵的情绪很稳定……每个人都觉得自己比苏联人强得多，并对手上的武器和熟悉的军官充满信心。全体将士，特别是装甲团官兵，都能在战斗中作为团队的一分子发挥作用，卓有成效的互信关系让他们证实了自身的价值。与所有团长和营长一样，师长埃哈德·劳斯少将也是从师里晋升的，他赢得了全体官兵的信任。[27]

在第 6 装甲师穿越德国的途中，第 4 装甲掷弹兵团的士兵趁冬季第一场降雪之机，尽情地打了场大规模雪仗，他们日后会经历比这更大的雪。数十列火车载着该师穿过白俄罗斯，随后转向东南方。运载炮兵营营部直属连的一列火车遭到游击队伏击，火车头遭损毁，车上的士兵不得不在附近的树林里占据防御阵地。这是个早早到来的提醒，充分说明即便在远离前线的地方，德国人也没能彻底控制他们占领的苏联领土。

军列穿过罗斯托夫，与载满伤员、驶往相反方向的列车交错而过，第 6 装甲师官兵的情绪更加低落了。铁路路况复杂，再加上不清楚敌军的确切位置，让援兵的调动进展缓慢。第 6 装甲师离开布列塔尼整整三周后，首批部队才于 11 月 27 日清晨到达科捷利尼科沃。正如沙伊贝特评论的那样：

> 进展越来越慢，一列列火车隔得很远。所有人都盼着赶紧下车，因为我们从布列塔尼出发后，已经在路上奔波了 18—20 天。车上每间舱室塞有 8 个人，简直就是个不断散发恶臭的烤炉，我们无法好好盥洗一番，也没办法舒舒服服地躺下，这番折磨长达 450 个钟头，只有经历过这一切的人才会明白"运输"一词的含义。[28]

科捷利尼科沃周围的地形单调乏味，既没有明显的突起，也没有树木。虽然从许多方面来看，这里是从事机械化交战的理想场地，但季节性降雨冲出一道道深深的沟壑，在整片地区纵横交错。这些沟壑几乎每年都在发生变化，地图起不到太大作用，而且每年这个时候，厚厚的积雪通常会部分或彻底覆盖一道道沟壑。第6装甲师首批部队开抵科捷利尼科沃后，新作战地域可能和他们预想中的情况完全不同，就像劳斯后来描述的那样：

> 突然，一连串密集的炮弹袭来，地面在颤抖，黑色的土块被抛向四面八方，车窗被震碎，尖利的刹车声响起，车轮发出刺耳的声音，突如其来的刹车让车上的人员和装备撞在一起，火车停了下来。所有士兵跳下车厢，他们经常遭遇游击队袭击，遇到这种情况该怎么做早已了然于心。苏联人从车站建筑里冲出，高呼着"乌拉"冲向火车。就在这时，我们的机枪和冲锋枪从车顶朝两侧冲向火车的棕褐色身影开火了。
>
> 炮弹的爆炸声和苏联人的呼喊声引发了地狱般的喧嚣，但下一分钟就被我方步兵震耳欲聋的呐喊声淹没了。我方步兵在第4装甲掷弹兵团团长翁赖因上校的率领下，端着上了刺刀的步枪、攥着手榴弹朝敌人扑去。激烈的白刃战爆发开来，没过一个钟头，我们的掷弹兵就扭转了局面。随后，他们开始肃清这片地带的货运车厢、建筑物和其他铁路设施。[29]

镇内有一部分罗马尼亚士兵企图逃往南面，第6装甲师拦下一些人，以武力威逼，这才把他们赶回原先的阵地。其他罗马尼亚士兵在新开抵的德军部队身旁占据阵地，随即投入战斗。[30]某个时刻，北面高地上的红军炮兵，以准确而又密集的炮火轰击车站，但赫尔穆特·冯·潘维茨上校从镇东郊的修理厂里征用了6辆坦克，对敌炮兵阵地发起快速进攻，敌人的炮击很快就停止了。潘维茨是一个骑兵，其任务是组建一个哥萨克师，站在德国一方参战。

苏联人出现在科捷利尼科沃火车站附近，此处离前线只有19千米左右的距离，这种情况令人极为担忧。最要命的是，第57装甲军的集中和解围行动有可能延误。为确保科捷利尼科沃的安全，有人建议后面的军列到下一站再卸载人员和物资，让部队沿公路行进。劳斯否决了这项建议，命令军列把他的部下直接运入镇内。这天结束前，第6装甲师大批部队开抵科捷利尼科沃，这才保障了该镇的安全。出乎劳斯意料，他的师没再遭受攻击，"基本以日常的方式"集中起来。不过，

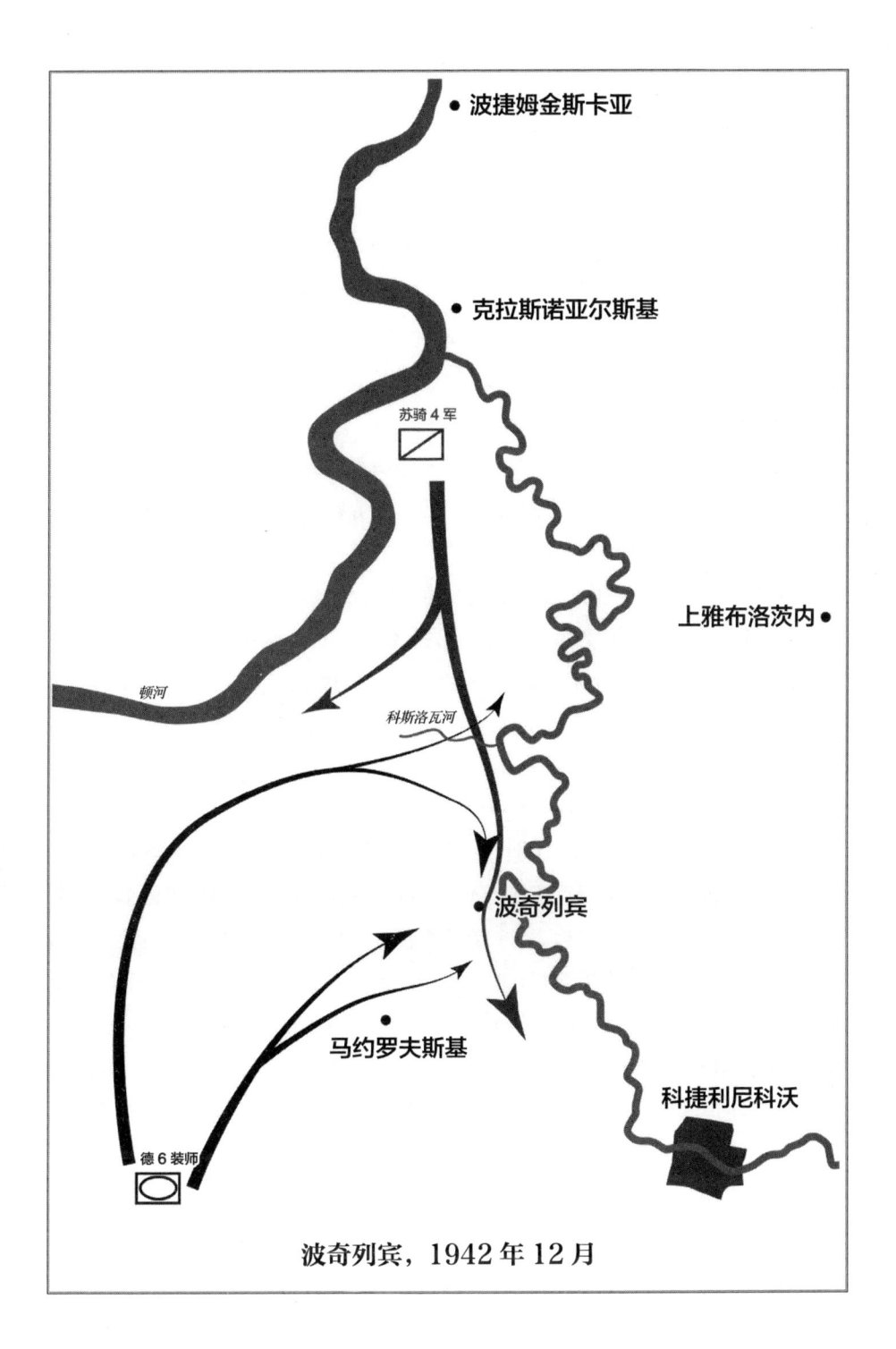

波奇列宾，1942年12月

为保险起见，该师还是有几个分队在西面完成卸载，经公路赶到镇内。[31]12月1日，第6装甲师正式被编入第57装甲军。

霍特、基希纳和劳斯开了碰头会，商讨作战计划。眼下最紧迫的任务依然是阻止红军攻占科捷利尼科沃。德国人审讯俘虏后确定，叶廖缅科方面军袭击科捷利尼科沃镇的部队隶属骑兵第4军。苏军部队的实力依然强大，足以展开后续行动，获得坦克加强的骑兵第85旅就是其中之一。尽管该旅在挺进期间遭受了一些损失，但仍有足够的兵力，他们于12月3日发起突袭，一举夺得位于科捷利尼科沃北面11千米处的波奇列宾。苏联人从那里派遣一股坦克力量攻往科捷利尼科沃，这支部队在遭到第6装甲师猛烈的炮火打击后撤回。

劳斯就1942年12月的交战写了许多文章，可他的记述往往与其他资料不一致。特别是第6装甲师各团的作战日志，经常与劳斯对各场交战确切日期的回忆相矛盾。无论差异究竟出现在哪里，本书以下的记述会尽量采用作战日志和通信记录中的内容，因为这些内容很可能更准确一些。

除了占领波奇列宾的红军部队外，劳斯还担心第51集团军会从东面加入交战。他知道红军骑兵第115师正赶去支援波奇列宾，因而决定毫不拖延地夺回该镇。他打算在拂晓时分发动进攻，但因浓雾造成的耽搁，德军先遣部队直到上午10点左右才出发。劳斯称进攻日期是12月6日，但据第6装甲师作战日志记载，这场交战发生在12月4日前。

劳斯师投入2个装甲营，共计90辆坦克，从南面和西面攻往波奇列宾。虽然东面的库尔莫亚尔斯基阿克赛河（不要与阿克赛河相混淆）阻止了德军从那个方向实施迂回，但这条河也构成阻挡红军撤离的屏障。西面的德军装甲营，与苏联人部署在北翼的坦克力量展开长时间激战。遭遇对方精心部署的坦克和反坦克炮顽强抵抗的德军装甲营，逐渐偏离了主要突击方向。当德军的进攻势头衰退之际，装甲团团长瓦尔特·冯·许纳斯多夫中校驱车赶往转向北面的装甲营，把他们的突击方向重新调整为波奇列宾。两个装甲营再次发起向心突击，让这场进攻取得了更好的进展。沙伊贝特的连队在北面的装甲营率领这次突击，他生动地描述了这场交战：

耳机里传来"金链花前进"（金链花是我们连的代号）的命令，此时我只率领了两个先遣排,我可不想与第7连发生碰撞,他们在我左侧隆隆向前。我翻过最后一道低矮的山脊,波奇列宾北面,库尔莫亚尔斯基阿克赛河河段的整个景象出现在眼前。前方1500米开外,我看见从波奇列宾通往北面的道路上,苏联人的车辆和补给纵队堵得水泄不通。翻过一道山脊,左侧的道路几乎与库尔莫亚尔斯基阿克赛河平行。这条路上也挤满敌军,我看见敌坦克夹杂其间。河流更高的东岸伫立在我对面,上方是无穷无尽的灰色天空。现在没太多时间思考,我们立即投入战斗,敌人的坦克和反坦克炮应战了,一个个柠檬黄色的火球在河谷内闪烁。我朝右侧瞥了一眼,发现波奇列宾正遭到炮火打击。河谷里充斥着尘埃和硝烟。

我们不能停在原地,否则会沦为敌守军的活靶子。遵照营长勒韦少校的命令,我们两个先遣连在第4连的炮火掩护下,朝前方的公路冲去。一门门坦克炮朝眼前的大量目标开火,我们迅速冲入苏联人的队列,把挡在面前的敌人驱散到各个方向。

格里克的第7连紧追向北逃窜的敌人,这样就为我的身后提供了掩护,我转身向南攻往波奇列宾,并同时留意东面的动静。库尔莫亚尔斯基阿克赛河两侧,一大群苏联士兵逃离高地。他们遭到我军炮火打击,我们也以机枪火力和高爆弹"追击"逃窜之敌。我很快到达距离敌战壕一千米左右的地方,这条庞大的战壕横跨公路,它可能是苏联人在夏季攻势期间修筑的,因为很难想象他们能在夜间挖掘这么大的战壕。事后证实,这是科斯洛瓦河河谷南面一道防坦克障碍的组成部分。苏联人在这里设立防线,我们很快就与敌人的反坦克炮展开对决。波奇列宾南面的高地上,我们看见了第2营从事的交战。那里有几辆坦克被击毁,腾起黑色的烟雾。透过望远镜,我看见一个个黑色的身影在坦克残骸间奔跑,是我方被击毁的坦克的组员。

没有重武器支援,我很难驶过前方狭窄的路段——那里只有一条路可跨过宽大的战壕,而敌人在战壕里部署了反坦克炮。我用电台请求支援,很快就看见炮弹落在这条狭窄的路段上。但我不知道这通炮火是第4连回应了我的请求,还是部署在南面的几个炮兵连主动提供了支援。不管怎样,我决定投入进攻。我率领连队全速向前,道路两侧满是苏联人遗弃的车辆,还有许多无人驾驭的马匹和骆驼——我们惊异地看着它们调转方向,迈开大步逃离。就这样,我们时而停车开炮,时而冲向战壕。令人惊讶的是,我们没遭受任何损失就顺利夺得路口。我率先驶过战壕,通过时看见了损毁的反坦克炮和阵亡的炮组人员。必须承认,尽管敌人被我们打垮,可他们的确付出了英勇的牺牲。我赶紧用电台通知炮兵,停止对这处阵地的炮击。

我不想被己方部队被误以为是敌坦克，连忙把自己的位置告知了其他部队。消息刚刚发出，我正准备率领全连进入村内时，落在前方的炮火就突然停息了，简直就像是一场训练演习。炮火转而集中到村内、东面的高地和北面，苏联人似乎在那里抵御格里克的第7连。我们的炮兵干得真棒！

在位于我前方一千米左右的村庄里，敌人的抵抗似乎很轻微。我决定冲进村内——部分原因是我想和连队率先到达那里。正如我见到的那样，我们这场突击助了第2营一臂之力，他们取得进展，正逼近村庄。我驶入村内，只与敌步兵发生了战斗。炮火平息了，很快只剩下起火燃烧的小屋发出的噼啪声。我们没有遭受任何损失就取得这番战果，我对此深感自豪。[32]

猛烈的炮击后，德军顺利攻占波奇列宾，关于这场交战的所有记述，都没提到镇内居民的下落。德国人在波奇列宾镇外的周边地域消灭了许多红军士兵，他们在这些地方又遇到好多骆驼：

一股规模更大的敌军自以为在两条干河床之间找到一个缺口，企图从这里向西逃窜。由于浓烟滚滚，我方几股掩护力量起初并没有发现敌人的动向。但最终他们还是报告称，某种既不是人员，也不是马匹，更不是坦克的东西正在逼近。直到这支神秘的部队涌过山脊顶峰，准备奔向马约罗夫斯基时，我方人员才确定这是支骆驼旅。该骆驼旅一头撞上我方严阵以待的坦克和反坦克炮——这股打击力量的任务是阻止敌坦克沿这条路线逃脱……骆驼旅前方的队列立即被打垮了，跟在后面的人员和骆驼转身奔逃。我们的坦克本打算发起追击，但没能如愿，因为大部分地面过于湿软，承受不住坦克的重量。事实证明，逃窜的骆驼能更快、更好地穿越野地，因而赢得了这场重要的赛跑。许多骆驼重获自由，因为只有它们能泅渡库尔莫亚尔斯基阿克赛河。[33]

这天结束前，第6装甲师以伤亡36人、折损12辆坦克的代价赢得胜利。他们声称击毁56辆敌坦克，缴获14门火炮，俘敌2000余人。[34] 这场胜利令人满意。德国人审问俘虏后得知，红军骑兵第81师、坦克第85旅大部就歼，骑兵第115师损失惨重。实际上，红军骑兵第4军实力严重受损，眼下的实力可能只相当于一个战斗群。在等待师里的余部和第 57 装甲军辖内其他兵团展开之际，装甲战斗群的官兵找了点乐子：

  接下来几天，大批被遗弃的马匹和骆驼让我们愉快地消遣了一番，特别是那些在骑兵部队服役过的年长军士和军官。直到师部下达严厉的命令，这场"马戏表演"才告结束。[35]

  虽说德军消除了距离科捷利尼科沃最近的威胁，但相关情报表明，苏联人在东北方约 56 千米外的上库姆斯基集结了重兵，光坦克可能就多达 300 辆。东南方还有更多的红军坦克兵团。就算第 57 装甲军按计划集中辖内全部兵力，攻到第 6 集团军身旁的任务也无比艰巨，他们要对付占有数量优势的敌军。另外，科捷利尼科沃和波奇列宾的交战也无疑让苏联人得知，德军派来了援兵。即便北面德军能守住薄弱的防线，第 57 装甲军也将面临艰巨的任务。

参考文献

1. United States Air Force Historical Research Agency (Montgomery, AL), K113.106-153, *Aussagen zur Problem der Luftversorgung von Stalingrad*.
2. F. Morzik, *German Air Force Airlift Operations* (USAF Air University, Montgomery, AL, 1961), pp.145–50.
3. United States Air Force Historical Research Agency (Montgomery, AL), 168.7158-335, *Feldgericht des VIII Fliegerkorps 26.1.43*.
4. United States Air Force Historical Research Agency (Montgomery, AL), 168.7158-338, W. Pickert, *Aufzeichnungen aus meinem Tagebuch und von Besprechungen über Operative und Taktische Gedanken und Massnahmen der 6. Armee*.
5. M. Kehrig, *Stalingrad: Analyse und Dokumentation einer Schlacht* (Deutsche Verlags-Anstalt, Stuttgart, 1974), p.561.
6. Ibid., p.562.
7. S. Friedin, W. Richardson, and S. Westphal, *The Fatal Decisions: Six Decisive Battles of the Second World War from the Viewpoint of the Vanquished* (Michael Joseph, London, 1956), p.142.
8. Irving, *Göring: A Biography* (Macmillan, London, 1989), p.367.
9. United States Air Force Historical Research Agency (Montgomery, AL), K113.309-3, *Bericht über eine Auskunft Görings Stalingrader Zusage durch Generaloberst Lörzer*.
10. J. Hayward, *Stopped at Stalingrad: The Luftwaffe and Hitler's Defeat in the East 1942–1943* (University Press of Kansas, Lawrence, KA, 1998), pp.240–42.
11. O. Selle, p.38.
12. Manstein, *Lost Victories*, pp.304–05.
13. Ibid., pp.306–07.
14. Vasilevsky, *Lifelong Cause*, p.196.
15. Ernst von Salomon, quoted in D. Bradley, *Walther Wenck – General der Panzertruppe* (Biblio, Osnabrück, 1981), pp.28–29.
16. Bradley, *Walther Wenck*, pp.244–45.
17. W. Pickert, 'The Stalingrad Airlift: An Eyewitness Commentary', in *Aerospace Historian* (Air Force Historical Foundation, Bolling AFB, DC, 1971), Vol. XVIII, p.184.
18. Adam and Rühle, *Paulus at Stalingrad*, p.112.
19. Manstein, *Lost Victories*, p.310.
20. Vasilevsky, *Lifelong Cause*, p.201–03.
21. Manstein, *Lost Victories*, p.314.
22. Mellenthin, *Panzer Battles*, p.158.
23. Battele Columbus Laboratories, Columbus, OH, 1985, pp.20–21.
24. A. Harding Ganz, *Ghost Division: The German 11th Panzer Division and the German Armored Force in World War II* (Stackpole, Mechanicsburg, PA, 2016), p.121.
25. H. Balck, *Ordnung im Chaos: Erinnerungen 1893–1948* (Biblio, Osnabrück, 1981), p.361.
26. Manstein, *Lost Victories*, p.320.
27. H. Scheibert, ···*Bis Stalingrad 48km: Der Entsatzversuch 1942* (Pudzun-Pallas, Wölfersheim-Berstadt, 1998), pp.12–13.
28. Ibid., p.13.
29. E. Raus, *Panzer Operations: The Eastern Front Memoir of General Raus, 1941–1945* (Da Capo, Cambridge, MA, 2003), p.142.
30. W. Paul, *Brennpunkte: Die Geschichte der 6. Panzerdivision* (Biblioverlag, Osnabrück, 1993), pp.233–34.

31. Raus, *Panzer Operations*, p.145.
32. Scheibert, *Bis Stalingrad*, pp.37–38.
33. Raus, *Panzer Operations*, p.151.
34. Paul, *Brennpunkte*, pp.237–39.
35. Scheibert, *Bis Stalingrad*, p.43.

12月:"冬季风暴行动"

第四章

苏联人完成了对斯大林格勒的合围，打算转入战略计划的下一个阶段：进攻意大利第8集团军，尔后攻往罗斯托夫，行动代号"土星"。如果这场进攻战役能获胜的话，苏联人就能隔断顿河集团军群和A集团军群，让"天王星行动"取得的战果相形见绌。倘若此次战役能按计划进行，东线整个德军阵地都会遭受致命打击；即便这次战役只能实现部分作战企图，也会给德军造成严重后果。

困住德国第6集团军的合围圈刚刚形成，苏联人就着手策划下一步行动。11月24日，基于以下几个理由，华西列夫斯基建议顿河方面军辖内部队和斯大林格勒方面军3个集团军尽快消灭合围圈内的敌军：第一，合围保卢斯集团军牵制了红军大批兵力，要想实现有可能赢得战争的战略目标，就必须腾出这些兵力。第二，德国人有可能与斯大林格勒重新建立陆地连接，致使部分或全部被围之敌顺利逃脱。第三，第6集团军盘踞在斯大林格勒，给红军的补给运输造成很大的麻烦。歼灭被围之敌，不仅能改善红军在高加索与顿河地域之间调动兵力的能力，也有利于前运物资和援兵。

压缩斯大林格勒合围圈之际，西南方面军（从西北面到东南面，近卫第1集团军、近卫第3集团军、坦克第5集团军依次排列）会负责粉碎德军脆弱的防线，并向南攻往顿涅茨河。待他们到达顿涅茨河一线后，近卫第2集团军就会在4个坦克军加强下，调离统帅部预备队，进攻夺取罗斯托夫。与此同时，沃罗涅日方面军辖内第6集团军会掩护这场行动的右翼。[1]

当必要的部队开入阵地时，作为先期措施，普罗科菲·洛格维诺维奇·罗曼年科将军的坦克第5集团军会奉命突破德国人沿奇尔河下游汇聚的防线。这场进攻的意图，是把德国人调离他们最接近斯大林格勒合围圈的阵地。红军在"土星行动"开始前发动进攻，还能把德军预备队吸引到受牵制的地域，让对方无法在意大利人遭受攻击时提供支援。霍利特集团军级支队脆弱的防线遭受的压力，并未彻底消除。红军发起"天王星行动"后，施塔赫尔战斗群在很大程度上挽救了德军防线，但12月2日，这个临时拼凑的战斗群终于垮了下来。赖纳·施塔赫尔中校的第34高射炮团是该战斗群的核心力量，但陆军掉队者、空军地勤人员和另一些人战斗得也很出色。里希特霍芬担心施塔赫尔不是阵亡就是被俘了，可令他惊异而欣慰的是，施塔赫尔不仅活着，而且毫发无损。他召集战斗群残余的官兵，在苦战两天后撤回德军防线。施塔赫尔受到英雄般的迎接，也许是为了在

奇尔河河谷，1942年12月

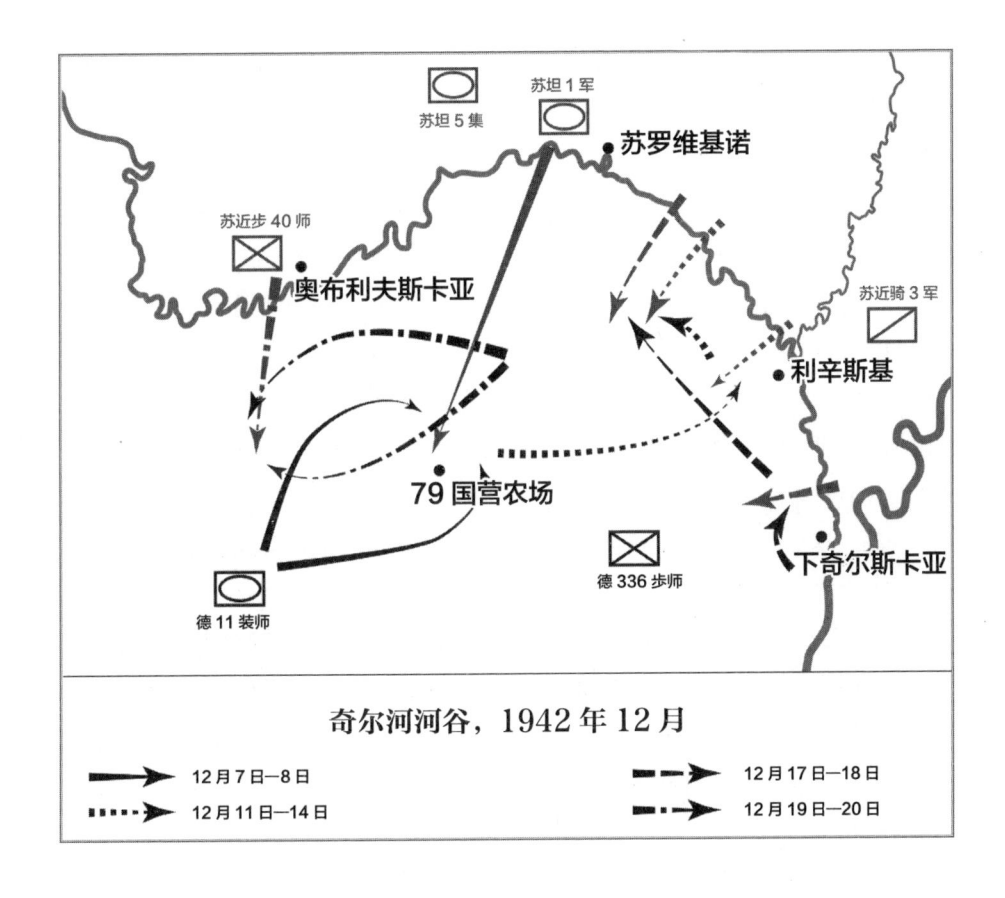

→ 12月7日—8日
┅► 12月11日—14日
╌► 12月17日—18日
╍► 12月19日—20日

铺天盖地的噩耗中找到一些值得表彰的东西，希特勒授予他骑士铁十字勋章橡叶饰。²1943年年初，施塔赫尔被擢升为上校。①

虽然坦克第5集团军在合围斯大林格勒的行动中发挥了至关重要的作用，但该集团军的作战表现却没有达到罗曼年科的预期。罗金的坦克第26军率先攻往卡拉奇，甚至一度越过该镇，但布特科夫的坦克第1军从一开始就举步维艰。瓦图京司令部在战后提交的报告里指出，该军辖内几个旅像"一群瞎猫那样"四处逡巡，而不是坚定地向前推进。坦克第1军被卷入与罗马尼亚和德国装甲部队的持续交

---

① 译者注：施塔赫尔在1942年3月被擢升为上校，于1943年年初被晋升为少将。

战,对方徒劳地企图挡住红军的突破,并为此遭受了严重损失。除了2个坦克军外,罗曼年科麾下还有6个步兵师,他本打算以这些步兵师率领突破,尔后再协助封锁斯大林格勒周边的合围圈,但罗马尼亚人击退了红军步兵的初期进攻。即便红军坦克突破了敌方的防线,步兵的前进速度依然慢得惊人。两个坦克军没能变更部署,回收受损或出故障的战车,而是被用于击退保卢斯拖延很久才派往顿河河段的装甲力量。经短暂休整后,坦克第5集团军辖内2个坦克军奉命攻往奇尔河,打击德国第48装甲军。

此时,瓦尔特·卢赫特将军指挥的德国第336步兵师已被部署在这片地域,极大地加强了德军防御力量。12月7日,德国第11装甲师开入前线后方的支援阵地。卢赫特报告称,红军一支坦克纵队渗透了第336步兵师左翼,对方隶属布特科夫坦克第1军,这是苏联人试图粉碎奇尔河防御的第一阶段作战行动。这天结束前,红军到达并夺取了79国营农场,第336步兵师的补给纵队就部署在这里。

第48装甲军参谋长梅伦廷给巴尔克发了封急电。尽管第11装甲师主力仍在途中,但巴尔克还是立即展开行动。师属高射炮营、反坦克营和战斗工兵营彻夜行军,在农场南面占据了阻截阵地。卢赫特请第11装甲师直接发动进攻,击退敌人。但巴尔克没有采纳这项建议,他觉得地形对己方不利。另外,他还想歼灭这股敌军,而不是把对方逐回出发线。因此,第15装甲团的坦克在第111装甲掷弹兵团的支援下,奉命绕到农场西北面和北面,控制地形稍高处。12月8日拂晓,红军坦克在试图绕到第336步兵师后方时,突然被德军阻截部队的精准火力挡住。与此同时,奉命包围苏联人的德军部队发起突袭,一举歼灭了红军向前推进、试图支援己方坦克力量的摩托化步兵,并随即绕到敌坦克部队身后。布特科夫的部队没有发现第11装甲师正在逼近,很快便被德国人打垮。这场交战的最后一幕,是巴尔克派第110装甲掷弹兵团攻入79国营农场,彻底歼灭坦克第1军:

> 我驱车穿过79国营农场,可怕的场面出现在眼前。第336步兵师的补给单位先前一直都部署在这里。这些英勇的官兵惨遭集体屠戮。苏联人在清晨发动突袭,消灭了他们。

对巴尔克而言,"这幅场景清楚地说明了一个基本事实"——眼下这场战争关乎德意志民族的生存或毁灭。巴尔克很少下达日训令，但当天他签发了一道师日训令，概括了这里发生的事情：

第 11 装甲师
作战处

同志们：

苏联人在 79 国营农场屠杀了几百名德国官兵，我们要永远记住他们犯下的罪行。

我们审讯了俘虏伊万·雅克韦维奇·库里尔科中士，他交代了以下情况：在 1942 年 11 月 19 日前召开的一场会议上……所有旅长和营长都出席了会议，两个据说是逃兵的罗马尼亚人被带到他们面前。上级告诉与会者，这就是罗马尼亚人，可以接受他们投降，但德国俘虏一个不留。

他们接到命令，不得在德国人面前枪毙罗马尼亚人，但必须在罗马尼亚人面前枪毙德国人。他的交代证实了我们在 79 国营农场亲眼看见的惨剧，所有细节也与英美媒体一再呼吁彻底消灭德意志民族的口号完全一致（这里指的是西方国家"继续从事战争，直到德国无条件投降"的呼声越来越高。在 1943 年的卡萨布兰卡会议上，这种呼吁成为同盟国的官方政策）。

你们都知道，苏联人宣称会保证德国逃兵和俘虏的人身安全，并在战争结束后把他们遣送回国。可敌人的做法与这些欺骗性宣传截然相反。

同志们，我们经历的艰巨战斗再次告诉我们，这场战争关乎德意志民族的生存或毁灭。日后，要是你们的勇气发生动摇，要是你们在艰巨的战斗中畏缩不前，就该想想英美国家的仇恨谩骂、苏联坦克第 157 旅的口号和在 79 国营农场发生的惨剧，这一切都告诉我们，要是我们无法赢得这场斗争，等待我们的命运会是什么。[3]

毫无疑问，在 1942 年年末进行的交战期间，苏联人处决了投降的德国和罗马尼亚官兵。虽然巴尔克的记述有些片面，但写下自己亲身经历的德国人和苏联人也大多是如此描述的。从"巴巴罗萨行动"的策划阶段起，希特勒就明确告诉德军高级将领，这场战争是"两种互不相容的体制展开的斗争，必须毫不留情，不是你死就是我亡"。1942 年年初中风去世的第 6 集团军司令瓦尔特·冯·赖歇瑙元帅，曾于1941年10月在希特勒下达的指令里添加了他自己的指示，故意把纳粹最痛恨的两个群体联系起来，并加上第三个"烦人的因素"，即"亚洲的影响"：

关于军队对布尔什维克体制采取的行动，目前仍流传着许多不准确的看法。

在这场反对犹太—布尔什维克体制的战争中，最重要的目标是彻底消灭他们的武装力量，消除欧洲文明里亚洲的影响。

就这一点而言，军队面临的任务不单纯是义无反顾地投身战争。东部地区的官兵不仅是恪守战争法规的战士，也是无情民族意识形态的旗手，更是德意志民族和同宗民族遭受兽行的复仇者。

因此，全体将士必须充分认识到，对劣等民族施以严厉而又正义的报复非常必要。此举还有另一个目的，就是镇压在国防军后方地带发生的暴乱。相关经验告诉我们，这些暴乱都是犹太人引发的。

打击战线后方之敌的斗争，目前执行得还不够认真。阴险而又残忍的游击队员和堕落的妇女仍被当成战俘，身着军装或便衣的游击队员和流氓无赖，仍被视为军人，我们还把他们送入战俘营。实际上，被俘的苏联军官语带讥讽地交代，苏联特工不仅能公然行走在各条道路上，还经常在德军战地厨房吃饭。我方军队这种行为，只能以彻头彻尾的粗心大意来解释。所以，各级指挥官是时候向部下阐明当前这场斗争的意义了。

战地厨房为那些不替国防军干活的当地人和俘虏提供食物，和给他们分发香烟、面包一样，都是错误的人道主义行为。我们的官兵，不能把国内民众付出巨大牺牲、统帅部克服种种困难才运抵前线的东西白白送给敌人。哪怕是缴获的物资也不行，因为这些东西是我方补给的重要组成部分。

苏联人在后撤时，经常会纵火焚烧建筑物，我方部队参与灭火的必要前提是：为确保有足够多的宿营地。除此之外，消除包括建筑物在内的布尔什维克统治标志，也是这场毁灭斗争的组成部分。历史和艺术方面，不在东线战事的考虑范畴内。为确保德国从事战争需要的原料和物资，统帅部下达了必要的指令。考虑到漫长而又脆弱的交通线，我们必须尽快彻底解除作战部队后方民众的武装。可能的话，我们还要储存并保管缴获的武器弹药。如果军事态势导致无法做到这一点，就必须销毁这些武器弹药。一旦发现有孤零零的游击队员在后方地带使用武器，就必须采取严厉措施。而且，采取严厉措施的范围应当扩大到本来能阻止或报告此类袭击的部分男性居民。许多人明显是反苏分子，可他们却持观望态度……必须让他们做出明确的决定，与我们通力合作。不照办的话，就别抱怨我们把他们当作苏维埃体制内的成员对待。德国反制措施带给他们的恐惧，必须大于四处游荡的敌对分子发出的威胁。无论我们日后在政治方面作何考虑，全体官兵必须完成两项任务：

1. 彻底消灭苏联。

2. 无情地粉碎外国敌对分子奸诈、残酷的行径，保护苏联境内我方军人的生命安全。

只有这样，我们才能完成把德国人民从"亚洲—犹太"危险下彻底解救出来的历史使命。[4]

时任南方集团军群司令的格尔德·冯·伦德施泰特元帅，后来说自己对这道指令一无所知。其实他当时完全赞同赖歇瑙签发的命令，还建议其他集团军司令也下达类似指示。[5] 据副官说，保卢斯接替赖歇瑙出任第6集团军司令后，立即撤销了赖歇瑙的指示和希特勒的政治委员令——后一道命令要求德军处决所有被俘的红军政委。但当手下的军官继续遵照赖歇瑙和希特勒原先的指令行事时，没有证据表明保卢斯对他们做出过任何纪律处分。[6]

巴尔克、梅伦廷、曼施泰因和另一些人，企图以尽可能对德国国防军有利的方式来描述东线历史；他们声称大部分暴行都是党卫队干的，而陆军的表现通常都很正派。某些情况下可能的确如此，许多军官确实命令部下不要实施屠杀和肆无忌惮的暴力行径。但毫无疑问，德国国防军从一开始就为德国武装力量在苏联境内犯下的罪行充分发挥了作用。弗朗茨·瓦尔特·施塔勒克是党卫队A特遣队指挥官，这支部队的任务是屠杀波罗的海诸国的犹太人和其他"不良分子"，他在报告里提到，与陆军的合作"总体说来还不错，在少数情况下，例如与赫普纳大将第4装甲集群的合作，非常密切，甚至可以说是亲密无间"。[7] 德军退守斯大林格勒合围圈期间，后撤中的德国官兵发现车辆和马匹寥寥无几，无法拖曳他们的火炮，便强迫红军俘虏充当苦力，还处决了因筋疲力尽而倒在路旁的战俘。在11月进行的交战中，坦克第1军许多红军官兵也目睹了此类事件发生。在敌占区活动的游击队发回一份份报告，苏联当局据此得知德国人的所作所为。此类暴行常常是德国人在当地扶持的盟友犯下的，这些报告通过部队里的政委被传达给普通士兵。巴尔克告诉部下，这场斗争是为他们的文明而战，而苏联当局也向他们的人传达了完全相同的内容。

加布里埃尔·泰姆金是个犹太裔波兰人。1939年，德军占领了罗兹，没过多久，泰姆金就逃离自己的故乡，宁愿去被苏联占领的波兰东部地区碰碰运气。他先在乌拉尔山区的矿井找到一份工作，随后又迁居到戈梅利。苏德战争爆发后，他应征入伍。红军对泰姆金的波兰背景有所怀疑，便把他打发到劳动营。1942年，铁木辛哥收复哈尔科夫的行动大败亏输，数万名红军官兵被俘，泰姆金也在其中。他后来回忆起，犹太裔苏联人被俘后是如何被挑出来的——看守大声喊叫，让犹太人站出来：

一个年轻的犹太裔苏联人……机械地回应德国人的喊叫，举起了手。时至今日，我依然记得那个小伙的面容。我看见他充满惧意的浅灰色双眼。他一动不动地坐着，德国人随后把他带到铁丝网外枪毙了。另一个红军战俘是一个正规军军官，德国人匆匆脱掉小伙的鞋子，还嘟囔着："您再也不需要鞋子了。"

德国人区分不了犹太人和非犹太人，于是招募了一些苏联人和乌克兰人，派他们揭发犹太人的身份。他们用食物来诱惑饥肠辘辘的俘虏，每指认出一个犹太人就给一块面包。我旁边的两个俘虏遭到揭发，说他们"看上去像是犹太人"。事实证明，其中一个俘虏的确是犹太人，可他声称自己是白俄罗斯人。于是德国人命令他脱掉裤子，他没能通过检验。尽管他一再否认自己是犹太人，可还是遭到无情的毒打，并被迫给自己挖了个坟坑。然后，他就被枪杀了。[8]

泰姆金逃脱了甄别，因为他有一头金发和蓝色的眼睛。另外，虽然有些俘虏知道他的犹太背景，但谁都没有揭发他，就连先前在他面前发表过反犹言论的人也没有举报他。

曼施泰因在描述东线初期的战事时写道：

交战首日，对苏战争的真面目就暴露了出来。我们一个侦察组被敌人切断退路，我方部队后来找到了他们的尸体，(他们)都遭到残忍的肢解。[9]

尽管曼施泰因在回忆录中称，他告诉上级和下属指挥官，他认为希特勒的政治委员令不符合军人的举止，自己不会执行这道指令。但纽伦堡法庭后来还是成功起诉了他，相关证据表明，他麾下的部队杀害了数百名红军政委，还参与了对犹太人的屠杀。最重要的是，控方出示了曼施泰因签署的一道命令，有力地说明他重申了赖歇瑙之前下达的指示。[10]同样值得注意的是，尽管许多像曼施泰因这样的将领声称，他们竭力阻止虐待红军政委的行径，但他们都对如何处理犹太俘虏的问题保持了沉默。

巴尔克的军衔不低，他完全知道希特勒在"巴巴罗萨行动"发起时，就如何从事这场战争下达的指示，也清楚赖歇瑙等人签发的附加指令。当然，苏联人也多次做出同样的事，但希特勒的所作所为是有预谋的，相反，没有证据表明苏联人战前就这样做了。

从某种程度上来说，许多德国将领无论做什么都会受到责难。巴尔克竭力坚守奇尔河防线之际，埃瓦尔德·冯·克莱斯特的军队滞留在高加索地区。战前，克莱斯特因为坚定的保皇主义观点和对纳粹毫不掩饰的厌恶而被勒令退役，他还与希特勒争论，认为本来就不该用匈牙利人、意大利人和罗马尼亚人来守卫漫长的顿河防线——这番言论更是让元首心生不快。[11]许多德国将领，例如曼施泰因，后来"可疑地声称自己当初就反对处决政治委员和其他人的残酷命令"。与他们不同，克莱斯特无疑对苏联人很友善，他在1942年9月评论道："这片广袤的空间令我情绪低落。他们的人太多了！不把他们争取过来的话，我们就输定了。"[12]

克莱斯特无视希特勒的指令，在高加索地区积极征募志愿者，并顺利召集了数十万名辅助人员。他完全不理会乌克兰总督埃里希·科赫等人的抗议。他亲口告诉党卫队官兵和其他官员，在他指挥的作战地域，决不允许出现在其他地方普遍发生的过火行为。[13]但克莱斯特的所作所为，没能让他免遭胜利的盟国发泄的怒火。战后，苏联囚禁、处决了许多德国人（罪名是在东线犯有严重罪行），他们指控克莱斯特"以温和、仁慈的方式离间苏联人民"。[14]1954年，克莱斯特死于监狱中。

东线战争也引发了另一些最恶劣的民族问题。匈牙利军队接管了泰姆金所在的战俘营，许多俘虏期盼营地的条件能获得改善。后来，虽说食物供应在短期内确实增加了，但甄别犹太人的工作仍在继续。泰姆金还发现，许多匈牙利看守肆意施虐，并以此取乐——例如策马踏过熟睡的俘虏，或者强迫俘虏互扇耳光，然后再惩罚他们。一个年轻的苏联人逃跑后被抓了回来，匈牙利人在其他俘虏面前枪毙了他。他对难友说的最后一句话是："同志们，永别了。"泰姆金身旁一名年长的俘虏眼含泪水，低声说道："孩子，永别了！"[15]没过多久，剩下的战俘被转移到沃罗涅日附近一座新营地里。这里的食物少得可怜，所有人都饥肠辘辘。他们不得不在警卫看押下，推着独轮车沿附近的道路而行，收集近期交战中死去的马匹的腐烂尸体。他们把马肉切碎后煮汤。饥饿、疾病、虐待造成的死亡人数激增，不到两个月时间，1500名俘虏就只剩下150人。泰姆金和其他幸存者再次向西跋涉——可能是要乘火车去德国工厂当奴工。泰姆金瞅准机会逃脱了。

无论在79国营农场里发生了什么事，德国第11装甲师遂行的交战，充分展示了如何以装甲部队从事防御作战：巴尔克没有浪费兵力，把师里的部队分成一个个小股支援支队，而是以他的行动证明，集中全师兵力发起反突击更加有效。他起初的判断正确无误，仅仅挡住或击退苏联人是不够的。要想稳定防线，就得歼灭敌军。否则，对方变更部署后会再次发动进攻。巴尔克和卢赫特一开始有些意见分歧，卢赫特要求巴尔克直接发动进攻，击退渗透之敌。但从获胜的那一刻起，他们俩合作得亲密无间。第336步兵师的官兵，竭尽全力沿奇尔河坚守他们"被拉伸的阵地"，而巴尔克则率领第11装甲师在他们身后展开行动，一次次粉碎了苏联人突入德军后方地带的行动。巴尔克还与第48装甲军军部的克诺贝尔斯多夫、梅伦廷建立起紧密的互信关系，这让他得以在不受干扰的情况下从事一场场交战。

接下来几天，巴尔克展开的一连串作战行动几乎与之前如出一辙。第11装甲师彻夜行军，准备在次日清晨打击苏联人：

一连九天，这些部下什么时候能睡上一会儿，我全然不知。一名装甲兵算了算他这段时间睡了多少个钟头，可就算我把他的估计翻一倍，结果依然让人完全无法置信。另外，一场场交战并不像我在书里写的这么轻松。苏联人经常打垮、包围我的某支部队，我们不得不设法营救。其他敌军总是企图发展他们取得的一切战果。但我们的损失并不大，因为我们利用了"突然性优势"。"要想少流血，就得夜间行军"

成为我师的口号。我经常朝他们喊道:"你们想怎么做,流血还是行军?"疲惫的部下们答道:"长官,我们出发吧!"

……我的作战参谋是能力出众的基尼茨少校,他待在稍后方,与我、上级和其他人保持无线电联络。我保持高度机动,奔波于各个重要地段之间。通常情况下,我每天都会多次视察辖内各团。夜间,仍在路上行军时,我就制订了次日的基本计划。与基尼茨通过电话后,我驱车赶往各个团,亲自给他们下达次日要执行的命令。然后我返回师指挥所,打电话给梅伦廷,向他汇报情况。如果克诺贝尔斯多夫将军批准了行动计划,各团就会收到简短的电文:"计划不变!"如果计划有变,我就会在夜间再次驱车赶往各个团,以免他们误解。拂晓时,我总是会回到关键的地方。[16]

斯大林和华西列夫斯基对坦克第5集团军的作战表现深感失望。统帅部大本营以预备队第10集团军的人员组建了突击第5集团军,并将其交给马尔基安·米哈伊洛维奇·波波夫中将指挥。统帅部大本营之所以这么做,有部分原因是要解决坦克第5集团军作战不力的问题。他们希望这股新锐力量能比罗曼年科的部下表现得更好。

尽管从事了几乎持续不停的交战,但德国第11装甲师的实力仍近乎满编。这说明了每场交战结束后控制战场的重要性——师里的维修组可以回收损坏和出故障的战车,许多车辆很快就能被修复。波奇列宾的交战结束后,劳斯第6装甲师也以类似方式迅速回收他们受损的车辆,还以科捷利尼科沃坦克修理厂修复的战车和从德国运来的新车,替换了少数"彻底损毁"的战车。第23装甲师辖内部队在第57装甲军右翼占据了阵地。"冬季风暴行动"的发起时间越来越近了。尽管红军骑兵第4军已遭到重创,但劳斯还是担心敌人在他前方部署了一些骑兵、步兵和少量坦克。12月6日有报告称,有一些苏联部队在科捷利尼科沃正东面穿过罗马尼亚第7军防线,并继续向南推进了一段距离,可能是想迂回位于科捷利尼科沃的第6装甲师。德国人迅速下达了代号为"奥托"的作战令,其大致意图是,"倘若敌机械化第4军、第13军沿这个方向推进,第6装甲师就投入全部力量,会同第23装甲师已开抵的部队发起反突击,粉碎这股敌军"——歼灭苏联人的这两个军,可为德军顺利攻往斯大林格勒合围圈开辟通道。红军先遣部队谨慎前行,进入位于科捷利尼科沃东南方大约25千米处的布达尔卡,但又于次日撤离。劳斯对此的记述又与其他资料不符,他说苏联人的试探和德军策划反突击都发生在12月9日。而第11装甲团的作战日志表明,截至12月9日,德国人更担心的是集中在北面靠近顿河处的敌军,而不是从东面赶来的敌人。[17]

  与第11装甲师的高效运作相反,德军其他增援力量的情况不容乐观。沃尔夫·冯·比德尔曼男爵少将率领以德国空军冗余人员组建的第7空军野战师开抵前线,并将该师部署在第336步兵师旁边。比德尔曼原先是步兵军官,后来他又以飞行员的身份参加了第一次世界大战,并于1934年加入德国空军。后来他又担任过各种职务,负责训练空军人员。他在毫无准备的情况下就任了新组建的第7空军野战师师长,而第一次世界大战期间,他指挥过的最大的步兵分队也不过是一个连。比德尔曼的部下装备精良,但几乎没受过步兵训练;师属炮兵以调自高射炮部队的人员组成,很有防空经验,但从未执行过支援步兵的任务。12月10日,该师2个营奉命接防施通普菲尔德战斗群据守的奇尔河防线部分地段。这2个营在没采取任何防范措施的情况下,与苏联人发生接触。他们一头撞上了前进中的红军纵队,结果在近乎一边倒的战斗中被苏联人彻底歼灭。之后,第7空军野战师残部转隶第336步兵师,被部署在卢赫特经验丰富的步兵身旁。

  交战双方都采用了某些非传统的做法,来使用的各种兵器。就像曼苏尔·阿卜杜林发现的那样:

  有一天,我首次见到了反坦克犬。与来自西伯利亚大森林的其他人一样,我很喜欢狗,在得知它们是自杀犬后,我非常难过。怎么能对这种忠诚的动物、我们童年的欢乐源泉干出这种事呢!狗是人类忠实的朋友,它信任人类,人类却欺骗它,让它去坦克下面送死!我走到这群反坦克犬身旁,和驯犬员一同等待它们投入战斗,只觉得浑身虚弱无力。这些毛茸茸的狗颜色各异,耳朵垂着或竖起。其中一头反坦克犬,一只耳朵竖起,另一只耳朵下垂,看来是杂种犬。它背着8千克重的炸药包。它看着我,头从一侧转向另一侧,期盼得到些款待。

  索巴科夫是一个有着一头红发的中年农民,他来自克拉斯诺亚尔斯克地区,和我是同乡。我们聊起此事。这些战犬受过三个月训练——它们只在移动的坦克下进食。这就是反坦克犬的全部秘密。炸药包伸出一根连接引信的天线……

  德国人的坦克很快就出现了,我们看见一个毛茸茸的黑色肉团朝敌坦克冲去,间隔一秒后,另一个小小的肉团跟了上去,然后是第三个。

伴随着剧烈的爆炸声,第一只战犬炸毁了一辆坦克。随后传来第二声爆炸,接着又是第三声……法西斯坦克兵驾驶战车突然调转方向迅速后撤,但没能逃脱反坦克犬的攻击。

我们的战壕里响起"乌拉"的欢呼声。德国人的进攻被粉碎了,我应该很高兴,可我却哭了,不停地咒骂着战争和毫无人性的战争发动者。[18]

苏联人起初想让反坦克犬用牙齿拉动背带,以此引爆炸药。但多次训练后他们发现,这些战犬无法稳妥地做到这一点。炸药包当然也可以远程引爆,但引爆器不仅造价昂贵,而且大多使用定时器。我们不妨设想一下,反坦克犬经常犯迷糊,会跑回驯犬员身边,要是炸药包以定时器来引爆的话,就可能会造成灾难性的后果。为解决这个问题,苏联人改进了炸药包,装了个木制触杆(从炸药包顶部伸出),也就是阿卜杜林所说的"天线"。一旦反坦克犬碰到坦克底部,触杆就会引爆炸药。实战中,这些战犬没派上太大用场,激战声导致它们不知所措。另外,训练反坦克犬使用的苏制坦克,大多用的是柴油,而德军坦克用的是汽油,两种油料的气味差异足以让反坦克犬困惑不解。红军逐渐停用反坦克犬,为此如释重负的可能不仅仅是阿卜杜林。但苏联军队还在继续试验反坦克犬,并一直持续到20世纪60年代中期。[19]

曼施泰因和霍特在矛盾的压力下苦苦煎熬。一方面,他们想等手头集中起3个装甲师后再发起解围行动,但斯大林格勒的情况日趋危急,德国空军平均每天空运的补给物资的数量,仅仅是第6集团军保持运作的需求量的20%。也就是说,如果救援行动再拖延下去的话,情况会变得非常危险。实际上,曼施泰因原定的行动发起日期就已经比较晚了。德国空军提供了179架战机来支援"冬季风暴行动",可现在就连这股力量也被削弱了——德国人担心意大利第8集团军遭受攻击,里希特霍芬奉命把第27轰炸机联队(该联队以一战飞行员伯尔克的名字命名)、第77俯冲轰炸机联队调往北面。出乎德国人意料的是,红军没有进攻意大利第8集团军。于是他们更改了命令,但这批战机要到12月14日才能去支援霍特第4装甲集团军。也就是说,德军的初期突击"只能获得原定的三分之二的空中力量支援"。[20]另外,里希特霍芬被迫把大部分He-111轰炸

123

机用来为第 6 集团军空运补给,这进一步削弱了他支援地面行动的能力。尽管第 6 集团军获得的补给严重不足,但曼施泰因没打算让保卢斯着手准备突围。他当初坚称充足的空运物资是整个行动"必要的先决条件",但他现在却对空运物资数量明显不足的情况无动于衷,这一点值得我们注意。

12 月 12 日,德军发起"冬季风暴行动":第 6 装甲师奉命沿科捷利尼科沃通往斯大林格勒的铁路线攻击前进,第 23 装甲师被部署在他们南翼。之后,两个装甲师继续前进,攻往铁路线西面。德军从科捷利尼科沃西面的等待区赶往集中地域时,一支支车队行速缓慢,延误了第 6 装甲师的展开。拂晓后一个钟头,当地时间 6 点 30 分,对投入行动的德国人来说是柏林时间 4 点 30 分,一切准备就绪。劳斯描述了此刻的情形:

这个阳光明媚的冬日终于破晓了。军官核对了他们的手表,每个人都充分意识到,即将到来的时刻是多么重要。

突然,剧烈的爆炸声打破了沉寂。师里所有火炮开始射击,一发发炮弹似乎要落在我们自己的防线内。所有人不由自主地退后几步,伏下身子,但第一轮齐射呼啸着掠过德军官兵的头顶,落在格列姆亚奇车站。大口径炮弹的剧烈爆炸震颤着地面,石块、木板、铁轨被抛入空中。炮火齐射命中苏联人主支撑点中央。这是发起"女巫狂欢聚会"的信号。[21]

与先前在波奇列宾周围的交战一样,第 11 装甲团团长瓦尔特·冯·许纳斯多夫率领第 6 装甲师的装甲战斗群。苏联人当然知道德军集中在科捷利尼科沃周围,可他们似乎被打得措手不及,许纳斯多夫的坦克迅速打垮了红军的防御,还完好无损地缴获了对方大部分火炮。德军两辆坦克被地雷炸毁,还有一辆被红军的反坦克炮击毁,装甲战斗群里的许多人对敌人没有充分利用地形深感惊讶。这里有一片狭窄的地带,德军坦克必须由此通过,苏联人只要投入少量兵力,就能严重迟滞德军的行动。若说苏联人没料到这场进攻似乎不太可能,所以某些德国军官开始期盼,苏联人也许把大批兵力用于斯大林格勒合围圈,解围行动接下来几天说不定不会遭遇激烈抵抗。[22]进攻发起后没多久,第 6 装甲师就攻占了当面的红军步兵第 23 师指挥所,随后又打垮苏军的军部,彻底瘫痪了对方的指挥体系。南面,第23装甲师迅速克服了红军强大的初期抵抗,也取得不错的进展。

整个准备阶段,劳斯一直担心自身虚弱的北翼潜在的问题。腾出兵力掩护敞开的翼侧,会削弱第6装甲师的战斗力,直接影响全师攻往斯大林格勒的进展速度,但掩护翼侧的罗马尼亚骑兵很难胜任这项任务,而分配给救援行动的空军野战师目前还没有开抵——就算他们及时赶到,也谈不上是一股强大的作战力量,哪怕仅仅是执行纯粹的防御任务也不一定能胜任。为解决有可能遭受的威胁,劳斯和许纳斯多夫想了个办法:全师发展初期突破,向西攻往上雅布洛奇尼村。第6装甲师第4装甲掷弹兵团的一个营,从南面发起猛烈冲击,摆出大举进攻的架势。村子南部边缘附近,守军的轻武器火力越来越猛,德国步兵放缓了前进速度。据德国空军侦察机报告,源源不断的红军援兵赶来加强上雅布洛奇尼村的防御。德军装甲掷弹兵反复发起冲击,竭力吸引敌军注意力。与此同时,许纳斯多夫战斗群以装甲团为先导,从东面逼近:

第1营居右,第2营居左,反坦克炮和自行火炮被部署在中间,第114装甲掷弹兵团第2营搭乘半履带车,沿宽大的战线跟在后面。这场突击起初进展顺利,没有遭遇敌人的抵抗,但随后就因为地形复杂而停滞不前。[23]

装甲战斗群不得不设法穿越、绕过一片沼泽地,这样就浪费了许多时间。在此期间,上雅布洛奇尼村南郊的战斗愈演愈烈。短暂的白昼即将结束,许纳斯多夫装甲团终于从东面出现了,他们一举攻入村内。激烈的交火随之而来,苏联人派到上雅布洛奇尼村的14辆坦克,被许纳斯多夫装甲团击毁10辆,残余的几辆在次日被德军高射炮支队击毁。第11装甲团没有浪费时间,调转方向赶往东北方,把肃清村内残敌的任务留给第4装甲掷弹兵团的那个营。[24]

劳斯在回忆录里把上雅布洛奇尼村之战称为重大胜利,但其他人提出了批评意见。沙伊贝特后来写到,至关重要的朝斯大林格勒的推进受到延误,当时第4装甲掷弹兵团辖内分队已获得足够多的空中支援,完全能攻克上雅布洛奇尼村,不需要许纳斯多夫战斗群调转方向。[25]尽管如此,他又补充到(做事后诸葛亮当然比较容易),德国人在策划和执行进攻行动时,并不知道敌人在上雅布洛奇尼村部署了多少兵力,如果那里有大批敌军,任由他们威胁第6装甲师北翼的确不太妥当。次日，德国人在村子北面发现一群苏联坦克。他们赶紧呼叫空中打击。苏联坦克试图隐蔽在狭窄的沟壑里，但德国步兵推进后，只找到几辆被损毁或遗弃的战车。空中打击是否足以掩护劳斯的北翼，这个问题有待商榷。

劳斯想立即前进，并确保部队能够顺利渡过阿克赛河。他和许纳斯多夫详细商讨了作战计划。夺取上雅布洛奇尼村耗费的时间超出预期，劳斯希望尽快前进。装甲战斗群指挥官许纳斯多夫不太情愿在夜间穿过没有任何标志的草原，特别是在他的部队于上雅布洛奇尼村东面意外地遇到一片冰冻的沼泽并严重受阻之后。这片地域里可用的道路寥寥无几，再加上地形毫无明显特征，夜间行军很可能导致部队迷失方向。但形势非常紧迫，他们不得不冒点风险。因此，第 11 装甲团在短暂停顿并补充了油料和弹药后，派出一个支队，让其连夜赶往阿克赛河。在通往斯大林格勒的前进路线上，道路在奇列科夫附近穿过了一条沟壑——路面结冰严重，就连履带式车辆都行驶得很艰难，沙伊贝特装甲连用了五个多钟头才越过这条沟壑。[26] 稍东面，第 6 装甲师摩托化侦察营也遇到了苏联坦克，该营立即请求增援。但许纳斯多夫决定，眼下最重要的事是继续前进。虽然在途中又遇到两片冻结的沼泽，但 12 月 13 日拂晓，德军坦克终于到达阿克赛河畔。在参加了夜间行军，现在又不得不等待天亮的人员看来，眼下这几个钟头很难挨：

  天寒地冻，各部队指挥官根本没法睡上一会儿。在平坦的冰层遮掩下，完全看不清路面，奇列科夫的沟壑不断延误部队的前进速度。他们随后要监督部队添加油料、补充弹药、分发口粮，还得受领次日的命令，总之工作很多。

  没人对当日的战果感到满意。苏联人在哪里？[27]

华西列夫斯基已经得知德国第 57 装甲军的集中，他希望包围第 6 集团军的红军兵团能赶在德军发起救援行动前粉碎合围圈内的敌军。就算无法彻底歼灭第 6 集团军，但只要能够消灭合围圈西部之敌、压缩合围圈的规模，也会让敌人的解围行动变得更加困难，让己方能腾出部分兵力来对付第 57 装甲军。12 月第一周，红军构成合围圈对内正面的 7 个集团军发起代号为"指环"的突击。出乎红军意料的是，被围之敌抵抗得异常顽强。交战双方的损失都很惨重，保卢斯仅剩的140辆坦克折损近半,可他的部队守住了防线。合围圈西南角,红军第57集团军的损失尤为严重,他们试图从那个方向压缩合围圈,以防敌人发起突围。不过,第57集团军没能把被围之敌彻底逐入包围圈纵深。苏联统帅部大本营在次年详细分析了整场战役,把红军没能在1942年12月成功压缩合围圈的原因,归结为己方军队存在明显的缺点,以及复杂的地形:

指挥、协同、后方组织的表现都不太好。进攻期间,炮兵没给步兵部队提供必要的支援……

敌人及时撤到有利于防守的防线,得以组织起强大的防御。[28]

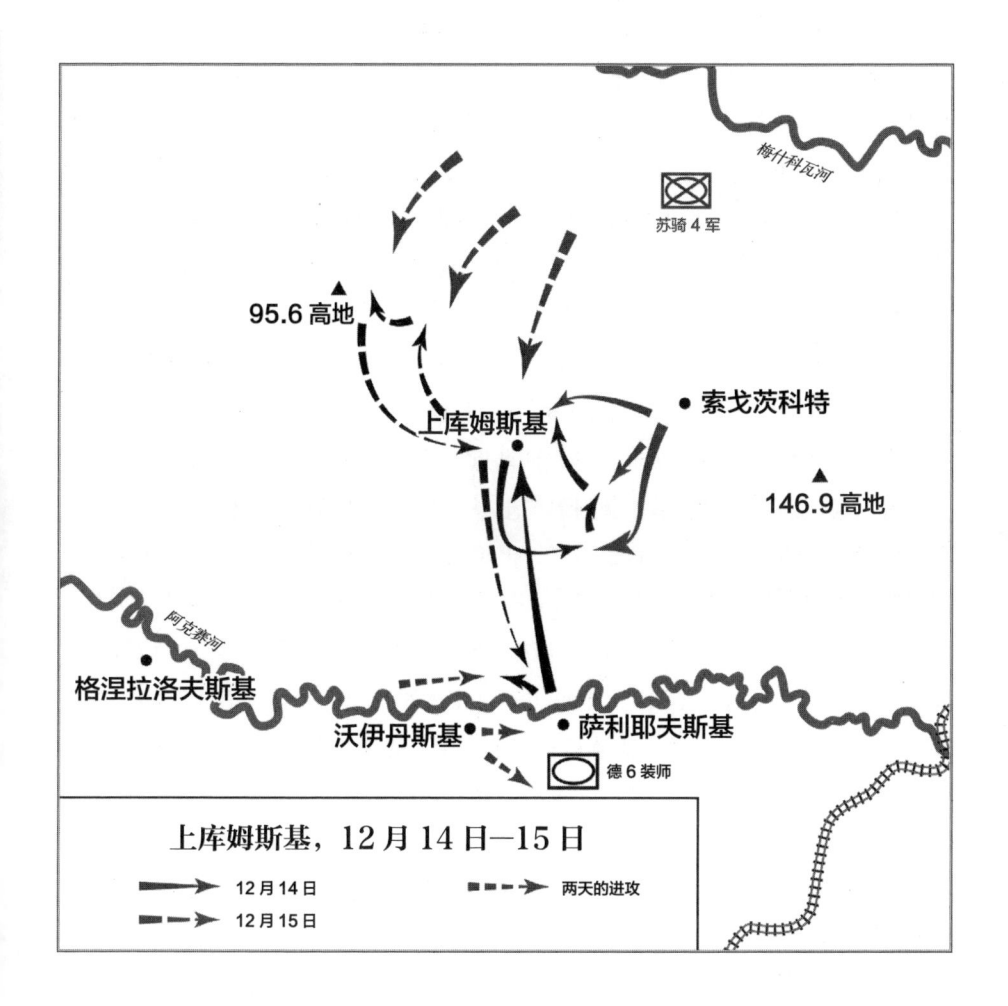

这片地域的地形由西向东隆起，具有良好的射界和能见度，若干陡沉、深邃的沟壑纵横交错，既对参与"冬季风暴行动"的德国装甲兵团构成潜在的障碍，也为红军部署在这里的预备队和统帅部兵团提供了掩护。在德军进攻斯大林格勒期间，这些地形有利于红军，可眼下这片地域却控制在德国守军手里。相反，如果第6集团军辖内部队企图突围的话，一开始可能会占有地形优势，但随后就得杀开血路，穿过这片地形有利于防御方的地带。不管怎样，华西列夫斯基迅速压缩合围圈的希望破灭了。无奈之下，他和斯大林一致同意，原本被留作"土星行动"第二阶段预备队的近卫第2集团军，必须重新分配，加入将于12月18日发起的进攻，协助压缩斯大林格勒合围圈。

华西列夫斯基还希望坦克第5集团军能突破奇尔河防线，或至少能分散敌人用于解围行动的兵力。从某种程度上说，华西列夫斯基的这种意图实现了。因为德国第48装甲军目前正全力据守自己的阵地，无法为第4装甲集团军提供任何援助。不过，罗曼年科的坦克第5集团军却遭遇挫败，这导致红军深深渗透到罗斯托夫的"土星行动"变得更加难以展开。前调援兵发生耽搁，大本营不得不把"土星行动"的发起日期从12月10日往后推延六天。华西列夫斯基赶去视察前线，并与叶廖缅科紧急磋商了一番。为阻截前进中的德国第57装甲军，他们一致同意为第51集团军紧急调派援兵。因此，华西列夫斯基要求从罗科索夫斯基的顿河方面军抽调近卫第2集团军，用于阻挡德军的救援行动。

罗科索夫斯基和斯大林都不赞成抽调近卫第2集团军——该集团军已经变更了部署，现在抽调该集团军，会削弱"土星行动"的可用兵力。他们俩希望以这股力量来对付陷入重围的第6集团军。但华西列夫斯基坚持己见，担心如果不派近卫第2集团军提供支援的话，第51集团军就无法挡住前进中的德军。斯大林答应认真考虑这个问题。12月13日清晨，他没有理会罗科索夫斯基的反对意见，批准了华西列夫斯基的建议。[29]但近卫第2集团军变更部署需要五天时间，在这股援兵开抵前，第51集团军必须以自身的力量挡住德国第57装甲军。时间至关紧要，德军救援力量能否到达陷入重围的第6集团军身旁，一切希望都寄托于第6装甲师、第23装甲师能否赶在罗季翁·雅科夫列维奇·马利诺夫斯基中将的近卫第2集团军介入前，完成他们的主要任务。劳斯决定让他的装甲团调转方向夺取上雅布洛奇尼村时，当然不知道红军即将投入近卫第2集团军，但他应该知道，苏联人肯定会调集援兵阻挡他的推进。这是个两难的选择，置解围部队北翼的安危于不顾和延误朝斯大林格勒的推进，究竟哪个决定的风险更大，后果更严重？劳斯根据自己手头掌握的情况得出结论——确保翼侧安全更加重要。

劳斯一心想在真正的救援行动开始前，把苏联人部署在这片地域的坦克力量（机械化第 4 军、第 13 军）诱入伏击圈——他认为，歼灭这些敌军，能提高救援行动成功的概率。于是他命令许纳斯多夫继续渡过阿克赛河，诱使苏联人迎战。红军机械化第 13 军编有机械化第 17 旅、第 62 旅和坦克第 41 团，该军已接到阻挡德军前进的命令，开始在第 23 装甲师当面占据阵地，但暂时没有朝第 6 装甲师的前进路线部署拦截力量。若说苏联人没有阻挡劳斯装甲师的话，那么，"地形和天气却从中作梗了"。许纳斯多夫沿铁路线继续前进，又遇到两条冰冻的沟壑，他这次没再耽搁时间，而是命令装甲战斗群转向西北面。上午 10 点左右，他赶到位于萨利耶夫斯基的阿克赛河河段，找到了自己的前卫部队——他们不仅没有遭遇苏军抵抗，还完好无损地夺得河上的桥梁。于是，许纳斯多夫的部队开始渡河。第 11 装甲团第 1 营的坦克一辆接一辆，小心翼翼地驶过摇摇欲坠的桥梁，可就在许纳斯多夫打算亲自渡河时，他的指挥坦克从桥梁一侧滑入河里，德军想尽各种办法也没能把这辆坦克拖上来。桥上出现了堵塞现象。许纳斯多夫本打算投入整个装甲战斗群，在装甲炮兵营的支援下攻往上库姆斯基，现在这一行动被严重耽搁了，因为师属工兵必须搭设一座新桥。于是，许纳斯多夫命令第 11 装甲团第 1 营独自攻往上库姆斯基，德国空军的俯冲轰炸机实施了短暂的攻击后，德军坦克于下午早些时候占领了上库姆斯基村。[30]

上库姆斯基村后来成为一场重要交战的中心，这场交战在很大程度上决定了"冬季风暴行动"的结果。接下来发生的事情，确切的时间较为混乱。劳斯说第一阶段的交战发生在一天内，但其他资料（特别是第 6 装甲师的作战日志）都指出该阶段的交战发生在 12 月 14 日和 15 日。进一步造成混乱的是，苏联方面的资料称这场交战发生在 12 月 15 日。为便于记述，本书采用了第 11 装甲团的作战日志，因为这份作战日志里的日期和时间，很可能是当时记录下来的。

一个摩托化连和两个下车投入战斗的装甲掷弹兵排，跟随坦克一同进入上库姆斯基村。村内没有苏联人的踪影，德军这个小股战斗群谨慎地挖掘了战壕，等待后续部队赶来。第 6 装甲师架桥纵列的工兵告诉许纳斯多夫，新桥梁最快也要到次日晨才能投入使用——到那时，该师的推进实际上已陷入停顿。东面，第23装甲师遭遇更加激烈的抵抗，第6装甲师等待渡过阿克赛河的部分部队，奉命赶往侧面支援第23装甲师；一直阻挡第23装甲师的苏军坦克没有卷入持久的交战，而是撤往后方。这个折胶堕指的夜间，德军战斗工兵忙着在萨利耶夫斯基架设桥梁，苏联人以火炮和喀秋莎火箭炮轰击这片地带，德军工兵几次被迫中断作业。12月14日早上8点（当地时间），阿克赛河上的桥梁终于架设完毕，第一批德军部队开始渡河。几乎在这同时，有报告称苏军坦克从北面驶来。德军一个装甲连奉命赶往位于萨利耶夫斯基与上库姆斯基之间的低矮山脊，他们击毁1辆T-34，并驱离了另外2辆苏军坦克。与此同时，编有1个装甲掷弹兵营、1个炮兵营和几个高射炮支队的雷姆林格战斗群，力图攻往邻近的沃伊丹斯基村，扩大登陆场。这场进攻随即遭遇激烈抵抗，并很快陷入停顿。之后，苏联人开始发起越来越猛烈的冲击。

德军进攻初期，苏联人可能没有与其争夺阿克赛河与科捷利尼科沃之间地域，但情况越来越明显，从阿克赛河到梅什科瓦河，下一个阶段的战事会迥然不同。第6装甲师反坦克营部分力量仍在萨利耶夫斯基等待跨过新搭设的桥梁——他们随即与从沃伊丹斯基向前试探的苏军坦克相遇。德军反坦克营迅速击毁2辆苏军坦克。德军在审问被俘的车组人员后得知，苏军会于当日晚些时候投入40辆坦克再次发动进攻。尽管许纳斯多夫想把装甲战斗群的更多兵力派往上库姆斯基，但他还是不得不把反坦克营留在原处，以确保自己的补给线安然无虞。[31]

当天上午晚些时候，许纳斯多夫与上库姆斯基村内的部队会合。此时，红军步兵和坦克从北面与东北面发动了进攻。许纳斯多夫知道，投入进攻的敌军很可能占有兵力优势。他得出结论：要想避免出现掘壕据守的防御作战，唯一的办法是全力保障己方占有主动权。雷姆林格奉命再次发动进攻，并设法夺取沃伊丹斯基村，以缓解萨利耶夫斯基新建桥梁处的压力。可是，他的装甲掷弹兵又一次进展甚微。雷姆林格请求许纳斯多夫调拨坦克支援他的进攻，虽然师指挥所的劳斯对此表示赞同，但许纳斯多夫却没有答应他的请求。上库姆斯基村的交战越来越激烈，许纳斯多夫无法抽调任何兵力。

师部派汉斯·哈尔费尔茨中尉率领一个二号坦克排、一个摩托化排从上库姆斯基村出发，执行大范围侦察巡逻任务。哈尔费尔茨先向北侦察，并在那个方向发现至少由 30 辆坦克组成的敌纵队。他缓缓退却，然后在村东面遇到第二股敌军，接下来又遇到第三股敌军——对方从北面而来，很快就迂回到村子西面。德军侦察巡逻队打算退回上库姆斯基村，但遭到敌人攻击。哈尔费尔茨被迫丢下几辆轻型坦克，然后命令摩托化兵散开，不要集体突围，想办法分散逃生。他带着几名部下，遇到了红军一个坦克车组幸存的人员（他们的坦克在战斗中被击毁）。没过多久，他的好运似乎耗尽了：

另外三辆敌坦克驶来，朝我们开火射击，这里无遮无掩，我们穿的黑色军装在雪地里极为明显。没办法，我们只好装死。按照我的命令，我们几个人趴在地上一动不动。我们看见几辆敌坦克停在大约 100 米开外。接下来几分钟似乎无比漫长。最后，一辆敌坦克缓缓驶来，从我们身旁驶过，离我们只有三四米远。第二辆坦克紧随其后，然后是第三辆。敌坦克近在咫尺，履带触手可及，我们生怕它从我们身上碾过。第三辆坦克刚刚驶过，我们就跳起身，紧紧跟了上去，以敌坦克为掩护，跟随它前往下一道沟壑。我们的神经绷得紧紧的，幸好没发生意外，我们在沟壑里遇到了排里另外几名战友。

从这里望去，我们看见两辆敌坦克停在我们丢弃的几辆战车旁。身后和南面传来激战声，但没看见我方部队的踪影。大约三个钟头后，几辆德军坦克赶到，这些坦克在短暂的交火中击毁了两辆敌坦克。我请这几辆坦克留下来担任掩护，好让我们把遗弃的坦克拖走。可坦克车组成员收到电台里传来的命令，必须赶往其他地方。我们随后回到先前遗弃的几辆坦克旁，发现这些战车几乎完好无损，只有几根电线被从电台里拉了出来。苏联人显然想把这些完好的坦克拖走。我很快与团里取得联系。要是苏联人有点能力和想法的话，监听我方无线电通信本来是很容易做到的事。

天黑后，第 2 营的坦克总算赶来了，我们被捎了回去。我这个排幸存的坦克，不是被拖离，就是凭借自身的动力返回了上库姆斯基。[32]

在哈尔费尔茨设法返回上库姆斯基之际，团里其他人正忙得不可开交。许纳斯多夫指挥第 2 装甲营，转身应对来自东面的威胁。这些坦克离开上库姆斯基向南而行，停在通往萨利耶夫斯基的道路西面，以伫立在中间的高地为掩护，避免被苏联人发现。随后，这支部队转身向东，排成战斗队形向前推进。沙伊贝特描述道：

> 翻过一道低矮的反斜面，一幅惊人的场面出现在我们眼前：不到1000米外，静静地停着一群坦克，约有40辆，和我们的坦克一样，这些坦克也被涂成白色，炮塔上标有黑色的车号，车组人员坐在坦克和其他车辆外面。这些肯定不是侦察排报告的敌坦克，我的第一个念头是，对方是第23装甲师的战车。可他们跑到我们的作战地域做什么？此时，双方的距离已不到600米，我们提高了警惕，对面的车组人员也钻入坦克。有两辆坦克朝我们驶来。我刚用电台喊出"当心"两个字，营通信网也传来命令："苏联人，自由射击！"没等我们射出第一发炮弹，两辆逼近的敌坦克就率先开火了。他们在行进中开炮，尽管双方的距离不到300米，但炮弹没有命中。对方的攻击毫无意义，他们随即遭到我们执行封锁任务的两个装甲连的猛烈打击，敌坦克根本来不及移动。为首的两辆敌坦克沦为众矢之的，毫不夸张地说，（这两辆坦克）被炸成了碎片。接下来的战斗就是小把戏了。在600米或更短射程内，我们的长身管50毫米火炮射出的每一发炮弹都很有效。凭借更高的射速和更好的训练，我们稳稳地占据了上风，敌人几乎无法逃脱。重装连配备的四号坦克，以长身管75毫米火炮在超过1000米的距离外击毁了几辆逃窜的敌坦克。我们把最后几辆敌坦克逐入沟壑并逐一击毁，简直就像是在靶场进行实弹射击。32股黑色的烟柱腾入冬日的晴空。
>
> 全营重组后转身向北，赶去与（哈尔费尔茨指挥的）侦察排会合，搜寻他们报告的敌坦克。
>
> 我们很快就找到了侦察排车组人员，但眼下无法搭救他们，因为赶往索戈茨科特的敌坦克朝我们开火了。经过短暂战斗，我们的协同进攻击退了敌人。此时天色已暗，我们没再进行追击。
>
> 黑黢黢的夜色下，借助第1营发射的信号弹，我们返回上库姆斯基村。[33]

对许纳斯多夫和他的装甲团来说，这是大获全胜的一天，他们在几个地方共击毁了43辆苏联坦克。尽管后来发生的事情证明，德军救援力量无法朝斯大林格勒更进一步，但许纳斯多夫装甲战斗群赢得胜利之后，许多人开始热切地期盼次日就能粉碎当面之敌。翁赖因率领的装甲掷弹兵战斗群（以搭乘卡车的步兵组成）开抵萨利耶夫斯基，有效地加强了登陆场。此时还传来另一个好消息，友邻的第23装甲师在东南面到达了阿克赛河一线。最后是指定用于"冬季风暴行动"的第三个兵团，即第17装甲师，终于有消息了，他们有望开抵第6装甲师西北翼。对苏联人来说，这场交战足以让他们引以为戒。他们派去迂回上库姆斯基村的坦克主力被彻底歼灭，从北面展开的试探性进攻也被击退。沙伊贝特和其他参战人员认为，他们更高的射速和更精确的射击起到了决定性作用，但交战双方最大的差距似乎是在指挥方面。许纳斯多夫娴熟地指挥他的部队协同作战，而红军的几个坦克群却没能充分发挥自身的总体数量优势。

从德国人的角度来看，眼下有两个问题最重要。首先，苏联人无疑会痛下决心，次日无论如何都要挽回局面；其次，补给问题仍未得到解决。尽管第6装甲师的架桥组和战斗工兵已全力以赴，但运送补给物资的卡车却不得不被拖过萨利耶夫斯基结冰的桥梁。弹药、油料和口粮确实被运到了上库姆斯基村，但其数量却不足以彻底补充第11装甲团。当日大多数时候，萨利耶夫斯基一直在遭到炮击。虽说雷姆林格战斗群挡住了敌人，对方沿阿克赛河两岸朝重要桥梁发动的进攻没取得任何进展，但苏联人也让雷姆林格战斗群无法攻往沃伊丹斯基。12月15日拂晓，雷姆林格焦急地报告称，他的部下听见了苏联人的坦克引擎声，敌人准备再次发动进攻，他还询问，装甲战斗群能否从上库姆斯基方向对盘踞在沃伊丹斯基的敌人发起打击。萨利耶夫斯基又一次遭到猛烈炮击，桥梁与上库姆斯基之间的道路也同样如此。许纳斯多夫发现了位于东北方向的敌步兵和骑兵，同时，还有大批敌坦克正从西北方向而来。许纳斯多夫派装甲团第1营营长埃里希·勒韦少校率领2个装甲连、1个装甲掷弹兵连、1个炮兵营和部分高射炮部队留在上库姆斯基，自己赶去迎战新出现的敌军，打算再次采用昨日的打法，迅速歼灭对方。与此同时，几辆开抵上库姆斯基村的补给车辆趁交战之际撤往萨利耶夫斯基登陆场。

随之而来的战斗没有如许纳斯多夫所愿。他能在12月14日赢得胜利，主要是因为他们把苏联人打得措手不及。但这次苏联人离上库姆斯基村很近，许纳斯多夫装甲纵队的动向被他们看得清清楚楚，双方展开远距离对决。沙伊贝特再次投入激烈的交战：

我们很快就到达开阔地。回头望去，我看见运送补给的卡车和其他轮式车辆开始分散，并很快就消失在南面。一想到这些司机坐在毫无防护的驾驶室里，冒着敌人的夹射火力驱车行进，我就替他们捏了把汗。在我们的掩护下，他们大多平安到达萨利耶夫斯基，只有少数车辆沦为敌坦克和反坦克炮的受害者。

我们向北驶去，四个装甲连彻底展开后，很快就看见强大的敌军出现在对面……双方离得太远，我们的50毫米坦克炮起不到作用——想要对付敌人的T-34坦克，就必须把距离缩短到1000米内。因此，这场交战的第一阶段，只有配备75毫米长身管火炮的重装连（第4连）投入了战斗。鉴于这种情况，战斗群指挥官命令村内另一个重装连（第8连）赶来参战。我们不断设法从左侧迂回敌人，但敌人也在那里占据了阵地。这样就形成一道斜向战线，第8连赶到后，这条战线朝西北方延伸了8000米。最后，95.6高地北面的沟壑阻止了战线继续向左递延。

我们起初逼退了敌人，双方各有损伤，但敌人的强大防线很快就挡住了我们。毫不夸张地说，这道防线把我们搞得不知所措。苏联人采用了他们加以完善的打法。每辆坦克都拖曳着一门反坦克炮，炮组人员坐在坦克上，战斗打响后，他们跳下坦克，徒步展开部署。要是面对的坦克力量太强大，他们就重新把反坦克炮挂在坦克上并迅速撤离。然后，他们要么变更部署，要么就从另一个方向对我们发动进攻。他们这次玩的还是这套把戏，反坦克炮很烦人。这些目标很小，在经过伪装后更是让人难以发现，但敌反坦克炮的火力准确度远远超过他们的坦克。

交战就这样持续了一上午。尽管我们利用烟幕拉近了双方的距离，但烟幕散尽后，我们却发现面前是棘手的反坦克炮防线。两个重装连顽强奋战，的确击毁了几辆敌坦克，可我们这场进攻，几乎一无所获。北面和东面的地平线上，到处都是苏联人的坦克和反坦克炮防线，瞄向我们的一个个炮口喷吐出黄色的火舌，敌我双方的战线上，燃烧的坦克腾起黑色烟柱……简直就像是一场海战，先是进攻，然后再后撤。我们射出的高爆弹打哑了许多反坦克炮，可苏联人的资源似乎取之不尽，用之不竭……电台里传来一道道孤注一掷的进攻令，冯·许纳斯多夫上校和（第2装甲营营长）贝克少校一次次率领进攻……我们的弹药所剩无几，最后只剩下高爆弹。

战场上一片混乱，我们只有100辆坦克（包括上库姆斯基村内的战车），却要面对300辆敌坦克和数不清的反坦克炮。雪花纷飞，敌人射出的反坦克炮弹在洁白的草原上留下一道道黑色疤痕。频繁的机动和单调的景观，很快便让我们丧失了方向感。我只能看见旁边的己方战车,看到信号弹后才知道指挥官在何处。混乱的战场上,误击事件频繁发生,因为在远距离很难分辨敌我。[34]

早在1929年,红军就组建了专门的反坦克部队。这些部队最初配备的武器购自德国厂商,后来又改为使用国产武器。20世纪30年代后期,红军反坦克部队配备的大多是45毫米反坦克炮。这种反坦克炮能有效对付德国坦克,但射程有限。为提高生存能力,这些火炮采用了半自动装填机构,不仅加快了射速,还能快速移动,可在被对方打垮前与驶来的敌坦克交火。另外,红军还为配备76毫米或更大口径野战炮和反坦克炮的师属、团属炮兵配发了穿甲弹——特别是在"1939年和1940年的交战充分证明了德国88毫米高射炮对坦克的致命威力"之后。但红军的反坦克炮被统一配给步兵兵团,而不是坦克部队。此举造成的后果是:不用面对敌装甲力量的步兵师,拿着反坦克炮派不上太大用场;遭受敌装甲力量威胁的坦克部队,却没有足够的火力。红军在研究了德国人从事的波兰战役和法国战役之后,把他们的反坦克炮升级到76毫米口径。红军还想把反坦克炮兵编为旅级力量,但这番尝试不太成功。1941年,德国发动"巴巴罗萨行动"时,苏联红军正在进一步考虑反坦克炮装备和组织方面的问题。机械化战争的现实状况暴露出了反坦克兵器的很多缺点,红军很快就得出结论:口径小于76毫米的火炮用途有限,每个步兵师配发的火炮数量太少——特别是在面对沿狭窄正面发动进攻的敌装甲师时。苏联在战争初期遭受的损失,严重减少了红军可用兵器的数量。战前每个红军师的编制内有54门火炮,但到1941年年底,每个师的火炮数量却降到了18门。为弥补先前交战中暴露出来的种种不足,红军越来越多地把火炮编入反坦克炮兵营、反坦克炮兵团、反坦克炮兵旅。这样一来,军级指挥员就能集中部署反坦克炮兵,以应对德军装甲力量的威胁。这些部队不仅配备有不同口径的各种火炮,还配备了大量反坦克步枪。虽然反坦克步枪只能在很近的距离内奏效,但可以用来掩护己方火炮,或阻止敌坦克车长打开舱盖指挥战斗。苏联人越来越会对付德军装甲部队,他们最终迫使德军装甲师改变战术,以免遭受高昂的损失。[35]

对占有数量优势的红军发动的一切进攻,能否赢得胜利的关键在于速度。第6装甲师没能速战速决,就充分说明了这一点。德国人的弹药即将耗尽。勒韦一再报告称,上库姆斯基村正在遭受沉重的压力。许纳斯多夫不得不命令他的坦克中止作战。弹药消耗严重的几个装甲连聚集到位于上库姆斯基村西面的一片死角，眼睁睁地看着红军一个个坦克和步兵纵队越过战线驶向村庄，村内传来的交战声越来越激烈。中午，勒韦请求立即提供支援，以免敌人占领村庄。懊恼而又愤怒的许纳斯多夫用电台与劳斯简短商量了一下之后，便命令麾下的坦克进入上库姆斯基村：

> 贝克少校率领我们，两个装甲连排在前面，另外两个连紧随其后。坦克履带卷起积雪，我们心潮澎湃，就差高呼"乌拉"了。还有力气的车组成员，用坦克上的机枪朝见到的每个目标开火射击。为首的几辆坦克，直到此时才射出之前保留下来的几发炮弹，命中我们对面的几辆敌坦克。苏联步兵四散奔逃，他们肯定觉得我们疯了。但这场孤注一掷的行动大获成功，我们很快就进入村内。据我所知，这场战斗我们没有遭受任何损失。令我感到惊恐的是，右侧大约200米外的一处洼地里，突然冒出来几辆T-34。我看着它们的火炮转向我们，此时我们的弹药已耗尽，我毫不动摇，就这样站在炮塔里，做好了随时中弹的准备。可就在这时，最前方的敌坦克，炮塔正面挨了一发75毫米炮弹，发出刺眼的闪光，它立即向后退却，消失在洼地里。一辆敌坦克中弹起火，另外几辆敌坦克仓促逃离。[36]

据守上库姆斯基村的德国守军，所有军官非死即伤，许多人阵亡，就连勒韦也负了伤。德国人迅速收容伤员，把他们送上坦克，撤往萨利耶夫斯基。鉴于眼下的损失和弹药严重短缺，德军根本无法守住上库姆斯基村内的阵地。

红军竭力以一道道反坦克炮防线阻止德国人攻往斯大林格勒，反坦克炮兵维塔雷·安德烈耶维奇·乌里扬诺夫就驻守在其中一条防线上。他奉命撤往位于附近某个村庄的新发射阵地，随后便被卷入忙乱的战斗之中：

> 我们扶着火炮，想把它推走，可火炮纹丝不动，我们的双脚在冰面上一个劲儿地打滑。我随即跳过防盾，站在靠近德国人的一侧推动火炮，把它从冰面上推到遭践踏的雪地上。一串机枪子弹袭来，呼啸着穿过防盾，击碎了摆放瞄准具的框架（我发誓这是实情，因为火炮瞄准具实在是太重要了），但没击中我。没等德国人再次开火，我就俯向防盾，和其他人一同连推带拉……火炮终于移动了……我们听见一

辆坦克在我们身后活动，引擎的轰鸣声和卡特彼勒履带发出的嘎嘎声清晰可辨……我们把火炮拖入窝棚，把它转向敌坦克驶来的方向。敌坦克很快就出现了。我们前方不远处有间收容伤员的房屋。我们从伤员身旁经过时，听见了他们的欢声笑语，这些赢家知道自己很快就会被送往后方。敌坦克调转方向，穿过那间房屋对面的道路，开始以车上的机枪射击。我调整好火炮后，随即开火，炮弹从敌坦克炮塔上方15厘米处掠过。事后我反思自己的失误，得出了结论：我先前射击敌机枪手时，将瞄准具调到了发射高爆弹的位置上，但这次我发射的是穿甲弹——其初速是高爆弹的两倍。而且，这两种炮弹的飞行轨迹也不同。我就没想到调整瞄准具！由于没有挖坑固定火炮大架，炮身后坐，第二炮也没命中目标！敌坦克调转方向朝我们驶来，坦克上的机枪开火了，子弹击中火炮防盾。我再次开炮，还是没射中，我们的位置低于敌坦克，炮弹从坦克上方高高地飞过……

双方相距10米，我射出的第五发炮弹命中了目标，敌坦克起火燃烧。我跳起身，挥着双手喊道："坦克起火了！"就在这时，以坦克为掩护，身披白色伪装服的德国人冲了上来，他们穿过道路跑到我们对面，从房屋后面用步枪朝我们射击。我右脚负伤，装填手托尔亚·舒米洛夫膝盖负伤。我当天才认识的炮长德多奇金命令道："撤到院子里！"我们跑到院内，又钻入谷仓。谷仓没有门，我就坐在门廊对面的过梁上。舒米洛夫跟在我身后跑入谷仓，他身后的戈利岑在门阶处被机枪子弹击中，倒在地上牺牲了。

从门廊向外望去，我看见一个方圆30米左右的鸡舍……一个德国兵从里面探出身子喊了几句，我拿过舒米洛夫的卡宾枪（我的步枪被弄丢了）。我知道开枪的话肯定会暴露自己，可他厚颜无耻地大声喊叫，实在是让我受不了。所以，我瞄准他开了一枪。德国兵倒在地上。另一个德国兵不知道出了什么事，朝倒下的同伴跑了过去，我瞄准他的后背又开了一枪。他们开始从鸡舍里开火射击。我躲在过梁后面。交火中，我又击中两个敌人。我重新装上子弹，但变形的子弹无法取出。我干脆往枪管里塞了颗子弹，彻底破坏了这支卡宾枪。我知道自己没有可以射击的武器了。我刚一抬头，就看见两个德国兵朝我冲来。突然，我们的炮长德多奇金从右侧跳了出来，站在谷仓前方。他摘出一枚手榴弹，像使用体温计那样晃了晃，然后把它抛到两个德国兵脚下。一个德国兵弯下腰，可能是想捡起手榴弹扔回来，但手榴弹在他手里爆炸了，两个德国兵倒下了。德多奇金跑过房门消失了。我们决定躲在铁桶后面的棚子里。舒米洛夫挤了进去,但我没能做到。德国人在院子里喊着什么。突然,一个德国兵端着枪出现在门口,他喊道:"这里有人吗?"我生怕舒米洛夫发出呻吟声(他先前就曾痛苦地呻吟过),一旦被德国人听见声音,我的好运就在这个破破烂烂的谷仓里耗尽了。好在德国兵很快就离开了。过了一会儿,德国人把他们的伤员拖到院子里,很快又把他们送走。战斗声逐渐平息下来。我说道:"托尔亚,跟我走吧。"他说道:"维佳,你走吧。"我们又躺了一会儿。我再次说道:"我们走吧。"可我俩还是躺在原地。然后我第三次说道:"好了,我们走吧。"他问我:"维佳,你伤在哪里?"

"脚负伤了。"

"一只脚吗?"

"一只。"

"我两条腿都负伤了,所以你先走吧。"

我爬出谷仓,由于身上穿着大衣,所以我决定在雪地里打个滚,好歹伪装一下。可这么做毫无作用,大衣很结实,没沾上任何雪花。待我发觉这种做法毫无意义之后,就起身朝鸡舍走去,并尽量不去看有点吓人的死者。我向左绕过一栋建筑物,发现附近有个干草垛。借助村内房屋燃烧发出的火光,我看见干草垛旁边坐着个老人。有个女人跪坐在他面前,另一个女人在旁边来回走动,并不停地呻吟。我上前询问怎么回事。原来,这家人躲在地窖里,一个德国兵推开门问道:"有人吗?"他们在地窖里答道:"有人,都是平民。"德国兵往地窖里扔了颗手榴弹,老人受了重伤,一名老妇人被炸死,另一个女人胸部受伤。只有一人毫发无损——也有可能是他被吓坏了,暂时没有发觉自己受伤。我问他们:"那里有德国人吗?"

"有。"

"左边呢?"

"有。"

"后面呢?"

"也有,到处都是德国人。"

我请他们给我找件便衣,把我藏起来,等待我们的部队赶来。他们答道:"关我们什么事?"我寻思得赶紧离开,否则会被俘的……我走下山坡,瘫倒在地歇了一会儿,然后又走了几步。突然,附近传来一道枪声。我觉得子弹从头上掠过,赶紧滚向右侧,并静静地趴在地上。积雪又深又湿。我听见嘎吱嘎吱的脚步声传来。我不敢动。我忽然想起皮带上还有把匕首,但右臂被压在身下,只有左手能够到。一把匕首能做些什么呢?我决定装死,等敌人俯身察看时,就朝他的脸捅上一刀,因为我知道,我这个姿势没法捅穿对方的大衣或其他外套。我屏住呼吸,以免吐出白气,可我觉得心跳得厉害,也许几米外都能听见我心跳的声音。积雪在对方脚下发出的嘎吱声再次响起,我一动不动,暗自寻思:"你得过来俯身察看情况,然后就是我唯一的机会。"踩踏积雪的嘎吱声又一次响起,从声音判断,我觉得对方站在那里,从右往左移动,想察看我的情况。突然,脚步声走远了……我还是趴在原地,一阵暖意传来,这种感觉很舒服,但我知道自己快要冻僵了。于是我爬起身,寻思"就让他开枪吧"。没有枪声,我也不敢回头张望。我手足并用,爬上山谷对面的斜坡,山谷边缘有一条道路。我听见嘎嘎作响声,朝那里望去,看见一支马队拖着一门45毫米火炮。几名驭手拉着缰绳驾驭着马匹,两个人位于火炮旁边,后面还跟着一个人。他们纪律严明,操作一丝不苟。当然我们也是这样的。但这几名士兵都戴着钢盔,而我们的炮兵却从来不戴钢盔。因为我们觉得,"我们可不是步兵"。那时候,我们都有这种愚蠢的勇气,而指挥员也没有严令我们戴钢盔。马队从我身旁走过。待我意识到他们很快就要消失时,不由得喊道:"同志!"[37]

这些红军战士把乌里扬诺夫送到战地医院。他在那里遇到了托尔亚·舒米洛夫。乌里扬诺夫离开后,舒米洛夫爬出谷仓,也同样遇到了那一群村民——他们这次很同情负伤的红军士兵,把他藏了两天。

劳斯在回忆录里把这场交战称为重大胜利,认为德军极大地削弱了红军机械化第4军的实力。相反,红军总参谋部的战后研究,却描述了红军是如何在一场"迅猛推进"后攻克上库姆斯基村的。[38]如果说第6装甲师在昨天(1942年12月14日)赢得了一场重大战术胜利,那么德国人弃守上库姆斯基则无疑是个严重的挫败——无论他们给苏联人造成多少伤亡。从整个战役背景来看,德军没取得任何实质性进展,这种结果(例如旷日持久的僵局)无疑对苏联人有利,完全能满足红军的需求。许纳斯多夫装甲团折损30辆坦克,其中20辆被及时回收,并在后来得到了修复。该装甲团声称击毁了100多辆敌坦克,但重要的是,与第11装甲师沿奇尔河防线遂行的交战不同,第6装甲师把战场丢给了苏联人——机械化第4军于次日占领上库姆斯基，随即便加强了南面山脊处的防御。既然德国人能修复三分之二折损的坦克，那么苏联人也能修好类似数量的战车。红军现在占据了强大的防线，德军的解围行动很可能要耗费更多的时间。因此，马利诺夫斯基近卫第2集团军获得了更多展开时间。要是"冬季风暴行动"发起时，霍特和基希纳能掌握第17装甲师，他们可能就有足够的兵力来守卫萨利耶夫斯基登陆场和上库姆斯基，而不需要第6装甲师后撤。德国人将第17装甲师调到意大利第8集团军身后布防的行为，在关键时刻严重削弱了第57装甲军的实力。

与第11装甲师沿奇尔河展开的行动一样，上库姆斯基之战展现出德军装甲部队的最佳状态，"他们在内线作战，挫败了优势之敌的向心突击"。但这场交战也突出了苏联人的兵力优势，以及他们熟练使用反坦克炮与坦克协同的能力。德军撤往萨利耶夫斯基登陆场，他们知道，后续进攻需要精心部署炮火准备，可能还需要空中支援。也就是说，德军在遭遇战中迅速赢得胜利的机会已荡然无存。对苏联人来说，虽然12月15日的交战在一定程度上弥补了他们于前一天遭受的挫败所带来的影响，但损失也相当惨重。

参考文献

1. D. Glantz, *From the Don to the Dnepr: Soviet Offensive Operations December 1942 – August 1943* (Cass, London, 1991), p.14.
2. *Tagebuch Fiebig* 5 December 1942, Bundesarchiv-Militärarchiv Freiburg, ZA-3.947.
3. Balck, *Ordnung im Chaos*, pp.364–65.
4. The 'Reichenau-Befehl' of October 1941, www.ns-archiv.de.
5. A. Mayer, *Why Did the Heavens Not Darken?* (Pantheon, New York, 1988), p.250.
6. Adam and Rühle, *Paulus at Stalingrad*, p.9.
7. Office of the United States Chief of Counsel for Prosecution of Axis Criminality, *Nazi Conspiracy and Aggression* (USGPO, Washington DC, 1946), 'Red Series', Vol. VII, pp.978–95.
8. G. Temkin, *My Just War: The Memoir of a Jewish Red Army Soldier in World War II* (Presidio, Novato, CA, 1998), pp.59–60.
9. Manstein, *Lost Victories*, p.180.
10. Melvin, *Manstein: Hitler's Greatest General*, p.243, 466, 474–75; Bundesarchiv-Militärarchiv Freiburg, RH 21-4/272.
11. R. Brett-Smith, *Hitler's Generals* (Presidio, San Rafael, CA, 1976), p.167.
12. J. Thorwald, *The Illusion* (Harcourt Brace Jovanovich, New York, 1975), p.65.
13. C. Davis, *Von Kleist: From Hussar to Panzer Marshal* (Lancer Militaria, Houston, TX, 1979), p.16.
14. Ibid., p.17.
15. Temkin, *My Just War*, p.62.
16. Balck, *Ordnung im Chaos*, pp.366–67.
17. Raus, *Panzer Operations*, pp.154–56; Scheibert, *Bis Stalingrad*, pp.47–48.
18. Abdullin, *Stranits iz Soldatskogo Dnevnika*, p.35.
19. S. Zaloga, J. Kinnear, A. Aksenov, and A. Koshchavtsev, *Soviet Tanks in Combat 1941–45: The T-28, T-34, T-34/85, and T-44 Medium Tanks* (Concord, Hong Kong, 1997), p.72.
20. Kehrig, *Stalingrad*, p.602.
21. Raus, *Panzer Operations*, p.158.
22. Scheibert, *Bis Stalingrad*, p.58.
23. *Kriegstagebuch des Panzerregiments 11* 12 Dec 42, Bundesarchiv-Militärarchiv Freiburg, RH 27-6.
24. Raus, *Panzer Operations*, pp.159–61.
25. Paul, *Brennpunkte*, p.247.
26. Scheibert, *Bis Stalingrad*, p.62, footnote 2.
27. Ibid., p.64.
28. Rotundo, *Battle for Stalingrad*, p.141.
29. Vasilevsky, *Lifelong Cause*, p.213.
30. *Kriegstagebuch des Panzerregiments* 11 13 Dec 42, Bundesarchiv-Militärarchiv Freiburg, RH 27-6.
31. Scheibert, *Bis Stalingrad*, p.75.
32. Scheibert, *Bis Stalingrad*, p.80.
33. Paul, *Brennpunkte*, pp.250–51; Scheibert, *Bis Stalingrad*, pp.77–78.
34. Scheibert, *Bis Stalingrad*, pp.88–89.
35. A. Drabkin, *Ya Dralsya s Pantservaffe: Dvoynoy Oklad, Troynaya Smert'!* (Yauza, Moscow, 2007), pp.5–22.
36. Scheibert, *Bis Stalingrad*, p.94.

37. Drabkin, *Ya Dralsya s Pantservaffe*, pp.32–38.
38. Rotundo, *Battle for Stalingrad*, p.121.

om
12月:"小土星行动"

第五章

阿克赛河畔发生的事情，以及罗曼年科坦克第5集团军没能突破奇尔河防线，迫使苏联统帅部大本营重新评估当前态势。红军合围了斯大林格勒，但没能迅速歼灭被围之敌。当务之急，是确保"不能让德国人夺走这份战果"。为此，斯大林和华西列夫斯基商讨了即将发起的"土星行动"——也就是进攻意大利第8集团军的行动。12月13日，斯大林向被派往几个方面军担任大本营代表的炮兵专家尼古拉·尼古拉耶维奇·沃罗诺夫、西南方面军司令员瓦图京、沃罗涅日方面军司令员菲利普·伊万诺维奇·戈利科夫中将发出训令。"土星行动"原本打算朝正南方发展——前提是坦克第5集团军、近卫第3集团军能渡过奇尔河，穿过霍利特集团军级支队，掩护突击主力的东翼。但眼下能实现这一点的希望很渺茫，另外，近卫第2集团军也无法再担任"土星行动"的第二梯队。鉴于这种情况，斯大林在训令中写到，主要突击方向改为东南方，任务目标是"攻入奇尔河畔的敌军和企图前出到斯大林格勒之敌的身后"。这场新行动代号"小土星"，定于12月16日发起。[1] 瓦图京对变更作战方案深感失望，他坚持认为，只要调拨适当的援兵，他仍能实现"土星行动"的目标，但斯大林没采纳他的建议。争论了一天之后，瓦图京奉命按计划行事。解放罗斯托夫还得再等等，但以下可能性依然存在：如果"小土星行动"进展顺利的话，迅速挺进的红军仍有望在年底前控制至关重要的顿河渡场（位于罗斯托夫）。

12月14日和15日，苏联人想方设法消灭萨利耶夫斯基的德军登陆场。他们的部分坦克到达村庄，但在近战中被击毁，损毁的坦克堵塞了村庄入口。德军战斗工兵打得越来越得心应手，他们配备了磁性空心装药地雷，以被击毁的车辆为掩护，集中力量守卫敌坦克必经的几条道路。红军没取得任何战果，获胜的前景极为渺茫。而且他们损失惨重，不得不撤出战斗。[2]

尽管攻往斯大林格勒的任务非常紧迫，但第6装甲师于12月16日攻往上库姆斯基村的行动一无所获。严重受损的第11装甲团需要先补充弹药和油料，修理受损的坦克，然后再集中力量，发起更加协同一致的行动。因此，德国人当天主要是在加强萨利耶夫斯基周边的阵地。当日上午，德军实施炮火准备后，装甲团沿上库姆斯基公路稍事前进，打垮红军一条反坦克炮防线，还击退了一群T-34坦克的冲击。第23装甲师辖内部队此时正与第6装甲师并肩前进，因此，德军次日完全有可能发动规模更大的突击。北面，马利诺夫斯基近卫第2集团军全力以赴，迅速开往阻截阵地：

变更部署……必须以强行军完成。尽管天寒地冻，但部队一昼夜行进40—50千米……集团军司令员努力确保他的部队在开抵梅什科瓦河后，能编为强大的集群，然后阻止敌人前进，不让对方靠拢陷入重围的保卢斯集团军，这样就能让集团军辖内兵团立即转入决定性进攻。[3]①

尽管在近卫第2集团军变更部署的问题上有些小分歧，但斯大林与华西列夫斯基合作得亲密无间。相比之下，曼施泰因与希特勒打交道就要艰难得多。调拨给第57装甲军的兵力远远没有达到曼施泰因的预期，他坚信，保卢斯必须朝救援力量赶来的方向发动进攻——只有这样，第57装甲军才能到达陷入重围的第6集团军外围。为此，第6集团军必须变更部署，让辖内兵力不断减少的部队逐步放弃合围圈内的既占地盘。在曼施泰因看来，这就提出了两个相互关联的关键点：

第一个关键点是，无论如何都不能让第6集团军继续留在斯大林格勒地域，哪怕解围行动取得成功也不行。但希特勒仍希望可以像去年冬季在杰米扬斯克合围圈那样取得一定成就，守住斯大林格勒，并通过打开的走廊为集团军提供补给。

集团军群司令部认为，这种解决方案是行不通的，要想避免发生灾难，就必须让被围集团军恢复机动作战能力。这场争执一直持续到解救第6集团军的最后机会丧失殆尽为止。

第二个关键点是加强救援力量。情况很明显，既然OKH原先答应调拨给我们，供霍利特集团军级支队发起解围突击的7个师，充其量只有第48装甲军的2个师可用，那么加强第4装甲集团军就势在必行。实际上，第4装甲集团军仅凭2个师（第6和第23装甲师）是无法突破到斯大林格勒的，这个问题根本不需要讨论。[4]

曼施泰因一再提出，把编有2个装甲兵团（第3装甲师、党卫队"维京"装甲掷弹兵师）的第3装甲军，从位于高加索地区的A集团军群调往第4装甲集团军。但这就需要A集团军群相应地缩短防线，并放弃庞大的突出部——这么做，完全

---

① 译者注：《华西列夫斯基回忆录》俄文版的说法是，马利诺夫斯基希望自己到达梅什科瓦河后，可获得部分援兵加强。

不符合希特勒寸土不让的指令。另一个强大的兵团是第16装甲掷弹兵师，目前该师位于顿河集团军群南翼与A集团军群东北翼之间，正在据守埃利斯塔。曼施泰因想以步兵部队来接替第16装甲掷弹兵师，腾出该师加强第4装甲集团军，可反复争取后依然徒劳无获。

希特勒拒不批准弃守任何既占阵地的建议，这种态度也直接影响到第6集团军与救援力量协同行动的必要性。鉴于第4装甲集团军兵力虚弱，霍特和曼施泰因一致认为，只有保卢斯朝解围部队攻来的方向发动进攻，第57装甲军才有望到达斯大林格勒。保卢斯的进攻至少能牵制红军部分兵力，让基希纳装甲军可以更快地前进。但第6集团军想要发动进攻，就必须大幅度变更辖内部队的部署——这必然要弃守合围圈内部分阵地。曼施泰因和顿河集团军群司令部认为非常有必要这样做。只有这样，第6集团军才能沿霍特打开的走廊撤出合围圈。曼施泰因一再请求希特勒批准这场行动，但徒劳无功。很不幸，元首用一个简单的理由否决了曼施泰因的要求：保卢斯声称合围圈内的油料所剩无几，残余的坦克最多只能行驶约48千米。因此，在救援力量进入这一距离以内前，不可能考虑从合围圈内发动进攻的事宜。希特勒的这个理由根本站不住脚：保卢斯如果只投入少量坦克，就能前进得更远。不管怎么说，就算被围部队无法走到救援力量身旁，他们在合围圈内以残余的坦克发起强有力的进攻，也能极大地缓解第57装甲军所承受的压力。另外，虽说保卢斯这段时间统计了合围圈内的油料总数，但考虑到作战部队总是有私藏补给物资的惯例，因此第6集团军很可能还有更多油料储备。不过，缺乏油料是一个很方便的借口，希特勒以此来回避他不愿做出的决定。此时，曼施泰因仍主张让第6集团军突围，并有序撤出合围圈。同时，他还在争取让希特勒批准自己执行这场行动。尽管他可能渐渐觉察到了希特勒对这个问题的固执态度，但他大概没想到，眼下这个阶段，保卢斯仍对元首言听计从。不过，曼施泰因没有直接命令保卢斯做好突围准备（包括在合围圈内变更部署），所以关于保卢斯是否愿意违抗元首的指令这一点，我们无从确定。

希特勒在与陆军总参谋长蔡茨勒交谈时明确表示，他绝不会放弃伏尔加河畔那座已沦为废墟的城市：

> 我得出一个结论……无论如何我们都不能放弃（这座城市）。一旦放弃就再

也夺不回来了。我们都知道这座城市意味着什么……放弃（这座城市）的话，我们就丧失了整场战役的全部意义。[5]

这番话说明希特勒优先考虑的目标发生了多么大的变化，以及他的决定脱离现实的程度。1942年，德军发动进攻时，甚至没提到斯大林格勒的名字，他们的作战企图仅仅是到达并控制伏尔加河下游，尔后再寻求真正的目标，也就是高加索地区的油田。可现在，夺取并守住这座以斯大林的名字来命名的城市，却成为高于一切目标的重中之重。当时，斯大林格勒早已无法发挥交通枢纽或军备生产中心的作用，固守这片废墟究竟能实现什么"可以赢得战争的目标"，恐怕只有希特勒和那些在面对各种证据时依然支持元首决定的人才知道。

尽管规模有所缩小，但"小土星行动"依然是一场强大的攻势。华西列夫斯基知道，粉碎德军前出到斯大林格勒的企图至关重要，因而更改了计划时间表，要求遂行突击的各集团军比原定计划更快地取得进展。按照这份时间表，位于突击行动西侧的坦克第17军，必须在两天内前进约150千米；奉命攻往莫罗佐夫斯克的坦克第25军，必须在四天内前进约250千米。[6]就算意大利和德国军队的抵抗虚弱无力，这场攻势也会让红军的后勤保障线被拉伸到极限。这片作战地域内几乎没有路况良好的道路，虽然总体地形平坦而又开阔，但一道道深深的沟壑纵横交错。这些沟壑既可以充当防御阵地，还会迫使摩托化部队绕很远的路程。就算红军能实现这场推进，在行动期间和行动结束后确保各突击集团军获得油料、弹药和口粮补给也是一个艰巨的任务。

虽说意大利人已经在阵地内待了很长时间，也构筑了出色的支撑点，可他们的防线依然脆弱。他们不仅没有足够的防御纵深，还缺乏机动预备队。也就是说，一旦苏联人达成突破，就没有什么能阻止他们发展胜利的东西了。红军的兵力优势很大（特别是坦克数量远超德军）。另外，他们还充分利用进攻方的"特权"，把兵力集中到关键突击地段，进一步提高了成功概率。为改善出发阵地的状况，苏联人早在12月11日就发动了初期试探性进攻——这也是德国人把一个装甲师和几个空军野战兵团调到该地域（直到红军发动真正的进攻前夕才调离）的部分原因。红军继续遂行侦察试探，德国人只得把手头寥寥无几的预备队调来——第27装甲师接替了第17装甲师；第385步兵师、第387步兵师协同小股党卫队部队，被用于加强意大利人的防线。不过，第27装甲师远未达到齐装满员的程度。该师于当年10月组建完成，目前还没获得数量足够的坦克、火炮和步兵，充其量只能算是一个实力虚弱的战斗群。最要命的是，由于卡车严重短缺，该师重要的支援部队无法实现机动，这严重限制了第27装甲师作为快速兵团发挥作用的能力。

许多被卷入第二次世界大战的国家，都未做好充足的战争准备，而意大利是准备工作做得最差的国家之一。战争前夕，意大利以农业经济为主，该国有限的工业基础对战争毫无帮助。意大利没有天然石油资源，虽然该国在20世纪30年代耗费巨资建设了强大的海军，但是他们却很少考虑或从未考虑过，一旦爆发大规模战事，该如何获得战舰所需要的油料。意大利陆军的机械化程度很低，只有少量过时的坦克，各种机动车辆的数量也完全不足；陆军的组织和装备，与第一次世界大战时相比几乎没什么变化，自动武器寥寥无几，反坦克炮的数量就更少了。意大利军队内部明确的等级制度影响了部队的战斗力。几个山地兵团是以意大利北部生活艰辛的农民组建而成的，士兵们对自己强大的团队精神深感自豪。而且，这些山地兵团还获得了与当地人关系密切的几个团的加强。相比之下，构成意大利陆军主力的步兵，无论是在他们自己还是在整个陆军眼中，地位都相对较低。意大利既缺乏现代化武器，也没有足够的工业资源，甚至无法维持一支和平时期的军队。墨索里尼率领他的国家仓促投身战争，实在是极其愚蠢的做法。

德国发起"巴巴罗萨行动"时，墨索里尼把意大利驻俄远征军派往东线。后来，这支部队逐渐发展成意大利第8集团军。入侵苏联前夕，希特勒担心泄密，没有把即将发动进攻的消息告知意大利盟友。德国人对意大利军队在东线参战的事，不抱太大热情——他们可能不太想让意大利在战争胜利后分一杯羹，还建议意大利往北非增派军队，说此举更有益于轴心国的事业。[7]

意大利驻俄远征军在东线南方展开后，很快改称第35军。1942年夏季，意大利山地军和第2军、第29军加入其中，扩编为由伊塔洛·加里博尔迪大将指挥的第8集团军。虽然第8集团军的总兵力达到10万人，但以东线的标准来看，该集团军在各个方面都很弱：整个集团军只有50辆坦克；反坦克炮的数量少得可怜，而且大多无法有效对付红军的T-34坦克；意大利军队中的大部分火炮甚至是第一次世界大战期间的老旧货色。[8] 开赴东线前，意大利山地军认为自己会被部署到诸如高加索等地的山区，因而携带了从事山地作战的全套装备，例如钉有平头钉的山地靴、冰镐、登山辅助工具和大批骡车。不过，没等到达前线，意大利官兵就敏锐地觉察到，他们与即将并肩作战的德国军队之间存在差距——军列驶过布伦纳山口，意大利"特伦托天拿"师的官兵看见一列并行的德国军列满载坦克，他们盯着盟友的装备看，而德国人也惊异地看着意大利人车厢内嘶吼的骡子。许多意大利士兵内心的屈辱感油然而生："我们每四个山地兵有一头骡子，按照这个比例，每四个德国兵就有一辆坦克……我们是古代人，他们才是参与现代战争的战士。"[9]

到达苏联战场后，这些山地兵发现骡子派不上太大用场。与部队开拔时才需要油料的卡车不同，骡子得不停地喂食，这给意大利军队已被严重拉伸的后勤勤务系统增添了额外负担。意大利军队普遍存在的腐败现象，更是让补给问题雪上加霜——大批物资被转运到后方地带，让那里迅速发展起兴旺的黑市交易。

跨过德军占领的波兰和苏联西部地区，许多意大利官兵震惊地见到德国军人对待当地居民的方式。越往东，他们的不安感就越强，许多人目睹了德军的屠杀行径——受害者是犹太人和被视为帝国敌人的另一些人。德国人在某场屠杀中处决了150名犹太人，一名观看了行刑的意大利军人在日记里写道："此前我们一直觉得这是一场轻而易举的战争，我今天总算明白过来了。"[10]

过了几周，在经历了前线的战斗之后，这名意大利军人对德国人表现出来的野蛮和残暴震惊不已：

> 我们拉丁人的内心无法适应途中随处可见的事情……我从未想到自己会目睹这些暴行和极不道德的行径……我向来钦佩德国军人，但从今天起，他们在我心中的形象改变了：他们的确是坚强的战士，但极其野蛮。[11]

德国人奉命毫不留情地对待平民百姓，而意大利人的做法则完全不同。他们的军官经常对犯有劫掠罪或更恶劣罪行的部下采取纪律惩戒，几乎从一开始，主要从农村招募来的意大利士兵，就对草原上的苏联农民有一种本能的亲近感。加布里埃尔·泰姆金逃离德国战俘营后，滞留在周边地域，他在国营农场干活，并竭力避免被德国人或替德国人做事的乌克兰警察发现。泰姆金指出，匈牙利人和德国人一样，根本不把当地居民放在眼里，但意大利士兵在乌克兰百姓心目中的印象却要好得多，他们向当地居民索取食物遭拒绝的话，只会无奈地接受，而不会诉诸暴力。

意大利人善待平民的做法，很快也扩展到苏联军人身上。德国人命令意大利人交出他们俘虏的红军官兵，但意大利官兵在逐渐获悉德国人虐待红军战俘的行径后，越来越不愿奉命行事。某天，意大利"特伦托天拿"师一名中尉检查在顿河附近布防的山地兵连，他惊异地见到一个身着全套军装的苏联兵和他的部下立正站在一起。部下告诉中尉，前几天夜间他们俘虏了这个苏联人，并决定把他留下，让他砍柴、打扫掩体、担水。

为意大利前线官兵提供支援的部队，装备也好不到哪里去。意大利皇家空军投入东线的远征力量，配备的是"马基"战斗机和"卡普罗尼"轰炸机。马基MC-200战斗机非常灵活，起初对付红军战机很有成效，但到1942年年底时，许多人都觉得这款战斗机动力欠佳、火力不足。意大利人还装备了少量更新式的MC-202战斗机，但这种战斗机的动力也不太充沛，急转时很容易进入失速螺旋状态。而且，MC-202战斗机的机载电台和供氧设备也不太可靠。在苏联的酷寒气候下，由于缺乏机载设备，意大利战机的出动频率不高，而德国空军为盟友提供的空中支援，优先级也较低。意大利皇家空军还在东线投入了少量运输机，但由于天气过于寒冷，这些运输机的使用受到了严重限制。

进入冬季之后，天气变得越来越冷。虽然有迹象表明，苏联人在顿河对岸和几座小型登陆场内的兵力有所加强，活动也变得越来越频繁，但意大利军队据守的防御地段还是基本保持平静。到12月16日拂晓，苏联人即将发动进攻——这一点已确凿无疑。

红军炮兵实施了90分钟炮火准备，浓雾导致炮兵观察员既无从评估炮火准确性，也无法指引炮兵调整火力。近卫第3集团军的炮兵期盼浓雾消散，故而推迟了炮火准备的发起时间，他们的炮击持续了不到一个钟头。同样，苏军预期的空中支援在当日晚些时候才到来。

红军步兵向前涌去，许多人在跨过冰冻的顿河厚厚的冰面之后，遭遇意大利军队不同程度的抵抗。近卫第1集团军遇到的抵抗尤为激烈，守军意志坚定，还多次发起反冲击——主要因为遂行突击的红军师面对的是德军部队。在苏联人取得进展的地段，厚厚的积雪妨碍了炮兵前移，让他们无法及时支援步兵突击。当天下午，轴心国军队在德国第27装甲师少量兵力支援下，展开极为强大的反突击，苏联人匆匆投入一个反坦克营，这才挡住对方。[12]

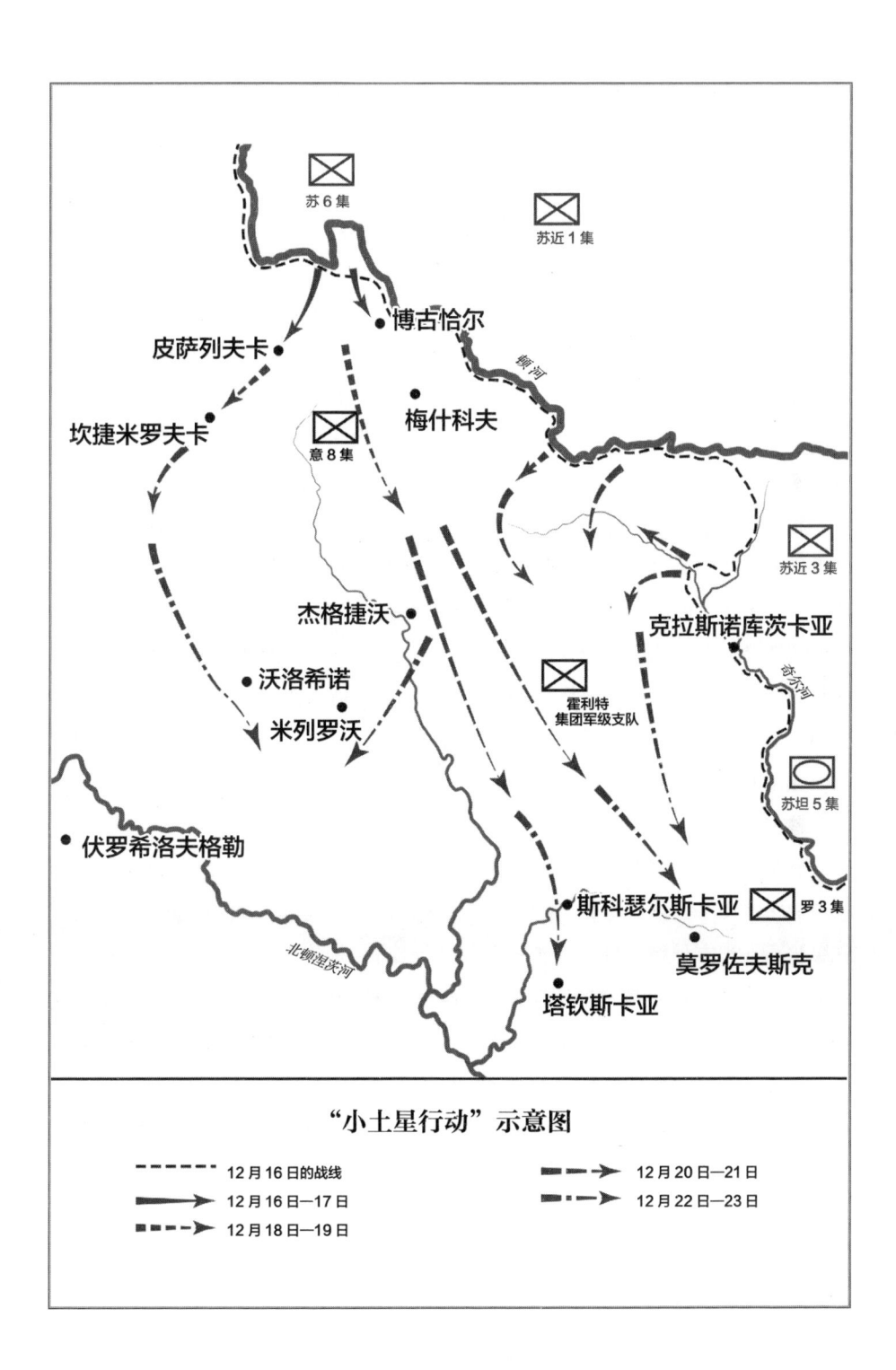

"小土星行动"示意图

- - - - - 12月16日的战线
⎯⎯→ 12月16日—17日
━ ━ → 12月18日—19日
━ ━ ━→ 12月20日—21日
━ · ━→ 12月22日—23日

地名：
- 苏6集
- 苏近1集
- 博古恰尔
- 皮萨列夫卡
- 坎捷米罗夫卡
- 梅什科夫
- 顿河
- 意8集
- 杰格捷沃
- 沃洛希诺
- 米列罗沃
- 霍利特集团军级支队
- 苏近3集
- 克拉斯诺库茨卡亚
- 苏坦5集
- 顿涅茨河
- 伏罗希洛夫格勒
- 北顿涅茨河
- 斯科瑟尔斯卡亚
- 罗3集
- 莫罗佐夫斯克
- 塔钦斯卡亚

151

华西列夫斯基把"小土星行动"的重要性告知瓦图京——进攻战役必须获得成功，只有这样才能迫使德国人从南面的救援行动中抽调兵力，另外，此次攻势也是红军赢得更大胜利的跳板，届时完全有可能让苏联处于有利地位。进攻陷入停顿的报告不断传来，瓦图京命令近卫第1集团军司令员瓦西里·伊万诺维奇·库兹涅佐夫少将①把坦克投入交战。鉴于坦克兵团要在短短几天内推进很远的距离，红军起初打算等步兵达成突破后再投入坦克力量。库兹涅佐夫集团军编有坦克第17军、第18军和第25军，首批部队于中午前投入战斗。但首个坦克旅没有展开充分侦察就贸然前进，结果误入地雷场，没过一个钟头就损失了27辆坦克。[13]无奈之下，库兹涅佐夫只好让坦克部队停下，命令战斗工兵肃清地雷场内的通道，为坦克次日的前进创造条件。

近卫第3集团军作战地域的炮火准备较弱，这导致德米特里·丹尼洛维奇·列柳申科中将②麾下部队取得的进展更加乏善可陈。他们跨过冰冻的奇尔河，随即发现德国人在西岸构筑的支撑点依然完好，激烈的战斗随之而来。德国第22装甲师残部和罗马尼亚部队被编为一个战斗群，该战斗群从克拉斯诺库茨卡亚南面发起强有力的反突击。部分红军官兵惊慌失措，在进攻队形土崩瓦解后四散奔逃。雪上加霜的是，红军还遭到了德国空军编队的打击，而他们自己的航空兵却因为大雾而无法升空。随着夜幕降临，"'小土星行动'雄心勃勃的计划时间表，看上去越来越难以实现"。

夜间，红军忙于准备次日的进攻，各炮兵部队获得补给，坦克也被部署到近卫第1集团军的步兵身旁。12月17日清晨，又是一场猛烈的炮火准备。随后，红军步兵在坦克伴随下再次发起冲击。在费多尔·米哈伊洛维奇·哈里东诺夫少将的第6集团军的进攻地段，步兵第267师在杜博维科夫卡遭遇德国和意大利混编部队的顽强抵抗。不过，步兵第267师还是向东渗透了守军的防线。帕维尔·帕夫洛维奇·波卢博亚罗夫少将立即投入坦克第17军，面对敌人逐渐减弱的抵抗，一路攻往位于博古恰尔河畔的皮萨列夫卡。稍东面，坦克第25军克服了前进途中主要由德军实施的抵抗，到达并渡过了博古恰尔河。德国第298步兵师和意

---

① 译者注：此时库兹涅佐夫已是中将。
② 译者注：此时列柳申科应该是少将。

大利第3"拉韦纳"步兵师退入博古恰尔镇。轴心国军队的防线就此破裂,红军朝顿河集团军群后方地带大举发展突破的道路敞开了。

相比之下,列柳申科的近卫第3集团军依然举步维艰。红军步兵发现,早上30分钟的炮火准备没起到太大效果,他们还是无法突破敌军防线。近卫机械化第1军投入战斗后,也没能达成突破。但这种情况无关紧要:瓦图京麾下另外两个集团军辖内部队彻夜前进,在博古恰尔河畔夺得几处渡场。红军耗时两天才达成突破,而不是计划原定的一天。但不管怎样,他们的确突破了敌人的防线。

瓦图京达成突破的同一天,德国第57装甲军再次攻往上库姆斯基。第23装甲师此时已到达阿克赛河,基希纳下令合并两个装甲师可用的坦克,并将它们交给干劲十足的许纳斯多夫统一指挥,攻往阿克赛河北面,卷击苏联人紧邻几座高地构筑的防线。与此同时,翁赖因战斗群的任务是把苏联人逐出沃伊丹斯基,掩护"冬季风暴行动"西翼。最后,第17装甲师奉命进攻西面的格涅拉洛夫斯基,该师开抵后换下了第6装甲师第三个战斗群。措伦科普夫战斗群随后为萨利耶夫斯基登陆场内的德军部队提供了深受欢迎的加强。

第23装甲师的装甲团在获得师里其他部队加强后,成为一个独特的战斗群(由装甲团团长格奥尔格-亨尼希·冯·海德布雷克中校指挥)。该战斗群被部署在舍斯塔科夫附近的阿克赛河对岸,第23装甲师自己的登陆场内(位于萨利耶夫斯基东面约7千米处)。初期进攻主要由许纳斯多夫战斗群遂行,这场突击的目的是让两个装甲战斗群合兵一处。虽然这两个战斗群成功会合,但比计划时间晚了两个钟头。许纳斯多夫意识到宝贵的时间正在流逝,他立即转身向北,打算突破苏联人设在146.9高地(这座高地是萨利耶夫斯基与上库姆斯基之间一片低矮山脊的组成部分)的防线。德国人迅速突破了红军防御阵地,但在面对红军另一道防线时,他们攻往索戈茨科特并迂回上库姆斯基的企图失败了:

我们前方这处阵地构筑得很巧妙,一个个散兵坑不大,但很深,每个散兵坑由一名非常顽强的士兵据守。尽管我们整个营都已攻入阵地中央,但没有一个敌人投降。我们只好逐一消灭他们。我们的战车尽量避免来回行驶,以防起伏不平的地面造成履带脱落。每辆坦克负责对付几个散兵坑,等待散兵坑里的敌人冒头。我透过潜望镜环顾四周,一幅奇特的景象呈现在眼前。我们的坦克像一头头大象那样伫立着，长长的象鼻伸出，似乎在嗅探地面。搭乘半履带装甲车的我方步兵终于赶到了，在我们的掩护下，他们很快肃清了整片阵地。时机恰到好处，因为北面的敌坦克和反坦克炮防线射来的炮弹越来越准，给我们造成很大麻烦。这段时间，我们静止不动的坦克沦为活靶，就连最拙劣的反坦克炮手也很难射不中。[14]

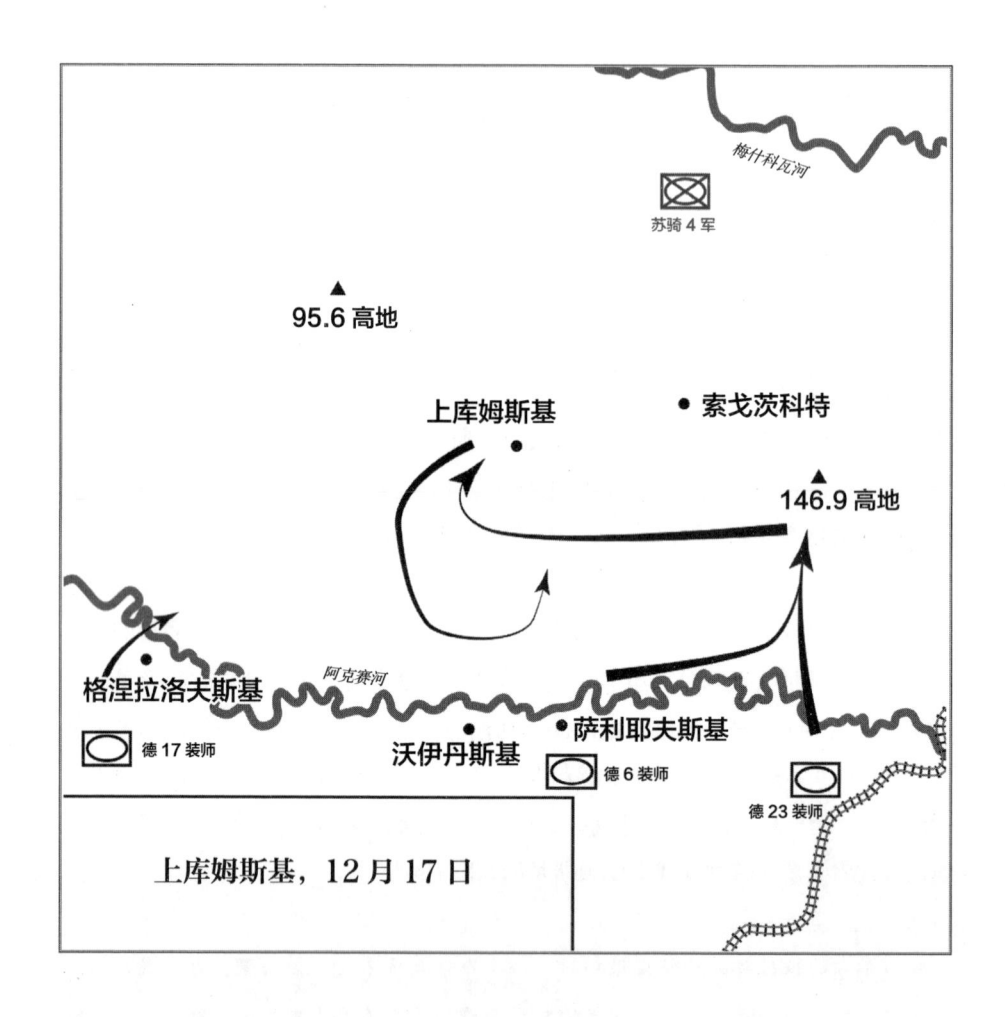

梅什科瓦河
苏骑4军
95.6 高地
上库姆斯基
索戈茨科特
146.9 高地
阿克赛河
格涅拉洛夫斯基
德17装师
沃伊丹斯基
萨利耶夫斯基
德6装师
德23装师

上库姆斯基，12月17日

第6装甲师的装甲掷弹兵，在突击炮营的支援下，企图从萨利耶夫斯基朝正北面杀开血路，但进展甚微。师里的装甲战斗群绕到西面，打算从那个方向发动进攻——因为装甲掷弹兵没取得进展，所以这场突击不得不在没有步兵和炮兵支援的情况下进行。尽管斯图卡俯冲轰炸机一次次发起攻击,但德国人还是没能突破红军强大的防线,渗透到上库姆斯基去。短暂的白昼即将告终,红军坦克试图迂回德军西翼,切断他们的后撤路线。许纳斯多夫取消了进攻。劳斯想发动夜袭,但油料和弹药却所剩无几。而且,许纳斯多夫也不想让他受损的装甲战斗群在夜间冒险攻入村内。临近午夜时,德国人撤回出发阵地重组,救援力量又浪费了一天时间。华西列夫斯基利用这段时间,把近卫第2集团军调入阻击阵地。[15] 在返回登陆场的途中,德军军官情绪低落地想到,尽管地面冻得结结实实的,可苏联人又一次展示出"他们有能力在一天内挖掘、构筑卓有成效的防御阵地"。[16] 持续不停的作战行动带来的压力,开始在第11装甲团官兵身上显露出来,正如该团作战日志中记载的那样:

近日的交战持续不停,(我们)根本没时间维修、保养车辆,我团的战斗力严重下降。另外,车组人员既没有栖身处,也几乎没有时间睡觉,一个个都筋疲力尽。面对这些情况,明日继续进攻几乎没有获胜的可能性。团长认为,再次进攻会造成与战果完全不成比例的损失,就像前几日的交战业已证明的那样。[17]

用曼施泰因的话来说,12月18日"是情况最危急的一天"。[18] 瓦图京方面军一连两天竭力突破轴心国军队沿顿河构筑的防御后,终于加快了前进速度。这场突击的西肩仍遭到强有力的抵抗,党卫队第14"警察"团和意大利第3"尤利亚"山地师(这是唯一没有投入前线,而是留作预备队的意大利师),在那里加入德国第385步兵师和第27装甲师,但波卢博亚罗夫坦克军在东面达成突破,构成从南面实施合围的威胁,迫使这股德意联军逐步退却。另外,红军坦克部队潮水般涌过前线不断扩大的缺口,严重危及德国第298步兵师设在博古恰尔的防线。德国人和意大利人越来越混乱。意大利第9"帕苏比奥"半摩托化师(这是个使用汽车和马匹来运送部队的混编兵团,实际上,他们的卡车少得可怜,摩托化程度甚至不及德国步兵师)向东退却,德国第298步兵师没通知友邻的意大利"拉韦纳"师就自行撤离。面对苏联人施加的沉重压力,"拉韦纳"师随即后撤。接下来几周,这种情况一再发生:德军部队多次后撤,却不告知友邻联军部队。意大利第5"科塞里亚"步兵师位于红军前进路线上,在遭遇打击后土崩瓦解,火炮和寥寥无几的重武器损失殆尽。这天结束前，红军坦克先遣力量突破到杰格捷沃，取得约80千米进展。霍利特的防区内，罗马尼亚第1军混乱后撤，搅乱了轴心国联军沿奇尔河上游构筑的防御阵地。面对敌人施加的压力，几个德国兵团也被迫退却，霍利特集团军级支队遭受北面之敌卷击的风险越来越大。但德军在稍南面的顽强抵抗，好歹让霍利特集团军级支队撤回了其北翼，整支军队还算秩序井然，没有彻底瓦解。该集团军级支队主要以支离破碎的兵团和后方地带部队拼凑而成，可事实证明，霍利特指挥得非常灵活。

在此期间，基希纳第57装甲军又一次攻往斯大林格勒合围圈。第17装甲师的少量兵力终于开抵前线，部署在这场突击的西翼，奉命进攻并夺取马尔塔集体农庄，尔后再配合其他部队进攻上库姆斯基；第23装甲师在东面负责执行掩护任务；第6装甲师攻往梅什科瓦河，霍特希望能在这里与第6集团军辖内部队快速会合[19]；第6装甲师装甲团主力担任预备队——德军的目的是让车组人员进行休整，并维修保养战车。措伦科普夫战斗群的装甲掷弹兵负责遂行这场进攻，如果这支部队能取得成功的话，第11装甲团就会立即投入交战，发展装甲掷弹兵达成的一切突破。第6装甲师作战参谋在作战日志里写道：

情况越来越明显，争夺上库姆斯基的交战，就算对打破斯大林格勒合围圈之战不具有决定性意义，也是极其重要的……双方再次展开激烈争夺。没过多久，第6装甲侦察营就报告该营伤亡惨重，军士的损失尤为严重。许多东线老兵都参加过前几年发生的战事，那些战斗当然很不容易，可他们后来说，这场进攻是他们经历过的最艰巨的交战。个别苏联人就算被包围了也不投降，而是在最短距离内不停地开火射击。草原上的杂草为守军提供了很好的掩护，致使我们的进攻进展缓慢。我们期盼第17装甲师的坦克从西面发动进攻，但没能如愿，因为第17装甲师的装甲团被敌坦克牵制——这股敌军从北面对马尔塔集体农庄发起进攻。另外，敌人的重武器也给我们造成很大麻烦。仅仅在第6装甲侦察营作战地段……我们就缴获了30挺轻机枪、10挺重机枪、14支反坦克步枪、6门反坦克炮、10门野战炮和迫击炮。右侧，第114装甲掷弹兵团第1营作战地段的进展更好一些，黄昏前，一个排甚至沿着沟渠摸进了上库姆斯基村。但我方部队没能扩大这意想不到的战果，这个排不得不撤回第114团第1营的阵地。[20]

更糟糕的是，德国空军的侦察飞行发现，红军新锐摩托化力量已开抵北面：近卫第2集团军正沿梅什科瓦河占据阵地。为表彰机械化第4军在上库姆斯基及其周边顽强防御的功绩，斯大林授予他们近卫机械化第3军的番号。鉴于该军挫败了德国第6装甲师夺回上库姆斯基和重新攻往斯大林格勒合围圈的每一次企图，他们获得这份荣誉可谓实至名归。

当晚，霍特和基希纳商讨了当前态势。他们得出结论，倘若明天上午还无法夺回上库姆斯基，就得把整个装甲军变更部署到东面，设法绕开苏联人的防御。他们觉察到北面的危机与日俱增，也知道自己可用来突破到第6集团军身旁的时间不多了。尽管当天只有两个装甲连投入交战，但第6装甲师现在只剩57辆坦克。[21] 整个顿河集团军群面临的情况越来越严重，曼施泰因不得不在这种背景下重新评估解围行动，当日大多数时间，他忙着与OKH简短地交换意见。他们对意大利第8集团军的土崩瓦解深感担忧，目前他们唯一可用的机动力量，就是正全力赶往上库姆斯基的几个师。实力迅速下降的第57装甲军，一路杀到斯大林格勒合围圈似乎不太可能——特别是空中侦察发现，红军近卫第2集团军的新锐力量已部署在第57装甲军的前进路线上。因此，充其量只能期盼基希纳率第57装甲军到达梅什科瓦河，并在可能的情况下渡过该河。曼施泰因在发给OKH的电报里明确指出了这一点：

单靠第57装甲军显然无法与第6集团军建立陆地联系，更别说长时间维持这种联系了。我现在认为第6集团军朝西南方突围是最后的机会，这样做至少能保全该集团军大部分官兵和尚能机动的部队。

这场突围的第一个目标是在梅什科瓦河附近与第57装甲军建立联系……只能以战斗后撤的方式退往西南方，按照从北面到西南面的顺序，分段放弃要塞区。[22]

他们又一次重提前几天反复提出的观点。陆军总参谋长蔡茨勒赞同曼施泰因的建议，但希特勒依然不为所动。另外，向第4装甲集团军零零碎碎调拨援兵的行动现在已彻底停止。德军计划将兵力用于恢复北面的态势，瓦图京的几个集团军已在那里构成粉碎德军整道战线的威胁。曼施泰因本打算亲自飞入合围圈，可又担心在顿河集团军群面临的危机持续发展之际，自己与司令部失去联系。因此，曼施泰因派情报处处长艾斯曼少校飞入合围圈,向保卢斯和施密特通报相关情况。艾斯曼告诉第6集团军司令部人员,决不能忽视奇尔河上游和顿河中游不断发展的危机,第4装甲集团军不可能长时间持续他们的救援行动。因此,第6集团军必须发起突围。曼施泰因后来写道:"艾斯曼少校的使命……结果并不令人鼓舞。"保卢斯和其他高级将领似乎明白了突围的必要性,但施密特显然认为他们能守住斯大林格勒,据说他还告诉艾斯曼:"你们只要改善补给状况就行了。"[23]保卢斯最终决定,遵照希特勒坚守斯大林格勒的指示行事,除非元首撤销先前下达的指令,否则他决不考虑发起突围和弃守斯大林格勒的问题。

施密特也许认为,与到访的下级军官谈谈增加空运补给量就够了。要是曼施泰因亲自飞入合围圈,能否说服保卢斯和施密特面对现实?或者,曼施泰因命令第6集团军高级将领飞出包围圈,到新切尔卡斯克与他会晤,他能否说服他们积极突围?这些问题值得商榷,但我们必须记住,曼施泰因在整个危机期间始终刻意避免这样做。他本来至少可以利用这些将领在指挥系统中的职务,直接下达突围的命令。不管怎么说,施密特(从某种程度上来看,也包括保卢斯)继续坚持原定立场:他们必须照希特勒的指令行事。这大概就是问题的症结所在。希特勒不批准的话,曼施泰因似乎无法自作主张地下达明确的命令——要么是因为他不想违抗希特勒的指令,要么是因为他觉得保卢斯和施密特不会执行有违希特勒指令的命令。

按照"冬季风暴行动"的原定计划,第48装甲军此时应当渡过奇尔河攻往卡拉奇;第336步兵师应该渡过顿河攻击前进,与第57装甲军会合;第11装甲师应该攻往顿河河曲部和卡拉奇地域。不过,奇尔河对岸德军本打算用于发动进攻的登陆场此时已失守。12月15日和16日,巴尔克率领第11装甲师转移到下奇尔河(面对下奇尔斯卡亚)。巴尔克本打算发动进攻夺回下奇尔斯卡亚,继而攻往卡拉奇。可他随即收到消息,得知苏联人在利辛斯基和下卡利诺夫斯基(两地相距约22千米)向西渗透。巴尔克决定先解决来自利辛斯基的威胁,第11装甲师于次日清晨发动进攻,一举歼灭达成突破的红军。他本打算再用一天时间来彻底消灭敌人,但第48装甲军参谋长梅伦廷否决了他的建议——这种情况很少见,应该是苏联人在下卡利诺夫斯基达成渗透造成的。要是不阻止苏军推进,他们就会威胁到奥布利夫斯卡亚的德国空军机场。第11装甲师疲惫的官兵转向西北方,连夜赶往下卡利诺夫斯基，他们的坦克在结冰的道路上打滑，有的坦克还陷入了路边的沟渠中。第11装甲师损失了几辆战车，尽管只是暂时的。在抵达下卡利诺夫斯基后，第11装甲师只剩29辆可投入战斗的坦克。[24]

到达新作战地域之后，巴尔克迅速进行了侦察。然后，一个装甲掷弹兵团转身向北，赶去阻截红军后续纵队，另一个装甲掷弹兵团则部署在苏联人的突破路线上。一如既往，第15装甲团担任打击力量，攻往红军身后：

清晨5点，苏联人来了。他们的坦克和其他编队从我们身边驶过，隆隆向南而去。席梅尔曼随即投入卡尔·莱斯特曼的部队（两个装甲营中的一个）。就像在训练场上那样，我们的坦克调转方向跟上苏联人。敌人不知道跟在队列身后的是德军坦克。短短几分钟时间，莱斯特曼的25辆战车就干掉了42辆敌坦克，而且自身毫发无损。他们随后脱离战斗，驶入谷底准备对付第二波敌军。敌坦克越过山脊而来，我们的坦克从下方开炮射击。战斗又一次在几分钟内结束，25辆德军坦克击毁了65辆敌坦克，自身无一损失。随行的苏联步兵四散奔逃。随后，受领阻截任务的装甲掷弹兵团挡住敌人一支救援纵队，并给对方造成严重损失。[25]

顿河南面，第57装甲军辖内疲惫的部队知道时间紧迫，于12月19日晴朗的清晨再次动身出发，攻往上库姆斯基村。三个装甲师的坦克一同发动进攻，就连连夜修复的战车也投入其中。沙伊贝特描述了随后发生的事情：

第17装甲师终于出现在左侧的高地上，接过掩护翼侧的任务，腾出那里的兵力投入后续进攻。我们把所有兵力都集中到上库姆斯基村。这是一场预有计划的进攻，我们知道敌人每一处阵地的位置，准确地指引斯图卡俯冲轰炸机打击各个目标。没过多久，装甲掷弹兵就在突击炮的支援下攻入村内。我们的坦克立即前移，从后方3千米处察看整片战场的情形，随即沿宽大的战线越过己方部队，在上库姆斯基与索戈茨科特之间堵截逃窜之敌。敌人没有负隅顽抗，而是成群结队地在各处投降，于是我下令停止射击。我们用坦克围住敌军官兵，并在必要的情况下解除他们的武装，然后把俘虏押回后方，交给装甲掷弹兵收容。索戈茨科特几乎没经过战斗就落入我们手里。

就在这时，电台里传来一道命令，我们的新任务是：只要还有油料，就继续追击（敌人）！首个目标是所有人都知道的146.9高地。我的坦克行驶在第2装甲营最前方。这天结束前，我刚从索戈茨科特南面到达146.9高地，就遭遇火力打击。炮口发出的闪光照亮了东面的天空，昏暗的光线下，一辆辆坦克的轮廓清晰可辨。我们身后，西面的天空依然敞亮。营长立即命令全营投入进攻……我们的损失越来越大，营长贝克少校下令停止战斗，率领我们穿过一片起伏不平的地带，并以此为掩护，重新发动进攻。黑暗中，我们从右面对敌人发起翼侧突击。贝克少校命令我们用最快的速度发起进攻，完全不要考虑自身的损失。还没等我消化这道命令，我们就已攻入敌军阵地。激烈的厮杀随之而来。敌火炮发出的闪光让我们睁不开眼，敌坦克如鬼魅般朝我们扑来。我和其他攻入敌军阵地的坦克一起全速开火。敌坦克从我们身旁驶过，与我们相距不到10米。驾驶员必须全神贯注，以免撞上对方。很快就有几辆坦克起火燃烧，照亮了战场。我们随后穿过敌军阵地，再次进入黑暗和沉寂中。我们身后，火焰在草原上燃烧，射击声逐渐平息。其他连队竭力扩大突破口，打算把打开的缺口交给装甲掷弹兵。

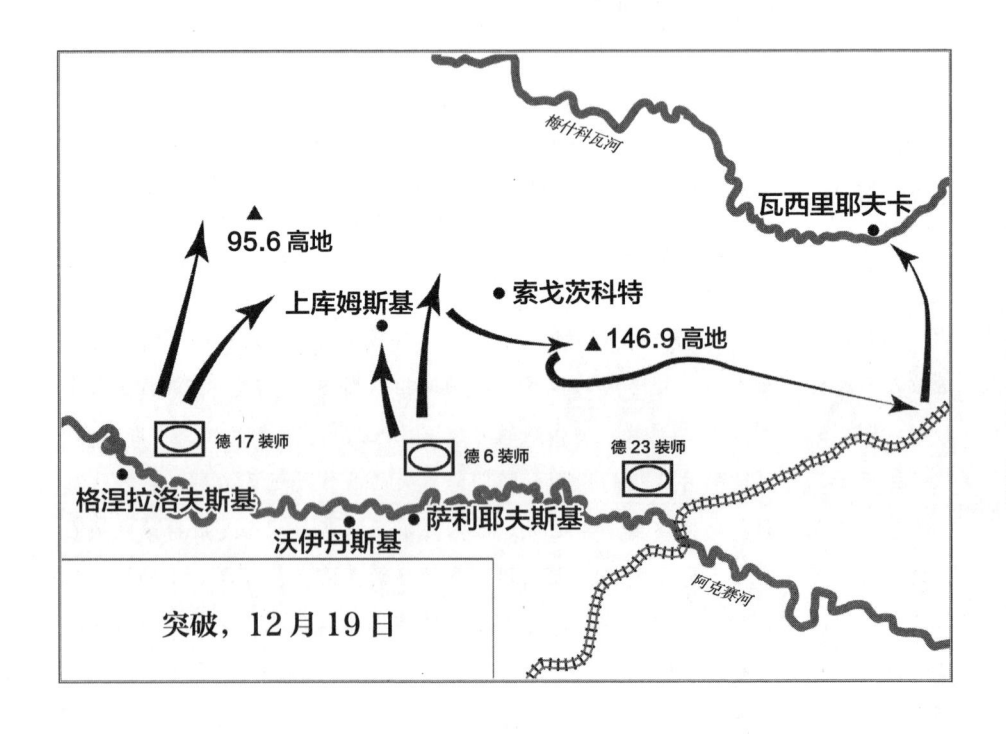

令我难过的是，我的连队伤亡很大，几辆坦克在击毁敌军反坦克炮时履带受损，现在已无法使用了。

我们集中兵力，在冯·许纳斯多夫上校和贝克少校的率领下向东而去，我是通过晴朗的星空来辨别方向的。我只知道，无论付出怎样的代价，我们都得夺取梅什科瓦河对岸至关重要的渡场。上级告诉我们，冲出斯大林格勒合围圈的战友会在这座渡场里与我们会合。这个念头伴随了我们一整天。[26]

德军坦克纵队在黑暗中前进，错过了可转身向北赶往瓦西里耶夫卡的桥梁的第一个岔路口。许纳斯多夫命令部下尽量不要开火，沙伊贝特和他的战友在黑暗中继续这场传奇般的进军：

在我看来，这场向东的行军似乎没完没了，周围万籁俱寂，感觉有点不真实。月亮缓缓升起，我们更清楚地看见了周边环境。月光晶莹剔透，积雪似乎由内向外散发出光芒。我们唯一关心的是，不能让前方的车辆脱离自己的视野。我们有时候开得很快，然后停下，等待前卫找到正确的进军路线。由于几条小径穿过了我们的行军路线，再加上积雪彻底覆盖了地面，标在地图上的道路就算在白天也很难辨识。结果，我们的前卫几次拐上错误的岔路口，多次遇到难以通行的沟壑。为抓紧时间，仍走在正确道路上的几个连队行驶在前方，其他部队尾随其后。我们……错过了最短的路线，不得不兜了个圈子，随后找到一条路况不错、从南面通往目标的道路。沿这条道路行进几乎不会迷路，因为路边的电报线杆一路向前延伸。

最后我发现自己位于战斗群中间。冰冻的悬岩和一道道沟壑在浅绿色的月光下熠熠生辉……我必须承认，我根本不知道我们此刻在地图上的位置，但我完全信任我们的前卫和指挥官。道路两侧，我见到的一处处阵地似乎都有重兵据守。我震惊不已，眼下的情况越来越不真实。

随后，我们停了下来——这次停留的时间较长。我看看手表，现在是22点，也就是说，当地时间已到午夜。一辆辆坦克首尾相连地停在路上，右侧是电报线杆，前方黑黢黢的，只能看见远处的高地，高地上似乎有个村庄。道路对面，靠近高地处，能看见精心构筑的防坦克壕和阵地。天气很冷，我不知道究竟怎么回事，几个全副武装的红军士兵突然出现在我们的坦克之间！然后，左右两侧的黑暗中，出现了更多敌军士兵。我们盯着这帮家伙（至少我的车组人员是这样的，他们从几个舱口朝外张望），简直不敢相信自己的眼睛。炮手告诉我，这群苏联人全副武装。我凑到他耳边低声说道："别动，他们以为我们是苏联人！"我们等待着，做好了随时听到枪声的准备。

可什么也没发生，相反，几个苏联人靠着坦克履带，还想跟我们聊天。没人开枪。难道他们没听出我们随口应付他们的几句话，用的不是俄语吗？难道他们没看见战车两侧喷涂的黑色十字徽标吗？我攥着手枪，把一枚手榴弹放在座位后。天哪，我们该怎么办？这种状况不可能一直持续下去。我看看前方和身后的车辆，那里的情形如出一辙。

我不清楚怎么会遇到这种事，但现在看来只有一个解释：我们在夜间驶入敌军阵地，周围没有任何战斗的声响，苏联人以为来的是他们的坦克——特别是因为我们排着非战斗行军队形，而且瓦西里耶夫卡位于前线后方20千米处。146.9高地上的苏联人，此时不仅要与屈佩尔战斗群交战，还得应对措伦多夫战斗群……这里的苏联人不知道德军装甲战斗群已达成渗透。

不能再拖下去了，我们应该开枪干掉他们。可是，且不说我们先前接到的禁止开火的命令，就连我们自己也不愿朝这些好奇的伊万开枪。就这样，我们相安无事地待了一刻钟。

突然，和平的气氛被打破了。高地上传来的枪声清晰可辨，随后是更多的枪声，机枪也嘶吼起来。我们迅速钻入炮塔，苏联人消失在道路两侧的黑暗中。我们缓缓向前，朝很快就能看得清清楚楚的村庄驶去。

我后来发现，我们为首的坦克，在距离村庄出口10米处被一辆T-34击毁。虽然敌坦克也没能幸免于难，但我们杰出的先遣队指挥官米夏埃利斯中尉英勇阵亡了。接下来几天，我们看见两辆损毁的坦克仍并排停在原地。

在桥梁前方，我们听见前面传来喊叫声。我刚把头伸出炮塔，就看见一辆侦察车从我们的队列旁边驶向后方。站在炮塔里的人穿着皮夹克，戴着钢盔。侦察车从距离我三米处驶过。是苏联人！待我明白过来时，侦察车已然消失不见。在驶过我方车队尾部时，这辆侦察车遭到了射击，可它还是逃走了。苏联人无疑知道这里发生了什么事。

我们冲入村内，跟随我们一同行动的少量掷弹兵下了坦克。我们在拂晓前基本夺取了占地面积很大的瓦西里耶夫卡村,最重要的是,我们控制了完好无损的桥梁。[27]

当地时间凌晨2点前不久,劳斯收到许纳斯多夫发来的电报:

只有两个实力虚弱的半履带装甲车连与我们同行。我在进攻目标处与敌坦克和步兵交战。已控制桥梁。急需措伦科普夫迅速前进。我们的油料不多了。[28]

措伦科普夫的装甲掷弹兵彻夜前进,他们与苏联守军的接触几乎就没断过。一小股部队把许纳斯多夫急需的油料和弹药,顺利送达装甲战斗群在梅什科瓦河对岸据守的立足地。斯大林格勒对内合围圈就在约48千米外。许纳斯多夫装甲团眼下只剩下20辆坦克,他们与第4装甲集团军辖内其他部队的通信联络也不太稳定。

对顿河南面的德国人来说,似乎出现了一丝曙光,但北面的战事继续朝有利于苏联人的方向发展。瓦图京的军队在北面克服了意大利第8集团军的初期抵抗,势不可挡地继续发展突破。红军第6集团军从沃罗涅日方面军转隶西南方面军,瓦图京命令他的坦克兵团继续前进,最大限度地给敌方造成破坏:坦克第25军和近卫机械化第1军奉命于12月22日前到达莫罗佐夫斯克;坦克第24军的任务是在12月23日夺取塔钦斯卡亚;坦克第17军和第18军必须在12月24日赶到米列罗沃。[29]只要能够到达这些地方,苏联人就离实现"小土星行动"的预定目标不远了。尽管他们的计划时间表看上去仍有些过于雄心勃勃,但有两个坦克军的状况非常好——他们拥有159辆战车,其中96辆是T-34。全体官兵已得到充分训练和休整,现在急于投入战斗。[30]但正如坦克第24军参谋长布尔杰伊内上校在12月12日与瓦图京讨论的那样,红军坦克兵团并非毫无问题。坦克第24军不仅防空火力不足,还缺乏野战炮兵。而且,最让布尔杰伊内担心的是柴油短缺问题——这意味着一旦投入行动,军里所有的坦克可能都无法得到油料补充了。虽然瓦图京下令为他们调拨更多野战炮兵和高射炮兵,但他对油料短缺问题无能为力。[31]

坎捷米罗夫卡镇位于红军这场突破的北部,该镇横跨的铁路线,恰恰是德国B集团军群的横向交通线。坦克第17军的首批部队于12月19日清晨开往该镇,激烈的战斗随即爆发。由后撤的散兵游勇、后方地带部队、警察和党卫队部队组成的混编力量，竭力据守坎捷米罗夫卡。这天结束前，该镇落入苏联人手里。只剩下10辆坦克的第27装甲师残部，在坎捷米罗夫卡西面占据了掩护阵地。红军坦克第24军和坦克第25军肃清了德国人设在镇子周围的防御阵地。然后，这两个军辖内的几个旅穿过开阔地，取得更多进展。但不断前进的这几个旅，在超出已方空中支援范围后，多次遭到德国空军打击。另外，他们不断拉伸的补给线，也经常被撤离顿河防线的德意军队残部切断。短短几天时间，油料短缺、敌人的打击与机械故障，就让坦克第24军和坦克第25军的实力下降了近一半。12月19日，近卫第3集团军辖内部队包围了罗马尼亚第7步兵师，并于次日歼灭该师后，在南面与近卫第1集团军辖内部队会合，完成了对霍利特集团军级支队北面部分部队的合围。虽然德国第62步兵师后撤中的部队顺利杀出合围圈，部分罗马尼亚部队也死里逃生，但轴心国军队的损失还是很大。

如果说"天王星行动"让德国军队产生了危机感，那么"小土星行动"的展开，更是大大加剧了这种危机感。红军坦克穿过开阔地，径直攻往至关重要的莫罗佐夫斯克机场和塔钦斯卡亚机场，德国人没有在他们的前进路线上组织任何防御。这两座机场一旦丢失，为第6集团军空运补给的行动就会难以为继。德国第57装甲军拼尽全力，终于前出到梅什科瓦河，但该军再也无力更进一步。不管怎样，在没有调自其他地方的大股援兵支援的情况下，曼施泰因只能抽调第57装甲军辖内的装甲师，设法阻挡涌入顿河集团军群后方地带的敌坦克力量。希特勒现在必须做出决定，如果他再推延搪塞下去，就会造成致命后果。要想拯救第6集团军，就得命令他们立即突围。

参考文献

1. Vasilevsky, *Lifelong Cause*, p.215.
2. Raus, *Panzer Operations*, p.173–74.
3. Vasilevsky, *Lifelong Cause,* p.216–17.
4. Manstein, *Lost Victories*, p.327.
5. H. Heiber (ed.), *Lagebesprechungen im Führerhauptquartier: Protokollfragmente aus Hitlers Militärischen Konferenzen 1942–1945* (Deutsche Verlag, Stuttgart, 1962), pp.53–54.
6. Glantz, *From the Don to the Dnepr,* pp.21–23.
7. G. Rochat, *Le Guerre Italiane 1935–1943: Dall'Impero d'Etiopia alla Disfatta* (Einaudi, Turin, 2009), p.378.
8. E. Corti (trans. P. Levy), *Few Returned: Twenty-Eight Days on the Russian Front, Winter 1942–1943* (University of Missouri Press, Columbia, MO, 1997), pp.3–4.
9. N. Revelli, *L'ultimo fronte: lettere di soldati caduti o dispersi nella seconda guerra mondiale* (Einaudi, Turin, 2009), p.4, 10.
10. H. Hamilton, *Sacrifice on the Steppe: The Italian Alpine Corps in the Stalingrad Campaign 1942–1943* (Casemate, Newbury, 2011), pp.14–15.
11. Ibid., p.15.
12. Glantz, *From the Don to the Dnepr*, pp.43–49.
13. A. Zheltov, *Yugozapadnom Front v Kontranastuplenii pod Stalingradom in Voenno-Istoricheskii Zhurnal* (Voennoe izd-vo Ministerstva Oborony Soyuza SSR, Moscow, Nov 1967), p.66.
14. Scheibert, *Bis Stalingrad*, p.107.
15. Paul, *Brennpunkte*, pp.256–59.
16. Scheibert, *Bis Stalingrad,* p.110.
17. *Kriegstagebuch des Panzerregiments 11* 17 Dec 42, Bundesarchiv-Militärarchiv Freiburg, RH 27-6.
18. Manstein, *Lost Victories*, p.331.
19. Paul, *Brennpunkte*, p.260.
20. *Kriegstagebuch des Ia 6 Panzer Division* 18 Dec 42, Bundesarchiv-Militärarchiv Freiburg, RH 27-6.
21. Paul, *Brennpunkte*, p.261.
22. Manstein, *Lost Victories*, p.560.
23. Ibid., pp.333–34.
24. Harding Ganz, *Ghost Division*, p.127.
25. Balck, *Ordnung im Chaos*, pp.367–68.
26. Scheibert, *Bis Stalingrad*, pp.120–21.
27. Ibid., pp.123–25.
28. Paul, *Brennpunkte*, p.263.
29. Glantz, *From the Don to the Dnepr*, p.56.
30. A. Burdeyny, *V Boyakh za Rodinu* (MAK, Moscow, 2016), p.74.
31. Ibid., pp.79–80.

机不可失,时不再来

第六章

曼施泰因没给保卢斯下达明确的突围令，也没有亲自会晤至少从理论上来说是他下属的第6集团军司令。他既没有把保卢斯召到顿河集团军群司令部来，也没有只身飞入合围圈——后来，他为此备受责难。[1] 要是顿河集团军群司令采用不同的做法，第6集团军能否获救呢？这个问题的争议很大，人们很难得出结论。曼施泰因似乎知道自己的所作所为可能会受到别人的非难，故而在回忆录里用很长的篇幅替自己辩解。[2] 曼施泰因为里应外合的解围行动做了准备，制定了继"冬季风暴行动"后第二场行动的大纲。这场代号为"霹雳"的行动，要求第6集团军从斯大林格勒朝西南方分阶段后撤。为解决保卢斯军队的补给问题，顿河集团军群拼凑了许多牵引车和一支载有3000吨物资的车队，打算尽量恢复第6集团军的机动性。只要第57装甲军与被围部队取得联系，这支车队就会穿过救援力量打开的走廊。但正如我们很快就会看到的那样，曼施泰因始终没有下令执行"霹雳行动"。

先前顽强据守上库姆斯基村的苏军（步兵第1378团和独立坦克第55旅）残部，在撤过梅什科瓦河后，加入近卫第2集团军。上述两支红军部队的指挥员——佳萨米德切中校和阿斯拉诺夫中校，都获得了"苏联英雄"的称号。这是恰如其分的奖励。他们的部下和一个提供支援的反坦克炮兵团一起顽强坚守阵地，为阻滞德国第57装甲军的前进发挥了至关重要的作用。[3] 12月20日，在许纳斯多夫那脆弱的登陆场周边，战斗仍在持续。一份不详的作战报告指出，德军特遣队兵力不足，无法收容俘虏，另外，据守瓦西里耶夫卡村部分地盘的红军，兵力远远超过德方。[4] 直到下午晚些时候，大股援兵才赶到许纳斯多夫身旁，师里其他人员开始反思昨日这场推进的结果：第6装甲师的装甲力量独自攻往瓦西里耶夫卡，几乎没获得步兵支援，因而迫切需要步兵赶来增援；在此期间，师里的装甲掷弹兵竭力赶往登陆场，没得到装甲力量支援。德军攻克上库姆斯基村后，措伦科普夫没有立即动身追赶装甲部队——他不仅必须从村内撤出部队，还得等待前运的油料、口粮和弹药送达（他要把部分物资转交给许纳斯多夫）。待他做好率领第114装甲掷弹兵团第1营出发的准备时，许纳斯多夫的坦克早已扬长而去，苏联人再次封锁了通往瓦西里耶夫卡的道路。措伦科普夫写道：

夜间行军特别困难。我们在穿越冰冻的沟壑时，车辆不停地打滑，所有人不得不一次次下车，把车辆推过斜坡。另一些地方，坦克留下的车辙印妨碍了轮式车辆的行进，行军队列频频中断，造成长时间停顿。我们营在146.9高地东面遇到了第114装甲掷弹兵团第2营辖内部队，他们搭乘着半履带车，与许纳斯多夫失去了联系，不知道装甲团在何处。黑暗中，苏联人不断发起攻击，该营被迫设立环形防御，抵御从四面八方涌来的敌人。苏联人看见第1营车队的灯光越来越近，以为德军坦克即将对他们发起打击，就迅速消失在夜色里。

第114装甲掷弹兵团团部接手指挥第1营，但他们在黑暗中遗失了无线电设备。后来，他们又发现电台出了故障，故而与师部和许纳斯多夫战斗群失去联系。午夜时（当地时间凌晨2点），几个步兵连到达铁路线附近，他们显然朝东面推进得太远了。他们简单侦察了一番后，发现我方坦克已转身向北……就这样，我们整个队列都跟了上去。

我们行进了几千米后，先遣连遭遇敌军步枪和机枪火力攻击。拂晓到来后，我们识别出苏联人的阵地。几个连队开始展开，准备发动进攻，炮兵连也进入了阵地。就在这时，敌机以炸弹和机载武器攻击全营，但我们几乎没有遭受损失。第1营的冲击大获成功，上午10点（当地时间是中午前后）我们粉碎了敌人的抵抗，全营集中后登车出发。

我们继续沿一片开阔的平原行进，地面逐渐朝梅什科瓦河河谷倾斜。瓦西里耶夫卡的几座房屋很快就出现在我们眼前，激战声从那个方向传来。许纳斯多夫战斗群正在那里从事防御作战。无线电联络此时已中断。第1营开始展开，他们打算下车后沿宽大的战线攻入瓦西里耶夫卡。营长估计镇内不会有多少敌人，我们的坦克最终能打垮敌人部署的所有反坦克炮。因此，当敌军的炮火和反坦克炮火从附近的高地朝我们营袭来时，所有人都深感意外。全营不得不转向右侧——那里有一道通往村庄的沟壑，能为我们提供掩护。我们在那里下车，准备投入战斗——穿过沟壑攻往许纳斯多夫战斗群陷入孤立的登陆场。夜幕降临前不久，先遣连到达村庄南部，该连随即遭到来自桥梁附近的几座房屋里的火力打击。[5]

一名红军飞行员在回忆录里描述了措伦科普夫的这份作战报告中提到的空袭。苏联人在20世纪30年代初期就认为，他们需要一款专用的对地攻击机，但当时的航空发动机动力不足，无法保证相对较重的战机的有效运作。1938年，谢尔盖·伊柳辛设计了一款双座战机，该机机体装有坚固的装甲防护装置。由于次年的试飞结果没达到设计要求，这款战机被改为单座低空战机。最终，这款战机定型为伊尔-2，于1941年列装部队。伊尔-2最初安装了两门以弹匣供弹的23毫米机炮，经过多次试验后，该机最终改用一门以弹链供弹的23毫米机炮。20世纪30年代，原先那款弹匣式机炮的发明者雅科夫·格里戈里耶维奇·陶宾被逮捕，罪名是"故意生产不合格的武器"。德国入侵苏联前不久，陶宾被处决。[6] 苏德战争爆发时，红空军只有249架伊尔-2（什图尔莫维克），机组人员几乎没有接受过如何使用这款战机的培训，大多数人甚至从未练习过用机炮射击。德国战斗机的拦截，导致红空军损失了许多战机，于是什图尔莫维克又被改回双座式战机，并配备了动力更强大的引擎，驾驶舱内也增加了一名后炮手。机组人员越来越喜欢这款战机，因为它装有坚固的装甲，口径小于20毫米的武器很难对它造成伤害。不过，该机的装甲板没有延伸到机舱后部，这会让后炮手暴露在敌战斗机的攻击火力下。另外，厚重的装甲板增加了飞机重量，导致该机机载武器的数量较少。亚历山大·阿列克谢耶维奇·卡尔波夫是什图尔莫维克中队的飞行员，他参加过几次针对德国第57装甲军的空中突击：

我们的任务是消灭敌坦克纵队。几分钟后，我们飞入云层。飞行高度降到100米。前方中队长的飞机呈模糊的暗灰色。暴风雪来了。在这种天气下，要想找到敌人的行军纵队不太容易……

突然，一片雪花撞上了挡风玻璃。周围一片洁白，我们陷入了暴风雪之中。我看不见中队里的其他飞机。我用右手攥住操纵杆的橡胶手柄，努力保持航向，以免撞上旁边的飞机。天色突然放亮。我离中队长希塔利的座机太近了……

要不是越来越大的降雪遮蔽了地平线，希塔利本来不费吹灰之力就能找到敌坦克纵队。我们以前在恶劣的天气下飞行过，他每次都能找到目标，然后发起准确的攻击。可现在，一层白纱突然遮蔽了地面，我们看不见目标，甚至难以辨别方向。我不由得想到，是否应该返航呢？

准确无误地找到目标，然后发起突如其来的打击——这些都只能在能见度良好的情况下做到。我们现在稍稍偏离航线就会迷失方向。我们专注地聆听中队长的话。在恶劣的气候下飞行时，电台里传来的每个字都很重要……

我们在白色田野上方盘旋的时间超过一刻钟。许多人可能很想返回己方机场，但中队长没有放弃作战任务。希塔利显然认为没什么好考虑的，我们无论如何都得找到敌坦克纵队，阻止他们继续前进，不让他们突破合围圈的对外正面……

周围依然是一片白色。在我们的机翼下，这片未遭受破坏的寂静草原上，覆盖着平坦、洁白、均匀的雪层。但我随后听到电台里传来我们的呼号，这是对我们长时间的耐心等待和我们赢得胜利的信念的最好回报！我听见希塔利的声音，他向我们通报了敌坦克纵队的方位。此时，我们忽然觉得天气没那么糟糕了！

我们调转航向，向一条依稀可见的道路飞去。我看见一支长长的黑色队列穿过平坦的白色原野。车队突然放缓速度，一个个小点脱离了车队，看来是敌军士兵从战车上跳了下来。我看见一根根炮管升起。法西斯分子发现了我们，并匆匆展开几个高射炮连。

"攻击！"这道期待已久的指令受到了我们的热烈欢迎。一颗颗炸弹落到纳粹分子头上。地面腾起的泥土玷污了洁白的雪面，一辆辆卡车和坦克驶离道路，许多车辆歪歪倒倒地卡在路边。我们的炮火闪烁着掠过白色的田野。一颗颗炸弹从极低的高度落下，准确命中了目标……卡车、牵引车、大车滞留在路上，有的被炸毁，有的起火燃烧，但仍有许多卡车和坦克企图逃离我们的攻击。

车辆燃烧发出的黄色光芒，在道路上形成一个个光环，照亮了倒毙在地上的法西斯分子。车队中间又腾起几股火焰。我们从迎风面发起攻击，利用烟雾为掩护，以防敌高射炮兵射来定向火力。

沉寂的草原苏醒了。敌人的坦克、燃烧的卡车和殉爆的弹药腾起明亮的火焰。此时我们难以判断飞行高度，需要某种特殊的直觉才能把飞机从俯冲状态及时改出。

我听见中队长的命令："再次攻击！"战机又一次急转。我被压在座椅上，切实感受到了过载的压力。此时，我的手脚几乎动弹不得，我没时间多想，只能紧紧攥住操纵杆……

眼前出现一个个黑点。我觉得喘不过气来，想把头伸出驾驶舱半开的窗户……我凑近希塔利的剑刃状机翼。我们急转改出，再次用机炮打击敌人。

完成攻击后我们转身飞离，丢下一辆辆起火燃烧的法西斯坦克，以及倒在机枪火力下的敌步兵——随后，他们被我们射出的最后几发炮弹击毙。与敌人和恶劣天气展开的这场斗争严峻而又残酷，但我们赢了。[7]

几乎可以肯定,与鲁德尔那些德国飞行员的记述一样,卡尔波夫也夸大了空袭的战果。什图尔莫维克的效力存在很大争议。卡尔波夫在回忆录里称,他们击毁了德军数十辆坦克和其他车辆,可这种说法与遭受攻击的德军纵队的实力相矛盾,也与德国人呈交的伤亡报告不符。可充分说明这一点的是,苏联人的记述认为德军纵队损失惨重,而德国人的报告中只是顺便提到了这场空袭,还明确指出空袭造成的影响微乎其微。尽管如此,红军装甲战机出现在上空,还是给德军官兵造成很大的心理影响。他们知道,除非有高射炮部队伴随左右,否则没办法驱离敌机。

贝克少校离开梅什科瓦河对岸陷入围困的登陆场,乘坐装甲车找到赶来增援的德军纵队。装甲掷弹兵顺利攻克了苏联人据守的一小片建筑物。第11装甲团停滞不前的坦克,终于获得了一些弹药和油料,但寥寥无几的补给物资肯定不足以让该团继续坚守登陆场。第11装甲团当晚的作战日志描述了严峻的局面:

第114装甲掷弹兵团第1营先遣连连长在下午4点45分(当地时间下午6点45分)到来,但随行的部下寥寥无几。到当晚7点(当地时间晚上9点),第1营头两个排抵达登陆场。我们此时仍无法派遣装甲战车穿过南部合围圈,但还是打算在夜间试上一试。结果,我们没能肃清登陆场西北部的敌人。豪恩席尔德率第1营余部到达后,团长计划从登陆场向西发动进攻,占领瓦西里耶夫卡西北面的高地。这样一来,我们就可以从那里继续向前推进。

缺水导致登陆场守军的战斗力严重下降,伤员遭了大罪。从昨天中午到现在,我们总共损失了25辆坦克——其中有些是出了故障,但大多数都是被敌人击毁的。第1营只剩下7辆坦克。[8]

出现在第6装甲师对面的是红军近卫第2集团军辖内的首批部队。这股强大的力量最初编有近卫步兵第1军、近卫步兵第13军和近卫机械化第2军,但12月18日他们又获得了坦克第7军、近卫机械化第3军(原机械化第4军,该军先前在上库姆斯基挡住了德国第6装甲师很长时间)、骑兵第4军和独立步兵第300师加强。[9]尽管该集团军辖内某些兵团,特别是近卫机械化第3军,实力严重受损,但第57装甲军面临的困难还是在不断加剧,几乎达到了难以克服的程度。第6装甲师辖内部队分布在整片战场上:许纳斯多夫战斗群在坚守瓦西里耶夫卡登陆场,他们现在严重缺乏弹药、口粮和油料;第114团的装甲掷弹兵位于村庄南部;另外几个营仍在勉力前行——除了苏联人持续不断的滋扰,天寒地冻和恶劣的路况也给他们的行进造成严重妨碍。友邻的两个装甲师仍在两侧推进,试图前出到梅什科瓦河。

彼得·基里洛维奇·科舍沃伊少将的近卫步兵第24师隶属近卫第2集团军。该师奉命沿梅什科瓦河占据瓦西里耶夫卡登陆场西面的阵地(就在下库姆斯基农场对面)。科舍沃伊刚刚到达梅什科瓦河,就用望远镜察看下库姆斯基的情况。他认为德军部署在那里的兵力不多,故决定于12月19日晚到20日凌晨发动进攻,夺回该村:

当晚,我方炮兵实施了极为猛烈的炮火准备。

我们不得不在没有火力修正的情况下实施炮击……一发发炮弹命中农场中央,我们认为敌指挥所就设在那里。村内一片混乱。法西斯的坦克发出轰鸣声。敌人企图把坦克驶离炮火覆盖范围。街道上的骚动很快变成了恐慌。

这时,我方一个哈萨克营冲入敌军阵地,与盘踞在房屋里的希特勒分子展开战斗。随后,村郊周围爆发了激战。克列切托夫中尉的连队冲到法西斯分子停放坦克的地方,投入特别激烈的战斗中。奥鲁姆别科夫中尉的迫击炮兵,负责为他们提供支援。他们没给德国坦克兵冷启动引擎的时间。克列切托夫的部下英勇奋战,击毙20多辆坦克的车组成员,还炸毁了他们的战车。

与此同时,我方炮兵射出的炮弹继续在农场中央炸开。法西斯军官无法恢复秩序,只能赶紧跑向他们的车辆,企图逃离危险区域。就在这时,察扎茨大尉率领占领风力磨坊的机枪手开火了。他们接连击毙了三辆汽车的乘员。敌人更加混乱了。希特勒分子的抵抗越来越杂乱无章。他们撤往农场南部,想要尽量远离我们的战士……

哈萨克营与我们的观察所彻底失去了联系。我们等待他们汇报情况,但战火还在村内肆虐,双方的交火异常激烈,他们可能根本没时间汇报。铁木辛哥营伫立在出发线上,眼巴巴地等待着让他们投入战斗的命令,其他部队也是如此。我想联系哈萨克营营长，却得知营长去前线了。我又去找他的作战参谋，但得到的回答还是一样的。看来这两位指挥员都被战斗冲昏了头脑，忘记了自己的本职工作。

拂晓前，敌人被驱离村庄中央，亚瑟列夫终于报告道："我就坐在磨坊旁，全营指战员都投入了战斗，我负伤了。"

我问亚瑟列夫："您需要增援吗？"

他回答道："不需要，我们能解决战斗。"

农场内的战斗越来越激烈。我们无疑实现了预期目标，敌人无法击退我们，但这并不意味着他们会就此放弃抵抗。相反，下库姆斯基村内各处的纳粹分子纷纷反应过来，实施了有组织的抵抗。现在必须粉碎他们的抵抗，拉伸敌军战线，对他们施以新的打击。是时候让库哈列夫营和铁木辛哥营投入战斗了。

我打电话给库哈列夫——他的营正在农场北郊的菜园里等待命令。我命令道："进攻！"

铁木辛哥也收到了同样的命令。

几分钟后，新锐部队攻入了下库姆斯基的各条街道。黑暗中爆发了更多的闪光……农场中央的战斗仍在持续，战斗的激烈程度并未减弱分毫。

我们在观察下库姆斯基村，并针对一份份报告下达各道命令之际，还在不停地望向东面。远处的地平线上出现了一道依稀可见的白色条纹，那是黎明即将到来的标志。是时候全面了解农场战斗的战果了，可我目前掌握的情况少得可怜。我越来越焦急，每隔20分钟就拎起电话接通第3营（哈萨克营），与亚瑟列夫交谈一番。他简短地报告，敌人损失惨重，但目前无法确认他们已被击败（黑暗中很难确定这一点）。不过，敌人在农场某些地方的抵抗明显减弱了；部分地段的敌军企图脱离战斗，撤往下库姆斯基村南部和西部。几位营长率领部下投入战斗，都不在他们的营指挥所中。

此时已是清晨5点，我决定亲自前往下库姆斯基村。天色渐亮，我可以在那里察看村内的情况，以便及时介入战事。师主力目前还没有投入战斗，我们有足够多的预备队来对付敌人有可能发动的反冲击。我带着萨普雷金登上汽车，沿德国坦克昨日逼近河流的道路驶向农场。

我在下库姆斯基郊外见到了数百具敌军官兵的尸体、破损的德制武器、冒烟的敌坦克。一个个燃烧的钢铁残骸散发出热气和恶臭。[10]

从这份记述看，科舍沃伊对下库姆斯基村发起进攻之初，其手里的9个营中似乎只有1个投入了战斗。科舍沃伊描述的战斗情形的矛盾之处在于，他一方面声称德国人的抵抗越来越杂乱无章，德军已陷入恐慌状态，一方面又强调战斗极为激烈，他的部队进展甚微。待发现亚瑟列夫的部队无法独自赢得胜利后，他又投入另外两个营，但这两个营依然只是他手头可用兵力的一部分。科舍沃伊的步兵师，也许仍有部分部队尚未开抵梅什科瓦河，可他似乎没想过绕开敌军防线或包围对方。以他手头掌握的兵力来看，他完全可以这样做。至少这次，苏联人的打法表明他们的战术并不巧妙：先施以炮火准备，尔后发动正面冲击。

科舍沃伊的记述中还有另一些可疑之处。下库姆斯基周围的德军是第17装甲师先遣部队，科舍沃伊说他的部下击毁65辆敌坦克，可第17装甲师的坦克总数远没有这么多。第17装甲师的作战日志记录，尽管科舍沃伊的部队占领了阵地，但第17装甲师的先遣部队始终牢牢控制着农场和周边村庄，还给对方造成大量伤亡。[11]科舍沃伊的部下击毁的车辆，可能是德军侦察排的装甲车和轻型坦克，就算加上部分卡车，苏军击毁65台敌军车辆的战果似乎也高得离谱——第17装甲师的记录中从来没提到过这么大的损失。第17装甲师余部于次日完成集中，科舍沃伊谨慎地观察着德军是否有企图强渡梅什科瓦河的迹象。

德军装甲师的几个纵队在开往梅什科瓦河和下库姆斯基期间，不断遭到红军零星部队滋扰。瓦西里·谢苗诺维奇·克雷索夫是T-34坦克排排长，红军残余的坦克撤往梅什科瓦河时，他和他的朋友米哈伊尔·马尔杰尔率领两辆坦克掩护排里的余部后撤：

我们等到天黑才驶向梅什科瓦河渡场。马尔杰尔和我率领两辆坦克掩护后撤。我们终于找到了浮桥，刚以为自己已摆脱危险时，就遭到了身后射来的猛烈炮火的打击。我用电台告诉米沙："我的坦克中弹起火了！"

他回答道："我也是！"

敌人是霍特派来的第17装甲师的一个装甲营。我们在无意间与他们相遇！敌人发现了我们，用次径穿甲弹在近距离开火射击。德国人早在1941年就开始使用次径穿甲弹，而我们直到在1943年发起库尔斯克战役前才获得这种炮弹。

德国人的炮弹击中坦克后部，我们的坦克起火燃烧。一发炮弹命中变速箱，引燃了发动机。照明弹突然照亮了渡场和河岸。火势太大，我们没办法钻出炮塔跳离坦克。我们打开战斗舱中间的应急检修舱盖，带上最重要的东西（机枪、手榴弹、急救包），趴在坦克下。我这个车组的人都活着，没人负伤，可马尔杰尔的情况怎样？借助照明弹的亮光，我看见马尔杰尔的车组成员也穿过紧急逃生舱口离开了坦克，这说明他们当中至少还有人活着。我们躲在坦克下面等待着，暗暗期盼德国人别再发射照明弹。没过多久，一群敌侦察兵出现了。我们紧紧趴在地上，德国人没有停留，径直走了过去。一切终于平静下来。我爬到马尔杰尔的车组成员旁。米沙告诉我，他听见德国侦察兵说："十个苏联人被活活烧死在这里。"

现在得设法返回我方阵地。借助袖珍电筒的光亮，我们仔细研究地图，画出一条逃生路线，随即便动身出发。拂晓前，我们在到达一道沟壑后，决定停在这里。我们搭设了避风的窝棚，把自己埋入雪里，就这样在藏身处坐了一整天，被冻得浑身麻木。

天黑后我们再次出发。东北风裹着细雪袭来。马尔杰尔走在最前面，因为他在紧急情况下可以说几句德语应付一番。我们迈着冻僵的双腿继续前行。一整天暴露在外，我们冻得要命，哪怕穿着全套冬季装备（毡靴、棉裤、大衣下的绗缝棉衣、坦克兵的毛皮头盔）也无济于事。我们前方，一股烟柱腾入空中。待我们走近后，发现这里有好几座掩体，门口还有来回走动的哨兵。德国哨兵吃了一惊，但马尔杰尔马上举手敬了个纳粹礼。哨兵刚举手回礼，我这个车组的米沙·特沃罗戈夫就冲上去，对着他的头狠狠来了一下。哨兵倒在地上，根本来不及拉响警报。

我们继续向前，突然遇到另一个哨兵。我们没时间犹豫，朝他扔了颗手榴弹，然后赶紧离开。德国人终于明白发生了什么情况，他们先是用机枪射击，随后又动用了迫击炮。我们有许多人负伤，但还是到达了我方军队的战壕。马尔杰尔的背部负了重伤，我们赶紧把他送到卫生营。我的右前臂被一块弹片击伤，但我没去卫生营包扎。

我们用了一天多时间才回到己方战线。应该说我们很幸运——虽然很多人负伤，但所有人都活着。

我不知道马尔杰尔后来怎么样了。他的全名是莫塞斯·博尔科维奇。我们这群战友找了他很长一段时间，但一无所获，甚至不知道他负伤后有没有活下来。当初在学校里，马尔杰尔就是个好学生——聪明，很有天赋，非常开朗，善良而又机灵，喜欢谈论各种话题。而且，他还是个小画家，常替学校绘制黑板报。他在战斗中总是坚决果断，从不怯懦。总之，他是个好伙伴，是个非常好的人，是个坚定的同志，也是个勇敢的军人。[12]

12月21日，瓦西里耶夫卡周围的激战仍在持续。对于力图扩大登陆场的许纳斯多夫而言，最重要的事是夺取北面的高地，但他没能如愿，整座登陆场仍处在红军炮火打击下。许纳斯多夫承受的压力很大，他没办法把剩余的坦克撤出战斗，并重新编为打击力量。而且，德军装甲掷弹兵的半履带车也大多严重受损，无法用于进攻。尽管如此，德军装甲掷弹兵还是前出到邻近的卡普金斯基村，并在那里又遭遇红军抵抗。一名德国军士后来回忆道：

苏联人……在角落处挖掘了一道宽大的防坦克壕，依托壕沟顽强防御。我们只能缓慢前进。我沿着几乎与敌军阵地平行的一条壕沟向前爬去。第1排跟在我身后。我们以相对较小的损失，顺利攻入敌人的防坦克壕。我们排只有尤普·霍恩布林克中弹，因为我们先前趴在无遮无掩的开阔地上。我们攻入防坦克壕，俘虏了不少敌人，我们数了数，约有40个俘虏，被我们击毙的敌人就更多了。但这番经历令我终生难忘。没等上级下达命令，我就带上几名士兵，沿另一道防坦克壕向前冲去，这条壕沟与我们肃清的防坦克壕成直角。我打算趁敌人惊慌失措之际，尽可能多地肃清防坦克壕。这样一来，苏联人就没办法据守我们前方的强大阵地了。我们追击逃窜的苏联人。掩体里的敌人想投降，他们用刺刀挑着一块白布不停地挥舞。我的一名部下拖着机枪弹链走入掩体。随后传来一声枪响，我身旁的步兵科林倒下了，他负了致命伤。我们赶紧后退。12月23日傍晚，我们抬着科林的遗体返回营地，把他安葬在位于科捷利尼科沃的军人墓地。[13]

当日昼间，第17装甲师在西面顺利到达梅什科瓦河，但没能夺取渡场；他们对下库姆斯基村发动强有力的冲击，致使交战双方都遭受了更多损失，但该村依然控制在科舍沃伊师手里。基希纳没有浪费时间去夺取第二座登陆场，而是命令第17装甲师开赴瓦西里耶夫卡，并在那里接替第6装甲师辖内部队，以便该师能继续前进，同时设法沿河流北岸向西攻击前进。许纳斯多夫奉命攻往克列普国营农场，尔后又攻往上察里津斯基。也就是说，德军还要再推进约35千米。鉴于红军用于对付瓦西里耶夫卡登陆场的兵力较多，德国人很难实现这个雄心勃勃的目标。第6集团军此时仍没有发起任何行动的迹象。许纳斯多夫战斗群的沙伊贝特和其他人在上库姆斯基奋战了好几天，几乎没有得到任何休整。现在，他们又要面对更严峻的挑战：

零零星星或成群结队的苏联人不分昼夜，几乎每个钟头都以他们的武器朝我们开火。我们被逐入一片狭小地段，没法离开车辆。随行的少量装甲掷弹兵趴在我们的坦克下，或者在旁边挖掘了散兵坑，偶尔跳出来，借助我们的火力掩护遂行反冲击。没有油料，我们无法移动。每辆坦克据守一片地段，我们已不可能全面控制这片地域，每个人都只能照看自己负责的地段、自己的掷弹兵和车组人员。眼下的情况给我们造成很大的麻烦，大多数伤亡都是由敌军火炮和火箭炮造成的，陡然加剧的炮火总是预示着新一轮的冲击。就这样，我们的坦克一辆接一辆被击毁，伤亡很大，我失去了手下最优秀的排长伦施中士。伤员最让我们牵肠挂肚。我们不知道该把他们安置在何处，最后几座房屋不是在燃烧就是被炸成废墟瓦砾。我们没有水，外面冷得要命。

头两天，敌人彻底切断了我们的补给线。我方炮兵没有赶来压制敌人，只有斯图卡战机提供了实实在在的支援，他们投入的力量不断加大。这些俯冲轰炸机从低空发动攻击，朝距离我们只有几米、正在进攻的苏联人投下炸弹。我们的损失很大，而苏联人的尸体也铺满了村庄外围。

团长的指挥所设在他那辆坦克下面的战壕里，我去见他时也负了伤。弹片击中我的肋骨，我的冬装、烟草袋和烟盒吸收了大部分冲击力，这简直是奇迹。我跌倒在地，几名战友把我拉到坦克下，军医帮我把弹片夹了出来。[14]

这段时期不断发生各种危机，12月最后一周的情况，似乎比以往任何时候都更严峻。曼施泰因不得不面对越来越明显的事实：保卢斯始终坚定不移地遵照希特勒的指令行事。红军刚刚冲出谢拉菲莫维奇和克列茨卡亚登陆场，保卢斯就在11月19日晚些时候告诉副官亚当：

眼下的命令依然未经元首批准，任何一位集团军群或集团军司令都无权弃守一座村庄，甚至一条战壕。当然，这会导致各集团军司令无法做出相应的决策，可如果我们不再服从命令，又如何能从事这场战争呢？这会给我们的部下造成怎样的影响？无论将领的权力有多大，都必须为部下树立服从命令的榜样。[15]

应当指出，与其他人的说法相比，亚当的记述始终更偏向于保卢斯。不过，所有人都赞同保卢斯严格服从命令的做法，都痛恨违抗命令擅自采取行动的做法。在这种情况下，就算曼施泰因命令保卢斯发起"霹雳行动"，后者也很可能坚持要求获得希特勒批准——特别是要撤销先前下达的坚守斯大林格勒的指令。而希特勒根本不可能撤销原先的指令，批准保卢斯突围。时间所剩无几。无论基希纳多么想进一步靠拢斯大林格勒，但现实情况却是第57装甲军的兵力即将耗尽。第6集团军本该"为计划中的这一刻变更部署辖内兵力"——最重要的是"把残余的坦克集中到西南部"，可保卢斯没有采取这些措施，他担心失去坦克支援后，他那些疲惫不堪、半饥半饱的步兵无法守住合围圈其他地段。不管怎么说，合围圈里的德军承受的压力太大，就连稍事变更部署也得后撤防线，而后撤防线恰恰是希特勒明令禁止的行为。

斯大林格勒合围圈里的状况，引发了另一个奇怪的问题。红军发起的"天王星行动"困住了20多万名敌军官兵，但在陷入合围圈之前，第6集团军辖内20个德国师只能拼凑出几个小股战斗群，在城内发起最后的突击。红军发动"天王星行动"后，干劲十足的德国军官组织后方人员，将他们编成一个个颇具战斗力的战斗群，并沿奇尔河布防。虽说文克临时拼凑了一个装甲旅，但大多数情况下，这些战斗群并未获得大批坦克支援，却一次次击退了苏联人的进攻。相比之下，第6集团军没有为里应外合的突围行动做好任何准备，他们徒劳地企图阻止"天王星行动"的"北钳"的推进。德军派往顿河对岸的装甲力量被苏联人驱散。为协助第57装甲军的救援行动，第6集团军在合围圈内唯一采取的措施是制造各种调动假象，试图让合围对内正面的苏联人相信第6集团军即将突围。[16]保卢斯把一个装甲兵团（第3摩托化步兵师）部署在合围圈西南角，却既没有为他们提供额外的补给物资，以确保该师能保持机动性，也没有给他们下达预先号令，让该师做好积极行动的准备。虽说弹药短缺、冬装不足、口粮供应严重匮乏、大批下级军官在城内的激战中阵亡、苏联人还在不断施加压力,让被围部队不堪重负,但在陷入合围圈的初期阶段,第 6 集团军就表现出了某种程度的消极和听天由命的态度。施密特只是一再重复他的主张,认为希特勒已答应空运足够多的补给物资——这项任务应当由合围圈外的部队来完成。德军据守的防线,大多数地段都穿过了斯大林格勒的废墟,有利于防御。第 6 集团军本该组建若干战斗群,然后腾出兵力,为有可能发动的突围做好准备。在"顿河集团军群的危机"到达顶点之际,第 6 集团军根本无法朝第 57 装甲军发起对向进攻,就算保卢斯愿意下达这种命令也无济于事。组织军队需要几天时间,而德军眼下最缺的就是时间。

曼施泰因于 12 月 19 日致电保卢斯,指出第 6 集团军要想与霍特第 4 装甲集团军会合,就必须攻往梅什科瓦河。这份电报没得到回应,曼施泰因终于给保卢斯下达了明确的指令,让他立即展开行动:

第 6 集团军应尽快发起"冬季风暴行动"(攻往梅什科瓦河登陆场),并在必要时取道顿斯科耶察里察河,与第 57 装甲军建立联系……

态势的发展可能会促使第 6 集团军的第二项任务(朝第 57 装甲军发起对向进攻),被扩大为攻往梅什科瓦河的,代号为"霹雳"的行动。尔后,第 6 集团军必须用坦克来与第 57 装甲军迅速建立联系,以便运输车队通过。随后,集团军在卡尔波夫卡河下游和切尔夫连纳亚掩护翼侧,同时朝梅什科瓦河推进,分段撤离要塞区。

"霹雳行动"必须紧跟"冬季风暴行动"遂行……

所有可移动的武器必须带离,特别是难以补充的武器装备,以及炮兵在后续作战中所需要的火炮和弹药。必须及时将这些技术装备集中到西南部。

(第 6 集团军)必须做好执行第三项任务的准备,以便在收到发起"霹雳行动"的明确命令后付诸实施。

请汇报第二项任务的进攻日期和时间。[17]

曼施泰因的这道命令一直存在很多争议,也备受批评。他没有直接命令保卢斯撤离斯大林格勒,而是让第 6 集团军尽快攻往西南方,并紧跟"冬季风暴行动"遂行"霹雳行动"。曼施泰因在回忆录里辩称,他没有立即批准第 6 集团军发起"霹雳行动"的原因有两点:第一,撤离斯大林格勒的行动必须与第 4 装甲集团军的计划相一致，这一点至关重要；第二，他仍想争取让希特勒批准放弃斯大林格勒，要知道，在战争的这一阶段，许多人并未认清希特勒的指令是完全不合理的，愿意违抗元首指令的将领寥寥无几。曼施泰因补充到，希特勒下令不惜一切代价坚守斯大林格勒，尽管违抗元首指令的责任都由他这个集团军群司令承担，"但只要命令依然有效，第6集团军司令恐怕还是不敢越过雷池一步"。[18]OKH在第6集团军司令部派有联络官，就算保卢斯打算抗命，也不可能瞒过希特勒。

保卢斯的反应至少可以说是令人沮丧。他回复到，要腾出兵力发起突围，就得弃守斯大林格勒的部分地区，除非希特勒撤销先前下达的坚守令，否则他不能这样做。更要命的是，保卢斯还告诉曼施泰因，就算希特勒批准突围，他也需要六天时间来组织突围行动。这位第6集团军司令又补充到，他那些部下目前的身体状况很差，顺利突围的可能性不大，而且油料不足的状况仍未获得改善，所以他无法考虑行程超过32千米的突围行动。保卢斯表示，第6集团军至少需要4000吨油料和其他物资，才能恢复突围所需要的机动性。希特勒知道第6集团军缺乏油料，故而否决了曼施泰因的方案：要是第6集团军无法走完突围所需要的路程，就会滞留在途中，届时肯定会全军覆没。但希特勒又补充到，他会命令德国空军增加运入合围圈的油料数量，以提高第6集团军的机动能力。

据亚当称，保卢斯一再抱怨，说他对合围圈外的战事发展一无所知。曼施泰因本该给保卢斯下达明确的指令，让他做好尽早朝第57装甲军发动对向进攻的准备。在这种情况下，曼施泰因派一名下级参谋人员飞入合围圈内的做法是否合适，无疑存在争议。要是曼施泰因亲自会晤保卢斯和施密特（要么自己飞入合围圈内，要么把第6集团军的高级将领召到合围圈外面谈），他们肯定会下达突围的命令，施密特也不可能不屑一顾地宣称，合围圈外的部队只要全力保障第6集团军的空运补给即可。第6集团军司令部应该清楚，随着第4装甲集团军的不断靠拢，合围圈内的部队是时候给封锁线上的敌军施加压力了。实际上，曼施泰因在最初下达的"冬季风暴作战令"中明确指出过这一点。尽管顿河集团军群直到战事的后期阶段才下达突围的后续指令，但第6集团军从事的准备工作却实在是少之又少。在这一点上，施密特和保卢斯难辞其咎。

菲比希获知了希特勒对空运行动的新说法，他在日记里写到，这些指令根本无法执行。前四天，平均每天只有145吨各类物资被运入斯大林格勒合围圈。照这种速度，就算把全部运力都用于运送油料，满足第6集团军的油料需求也需要近六周时间。[19]换句话说，单凭空运来的油料根本不可能恢复第6集团军的机动能力。

曼施泰因客观评估了保卢斯的处境，并对第6集团军所面临的问题给予应有的重视。就算曼施泰因主动承担违抗元首指令的责任，保卢斯依然要面对异常艰巨的任务。第6集团军必须杀开血路，穿过合围圈对内正面的敌军，尔后冒着敌人从四面八方发动的进攻，至少要朝梅什科瓦河走完部分路程。倘若第6集团军突围失败——无论是刚刚突围就陷入停顿，还是翼侧或身后在突围期间遭到追兵打击，他们都很可能在开阔的草原上全军覆没。

多年后，保卢斯的参谋长施密特写到，他坚信突围不可能成功——辖内部队实力已遭到严重削弱的第6集团军，无疑会在突围时陷入灭顶之灾。[20]施密特的说法不值一驳，他是不惜一切代价坚守斯大林格勒的主要支持者之一，第6集团军没有为突围行动做好任何准备，他作为参谋长难辞其咎。鉴于梅什科瓦河登陆场所承受的压力和意大利第8集团军的土崩瓦解，保卢斯需要六天准备时间的要求完全不现实。德军发起"霹雳行动"后，有可能遭遇什么变故？因为这场行动从未付诸实施，所以我们只能进行推测。曼施泰因希望第6集团军在他下令发动"霹雳行动"前就做好突围准备，这样希特勒就无法阻止突围了；保卢斯说他只有弃守斯大林格勒的部分地区才能执行突围行动，但只有在获得元首批准的情况下，他才会这样做；希特勒则以保卢斯缺乏油料为借口，拒不批准执行曼施泰因的方案，他坚称除非第57装甲军继续靠拢合围圈，否则第6集团军的突围毫无意义。他们争论不休，顿河集团军群的处境日益恶化，宝贵的时间就这样被浪费了。

意大利军队和德国军队沿顿河中游进行的抵抗，现在已陷入一片混乱之中，红军的坦克兵团全速挺进，幸存的守军一心想逃至安全处。红军坦克第17军竭力弥补在突破期间浪费的时间。该军派一个坦克旅火速赶往沃洛希诺，其任务是抢在德军加强防御前一举歼灭对方——这种发展突破梯队的做法，很快成为红军的战术特点。12月23日，波卢博亚罗夫坦克军辖内的另一股力量协助近卫第1集团军包围了米列罗沃——德国第3山地师主力一直集中在这里。第3山地师是OKH先前答应调拨给曼施泰因的兵团之一。由于辖内几个团被牵制在其他地段，该师的行动受到严重耽搁。在其他地方，巴达诺夫的坦克第24军把提供支援的红军步兵远远甩在身后,火速赶往几座至关重要的机场——德国空军使用这些机场来为斯大林格勒合围圈里的德军空运补给。红军坦克的推进,因德军的零星抵抗而受到一些延误。在拉斯科瓦村附近,由3辆T-70坦克组成的侦察队遇到了一支德军部队——这股德军的兵力不多,但配有足够多的反坦克炮。双方刚刚交火,德国人就击毁了苏军2辆坦克。红军投入T-34坦克再次展开试探,结果又被击退,这迫使担任坦克第24军先遣力量的近卫坦克第4旅绕道而行,耽误了时间。尽管近卫坦克第4旅旅长科佩列夫上校找到了迂回德军支撑点的路线,并率领部下继续前进,但坦克第24军军部方面还是认为他的行动过于谨慎。因此,当友邻的坦克第130旅报告已取得更快的进展后,巴达诺夫立即把主要突击力量从近卫坦克第4旅调整为坦克第130旅。红军绕过位于拉斯科瓦村的德军阵地,为科佩列夫的推进开辟了道路。巴达诺夫的批评可能刺激到了科佩列夫,他随后展现出了更大的干劲。12月19日拂晓前,他的坦克追上一支德军纵队,并迅速击垮了对方。次日,他又击垮了一支德军卡车纵队。[21]

机械故障和敌人的行动(主要是空袭),导致坦克第24军的实力逐渐下降。该军原有的160辆坦克,现在只剩下不到100辆。不过,该军的坦克数量还是远远多于德军部署在这片地域的坦克数量。尽管遭受了损失,但巴达诺夫的部下还是于12月21日顺利到达斯科瑟尔斯卡亚,就连塔钦斯卡亚也在他们的射程内。[22] 红军轰炸机空袭了莫罗佐夫斯克机场。待在塔钦斯卡亚的菲比希打电话给里希特霍芬,与他商讨眼下的态势。里希特霍芬没批准菲比希立即离开塔钦斯卡亚的请求,而是建议他采取各种措施,全力组织防御。与此同时,里希特霍芬也联系上级,请求批准后撤。两天后,戈林发回消息,要求"不惜一切代价坚守塔钦斯卡亚",里希特霍芬顿时"心凉了半截"。

与坦克第24军相比,坦克第25军的进展更为艰难,他们与一支支德军部队持续交战,并终于在12月23日到达乌留平,但该军已没有足够的力量继续前进。面对一群群逃窜的意大利和德国官兵,支援坦克部队的红军步兵力量一次次展开追击战,落在了坦克兵团后方。这种战斗一直持续到12月26日,红军俘虏了许多敌人,并攻克了几个顽强据守的支撑点(米列罗沃是个明显的例外)。不过,许多意大利和德国官兵还是顺利逃到了相对安全的地方。12月19日,红军占领了梅什科夫,大批逃离顿河防线的意大利士兵面临着逃生路线遭切断的威胁。接下来几天，一群群规模不等的意大利和德国官兵企图夺回该镇——尽管他们没能得逞，但还是牵制了红军坦克第18军两天时间，直到红军步兵开抵后接管了该镇的防御。霍利特集团军级支队的北翼部队死里逃生后，不少部队土崩瓦解，官兵们一心只想着逃命。但也有些部队，尽管在先前的战斗中遭到严重削弱，可还是在与红军继续战斗。奇尔河下游，红军坦克第5集团军继续进攻德国第48装甲军，但战果甚微。虽然德军各战斗群和第336步兵师在巴尔克第11装甲师的支援下继续坚守防线，但他们很快便被从西北面赶来的苏军迂回。

1942年夏季攻势期间，德国第23装甲师和第71步兵师攻占了米列罗沃。米列罗沃是一个重要的后勤中心，各种物资从后方运往前线，人员和物品从前线运往后方，都得取道这里。米列罗沃郊外的一片洼地上，有一座臭名昭著的红军战俘中转营地。12月18日，德国第3山地师先遣部队在米列罗沃占据防御阵地，并于五天后击退了红军坦克试图大举突破德军北部防线的首次进攻。[23] 汉斯·克赖辛中将的山地师原先隶属于奥地利陆军，他们把撤入米列罗沃的残兵败将组织起来，充分利用镇内储存的物资，击退了红军坦克和步兵反复发起的冲击。很快，遂行进攻的苏联人到达了已废弃的战俘中转营地。尽管德国人已疏散了剩余的俘虏，但苏联人还是毫不费力地找到了乱葬坑——里面埋着大批死于非命的红军俘虏。意大利"帕苏比奥"半摩托化师一直奋战到12月19日，才奉命撤往梅什科夫。他们不知道红军坦克第18军已进入该镇。由于没有可确保燃料充分流动的冬用添加剂，意大利人的柴油动力汽车无法开动。当寥寥无几的汽油动力汽车驶离后，师里的其他人只好徒步跋涉。炮兵中尉尤杰尼奥·科尔蒂描述了当时的场景：

眼下一片漆黑，通往梅什科夫的道路上的积雪已被踏平……我们的队列一路向前……他们是我见过的意志最坚定的战士。

我们有成千上万人，一个个黑色的身影沿着白色的道路行进，蜿蜒曲折的道路穿过被积雪覆盖的广袤荒原。

……我们看到了第2连的一门火炮，这门滑下山坡的火炮被丢在道路外。一名士兵被炮架的炮轮碾死，他倒在地上，在白雪映衬下，他就像一块长方形的黑色破布。

我们把火炮拉回来,挂上牵引车,再次摇摇晃晃地出发了。人员和车辆组成的大潮继续前行,一路向南。[24]

"帕苏比奥"半摩托化师的官兵冒着严寒勉力前行,他们遇到了第298步兵师的德国官兵和"托里诺"师、"拉韦纳"师、"快速"师的意大利同胞,以及两个墨索里尼黑衫军团的人员(黑衫军团大致相当于德国战前的准军事组织冲锋队)。漫长的队伍变得越来越混乱,德国人不太愿意帮助意大利盟友(部分原因是他们把灾难的发生归咎于联军拙劣的作战表现)。但正如科尔蒂在回忆录里所指出的那样,他的师几乎没有反坦克武器或重机枪,而该师配备的轻机枪,在严寒天气下是出了名的不可靠。德国人对盟友失望至极,不肯把武器、口粮和油料分给对方,从而引发了意大利人的普遍反感。实际上,出于种种原因,德国人和意大利人的关系从一开始就不太好。正如前文所述,德军处置平民和战俘的方式令意大利人震惊不已。而且,20多年前,这些意大利官兵和德国官兵的父辈还曾在第一次世界大战中兵戎相见。意大利海军的"维托廖韦内托"号战列舰,就是以意大利陆军最终击败奥匈帝国(德国的盟国)军队的战役来命名的。此外,德国人也没有兑现为东线的意大利军队提供现代化装备,特别是反坦克炮的承诺。德国人认为意大利人都是拙劣的军人,认为他们对这场战争毫无热情,并缺乏战斗意志。但值得一提的是,意大利官兵曾多次在力所能及的范围内,以他们陈旧过时的武器顽强奋战——与他们的德国同行一样顽强。盟友的作战表现欠佳,很大程度上只能怪德国人自己。

当这支艰难跋涉的队伍靠近梅什科夫后,官兵们才发现该镇已落入苏联人手里。队伍里的官兵立即转身向西,想找到另一条逃生路线。在他们的行军路线上,战败的迹象随处可见:抛锚的车辆、死去或垂死的人员和马匹、被遗弃的各种技术装备。在阿尔布佐夫村附近的山谷里,他们聚在寥寥无几的房屋里或房屋周围。德国官兵征用了大部分房屋,而意大利人则只能在寒冷的室外休息。军官们竭力把这些士兵组织起来,将他们编为有凝聚力的作战部队。军官们试图让这些士兵据守阵地,抵御看似无处不在的苏联人,但收效甚微。疲惫、寒冷、饥肠辘辘的士兵不断逃离奉命守卫的阵地。尽管如此,德国人和意大利人还是于12月23日—24日加强了他们的防线。随后,这里爆发了一场混战,交战双方各有损伤。激战平息后，科尔蒂返回阿尔布佐夫村：

> 整个山谷……似乎到处都是死者，还有大批伤员。我们极为痛苦地发现，我们没办法照料他们，所有伤员，或者说几乎所有伤员，都注定会在几个钟头内死去。
>
> 这里设立了几个急救站，阿尔布佐夫村内那座充当医务室的小屋令我记忆犹新。
>
> 小屋的两个房间和马厩里挤满了人，根本没办法在里面走动。伤员甚至被堆叠起来，他们的呻吟声和惨叫声在外面都能听到，酷寒中，这种声音听上去极其细微。
>
> 照料伤员的士兵寥寥无几，其中一个人拿了点水进来，想缓解伤员的痛苦，被他不小心踩到的人发出的喊叫声和咒骂声，混杂在一片呻吟声中。
>
> 但我们见到的最凄惨的场景不在屋内，而是在屋外的地上。
>
> 这里的雪地上铺了点稻草，几百名伤员就躺在上面。
>
> 把伤员匆匆送到这里的人，把他们放在各处，这些伤员没有紧挨在一起，所以我们可以在他们中间走动。
>
> 大多数伤员都沉默不语，此时的温度肯定有零下15到零下20摄氏度。许多人蜷缩在薄薄的毛毯下，毛毯上覆满积雪，被冻得硬如钢铁；有些人没有毛毯，只能以大衣御寒。死者和伤员混杂在一起，有些死者的伤口看上去很吓人，这些伤口只是简单地包扎了一下……面对失血、饥饿和酷寒的严峻考验，他们没能扛过去。
>
> 很难区分死者和活着的伤员，他们都一动不动地躺在地上。
>
> 一名军医在这片"泪之谷"中来回巡视，竭力救治伤员，他累得筋疲力尽，可这里只有他一个医生。
>
> 我后来在某处听说，我记不清是当天还是后来的某个日子了，那名军医在用直柄剃须刀给伤员做截肢手术时，至少被敌人的弹片炸伤了两次。[25]

在对村庄和周边房屋发起的进攻被击退后，红军开始炮击德意两国散兵游勇的聚集地。起初，炮击还有点断断续续，但很快就被加强了。被围人员的伤亡人数急剧攀升，特别是当炮弹击中那些躺在露天的无助的伤员时。德国飞机偶尔出现在上空，给被围人员投下补给物资，可如果德国士兵先抢到补给罐，就不肯把物资分给意大利人。此时，营地中传言四起，据说有一支德军装甲纵队正赶来营救他们——这种说法其实毫无根据。事实证明，在红军扩大包围圈期间，一些说德国人杀掉了所有红军俘虏的传言倒是真的。无独有偶,科尔蒂遇到了一个掉队的意大利士兵,他告诉科尔蒂,有5000名意大利官兵被苏联人俘虏,他也在其中,可看押人员突然朝这群俘虏开火,射杀了他们中的大部分人。

交战双方似乎都对对方毫不留情。尽管如后文所述,在许多情况下,苏联人对意大利俘虏要比他们对德国俘虏好得多。

调给B集团军群的援兵陆续开抵前线。当初在南方集团军群辖内经历了激烈的夏季战事后,德国第19装甲师于10月份撤出前线,被调到奥廖尔地域过冬,但很快他们又开赴布良斯克,再次投入激烈的交战中。他们几乎没得到休整或补充。随后,他们离开前线开赴乌克兰,集中在第27装甲师南翼。为指挥意大利第8集团军残部,以及由残兵败将临时拼凑而成的各种部队,魏克斯组建了一个新的集团军级支队,并将其交给马克西米利安·弗雷特-皮科将军指挥。弗雷特-皮科先前一直在中央集团军群任第30军军长,现在,他和他的集团军级支队司令部竭力恢复前线秩序——就像霍利特在上个月前做的那样。

随之而来的交战,充分说明了双方在如何使用他们"已遭到严重消耗的各个兵团"。没有哪支德军部队的实力接近满编,据巴尔克说,他的第11装甲师只剩下20辆坦克。而红军坦克纵队在被拉伸的补给线末端作战,身后的混战持续不断。12月22日,红军坦克第24军先遣旅到达斯科瑟尔斯卡亚镇,他们对该镇发起的首次冲击被击退——主要是因为该旅有大批坦克发生故障或在先前的战斗中遭损毁,没有足够的力量来对付该镇守军预有组织的防御。当另一个坦克旅赶到后,这股红军连夜变更部署,集中力量在第二天再次发动进攻。激烈的战斗持续到傍晚,最后德国第306步兵师被迫撤离阵地。迎接红军坦克的当地居民,纷纷控诉撤离的德国人肆意处决平民百姓的罪行。[26]

坦克第24军军长巴达诺夫打算停止前进,收拢他的兵团——该军目前分散在被积雪覆盖的各条道路上,整个队列长约100千米。他们从损毁的坦克和缴获的德军车辆中汲取了油料,但德国坦克使用的汽油派不上太大用场,眼下他们急需的是柴油。后来,有大批物资运抵先遣部队,勉强维持了他们的机动能力。巴达诺夫与在场的几位旅长简短地开了个会。如果他们能等辖内其他部队赶上来的话,坦克力量会有所增强——因为跟进的部队会回收可修复的坦克。但巴达诺夫最终决定不能再等下去,必须继续前进。他担心拖拖拉拉会让德国人获得时间重新组织防御，因而只给各坦克车组几个钟头休息时间。随后，巴达诺夫命令部队攻往塔钦斯卡亚，他期望近卫第3集团军的先遣部队能在接下来几天到达同一地域。次日拂晓，红军坦克逼近至关重要的塔钦斯卡亚镇，浓雾为他们提供了掩护。在使用喀秋莎火箭炮实施了短暂而又猛烈的轰击后，巴达诺夫的部队向前冲去。两个坦克旅进攻镇南面的机场，第三个旅夺得了镇西面的阵地。惊慌失措的守军根本无法抵御苏联人的坦克——这些坦克冲入机场，朝地勤设施和停在跑道上的飞机开火。尽管能见度很低，但有些飞行员还是设法驾机升空。菲比希和他的参谋人员登上最后一架Ju-52飞离，他们凭借一台正常运转的引擎，踉踉跄跄地飞往罗斯托夫。没过几个钟头，为斯大林格勒合围圈里的德军空运补给的两座主要基地之一就落入苏联人手里。塔钦斯卡亚机场的170架适航飞机中，有46架被苏联人缴获或击毁。此外，苏联人还在机场和火车站里缴获了大批物资。[27] 苏联人没有收容俘虏，许多德国空军的地勤人员、机场医院里的伤员和德国士兵被处决。

尼古拉·巴甫洛维奇·尤金少校是近卫坦克第4旅的步兵营营长，他后来写道：

我们从塔洛夫斯基农场冲入塔钦斯卡亚西部，德国人从房子里跑出来，用自动武器和步枪朝我们开火。混战中，我看见一辆卡车拖着反坦克炮全速向西驶去。伴随我们一同行动的T-34坦克车长也看见了那辆逃离的卡车，他指引炮手开了一炮，炸碎了卡车的整个后部和反坦克炮。活着的法西斯分子跳下卡车奔逃，几名冲锋枪手追了上去。我追赶着一名穿着长大衣的敌人，他逃窜的方向与其他法西斯分子不同。奔逃中，他用手枪朝我射击。随后，他跑过一座房屋。我朝屋子扔了颗手榴弹，他刚要翻越篱笆，手榴弹就爆炸了。就在这时，我们营的共青团员尼古拉·波洛斯金中士打了个点射，击毙了这个法西斯分子。我们走到死者身边，发现他身着高级军官的军装，还佩戴着勋章。我割下这名军官的肩章，取走了他装有证件的钱包，并在战斗结束后把钱包交给了军长巴达诺夫。出乎我的意料，他不仅没表扬我，还申斥了我一通。

"您为什么要打死他？"他说道，"我们本来能俘虏一个高级军官的。"

我有点吃惊，愣了下，随即回答道："将军同志，我不知道他是个高级军官，他又没给我看他的证件，他用手枪朝我射击，差点打死我。"听我这么一说，瓦西里·米哈伊洛维奇的火气消退了。[28]

红军坦克出现在位于霍利特集团军级支队深远后方的塔钦斯卡亚,意味着霍特没有时间前出到斯大林格勒了。近卫第2集团军集中在梅什科瓦河与斯大林格勒合围圈对内正面之间,华西列夫斯基和马利诺夫斯基待在位于上察里津斯基的近卫第2集团军司令部——此处是德国第57装甲军下一轮突击的预定目标。这片防区先前的主要任务是挡住德军的推进,但现在仅仅完成这项任务还不够。华西列夫斯基希望马利诺夫斯基能集中足够多的兵力,在12月24日前转入进攻,迫使德军退往科捷利尼科沃镇,甚至穿过该镇继续后撤。除了以近卫步兵第1军和坦克第7军进攻瓦西里耶夫卡登陆场内的德国第6装甲师外,近卫第2集团军还要投入近卫步兵第2军和机械化第6军,对德军东翼发起突击。他们希望用后一场突击来对付罗马尼亚军队——这样一来,遂行突击的红军兵团就有望攻入第57装甲军身后,歼灭这股无法逃脱的德军装甲力量。[29]

德国第6装甲师还在为12月22日的后续推进做准备。前一天夜间,他们不得不在河流两岸击退苏联人对瓦西里耶夫卡登陆场反复发起的冲击。拂晓时,师里所有装甲掷弹兵都已进入防御阵地。早上,基希纳视察了第6装甲师,他敦促许纳斯多夫按计划攻往上察里津斯基。第6装甲师作战参谋在作战日志里写道:

敌人对登陆场施加的压力持续了一整天……尽管如此,前沿阵地的官兵还是得出结论,鉴于后方的情况和我们目前可用的兵力,继续攻往合围圈是不容置疑的。在这种情况下,我们不能打开一条"走廊",只能开辟一条道路——部队可以沿这条道路进入合围圈,但他们再也无法回来了。[30]

在红军近卫第2集团军加大对德军的压力之际,德国人发现红军步兵纵队正从北面开往登陆场——德国空军的轰炸机及时介入,破坏了红军的进攻部署。第23装甲师辖内部队已到达东面的比尔佐沃伊镇——尽管他们阻止了红军从那个方向继续对登陆场施加压力,但他们的兵力既不足以夺取该镇,也无力在另一处强渡梅什科瓦河。现在,所有人都越来越清楚,不可能再继续攻往斯大林格勒了——特别是因为通过空中侦察发现,在红军坦克第7军开入阵地之际，还有更多的红军坦克力量在不断开来。第228突击炮营的最后一批部队携40辆突击炮开抵前线，为梅什科瓦河畔的德国军队提供了加强。但很明显，德军需要用这批突击炮来击退苏联人即将发动的进攻，而不是协助部队继续前进。基希纳和霍特忍痛放弃了攻往斯大林格勒的计划，命令第17装甲师坚守上库姆斯基，确保位于梅什科瓦河畔的德军部队的后撤路线。第6集团军获救的最后机会即将消失。

参考文献

1. Melvin, *Manstein: Hitler's Greatest General*, pp.314–16.
2. Manstein, *Lost Victories*, pp.335–42.
3. S. Biryusov, *Kogda Gremeli Pushki* (Voenizdat, Moscow, 1961), p.113.
4. Paul, *Brennpunkte*, p.265.
5. Scheibert, *Bis Stalingrad*, pp.129–30.
6. Y. Kravchenko and B. Pribylov, *K Granatomotu Taubina* (Arktika 4D, Moscow, 2011), p.90.
7. A. Karpov, *V Nebe Ukrainy* (Politizdat, Kiev, 1980), pp.74–77.
8. *Kriegstagebuch Panzer-Regiment 11* 20 Dec 42, Bundesarchiv-Militärarchiv Freiburg, RH 27-6.
9. Rotundo, *Battle for Stalingrad*, p.122.
10. P. Koshevoi, *V Gody Voyenyye* (Voenizdat, Moscow, 1978), pp.134–37.
11. *Kriegstagebuch 17 Panzer Division* 20–21 Dec 42, Bundesarchiv-Militärarchiv Freiburg, RH 27-17.
12. V. Krysov, *Batereya, Ogon'!* (Yauza, Moscow, 2007), pp.28–30.
13. Obergefreiter von Bruch, Paul, *Brennpunkte*, p.267.
14. Scheibert, *Bis Stalingrad*, pp.145–46.
15. Adam and Rühle, *Paulus at Stalingrad*, p.95.
16. J. Wieder and H. Graf von Einsiedel, *Stalingrad: Memories and Reassessments* (Arms and Armour, London, 1998), p.202.
17. Manstein, *Lost Victories*, p.562–63.
18. Ibid., pp.336–37.
19. Kehrig, *Stalingrad*, pp.633–37.
20. Bundesarchiv-Militärarchiv Freiburg, N/547/21 Nachlass Hauck.
21. Burdeyny, *V Boyakh za Rodinu*, pp.96–98.
22. H. Vasiliev, *Tatsinskii Reid* (Voenizdat, Moscow, 1969), pp.26–62.
23. P. Klatt, *Die 3. Gebirgs-Division 1939–1945* (Podzun, Bad Nauheim, 1958), pp.132–34.
24. Corti, *Few Returned*, pp.7–8.
25. Ibid., p.61.
26. Burdeyny, *V Boyakh za Rodinu*, pp.118–19.
27. Vasiliev, *Tatsinskii Reid*, pp.66–77.
28. Burdeyny, *V Boyakh za Rodinu*, pp.131–32.
29. Vasilevsky, *Lifelong Cause*, pp.219–20.
30. *Kriegstagebuch des Ia 6 Panzer Division* 22 Dec 42, Bundesarchiv-Militärarchiv Freiburg, RH 27-6.

绝望的圣诞节

第七章

曼施泰因毫不怀疑整体局势会恶化到怎样的程度。他在 12 月 20 日告诉 OKH，苏联人会发展他们在意大利第 8 集团军防区达成的突破，先攻往顿涅茨河，尔后奔向罗斯托夫，企图切断并最终歼灭顿河集团军群和 A 集团军群。但曼施泰因没收到任何回复，他在回忆录里称，希特勒和 OKH 负责人当时忙于接见意大利代表团，没有及时批准他采取任何变更部署的措施。对第 6 集团军而言，这的确是最后的机会。要想逃脱，他们就得在苏联人击退第 57 装甲军前，下令立即突围。如果第 57 装甲军的东翼持续遭受压力，该军就很难在梅什科瓦河畔坚守。就算他们能守住登陆场，"苏联人攻往顿涅茨河也会让德军的一切行动都变得无关紧要"。陆军总参谋长蔡茨勒最后一次设法说服希特勒：

> 我竭力解释，合围圈内的将士是多么绝望，多么饥饿，他们不再信任最高统帅部，大批伤员被冻僵、冻死。可这些话没能说动希特勒。[1]

蔡茨勒与前线官兵同甘共苦，把自己的伙食降为斯大林格勒合围圈内的口粮标准。他的体重急剧下降，终于引起希特勒的注意，后者怒气冲冲地命令蔡茨勒停止这种做法。

到 12 月 23 日傍晚，曼施泰因终于得出结论，不能再等待希特勒批准保卢斯弃守斯大林格勒了，也不能再指望希特勒派遣援兵，消除红军迂回霍利特集团军级支队，并切断东线德军整个南翼的威胁了。在顿河集团军群南翼与 A 集团军群之间的庞大缺口附近，只有第 16 摩托化步兵师这一股掩护力量。几周来，曼施泰因一直要求 OKH 从 A 集团军群中抽调一个步兵师来接替第 16 摩托化步兵师。然后，用第 16 摩托化步兵师来为第 57 装甲军提供至关重要的加强。12 月 20 日，OKH 终于命令党卫队"维京"装甲掷弹兵师赶赴该地域接替第 16 摩托化步兵师，可这场调动至少需要 10 天时间，耗时太久，起不到任何作用。曼施泰因怀着沉重的心情，被迫以手头可用的兵力勉力应对当前局面。整个 12 月，巴尔克第 11 装甲师一直在奇尔河下游坚守防线。现在，该师奉命赶赴北面，对付逼近塔钦斯卡亚的敌军。由于此举会导致第 48 装甲军被暴露在外，无计可施的曼施泰因只能要求霍特从第 57 装甲军中抽调一个装甲师，去接替巴尔克兵团。霍特知道北面的局势有多么严峻，也知道自己的军队不可能长时间等待第 6 集团军突围,故而命令自己麾下最好的兵团(第6装甲师)撤出战斗,赶赴第48装甲军的作战地域。12月23日下午晚些时候,曼施泰因给保卢斯发了份简短的电报,向他通报了事态的发展情况。最后,曼施泰因写道:"继续与您配合的后果,您可以自行得出结论。"[2]

保卢斯的副官亚当后来一再声称,顿河集团军群没有明确告知保卢斯整体局势,后者对其他地方的事态发展一无所知。换句话说,要是保卢斯知道发生了什么事,他可能会采取不同的做法。曼施泰因也许确实没把意大利军队的土崩瓦解,以及其他部队随之调动的详细情况告诉保卢斯,但OKH派驻第6集团军司令部的联络官,一直与蔡茨勒的陆军总参谋部保持无线电联络,所以,我们很难相信保卢斯和施密特对外部情况全无了解。不管怎样,亚当的说法反而让人想到另一个问题:就算保卢斯掌握了相关信息,他又会采取何种不同的做法呢?保卢斯多次告诉亚当,他觉得希特勒的指令束缚了自己的手脚,但自己却无法考虑直接抗命的做法。希特勒先是命令他坚守斯大林格勒,后来又严令第6集团军不得投降,保卢斯不折不扣地执行了元首的指示。由此可见,就算他清楚其他地方的事态发展,也不会有什么不同的做法。

无论顿河集团军群或OKH向保卢斯透露了多少总体局势的情况,现在他对"冬季风暴行动"成功与否的一切疑虑都消失了。曼施泰因与希特勒的频繁交流变得越来越脱离现实:希特勒答应派第7装甲师提供支援,但曼施泰因指出,该师需要很长时间才能开抵前线,根本来不及拯救第6集团军;希特勒不同意他的看法,认为配备新型虎式坦克的重装甲营能扭转德军在战场上的颓势。曼施泰因对配备新式战车的一两个装甲营能起到的作用深表怀疑,更何况这些部队目前还不成熟。战场上,霍利特把他拼凑的部队匆匆派往遭受猛烈打击的战线北端,去增援第306步兵师。他的几名参谋负责整顿后撤的残兵败将,然后让他们重新投入战斗。第6装甲师的首批部队,于12月23日晚些时候被调离梅什科瓦河。次日,该师余部撤到河流南面,并炸毁了桥梁——险象环生的梅什科瓦河登陆场就此不复存在。鉴于第4装甲集团军两翼遭受的威胁,再加上第6集团军显然不会在短期内突围,将顿河集团军群寥寥无几的机动力量继续暴露在外毫无益处——只会被敌人合围并歼灭。第6装甲师的官兵灰心丧气,就连许纳斯多夫因在近期的交战中的杰出表现而荣膺骑士铁十字勋章的消息,也没能让他们得到多少慰藉。

就算第 6 装甲师不去解决北面的危局，而是继续留在梅什科瓦河登陆场，恐怕也会被敌人逼退。红军近卫第 2 集团军集中了辖内兵力，正准备发动进攻，科舍沃伊近卫步兵第 24 师受领的任务是向前推进，夺回上库姆斯基，构成红军大规模进击的部分西翼。12 月 22 日，德国第 17 装甲师企图消灭科舍沃伊设在下库姆斯基的立足地，但近卫步兵第 24 师和友邻的步兵第 300 师击退了德军。次日，苏联人发动进攻，迅速冲向上库姆斯基，在渡过梅什科瓦河的首次战斗中，展现出比以往更高明的战术技能：

中午前后，我们开始进攻位于上库姆斯基的敌军。我们同时从东西两面绕过农场。艰巨而又血腥的激战持续了四个钟头。敌人为争夺每一座房屋负隅顽抗。他们把许多缺乏油料或行走装置出故障的坦克半埋起来，充当装甲火力点。对付这些火力点并不难：我们用直瞄火力和反坦克手榴弹逐一干掉它们。敌人损失惨重，无法击退近卫军战士的进攻，不得不撤离上库姆斯基，向南退却。[3]

顿河北面，后撤中的意大利官兵遭受的磨难仍未结束。部分残兵败将逃到脆弱的新防线处，总算暂时安全了。军官下达了一道道命令，竭力为溃败的部队提供些许支援。卡尔洛·维琴蒂尼中尉奉命带两辆救护车返回东面的小村庄克里尼奇诺耶，疏散被安置在那里的伤员。在一名年轻司机的带领下，维琴蒂尼于圣诞节当晚出发，最终抵达了达克里尼奇诺耶村附近的一个临时急救站：

脏兮兮的地上躺满了伤员，他们的头上、腿上、胳膊上扎着绷带。死者身上盖着大衣。一张张苍白的面孔，都流露出热切的目光。这里既有意大利人，也有不少德国人。不远处的窝棚里，两名满身血迹的军医在桌子旁忙碌着。[4]

维琴蒂尼带来的两辆救护车，总共只有四副担架，但他往每辆救护车的车厢里塞了八名伤员，再把两名伤员安置在驾驶室里。他们刚要驶离，一些绝望的伤员就围住了救护车。维琴蒂尼在向他们保证无论往返多少趟都要把所有人撤走之后，才得以离开。他在罗索什卸下伤员，却获知另一处也需要救护车，他百般争取，最后获准带上一辆救护车返回克里尼奇诺耶村：

我永远无法忘记我们驱车驶过弯道时见到的情形。那座窝棚不见了。木材和金属板的碎片散落在地上,残肢断臂随处可见,烧焦的破布里裹着残缺的肉体。地上留有一个巨大的黑色印记……一群山地兵在这片宛如世界末日的灾难现场徒劳地寻找活着的人。[5]

维琴蒂尼在军医工作的窝棚里找到几个活着的伤员,并把他们抬上救护车。返回罗索什后,维琴蒂尼和那名年轻的司机失声痛哭。他后来写到,除了伤员,救护车里"另外两个人也深受打击,可怕的伤口永远无法愈合,每逢圣诞就会迸裂"。[6]

塔钦斯卡亚北面,德国第11装甲师以其惯有的干劲和速度展开行动。尽管手头只有20辆坦克和一个实力虚弱的装甲掷弹兵营,但巴尔克没有坐等师里其他部队赶来,而是把师炮兵主力调到新作战地段。不管怎样,此举并没有让该师的战斗力得到大幅度提高。12月24日一早,巴尔克就发动了进攻。在与苏联人进行了一番激烈的交战后,德军迅速夺回斯科瑟尔斯卡亚镇,孤立了巴达诺夫坦克军余部。巴尔克指示第11装甲师仍在途中的其他部队赶赴塔钦斯卡亚。他的通信营在截获了巴达诺夫发出的电报后,得知坦克第24军剩余的坦克集中在附近一座高地上。

圣诞节前夜,劳斯装甲师的部分部队在波捷姆金斯卡亚镇短暂休整,这里有一座横跨顿河的桥梁,他们啜着配给的少量热葡萄酒,聆听师乐队演奏的圣诞乐曲:

在1942年的交战中,这些能够安静度过平安夜的士兵是多么幸运啊。从此时此地到1945年5月的维也纳北部地区(该师最终在那里投降),他们还要经历几年的防御和进攻、反击和后撤、胜利和挫败,但前提是他们的运气够好,能活那么久,并一直待在师里。在顿河畔的团属教堂里聆听圣诞颂歌的官兵们,并不知道撤离梅什科瓦河是他们退往德国的漫长跋涉的开始,但这未尝不是一件好事。

斯大林格勒?师里所有的官兵当晚都心知肚明,那座城市注定要沦陷了。[7]

圣诞节当天,随着第6装甲师首批部队(侦察营、第228突击炮营、1个反坦克连和1个高射炮连)开抵,巴尔克收紧了包围圈。第6装甲师余部在莫罗佐夫斯克及其周边展开，还有些部队要到次日才能开抵。先遣部队转隶巴尔克第 11 装甲师，投入对塔钦斯卡亚被围之敌的进攻。红军步兵在雪地里艰难跋涉，竭力赶到塔钦斯卡亚去支援巴达诺夫。步兵第 203 师师长加夫里尔·斯坦尼斯拉沃维奇·兹达诺维奇上校后来回忆道：

这是一场艰难的行军。通常来说，步兵师在天气良好的情况下每天行进 30 千米就够了，而我们现在每天必须徒步跋涉 40—50 千米！

我们还遇到了严重的霜冻天气，寒风刺骨。数不清的山谷和沟壑里，连绵不断的雪堆覆盖了道路，我们的战士有时候不得不扛着工具和装备前进。此外，还有溃败的敌军部队，他们沿着与我方纵队平行的路线逃往南面。他们的路径经常穿越我师的行军路线，他们还会在居民区设伏，朝我们的纵队开火射击。这种情况当然会给我们造成耽搁。德国人的飞机也在我们上空活动。

待我们靠近斯科瑟尔斯卡亚镇，这才发现敌人在此处派驻了重兵……

我命令全师短暂休整。在确定了敌军阵地后，我下令进攻——没有炮火准备，也来不及等更多弹药运抵。我知道此举违背了作战条令，可眼下的情况要求我必须这样做。

两个团（步兵第 592 团和第 619 团）负责进攻格里涅夫农场南郊。纳粹分子发现了他们的动向，立即派 15 辆搭载步兵的坦克，从斯科瑟尔斯卡亚镇全速驶往那里。我方几个步兵连趴在雪地里开火射击……进入到 500 米内，敌步兵下车，在坦克的炮火支援下向前冲来。但我们的反坦克炮兵打得很准，短短几分钟就有 4 辆敌坦克中弹起火。剩下的敌坦克见势不妙，纷纷退回隐蔽处。

击退了敌人的反冲击之后，我的几个团再次转入进攻。敌人又从镇内派遣了 20 辆搭载步兵的坦克朝我们冲来。激战持续到夜幕降临。暮色下，几辆起火燃烧的敌坦克清晰可见。

……纳粹分子显然不会轻易交出他们的阵地。他们之所以负隅顽抗，是因为此处是通往罗斯托夫的最直接的路线。

夜间，交战双方没再发起进攻。12 月 29 日早上，我的几个团再次发起冲击。这次我们还是没有实施炮火准备，因为弹药还没有运来。我们的弹药囤放在顿河畔，因油料短缺而无法前运。

法西斯分子并未转入防御,而是冲上来迎战。敌坦克再次现身,5辆、10辆、15辆、20辆,这些坦克全速投入战斗。反坦克炮兵第592团马卡连科中尉的连队此时只剩11发炮弹。"伙计们,别着急!"他喊道,"我们只朝每辆敌坦克开一炮!"第一发炮弹射偏了,中尉冷静地命令道:"第一个炮组的成员离开火炮,用轻武器击退敌步兵的进攻。"他随后把所有炮弹交给技术更好的炮组。"开炮!"敌坦克颤抖着停了下来,渐渐腾起刺鼻的黑烟。"开炮!"第二辆敌坦克中弹起火。"两发两中!"中尉兴奋地喊道。与此同时,第三个炮组端起反坦克步枪,朝敌坦克射出一发发子弹。

离马卡连科反坦克炮兵连不远处,特拉欣科中士正不慌不忙地战斗着。这个乌克兰人表现得好像无所畏惧。他瞄准200米外的敌坦克,用反坦克步枪准确地开火射击,击中了敌坦克……他在射中第二辆坦克后,又干掉一辆装甲车。炮手诺尔祖拉耶夫和金扎诺夫击毁了另外三辆坦克……就这样,我师指战员顺利击退了敌人在斯科瑟尔斯卡亚镇外发起的所有进攻,给法西斯分子造成严重的损失。但我们的炮弹和子弹也差不多耗尽了。[8]

与交战双方的官兵在事后撰写的许多著作一样,兹达诺维奇声称在战斗中击毁的敌坦克数量令人难以置信。他们用反坦克炮干掉的很可能是德国人的半履带装甲车,因为德国步兵很少搭乘坦克投入进攻。另外,反坦克步枪几乎无法击穿第11装甲师当时任何一款坦克的正面装甲。不管兹达诺维奇的叙述有多么夸张,红军步兵没能逼近斯科瑟尔斯卡亚镇,更没能靠拢塔钦斯卡亚——可能是因为德国人的顽强阻击,也可能是因为红军弹药不足。总之,巴达诺夫现在不得不孤军奋战了。

巴尔克本打算在12月26日发动进攻,一举夺回塔钦斯卡亚,但第228突击炮营因缺乏油料,集中得很慢。没有这股力量,巴尔克对付不了巴达诺夫的部队。12月27日,巴尔克终于发动进攻,但只取得些许进展。东北面,许纳斯多夫击退了一股红军步兵,对方企图绕过斯科瑟尔斯卡亚的德军阻击部队的翼侧攻往塔钦斯卡亚。塔钦斯卡亚镇内,巴达诺夫仔细评估了残余部队的实力,他现在有57辆T-34、32辆T-70,还有10辆坦克正在抢修。除此之外,他还有1个迫击炮兵团、摩托化步兵第24旅的炮兵力量和1个步兵营、搭乘坦克投入战斗的1个步兵营、1个战斗工兵连。这股兵力还算强大,特别是他们有不少坦克。不过，他们的弹药严重短缺，这些坦克总共只剩 250 发炮弹。[9]

意大利第 8 集团军残部仍在拼命逃窜。聚集在阿尔布佐夫村及其周边地区的德意两国官兵终于明白，不会有装甲力量赶来营救他们了。12 月 24 日晚些时候，他们开始徒步出发。科尔蒂和另外 1500 多人待在后面，睡在他们能找到的任何一处藏身地里，根本不知道其他人已动身出发。苏联人很快就逼近了，科尔蒂和另一些军官竭力组织众人撤往西南方，追赶先前离开的队伍。苏联人消灭了还待在这个小小的包围圈里的敌军……科尔蒂等人终于追上了大部队，整个队列缓缓后撤，德国人在前方引路，意大利人紧随其后。圣诞节那天，科尔蒂在一辆损毁的德国卡车附近，又一次见识了战斗的残酷：

几名游击队员朝卡车开火，引燃了车上装运的宝贵的汽油……他们被包围在屋子里，随后束手就擒，总共有六七个人。德国人在他们身上浇满汽油并点火焚烧，然后任由他们自生自灭。[10]

和许多正规军军官一样，科尔蒂看不起黑衫营，可他们在后撤期间的表现让科尔蒂刮目相看。黑衫营的军官不仅以身作则，和部下一同徒步跋涉，还展现出极强的战斗意志。相比之下，许多正规军的军官完全不顾部下死活，早已逃之夭夭。圣诞节那天临近结束时，这支衣衫褴褛的纵队到达某个村落（此处距离米列罗沃大约 40 千米）。科尔蒂睡得很沉，他醒来后发现，与阿尔布佐夫村发生的情况如出一辙，大部队早已动身出发。他赶忙召集村里剩下的人追了上去，直到拂晓前才赶上大部队。12 月 26 日天亮后，队伍来到某座村庄，发现苏联人已占领这里。队伍里的德军官兵发起攻击，消灭了红军步兵。队伍继续穿过田野，偶尔遭遇敌人火力袭击，许多人期盼米列罗沃仍控制在德军手里——他们没发现队伍已转向北面，远远地离开了米列罗沃。12 月 27 日早上，队伍到达切尔特克沃镇。科尔蒂估计约有 3 万名意大利官兵后撤，但只有 8000 人进入切尔特克沃，其他人不是被俘，就是因疲惫、寒冷和伤势过重而死去。这支队伍在切尔特克沃镇内好歹恢复了部分秩序——这里有一个补给仓库，疲惫不堪的官兵总算得到了新军装，吃上了自遭受磨难以来的第一顿像样的饭菜。科尔蒂和他的战友逃出了包围圈，至少从理论上来说是这样的，因为从切尔特克沃镇通往西面的交通线依然畅通。但接下来三天,当这些筋疲力尽的官兵原地休整、恢复体力时,战线再次移动,他们又被隔断在外。

梅什科瓦河畔发生的事情,充分说明保卢斯需要六天时间来准备突围的要求完全脱离实际。马利诺夫斯基近卫第2集团军辖内部队彻底展开后,苏联人加大了进攻力度,于12月24日以坦克第7军发起猛烈冲击,迫使德军撤离梅什科瓦河。圣诞节当天结束前,萨利耶夫斯基已处在红军猛烈的炮火打击下。尽管霍特奉命长时间坚守前沿阵地,但他此时无计可施,只能批准辖内备受重压的部队撤往科捷利尼科沃。此时,位于上库姆斯基的红军近卫步兵第1军辖内的几个步兵师已休整了一天。在获得前运的补给物资之后,这几个师恢复了进攻。虽然德国第17装甲师已获得一个罗马尼亚步兵师残部加强,但他们还是很难挡住苏军。就算他们设法守住任何一处既定阵地也无济于事,因为德国人和罗马尼亚人没有足够的兵力来维持绵亘的防线,苏联人总是能达成迂回。科舍沃伊描述了接下来的战斗,并承认他的部下遭受了伤亡,但他觉得与前几个月的殊死交战相比,红军现在几乎一直在前进,这极大地鼓舞了部下的士气:

虽然许多人负了伤,还有些同志牺牲了,但我们坚定不移地朝预定目标继续前进。我们不分昼夜一路向前,不停地从事战斗,粉碎了希特勒分子及其盟友的步兵、炮兵、坦克。我们果断地对邪恶的敌人发起攻击。

我们已成为作战经验丰富的成熟战士,手里握着我们国家英勇的工人交给我们的新武器。苏联制造的子弹现在正射向盘踞在各处的敌人。空中,红空军的飞机在速度和机动性方面完全不亚于法西斯分子的战机。我们的航空兵击落了德国飞行员,敌军车辆中弹后腾起的烟雾也经常出现在寒冷的空中。我方战士目不转睛地盯着空中的飞机,回想战争初期的情形。那些惨痛的日子一去不复返,伟大的转折点已到来。[11]

虽然进展顺利,但红军近卫步兵第1军的士兵觉得自己没获得坦克兵团的大力支援。科舍沃伊在军部偶遇华西列夫斯基,提出了这个问题,军长建议他直接联系坦克部队,改善步坦协同方式。坦克第7军于12月27日到达科捷利尼科沃东郊,现在轮到他们抱怨缺乏步兵支援了——本该紧跟在他们身后的近卫机械化第2军，此时仍被德军挡在萨利耶夫斯基西面的阿克赛河一线。马利诺夫斯基知道霍特集团军实力虚弱，故指示机械化第6军绕过科捷利尼科沃镇，而近卫机械化第3军和机械化第13军则奉命冲入德军阵地后方纵深，攻往位于东南方约80千米处的扎韦特诺耶。坦克第7军将和近卫步兵第1军一起夺取科捷利尼科沃。

科舍沃伊竭力改善他与友邻坦克兵团的协同作战方式。终于，他在科捷利尼科沃西面的机场附近，找到了坦克第7军军长罗特米斯特罗夫。正如罗特米斯特罗夫后来所写的那样，他的坦克力量首次进攻科捷利尼科沃的行动以失败而告终：

我在指挥所里观察我方坦克的进展情况，我发现为首的KV-1重型坦克停了下来，两辆T-34中弹起火，随后又有一辆T-70中弹起火。我的挫败感可想而知。我命令车组人员立即撤离敌人的反坦克火力杀伤区。但近卫坦克第3旅的一个营突破到84.0高地，粉碎了敌人几个反坦克连设在那里的阵地。就这样，我们在敌军防线上打开一个缺口，该旅的一个坦克营和一个摩托化步兵营冲入缺口。可是，希特勒分子再次调集火炮和迫击炮，从科捷利尼科沃郊外直接轰击我方部队。就连敌人的航空兵也出现了，对我们的战斗编队进行了一连串的轰炸。[12]

罗特米斯特罗夫告诉科舍沃伊，德国人布设了反坦克阵地，他的坦克无法攻入镇内。科舍沃伊答应用自己的步兵来支援坦克突击。德国空军不仅为科捷利尼科沃镇的守军提供了空中支援，还向守军汇报了苏军集中在该镇周边的兵力情况。基希纳认为德军不能陷入无法获胜的防御作战中，故决定弃守科捷利尼科沃镇。守军于12月29日撤往西面，把科捷利尼科沃镇丢给了苏联人。短短五天时间，德军好不容易取得的战果就化为乌有，就连他们当初的出发阵地也丢失了。我们不得不怀疑，就算第57装甲军奇迹般地与第6集团军会合，保卢斯那些饥肠辘辘的部下中又有多少人能逃离红军如此猛烈的进攻？[13]

德国第4装甲集团军漫长的翼侧已成为红军坦克兵团显而易见的目标。承担防御任务的几个罗马尼亚师又一次证明，他们抵御坦克攻击的能力很有限。曼施泰因指责罗马尼亚第6军和第7军军长没能维持部下的士气，可没有更好的武器装备，罗马里亚人很难取得什么战果。"天王星行动"期间，罗马尼亚军队的士气遭受了难以挽回的打击，红军坦克刚一出现，他们就在一片混乱中退却。曼施泰因只好命令罗马尼亚部队撤出前线。[14]

红军坦克第 7 军占领科捷利尼科沃没多久，华西列夫斯基就赶来视察该镇。值得我们铭记的是，当德国人咽下救援力量没能到达斯大林格勒的苦果时，红军却为此欢欣鼓舞：

这是一个美妙的夜晚。繁星点点，皎洁的月光洒在冰冻的草原上。科捷利尼科沃一座座黑黢黢的房屋里，不时闪现烟头和打火机发出的点点亮光。远处偶尔传来机枪短促的咯咯声。我深深地吸了口祖国清新而又寒冷的空气，心中充满胜利的喜悦。不远处的里海吹来微风，刺得我的面颊有点疼，似乎预示着我们即将赢得巨大的胜利。[15]

罗特米斯特罗夫的坦克第 7 军占领科捷利尼科沃镇后没多久，就因为在近卫第 2 集团军辖内立下赫赫战功而被改称为近卫坦克第 3 军。对罗特米斯特罗夫来说，这是个苦乐参半的时刻。他当然有理由为部下取得的战果而感到自豪，但他的侄子彼得·列奥尼多维奇·罗特米斯特罗夫却在争夺科捷利尼科沃镇的战斗中牺牲了。

虽然德军在科捷利尼科沃与梅什科瓦河之间遭受挫败，但曼施泰因并未彻底排除救援力量仍能到达斯大林格勒的可能性。12 月 26 日，他与里希特霍芬共进晚餐，两人大吐苦水。里希特霍芬在日记里写道：

我俩抱怨不迭。曼施泰因提出，帝国元帅（戈林）应当亲自指挥顿河集团军群和第 4 航空队，因为他总是说这里或斯大林格勒的情况并不像我们汇报的那么严重。我们一致认为，既然他这么厉害，就该能者多劳！元首现在不愿与曼施泰因进行电话交流，要么把他召到大本营面谈，要么亲自来这里视察前线。[16]

曼施泰因当天给 OKH 发了封电报，提出几项关键要求。首先，OKH 必须调派更多援兵来稳定顿河集团军群北翼的态势，包括希特勒先前答应拨给第 4

装甲集团军的第7装甲师——这个师没能及时开抵,自然也就无法为解围行动发挥作用。其次,高加索地区的德国第17集团军必须把1个步兵师派到罗斯托夫,以掩护第4装甲集团军和整个A集团军群的交通线。最后,曼施泰因仍认为,要是能将足够多的兵力集中到第4装甲集团军,他们就有可能击败、逼退红军近卫第2集团军和第51集团军,并发起第二次救援行动。因此,他希望OKH能将第3装甲军和1个步兵师从A集团军群转隶顿河集团军群,再把长期驻守埃利斯塔(位于上述两个集团军群之间)的第16摩托化步兵师调来。要是能在未来一周内集中这些兵力,德军就有足够多的时间把充裕的口粮和油料空运给第6集团军,打消保卢斯从合围圈内发动进攻的顾虑。当然,空运过去的油料不可能完全满足保卢斯的要求(他先前提出需要4000吨油料)。[17]

这种变更部署会引发严重后果。如果将这么多兵力调离A集团军群的话,德军就很难继续留在高加索地区。但曼施泰因认为,A集团军群早就该撤出高加索地区了——留在那里的前提条件是德军在伏尔加河畔驻有重兵,可眼下的情况显而易见,就算有部分援兵能杀到斯大林格勒,第6集团军留在原地的可能性也微乎其微。实际上,曼施泰因在提出新方案的同时,已做好第6集团军大部在突围和后撤期间很可能被歼灭的心理准备,但他认为此举至少能拯救相当一部分将士。OKH回复曼施泰因,A集团军群无法腾出他所需要的兵力——这一点不足为奇,因为希特勒拒不放弃一切既占地域。约德尔和凯特尔等人也支持希特勒的观点,认为德军能守住斯大林格勒,第6集团军也会安然无恙。不过,蔡茨勒对东线态势的看法与曼施泰因、霍特、魏克斯、里希特霍芬完全一致。12月27日晚些时候,蔡茨勒面见希特勒,再次请求他撤出A集团军群,并严正警告道:"除非您现在就下令让部队撤离高加索地区,否则我们很快会面临'第二个斯大林格勒'。"[18]

眼下的局势,已经恶化到就连希特勒也不能再拖延的地步了。他踌躇了片刻,终于批准了蔡茨勒的要求。回到办公室后,蔡茨勒用电话下达命令,指示工作人员立即把撤军令传达给A集团军群。这是个明智的预防措施,因为没过一会儿,希特勒就打来电话,请蔡茨勒暂时不要采取相关措施,等明天早上再说。蔡茨勒告诉他为时已晚,命令已经下达。希特勒无可奈何,只好悻悻地挂了电话。几乎可以肯定,蔡茨勒果断的行动避免了希特勒的又一轮推延搪塞。

12月31日,曼施泰因获悉,希特勒打算将几个党卫队装甲兵团集中到哈尔科夫附近，并将其编为党卫队装甲军（后来又改称为党卫队第2装甲军）。希特勒提出以这股力量从哈尔科夫重新发起解围行动。不过，由于可用的铁路线寥寥无几，这股力量要到次年2月初才能做好准备。一如既往，曼施泰因对此直言不讳，毫不妥协：

> 在此之前，第6集团军该如何存活——这个问题始终悬而未决……但无论如何，我们都不能认为，党卫队装甲军的兵力足以执行解围行动，一路杀到斯大林格勒。从科捷利尼科沃到斯大林格勒的距离是130千米，第4装甲集团军如果能获得加强的话，尚有可能在12月走完这段路程，但党卫队装甲军2月份从哈尔科夫出发，就得奔袭560千米的距离，这种行动从一开始就纯属幻想……
>
> 希特勒在12月底拒绝了顿河集团军群提出的一切请求，没有迅速加强第4装甲集团军，就此决定了第6集团军的命运。[19]

实际上，第6集团军的命运早已注定。

塔钦斯卡亚地域，红军摩托化步兵第24旅顺利冲破第11装甲师的封锁线，与巴达诺夫陷入重围的部队会合。巴尔克敏锐地觉察到，镇内红军的兵力比他多，但他在监听对方的无线电通信后，获知苏联人严重缺乏油料和弹药，摩托化步兵第24旅携带的弹药也很有限，无法分给塔钦斯卡亚镇内的其他部队。12月26日，德国第6装甲师辖内部队在塔钦斯卡亚镇西面展开，该师第4装甲掷弹兵团的一名军士后来写道：

> 就这样，我们离开梅什科瓦河，一连跋涉两天，行进了300多千米，于圣诞节次日到达塔钦斯卡亚地域。昨天的温度就在零摄氏度以下，夜间的温度更是降到了零下20摄氏度。强劲的寒风从东面刮来。驶过顿河后，我们连的许多车辆已出现磨损的迹象，部分车辆不得不靠其他车辆拖曳行驶，这造成了严重耽搁。尽管部分部队尽最大努力也没能及时赶到，可我们还是朝塔钦斯卡亚发动了进攻。
>
> 我们只是名义上的装甲掷弹兵团，没配备半履带装甲车，而是搭乘雷诺卡车。我们把卡车留在后方的一片洼地里，在突击炮的伴随下，沿着宽大的战线，步履艰难地朝前方冲去。其他连队与我们并肩前进，战斗队形散得很开。地上的积雪比顿

河南面厚 30 厘米。

这里见不到多少敌人。行进了 5 千米后，我方突击炮与敌人的反坦克炮和坦克展开了首场战斗。我们只能艰难前行，经常瘫倒在雪地里停止前进。夜幕降临时，我们停在一座山丘后方。我们与左右两侧的友邻部队失去了联系。我不由得担心起来，生怕又要饥寒交迫地在草原上过夜。

最后，我们在一侧的小山谷里找到一个村落，那里没有苏联人，已被我们的另一个连占领。

第二天早上，我们刚要列队出发，突然传来一道喊叫声："坦克！"我们的哨兵显然睡着了，敌坦克已进入村内，引发一片混乱。由于没有其他目标，敌坦克干脆用火炮轰击孤零零的士兵。仓促间，所有人都四散隐蔽。我们在这里又一次见到，最先丧命的是那些失去理智、不看敌人、只顾逃命的家伙。不过，我们还得实施自卫，对付从坦克上跳下来的敌步兵。

我们的反坦克炮终于投入战斗，一辆敌坦克中弹起火。随后，第 7 连的赫维希中尉用磁性地雷干掉了另一辆敌坦克。可惜的是，他在打算炸毁下一辆敌坦克时阵亡了。我们渐渐占据上风，最后把敌人赶出了村庄。[20]

塔钦斯卡亚镇内的红军将士当天收到了一封鼓舞士气的电报：为表彰他们的功绩，坦克第 24 军被改称为近卫坦克第 2 军，巴达诺夫获得了二级苏沃洛夫勋章。这天结束时，他们获得了更加实际的援助——上级为他们空投了少量弹药，但只够弥补他们当日的消耗量。

12 月 27 日，德军装甲掷弹兵对塔钦斯卡亚镇郊展开试探。随后，他们接到了新任务——在突击炮的支援下，于当晚发动夜袭。后来，一名军士写道：

对我们大多数人来说，这是首次执行大规模夜间行动……至于我本人，不得不说我宁愿在建筑区从事战斗，也不想跨过开阔地投入进攻。我们至少能在镇内找到更多隐蔽处，还可以逐屋逐房地向前推进，把手榴弹丢入窗户，并等待它爆炸。

我们在 20 点（当地时间 22 点）动身出发，第 7 连在我们左侧。我们在 23 点发动进攻，排成一道长长的射击线。我们前方 150 米外很快就响起了枪声，敌人的机枪开火了！几名战友倒下。一个侦察小组向前走去，迅速消失在黑暗中。我们慢慢跟了上去，过了一会儿，我们到达一条深深的堑壕处。前方，塔钦斯卡亚郊区的第一排房屋清晰可辨。令我们感到惊恐的是，战壕里有许多德国官兵的尸骸……

我们左侧，几辆突击炮正在与苏联人的坦克交火。我们在堑壕这一侧占据了阵地。我们听见前方传来枪声，可能是我方的侦察小组在开枪。随后，他们出现了，这群侦察兵在撤离时还干掉了敌人几辆卡车。几名战友负了伤。我们此时听见前方传来坦克的动静，还看见几辆敌坦克，它们可能就在50米外。我们做好了再次发动进攻的准备，并设法与友邻部队取得联系，召集了突击炮，还商量了该如何行事。

可没等我们采取行动，就听见前方传来履带发出的声音，敌坦克撤走了。我们很快发现，前方的敌人兵力寥寥，苏联人弃守镇区撤离了，他们要去哪里？[21]

巴达诺夫早就想过，要是援兵无法及时赶到，他就率领部队突围。为此，巴达诺夫还制订了相关计划。第一个选择是沿着他的部下先前攻到塔钦斯卡亚的大致路线后撤，但很明显，德军装甲部队在斯科瑟尔斯卡亚附近封锁了这条路线。第二个选择是集中坦克第24军残余的兵力退向西北方。虽然沿这条路线后撤，到达己方部队的路程更远些，但顺利撤离的可能性也更大，因为他们不用直接穿过德军据守的阵地。12月28日一早，巴达诺夫就命令剩下的快速力量展开行动。打头阵的近卫坦克第4旅，很快就遇到了德国人的反坦克炮。战斗刚刚打响，2辆坦克就中弹起火。巴达诺夫赶紧派他的参谋长去指挥战斗。奉命寻找通道的近卫坦克第26旅，绕过了德军防御阵地翼侧。近卫坦克第4旅在竭力突破德军防御之际，又损失了2辆坦克。混战中，苏联人在德军的防线上找到一个缺口后，就迅速脱离了战斗，趁着夜色逃之夭夭。[22]

巴尔克估计，可能有30辆卡车和10多辆坦克逃脱。巴达诺夫的参谋长布尔杰伊内指出，坦克第24军辖内3个坦克旅，在到达红军战线时还剩42辆坦克，但这个数量包括先前在行军途中损坏，现在得以修复的战车。[23]德国第11装甲师辖内的几个团，歼灭了红军近卫坦克第2军残部，一举夺回塔钦斯卡亚镇。尔后，这几个团迅速赶往斯科瑟尔斯卡亚，并在那里打垮了红军步兵第203师的先遣部队。当时，这支先遣部队正在设法取得突破，赶去支援巴达诺夫。德军收复塔钦斯卡亚，赢得了一场战术胜利，巴达诺夫的部下确实损失惨重，但他们却完成了受领的任务。德军的空运量本来就不足，红军破坏了一座重要的机场，导致德国人的空运作业被中断。日后，德国空军的运输机不得不从更远处起飞，每日出动的架次必然会减少。

战线稍稍稳定了下来。德军援兵加强了幸免于难的意大利第8集团军残部，德国第6装甲师和第11装甲师积极介入战事，终于让红军向南发展突破的势头戛然而止。12月27日，第6装甲师与德国第29军军部建立无线电联络。第29军编有3个意大利师，隶属意大利第8集团军，该军率领一个约有5500人（大多数都是意大利人）的混编战斗群后撤了好几天。次日，第6装甲师侦察营到达这个"游荡的口袋"，把幸存者带到了安全处。[24]虽然德军夺回了塔钦斯卡亚，但该地域的红军仍有可能攻往附近的莫罗佐夫斯克机场。因此，消灭这股红军是德国人的当务之急。第6装甲师企图把苏联人赶回莫罗佐夫斯克东北面，该师的一名装甲连连长后来写道：

当我们在通往斯科瑟尔斯卡亚的道路南面、新尼古拉耶夫村西面占据阵地，准备发起反突击时，天色尚暗。我的上司贝克少校、第4装甲掷弹兵团团长翁赖因上校、第11装甲师装甲团团长凑到一起商量了一番。按照计划，第11装甲师辖内部队从西面包围达成突破之敌时，我们就协同雷姆林格营的装甲掷弹兵向北推进，收复失地。我昨天率领我们修理厂的备用坦克，从科捷利尼科沃取道齐姆良斯卡亚到达新马里耶夫卡，在那里征用了我们营的另外几辆坦克，并让连里的后方人员召集了一群来自全营各个连队的人。

就这样，我将率领15辆坦克去对付敌人。这里的地形非常平坦……西面的状况更是如此，尼古拉耶夫村就在3千米外，村子前方是由东向西流淌的贝斯特拉亚河北岸，以及一道巨大的山脊。我们排成梯次队形动身出发，投入第11装甲师的合围进攻之中。我们很快就击退了当面之敌，对方的兵力似乎没有我们设想的那么强大。实际上，这里仅仅是敌人的警戒线。我们很快就遭遇敌人从高地射来的反坦克炮火袭击，对方的火力越来越猛，我们还发现敌人部署了坦克。我们只能投入为数不多的四号坦克，以长身管75毫米火炮还击。

此时，密集的迫击炮弹噼里啪啦地落在我们周围的平原上……就像刚刚开始的暴雨落在光滑地面上发出的声音。我对此的感受特别深，因为洁白的地面平坦得有点不真实，前方无遮无掩，能望到很远处。坐在坦克里，我觉得自己仿佛置身于大海里的冰原上。

在这里，此前一直能跟上坦克、暴露在外的装甲掷弹兵被迫停止前进。我必须做出决定：是放缓速度伴随装甲掷弹兵呢，还是独自发起攻击？如果放缓速度的话，我们这群坦克就会分散在平原上，随后被敌人逐一击毁；如果独自发动进攻的话，我也许能冲上去打垮敌人的迫击炮阵地，或至少渗透到敌军第二道防线的某个地段，到达前方村庄的隐蔽处。在那里，我们能获得更好的掩护，我可以在有效射程内对付临近高地上的敌人。

在与步兵指挥官雷姆林格上尉进行了简短商量后，我向上司汇报了自己的想法，随后就下令进攻。就在这时，一发反坦克炮弹击中我这辆坦克的引擎，迫使我换了辆战车。我这次选了一辆四号坦克，一方面是因为这辆坦克配备的电台更适合指挥战斗，另一方面是我想亲自对付高地上的敌坦克。这种做法不一定正确，因为装甲连连长的主要任务是指挥全连，而不是身先士卒地投入战斗。可哪个连长会批评这种做法呢？我们都酷爱"狩猎"，只要做得不过分，大家完全可以接受。

我们很快进入村内，因为每个人都很清楚，我们必须向前猛冲。我们在这里消灭了各种目标，不仅击毁了几门反坦克炮，还抓获了一些俘虏。我们可以从此处有效打击高地上的敌坦克——那里腾起的一股股黑色烟柱证实了这一点。今天是一个阳光明媚，无风而又寒冷的日子。

但我们的装甲掷弹兵没有跟上。我不能怪他们，因为密集的炮弹继续落在平原上，让整个平原看上去就像是一块沾满黑色污渍的桌布。我真希望我方炮兵和我们在一起。

过了一会儿，苏联人似乎集中起来，悄然越过河岸渗透进村内，在近距离内用他们的武器给我们制造了一些麻烦。在没有掷弹兵的情况下，我无法坚守下去，除非我愿意为这片现在已变得对我们很不利的地盘付出高昂的代价。最后，我不得不弃守村庄。虽说部下无一阵亡，但负伤是免不了的。有人对装甲掷弹兵说了一些难听的话，这很不公平，但在这种情况下也无可厚非。实际上，掷弹兵在平原上的伤亡很大。

我们等了很长时间，炮兵终于被调了上来。

猛烈的炮击把高地笼罩在硝烟之下。由于获得了炮兵支援，我们随后发起的进攻大获全胜。我们不仅一举夺回村庄，还攻克了高地。几乎没有人员伤亡。

没过多久，几乎未经战斗，格里涅夫和小卡恰林就落入了装甲掷弹兵手里。当天我损失了9辆坦克，我们和装甲掷弹兵都认为这场胜利得不偿失。[25]

德国空军——特别是恩斯特·屈尔上校指挥的航空兵，为阻止苏联人的推进发挥了重要作用。德国空军的轰炸机一次次出动，反复打击苏军的坦克力量。可这样一来，这些飞机就无法执行为斯大林格勒合围圈内的德军空运补给的任务。因此，尽管红军的坦克部队没能到达莫罗佐夫斯克，可他们的存在足以吸引德国空军的部分力量，进一步对陷入重围的第6集团军造成不利影响。

此时，苏联人已位于补给线末端，其补给系统很难维系瓦图京的作战行动，以及近卫第2集团军对基希纳第57装甲军的进攻。但红军无疑对"小土星行动"和德军"冬季风暴行动"的结果感到满意。苏联人没能实现沿顿河发起突击的部分目标，例如其坦克部队没有彻底占领莫罗佐夫斯克和塔钦斯卡亚机场；德军霍利特集团军级支队虽然损失惨重，但总算及时后撤了基本完好的防线。面对过高的要求和过于雄心勃勃的计划，红军竭力维持整个行动的正常进行。尽管很艰难，可红军还是取得了重大战果——特别是红军迫使曼施泰因从第4装甲集团军抽调兵力，就此粉碎了德军救援力量到达斯大林格勒的本就日益渺茫的希望。红军能否完成"小土星行动"过于雄心勃勃的目标很值得怀疑，但不管怎么说，这场行动因为后勤保障方面的困难而陷入停顿的可能性是存在的。有人指出，要是让近卫第2集团军继续维持其在"小土星行动"初期的突击势头，红军也许能到达罗斯托夫。那么，德国第4装甲集团军的一切救援行动也就无关紧要了。不过,在这种情况下,无法预估的因素太多了。[26]这样一场推进会"切断"大批德军部队，我们一定要考虑到，指挥这些部队的是曼施泰因，而不是保卢斯。斯大林格勒周围的静态交战不太可能在更大范围内重演，相反，德军会在油料供应充足的情况下，全力展开机动作战。从战术层面上来看，这支军队依然是一股令人畏惧的力量。

意大利军队损失惨重（只有部署在意大利第8集团军防区北端的山地军完好无损），阵亡、被俘和失踪的官兵超过8.4万人，而负伤或患病的人数也超过了2.9万。此外，卷入激烈战斗的大多数德国兵团也遭受了严重损失。不过，苏联人的损失也不小，参与战斗的坦克有80%遭损毁或发生机械故障，尽管其中大多数坦克都能在接下来的几天内被修复。而且，红军步兵的伤亡也居高不下——特别是在初期突破期间，例如步兵第203师，损失了大约70%的兵力。[27]红军立即着手评估这场战役。他们在达成初期突破后损失的大部分坦克，都是被德国空军的空中打击击毁的。所以，红军迫切需要加强防空火力。此外，红军坦克部队经常陷入孤立无援的境地，不能获得步兵支援，因此他们建议机械化旅与坦克兵团展开更紧密的协同。[28]他们审查了坦克集团军的编制结构，还做出相应整改，但整改工作需要几个月的时间才能付诸实施。所有红军坦克部队都报告称，德国和意大利的残兵败将在后方地域游荡，经常切断他们的后勤补给线。针对这个问题，红军采用的解决方案是：步兵部队必须始终位于先遣坦克力量身后两三天的行程内。为贯彻这项建议，一些步兵师被编入了部分坦克军。具有进取心的指挥员努力让步兵部队实现机动化，好让他们能跟上坦克先遣力量。[29]在日后的作战行动中，红军采取了更有力的措施——在达成突破后，全力肃清溃败的敌军残部，把对方扰乱红军后续推进、破坏补给纵队前移的能力降到最低。

德国第4装甲集团军能否到达陷入重围的第6集团军身旁，一直都是一个争论不休的话题。如果德军的解围力量在渡过阿克赛河后不浪费那么多时间，如果第17装甲师从一开始就投入救援行动，如果希特勒能及时批准抽调第16摩托化步兵师，如果德国人能将第3装甲军调离高加索地区——要是这些假设都能变成现实的话，第57装甲军也许能冲到第6集团军身旁。可这些讨论大多都集中于德国人有可能采取的不同措施上，很少考虑苏联人会做出怎样的应对。就算德军的解围力量能从梅什科瓦河前出到斯大林格勒，希特勒也不太可能欣然同意被围部队撤离废墟遍地的城区——也许他最终会在别无选择的情况下被迫批准部队撤离，但就算这样，他也会推延搪塞，直到"后撤行动沦为一场灾难"。日后，希特勒会再以这场灾难为借口，否决一切与后撤相关的建议。另外也没有任何迹象表明，保卢斯会违背元首的指令，果断采取必要的措施挽救自己的集团军。要是第57装甲军能到达合围圈的对内正面，预先准备的补给车队本来至少能部分缓解第6集团军的物资短缺现象。但鉴于在该作战地域内的第4装甲集团军兵力不足的问题，这条"走廊"很难长时间保持畅通——特别是顿河中游发生的事情，依然需要该集团军在某个时候把辖内兵力调往北面。此外，就算援军提供的补给能延长第6集团军进行垂死挣扎的时间，但该集团军最后的结局也很有可能不会发生改变。所以,第6集团军只能留在斯大林格勒听天由命,让饥饿、疾病、酷寒的天气和红军的行动不断消耗他们的兵力。保卢斯和施密特确实已请求上级空运更多的补给,但现在德国空军不仅缺乏相应的技术手段,还丢失了距离斯大林格勒最近的几座机场。第6集团军的末日日益临近。

参考文献

1. Paul, *Brennpunkte*, p.270.
2. Ibid., p.272.
3. Koshevoi, *V Gody Voyenyye*, p.151.
4. C. Vicentini and G. Rochat, *Il Sacrificio della Julia in Russia* (Gaspari, Udine, 2006), pp.44–45.
5. Ibid., p.45.
6. Ibid., p.45.
7. Paul, *Brennpunkte*, p.276.
8. G. Zdanovich, *Idem v Nastupleniye* (Voenizdat, Moscow, 1980), pp.47–49.
9. Burdeyny, *V Boyakh za Rodinu*, p.141.
10. Corti, *Few Returned*, pp.109–10.
11. Koshevoi, *V Gody Voyenyye*, p.152.
12. P. Rotmistrov, *Stal'naya Gvardiya* (Voyenizdat, Moscow, 1984), pp.149–50.
13. Rotundo, *Battle for Stalingrad*, pp.127–28; Vasilevsky, *Lifelong Cause*, pp.221–22.
14. Manstein, *Lost Victories*, pp.346–47.
15. Vasilevsky, *Lifelong Cause*, p.224.
16. Hayward, *Stopped at Stalingrad*, p.273.
17. Manstein, *Lost Victories*, p.348.
18. Friedin, Richardson, and Westphal, *Fatal Decisions*, p.155.
19. Manstein, *Lost Victories*, pp.349–50.
20. Unteroffizier Wolfgarten in H. Scheibert, *Panzer Zwischen Don und Donez* (Podzun, Friedberg, 1979), pp.51–52.
21. Ibid., pp.52–54.
22. Burdeyny, *V Boyakh za Rodinu*, pp.158–61.
23. Ibid., p.161.
24. Scheibert, H, pp.61–62.
25. Scheibert, H, pp.64–65.
26. M. Kazakov, *Operatsiya Saturn: Stalingradsleya Epopiya* (Isdatelstvo Nauka, Moscow, 1968), pp.514–15.
27. Glantz, *From the Don to the Dnepr*, pp.73–78.
28. *Sbornik Materialovpo Izucheniyu Opyta Voyny* (Voenizdat, Moscow, 1943), Vol. VIII, p.63.
29. Glantz, *From the Don to the Dnepr*, p.79.

奥斯特罗戈日斯克—罗索什战役

第八章

12月底，摆在曼施泰因面前的局势一点也不乐观。相比之下，这种情况却为苏联人提供了太多深具吸引力的机会。从某种程度上说，红军在其所从事的交战中充分利用了丰富的选择性。

"天王星行动"的初期意图是合围斯大林格勒地域的德军主力集团，这场行动被执行得很完美，同时也创造了新的机会，主要是因为红军在德国人的防线上撕开个很大的缺口。与去年冬季一样，斯大林急于实现多个目标，尽管华西列夫斯基希望集中力量歼灭斯大林格勒的德国第6集团军，但斯大林渴望发起"土星行动"，把乌克兰境内所有德国军队逼入困境。显而易见的是，在斯大林格勒地域包围、遏制第6集团军需要大批兵力，只有迅速消灭合围圈，才有望实现雄心勃勃的"土星行动"。苏联人最终弄清了陷入合围的德军的人数，发现需要抽调更多兵力才能解决被围之敌，斯大林这才同意缩小"土星行动"的规模，改为"小土星行动"。"小土星行动"结束后，虽然交战以较慢的速度继续进行，但与"天王星行动"结束后的情形一样，德国人得以重建防线，还以撤下来的残兵败将组建了弗雷特-皮科集团军级支队，可这股力量和先前组建的霍利特集团军级支队，实力都不足以击退红军持续不停的冲击。红军还能赢得让"天王星行动"的战果相形见绌，甚至有可能扭转整个战争态势的胜利吗？

曼施泰因于12月29日收到的消息让他稍稍松了口气：希特勒迫于现实，最终确认了他在两天前给蔡茨勒下达的指示，批准A集团军群撤离高加索地区。德军能顺利攻往迈科普、格罗兹尼油田取决于两个要素：第一，彻底击败红军；第二，德军在顿河—伏尔加河地域控制一处强大的阵地，掩护攻往南面的A集团军群的后方。但于11月底和12月发生的事情导致这两个要素不可能出现——北面不断恶化的态势急需A集团军群辖内兵力救援。不过，尽管希特勒批准克莱斯特集团军群撤离高加索，但这场后撤被执行得异常缓慢。A集团军群一连数周没获得足够的油料，而且他们的东翼远在皮亚季戈尔斯克和普拉斯科韦亚，位于罗斯托夫东南方420千米处，曼施泰因认为该集团军群几乎不可能完成后撤。

无论这场延误是不是希特勒的搪塞、克莱斯特的不愿撤军、真的缺乏油料，或者三个原因共同造成的，曼施泰因现在必须争取足够的时间，尽快前运油料和军列。因此，尽管解救第6集团军已不切实际，但保卢斯的军队继续战斗至关重要。他们必须牵制大批红军兵力，倘若红军腾出这些兵力调到其他地方，A

集团军群就很难撤离高加索地区；一旦该集团军群陷入重围后全军覆没，东线德军的处境就会彻底难以为继。要求官兵在恶劣条件下为突出重围浴血奋战是一回事，而在毫无获救希望的情况下要求他们继续战斗，则完全是另一回事。曼施泰因要求第6集团军与周边之敌继续战斗，甚至在顿河方面军于1月9日敦促保卢斯投降，以免双方官兵继续付出无谓的牺牲后，他依然不改初衷，有人对他的态度大加批评。[1] 曼施泰因知道自己对延长合围圈内第6集团军官兵遭受的痛苦负有责任，后来他详细阐述了自己下定决心的原因，他显然也认为这是个艰难的决定：

第6集团军牵制敌军兵力的每一天，都对东线的命运具有决定性。现在也许有人会说，战争总归是要输掉的，早点结束还能减少些伤亡。这种观点纯属马后炮。那段时期，谁都不能肯定德国会在军事上输掉整场战争。要是我们以某种方式最终恢复东线南翼的态势，完全有可能以军事上的平局换来政治平局。但要想成功实现这种可能，最紧迫的前提是第6集团军继续战斗，只要还具备抵抗能力，就要尽可能长久地牵制当面之敌。战争紧迫的必要性迫使最高统帅部要求这个英勇的军团付出最后的牺牲。他们对第6集团军陷入这般境地负有怎样的责任，则是另一个问题。[2]

曼施泰因在回忆录里的这段话，从战略角度看是对的，但从更偏重于政治的方面看，他的观点存在很大问题。战争到了这个阶段，众所周知，盟国唯一能接受的和平前提是德国无条件投降。从技术上看确实有可能出现军事僵局，但很难设想这种情况下的政治环境能促成某种形式的议和。苏联已下定决心，必须确保德国无法再次对他们构成严重威胁，特别是因为德国在苏联被占领土犯下的严重暴行被披露得越来越多，而曼施泰因希望在政治舞台获得某种形式的平局，反映出德军将领对政治问题的天真。从某些方面看，普鲁士容克家族的小伙对政治事务的反感，很大程度上可归因于第一次世界大战前威廉时代光彩夺目的虚假繁荣。而且在1870年—1871年的普法战争中，德国因击败法国而风光红火，还凭工业化和法国的战争赔款富裕起来，因此出现了许多与传统的普鲁士节俭价值观、强烈的责任感、服从国家元首完全背道而驰的观念。1918

年年底发生的事情促成了停战和德国最终战败，进一步给政治家与军队的关系造成严重破坏。第一次世界大战结束后，他们相互指责，态度非常激烈，特别是"背后一刀"的说法（即德国军队没有战败，而是被怯懦的政客出卖了）甚嚣尘上，导致大批官兵更加不愿关心政治。相反，他们退缩到纯粹的军事领域，疏远了他们的所作所为造成的政治后果。因此，德国军人缺乏准确分析各种政治可能性的聪明才智也就不足为奇了。

希特勒于1934年合并帝国总理和总统办公室前，德国的军官和公务员向国家和国家宪法宣誓效忠，而现在改为直接向希特勒宣誓效忠。希特勒当然对此深表欢迎，但改变效忠对象的倡议，其实是帝国战争部长维尔纳·冯·布隆贝格将军和时任部长办公厅主任的赖歇瑙将军提出的。他们之所以这样做，显然是想以宣誓把希特勒与军队更紧密地联系起来，迫使他与党卫队和纳粹党保持距离。可结果完全相反，各级军官受制于终生的服从和职责，觉得自己与元首永远捆绑在一起。虽然当天有数千名军官托病没有参加宣誓仪式，但回到工作岗位后，他们都被迫向元首宣誓。只有少数官员不肯照办，这些官员主要是行政部门的公务员，其中有些人被迫退休，但大多数人立即或不久后遭处决。军官宣誓无条件服从德意志帝国和人民的领袖阿道夫·希特勒，但他们再也无力应对以下现实问题：他们宣誓服从的国家元首，随后利用这种服从和忠诚推行自己的政策，最终引致德国向他们的对手无条件投降的结果。

保卢斯身边几名亲信后来写到，第6集团军获救的一切希望荡然无存，并表示在这种情况下，曼施泰因和希特勒命令他继续战斗的要求是无法接受的，人道主义关怀应当高于作战方面的考虑。[3] 虽说这种观点存在争议，但把第6集团军将士遭受的苦难统统归咎于上级领率机构无疑是错的。归根结底，保卢斯是前线指挥官，本该按照自己的良心行事。从第6集团军陷入重围后多次发生争论、仍有可能实施突围的那段时期，到他的部下遭受艰苦磨难的整个1月，保卢斯仍死板地恪守着命令，因此对第6集团军的厄运负有很大责任。实际上，他在斯大林格勒城内及周边发生的各种事件中扮演的角色，明确地告诉我们，始终服从上级命令的局限性。要是保卢斯觉得自己受制于希特勒的指令，那么他指望曼施泰因直接违背元首的同一道命令，无疑就有些虚伪。

新年第一天，华西列夫斯基收到斯大林下达的新指示，要求他命令叶廖缅科方面军（叶廖缅科的斯大林格勒方面军改称南方面军，反映出该方面军当时远离城市周边战斗的事实），于1月第一周攻往齐姆良斯卡亚、康斯坦丁诺夫斯卡亚、沙赫特、新切尔卡斯克（都在顿河河畔，逐渐靠近罗斯托夫），而高加索地区的军队务必在1月第二周到达季霍列茨克。达成了以上目标，红军坦克距离亚速海就只剩68千米，还可横跨从罗斯托夫向南通往德国A集团军群的铁路线。但华西列夫斯基没有亲自监督这场行动：

斯大林通知我，大本营……建议我立即去沃罗涅日方面军，在那里以大本营代表的身份，参与计划在顿河上游发动进攻战役的准备和实施，我还负责组织沃罗涅日方面军与布良斯克方面军、西南方面军的协同行动。[4]

红军在北面发动的攻势，是意图在德国第2集团军两侧达成突破，一举合围该集团军，或至少迫使对方大踏步退却。虽然"土星行动"的总目标是前出到罗斯托夫，把德国A集团军群隔断在高加索地区，但叶廖缅科方面军攻往顿河南面也能达成同样的目的，而北面的进攻战役获胜的话，盘踞在顿河正北面的德国军队同样会遭受红军攻往亚速海或夺取第聂伯河渡场的威胁。红军不仅要同时遂行两场战役，还要对A集团军群施加压力，阻止对方后撤，另外还得彻底消灭斯大林格勒合围圈，他们是否具备相应的后勤能力值得怀疑，特别是鉴于"小土星行动"期间，他们的后勤体系出现了严重的问题。但就像去年冬季在莫斯科附近展开的交战那样，斯大林对红军目前取得的战果振奋不已，并坚信后续行动也能大获全胜。希特勒在夏季严重误判了红军的实力，认为对方已被击败，德国军队几乎可以随心所欲地攻击前进，而斯大林此时犯了类似的错误。

除了敦促叶廖缅科方面军辖内各兵团（他们在逼退德国第4装甲集团军的行动中损失严重）发动进攻，派华西列夫斯基监督沃罗涅日方面军的新攻势，斯大林还给高加索地区的红军部队下达了命令。红军的顽强防御，再加上德军的后勤和空中支援分散到斯大林格勒地区，导致高加索地区的德国军队没能达成预定目标，他们的确攻占了迈科普，但后撤的红军也炸毁了那里的油井，而德军又无力前出到格罗兹尼或巴库。他们也无法消灭沿黑海东海岸据守狭长地带的红军——这支军队对A集团军群西翼构成了不小的威胁。1月4日，斯大林致电外高加索方面军司令员伊万·弗拉基米罗维奇·秋列涅夫，告知他大本营打算抽调他的北方集群，组建北高加索方面军，并交给伊万·伊万诺维奇·马斯连尼科夫中将指挥。这封电报强调了重要的一点：

> 把敌人驱离北高加索并不符合我们的利益。阻止对方推进，以黑海集群（外高加索方面军辖内半独立性质的作战力量，在黑海沿岸展开行动，对付A集团军群西翼）发动进攻，一举包围敌军对我们更有利……
>
> ……您的主要任务是从黑海集群挑选一股强大的作战力量，夺取（罗斯托夫正南面的）巴泰斯克和亚速，从东面攻入罗斯托夫，堵住敌北高加索集群的退路，这样您就可以俘获或歼灭这股敌军。南方面军左翼将为您提供支援，他们的任务是前出到罗斯托夫北面。[5]

为确保部下执行命令，秋列涅夫赶往黑海集群，监督他们攻往罗斯托夫。虽然斯大林的指令明确阐明了这场行动的意义，但无疑对红军的后勤保障提出更高的要求，也就是他们必须为相隔500千米的兵团提供补给。而红军打算穿越的地带，先前就经历过激烈的交战，很快又要遭受进一步破坏，因为德国人后撤期间炸毁了各种基础设施，而且所有后勤补给都在冬季进行。秋列涅夫对作战计划的可行性深表怀疑：

> 收到这些命令，伊万·叶菲莫维奇（秋列涅夫的参谋长彼得罗夫）和我认真思考了一番。实际上，就算大本营赋予我们的任务不能说无法完成，也是异常艰巨的。指令里规定的目标很有吸引力：收复巴斯泰克，我们就能把敌人逼入绝境的境地。但整体考虑这份方案，认真分析目前的情况，我们能发现其中难以克服的障碍。
>
> 最大的困难是即将展开军事行动的地域，也就是高加索主山脉各条支脉山区。我们不得不在一年中最不利的时刻克服这些支脉山区的恶劣环境，此时滨海地带的温度在零度以上，而山区的温度降到零下15到零下20摄氏度。这段时期，高加索主山脉崎岖的支脉山区覆盖着厚厚的积雪。
>
> 没有道路，怎么运送弹药和口粮呢？现修的话，需要大量筑路营和工程兵营，而我们方面军的筑路营和工程兵营寥寥无几。

另一个困难是从奥尔忠尼启则处调运兵力,只能分两步执行:经铁路运抵波季港,再经海路运往新组建的北高加索方面军。这场调动需要耗费很长时间。

就连当初在敖德萨、塞瓦斯托波尔经历并克服过许多困难的彼得罗夫,也遗憾地叹了口气:"我在克里木经历过艰难的时刻,可我们现在面临的问题困难得多。"[6]

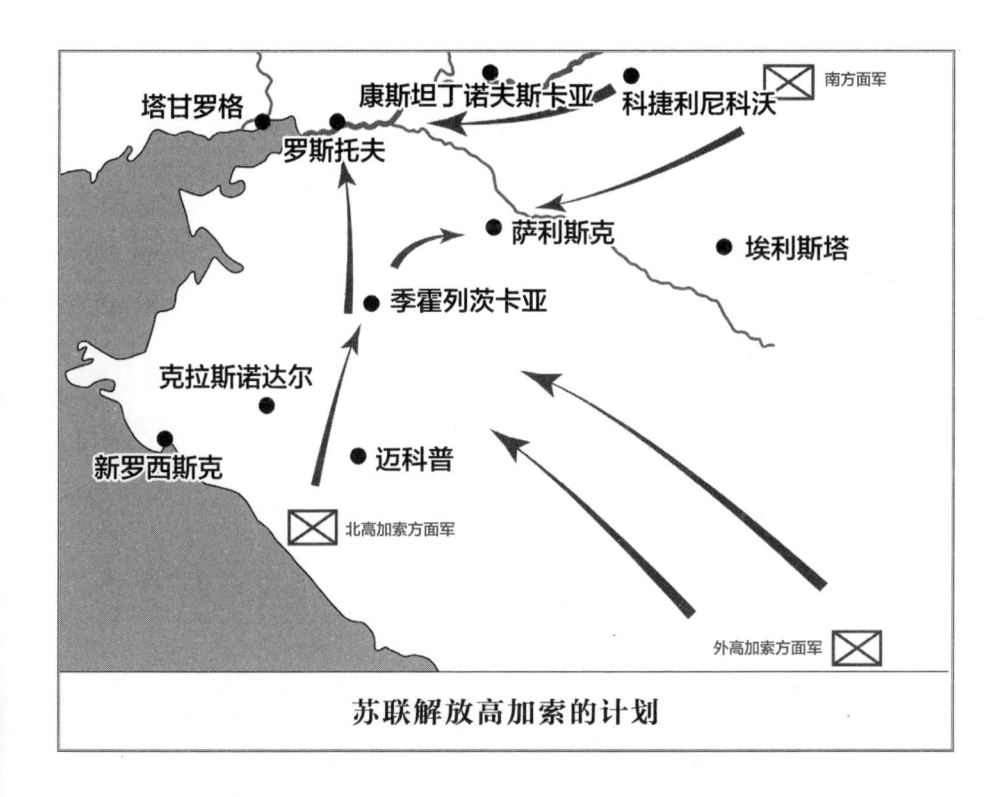

苏联解放高加索的计划

沃罗涅日方面军的进攻战役,目标是匈牙利第2集团军据守的防区。1942年年初,希特勒要求匈牙利人向东线派遣一股更强大的作战力量。而在此之前,匈牙利快速军是匈牙利陆军与红军交战的唯一一个重要兵团,他们先是掩护德国第17集团军南翼,之后又协助德军封闭乌曼合围圈,歼灭了红军第6、第12集团军,但到1941年年底,匈牙利快速军损失惨重,不得不撤离前线进行整补。[7]米克洛什·霍尔蒂海军上将领导的匈牙利政府派遣的第2集团军接替了该军,该集团军兵力众多,但几乎没有反坦克兵器和机动运输工具。他们参与了沃罗涅日地域的激战,由于缺乏现代兵器,遭受了严重伤亡,例如匈牙利第9轻装师在没获得德军炮兵和装甲力量支援的情况下冲击红军防御,折损了半数兵力。该集团军随后守卫顿河防线,他们的防区从意大利第8集团军北翼一路延伸到德国第2集团军阵地。与东线许多地段一样,整个1942年下半年,由于各种物资源源不断地运往斯大林格勒,匈牙利集团军的补给优先权非常低,与罗马尼亚人和意大利人遇到的情况别无二致——德国人答应为匈牙利盟友提供反坦克兵器,但基本没兑现,就算他们提供了,缺乏训练的匈牙利新兵也不会操作。随着时间推移,就连口粮供应也变得断断续续。与罗马尼亚装甲师一样,匈牙利第1装甲师主要配备陈旧过时的38(t)坦克,只有少量德制三号、四号坦克。部署在顿河河畔的大部分匈牙利步兵师是轻装师,每个师只有两个团,相比之下,当面的红军师都编有三个步兵团。总之,匈牙利军队的战斗力很差,特别是在东线残酷的背景下。

位于匈牙利军队南翼的是意大利第8集团军残部,主要以山地军的三个师构成。他们南面的友邻兵团是德国第24装甲军,尽管番号威风凛凛,但它并不是个强大的兵团,该军编有实力虚弱的第385、第387步兵师,意大利"尤利亚"师残部,第27装甲师(这个师当时只有13辆坦克)。另外,该军还编有党卫队区队长赫尔曼·费格莱因指挥的骑兵旅,阿尔贝特·施佩尔把费格莱因称为"希特勒亲信圈里最让人反感的家伙之一"。[8] 费格莱因战前醉心于马术,利用他与海因里希·希姆莱的私交,在慕尼黑为党卫队组建马术学校。虽说费格莱因没受过正规军事训练,可还是在波兰战役期间指挥过党卫队骷髅骑兵旗队,战役胜利结束后,该旗队得到迅速扩编,为清除波兰知识分子和神职人员发挥了"重要作用"——仅于1939年12月就在坎皮诺斯森林屠杀了近2000人。[9] 派驻波兰期间,费格莱因受到"共谋劫掠"的指控,但他的朋友希姆莱阻止了军事法庭的调查,此外费格莱因还被控与一名波兰妇女有非法性行为,致使对方怀孕,随后又强迫她堕胎。希姆莱又一次阻止了与之相关的调查工作,以及他的竞争对手赖因哈德·海德里希(帝国保安总局负责人)展开的其他调查。[10] 侵苏战争爆发后,费格莱因的骑兵没有跟随陆军一同前进,而是在白俄罗斯普里皮亚季沼泽地执行大规模扫荡任务。希姆莱责怪费格莱因消灭的游击队员太少,为增加"战果",这股党卫队骑兵肆行无忌,"剿匪"变得越来越不分青红皂白。费格莱因报告,到 9 月 18 日,他的部下共消灭 1.4 万名犹太人、近 2000 名军人和"游击队员";另一些记述指出,党卫队骑兵屠杀了近 2.4 万名犹太人,但也有人认为,许多受害者甚至不是犹太人,而是费格莱因部下搜捕的苏联百姓。[11]1942 年大部分时间里,费格莱因都不在前线,直到冬季才回去接掌党卫队骑兵旅,没过多久,他被红军狙击手射伤,因此,红军暴风骤雨般的打击落向 B 集团军群时,他不在指挥岗位上。费格莱因的部队擅长屠杀平民百姓,根本不懂如何与红军作战,现在却卷入激烈交战的旋涡,旅长缺席对他们的作战表现无关紧要,特别是因为费格莱因根本没受过军事训练,毫无实战经验。

1942 年夏末,戈利科夫的沃罗涅日方面军一直徒劳地试图夺回德军控制的沃罗涅日部分地域。他们在城内没取得太大进展,但在南面大约 47 千米处占领了一座宝贵的登陆场。1942 年 9 月,他们对沃罗涅日西部再次发起的突击又以失败告终,随后沃罗涅日方面军转入防御,等待辖内各集团军恢复实力。随着"小土星行动"大获全胜,红军把注意力转向了沃罗涅日地域——既然先前的战役表明匈牙利军队和意大利、罗马尼亚军队同样不经打,那么在他们两翼完全有可能取得丰硕的战果。北面,红军打算迂回紧邻沃罗涅日南部的德军防御,南面,红军打算抢在德国人加强防御前,一举打垮对方仓促构设的防线,为继续攻往罗斯托夫创造有利条件。为协助戈利科夫达成突破,大本营从统帅部预备队抽调了坦克第 3 集团军,以加强沃罗涅日方面军的战斗力。不过就算没有这股援兵,戈利科夫的兵力也足以击退匈牙利人,但获得坦克第 3 集团军加强后,自然就更有把握达成突破了。华西列夫斯基可能担心,德国和匈牙利军队的步兵数量与红军旗鼓相当,甚至更多,但实际情况是,匈牙利人不太可能实施长时间抵抗。

朱可夫也赶到戈利科夫的司令部,与华西列夫斯基会合,共同策划新攻势。他们以第 40 集团军组建了北部集群,在坦克第 4 军加强下,部署在沃罗涅日南面红军控制的登陆场内;又把坦克第 3 集团军和骑兵第 7 军编为南部集群,任务是从坎捷米罗夫卡发起突击。两个集群的目标是在阿列克谢耶夫卡会师,另外几股合围铁钳在东面会合,而南部集群的骑兵力量负责掩护进攻战役南翼。进攻战役成功的话,估计能围歼敌人 15 个师。[12] 第 40 集团军司令员基里尔·谢苗诺维奇·莫斯卡连科刚刚被擢升中将,他的部队遇到些麻烦,提供加强的坦克第 4 军展开得太晚,战役发起时无法投入交战,但考虑到匈牙利军队实力有限,莫斯卡连科觉得仅凭手头现有的坦克力量，他的集团军也能赢得胜利。红军把他们从"天王星行动"和"小土星行动"中学到的经验付诸实践；整个进攻战役包括几场规模较小的突击，目的是阻止被击败之敌形成较大的口袋，实施长时间抵抗。

红军越来越习惯于在进攻开始前抓捕俘虏，并通过审问了解敌军的情况，他们把这些俘虏称为"舌头"。尼古拉·彼得罗维奇·普斯滕采夫是侦察部队的一员，专门执行此类任务，他和他的同志奉命展开行动。他们完成初步侦察后，打算夜间实施袭击，但此类行动经常发生意想不到的情况，这次也不例外：

这群战士于次日空手而归，还出现了伤亡——他们用木制雪橇拖回来两名伤员。我看了看，一个是鲍里斯·埃拉斯托夫，另一个是米哈伊尔·佩科洛夫。两人都被手榴弹炸伤，鲍里斯的伤势特别重，就像几名战友说的那样，这位伙计从脚到腰，被手榴弹炸得千疮百孔。他看着我，竭力挤出一丝微笑，可微弱的笑容几乎难以辨认，"我像个吃撑的家禽那样躺在这里。"当天早上他们俩就被送往医院。

参加袭击的尼古拉·瓦赫鲁舍夫后来告诉我们："我们三个组成的俘敌小组，摸近德国人的战壕。我们看见哨兵戴的钢盔暴露出的剪影，这在雪地的映衬下看得清清楚楚。米哈伊尔低声对我们说道：'就逮他吧！'说罢冲了上去。我们在哨兵身后跳入战壕。米哈伊尔抢起胳膊，将手里攥的石块砸向法西斯分子的头部。可他用力过猛，希特勒分子倒地身亡。随后从掩体里又走出个哨兵。我们一把抓住他，但这家伙动作很敏捷，朝我头上揍了一拳，把我打倒在地，然后顺着战壕飞奔。鲍里斯不假思索地追了上去，最终在峡谷底部追上了对方。鲍里斯只要抓住他，解除他的武装，我们就逮住'舌头'了。可鲍里斯匆忙中抓了一把，拉响了德国人插在皮带上的手榴弹。伴随爆炸声，法西斯分子去了另一个世界，鲍里斯也被炸得满身弹片。"我方侦察兵于1943年的首次袭击就这样结束了。[13]

次日，普斯滕采夫率领了第二次袭击：

我们穿上毛皮大衣和白色伪装裤，拿起冲锋枪和手榴弹朝前沿阵地而去。刚刚落下的新雪遍布四周，在我们的毡靴下嘎嘎作响。

我们很快把我方前沿阵地甩在身后。我们趴在雪地里，贴着田地边缘黑黢黢的灌木丛，悄无声息地向前爬去。霜冻很重，可我们觉得浑身发热，身上满是汗水。穿越这片积雪覆盖、短短几米的中间地带真不容易！

我们看见敌人的战壕就在前方大约15米开外，胸墙边缘看上去似乎呈蓝色。我们屏住呼吸匍匐前行，不时停下。最后，我们看清了敌掩体的形状，入口处有一名哨兵的黑色剪影。掩体的房门嘎吱作响，另一个德国人出现在门槛处，跟哨兵说了几句又缩了回去。

周围一片沉寂，我们静静地趴在地上。哨兵靠着掩体的身影看上去很笨拙，简直有点太笨重了。他头上裹着条黑色头巾，脚上穿着厚厚的代用毡靴，似乎不是个顽强的战士。我们现在觉察到寒意，尽管穿着暖和的衣物，可还是冻得要命。我们的身体渐渐发冷，简直冻彻寒骨。

奇袭成了耐力竞赛，看谁更沉着，谁更能耐寒！德国人率先耐不住了，他踩着代用毡靴，走到战壕另一端，背对我们。这就是我们等待的机会，什梅尔科夫低声说道："上！"

我和雷科夫迅速抓住德国哨兵，把一块破布塞入他嘴里。我们随后与什梅尔科夫、济甘申、达尼基罗夫匆匆会合。我们五个拖着"猎物"行进，四下里一片寂静。突然，照明弹窜入空中炸开，机枪咯咯作响，希特勒分子终于发现他们的哨兵不见了。我们赶紧隐蔽到壕沟里，看着子弹射入雪地。最后，我们平安返回己方阵地。[14]

一如既往，苏联人以惯用的措施伪装进攻准备，但匈牙利人知道红军即将发动进攻，不过，几名高级指挥官低估了这场攻势的规模，最终造成灾难性后果。匈牙利第3军军长哲尔吉·拉科夫斯基少将在1942年年底的一封电报里写道："估计红军只会发动局部进攻……我觉得我们能自行应对这些进攻。"[15]

不管拉科夫斯基怎么看，匈牙利第2集团军司令维泰兹·亚尼大将和前线官兵都不抱这种幻想。没有反坦克炮，他们根本对付不了红军的冲击。颇具讽刺意味的是，德国人手里有大批缴获的苏制76毫米火炮，本来完全可以用这些武器加强罗马尼亚、意大利、匈牙利军队的防御阵地，而德国及其盟国的工业家肯定能设立生产线，为这些火炮制造相应口径的炮弹。可希特勒根本不想使用缴获的武器装备，也不愿把这批武器移交给盟友，不管怎么说，几个轴心国集团军沿顿河布防之际，希特勒却认为红军已丧失战斗力，必须指出的是，哈尔德在很长一段时间内也持同样的看法。在这种情况下，许多德国人不愿投入资源改善盟友军队的防御火力——今天是盟友，也许有朝一日会成为敌人呢！

匈牙利官兵士气低落，斯大林格勒的灾难进一步削弱了他们的信心。苏联人当然对此心知肚明。尼古拉·格里戈里耶维奇·什特科夫是近卫步兵第25师的副团长，为准备即将到来的进攻，他的部下也抓了几名俘虏：

我们从缴获的文件和匈牙利俘虏的交代中得知，许多匈牙利官兵逐渐认识到他们正在参与另一个国家发动的罪恶战争。他们现在只想回家。匈牙利第1摩托化旅的士兵伊斯特凡·博洛切克在与我师的小规模战斗中丧生，他的日记内容明确无误地说明了这一点。以下是部分摘录：

"昨天我参与了战斗，奇迹般地活了下来。中校和几名上尉阵亡了。士气低落，冻彻寒骨。圣母啊，救救我们，让我们回家吧！"

我们的侦察兵俘虏了匈牙利第20步兵师一名士兵，审讯时他告诉我们，他本来可以反抗的，但没有这样做，因为他不想为霍尔蒂政权的利益而战，他觉得自己对霍尔蒂政权没有任何义务。[16]

在红军发动进攻前几天，援兵开抵匈牙利军队防线，都是些稚嫩、毫无作战经验的新兵。在被派往东线前，他们只受过基本训练，通常情况下，这些新兵本该去前线轮防，在适应实战环境的同时，进一步接受训练。可实际情况恰恰相反，他们被直接地卷入了激烈的战斗。1月12日，红军展开强有力的侦察试探，随后发起猛烈炮击。帕维尔·缅杰列维奇·沙法连科少将的近卫步兵第25师被部署在第一突击波次，受领的首个目标是奥列霍瓦亚村，什特科夫就在该师服役：

经集团军司令员批准，我们决定在炮火准备结束后停顿2分钟再实施喀秋莎齐射。这种思路很简单。炮兵把火力转向敌防御纵深，我们的步兵并不跃出战壕，而是以轻武器猛烈射击，高呼"乌拉"，就像我们每次冲锋时常做的那样。纳粹分子会赶紧从藏身处跑出来抵御我们的进攻，这时，他们就会遭到火箭炮打击。近卫军战士然后再发起真正的进攻。

上午9点，接替索洛维耶夫的炮兵指挥员尼古拉·伊万诺维奇·诺维茨基上校，来到近卫步兵第81团指挥所。

雾气没有消散。一切准备就绪，昨晚已经检查过了。我方飞机对目标展开侦察，炮兵校准了他们的火炮。工兵于夜间在地雷场清理出通道，还做了精心伪装。进攻发起后，配备推土机铲头的坦克负责在敌人的铁丝网上打开通道。近卫步兵第81团两个营各就各位，等待上级的命令。

雾气直到10点才稍稍消退，我们听见飞机的轰鸣声从东面传来。维特鲁克上校麾下的强击航空兵第291师的强击机出现在上空。一架架战机飞过奥列霍瓦亚，投下炸弹，还以机载速射炮扫射敌人。歼击机在高空巡逻。空中没见到敌人的航空兵。

最后几架强击机刚刚飞离，我们的炮兵开火了，集团军、师、团、营里的火炮和迫击炮也轰鸣起来。从顿河东岸射出的一发发大口径炮弹从我们上方掠过。近卫炮兵第53团的火炮实施直瞄射击，摧毁了敌人的前线掩体。奥列霍瓦亚笼罩在硝烟下。一个个防空壕和掩体土崩瓦解，铁丝网、防坦克障碍和树木都被炸得粉碎。

一个钟头后，炮火的轰鸣开始减弱。

这时，我方战线发出"乌拉"的呐喊，伴随轻武器咯咯作响的射击声。被炮火炸得晕头转向的敌军士兵冲出掩体，准备击退我们的冲击。

随后，红色的闪光照亮了我们上方的天空，两个喀秋莎营展开齐射。卡扎克维奇的观察所腾起一发信号弹。我方坦克和步兵投入进攻，冲向奥列霍瓦亚。[17]

几百名匈牙利士兵举手投降，大多是新兵，其他人展开激烈战斗，但总的说来，红军遭遇的抵抗很有限。某些地段，侦察突击取得的进展很大，促使红军提早投入主力，进攻时间表提前一天，给红军各兵团指挥部人员造成了更大的负担，他们不得不向参战部队下达修改后的命令，确保各部队紧密协同，还得比原定计划提早一天前运补给物资。尽管如此，莫斯卡连科集团军的先遣部队还是从几个地方渗透到匈牙利军队防御纵深。

红军北部集群于次日发起主要突击。头24小时，尽管红军步兵在某些地段达成了纵深渗透，但匈牙利第4军下定决心，顽强据守防线。可他们实力太弱，根本无法维持防御。该军不得不把辖内所有兵团投入前线，随着弹药即将耗尽，结果不言而喻。

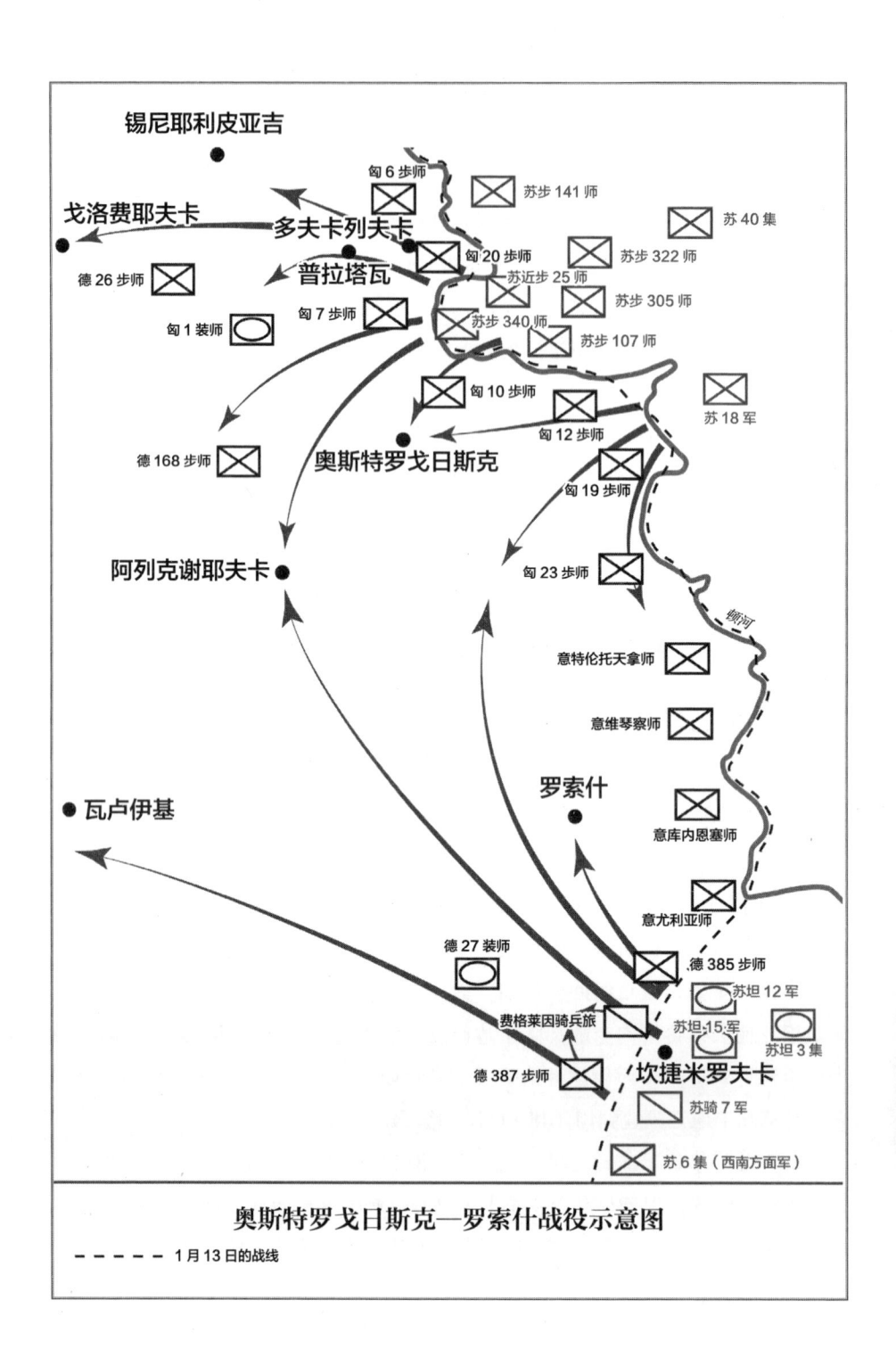

奥斯特罗戈日斯克—罗索什战役示意图

- - - - - 1月13日的战线

面对红军的渗透，匈牙利人缺乏局部预备队，这就使得他们无力封阻对方的渗透，更别说击退敌军了。匈牙利人一再请求德国克拉默军的支援，却毫无结果，克拉默军编有2个步兵师、1个装甲师（匈牙利第1装甲师）、1个突击炮营，但该军担任的是地区预备队，在没得到希特勒明确批准的前提下，是不能擅自投入交战的。直到当天临近结束时，第168步兵师才获准从驻地开赴奥斯特罗戈日斯克。要是该师齐装满员的话，介入战事也许能起到完全不同的效果，可他们的几个团，兵力还不到编制力量的一半，再加上投入得太晚，所以没起到太大作用。

沙法连科近卫步兵第25师遭遇顽强抵抗，尽管在前一天取得了一些战果，但如今进展甚微。后来莫斯卡连科联系沙法连科，告诉他友邻步兵第340师没遇到太大抵抗，正顺利推进；沙法连科立即把2个步兵团和坦克第116旅调到左翼，利用友邻部队的进展，绕开当面之敌的顽强防御——这种情况说明红军军官的战争意识正不断加强，完全能适应变化的战场态势。这天结束前，随着匈牙利军队的防线土崩瓦解，红军投入了坦克主力。[18] 他们的先遣力量迅速取得了至少17千米的渗透进展，在敌军防区撕开了一个50千米宽的缺口。沙法连科前进中的几个团和提供支援的坦克，在多夫卡列夫卡附近遭遇德国第168步兵师第429步兵团之后，他们决定发起夜袭，不给德国人掘壕据守的时间：

天黑前，各部队恢复建制，补充弹药，为进攻做好了准备。近卫指战员稍事休息，吃了点当日分发的干粮。天色越来越黑，温度不断下降。纳粹分子偶尔以轻武器和迫击炮开火，还以照明弹照亮他们阵地前方的地带。时间一分一秒地过去，预定的进攻时刻终于到来，喀秋莎火箭炮的轰鸣打破了严寒下的寂静。火箭弹拖着明亮的尾焰划过寒冷的夜空，从不同方向飞往多夫卡列夫卡和韦肖雷胡托尔。火焰四起，多夫卡列夫卡的弹药库发生殉爆。近卫军战士投入进攻。

拉古京大尉的坦克和近卫步兵第81团的突击冲锋枪手率先冲入多夫卡列夫卡，射倒了冲出一座座房屋的法西斯分子。激烈的战斗在附近的农场爆发开来。这场突如其来的打击完全出乎敌人意料，他们丢下武器和几部车辆仓皇逃窜。仅仅在多夫卡列夫卡几条街道上，他们就伤亡了350名官兵。

我们的损失很小，两人牺牲，一人负伤。

……夺得韦肖雷胡托尔后，近卫步兵第78团团长比柳京充分发挥主动性，立即组织部下追击残敌，1月14日8点，他率领部下，会同步兵第253旅1个营攻入马斯秋吉诺。该团的突击非常重要，我们得以攻入敌军第二道防线，守军此时还没占据这道防线。以最有效的措施粉碎希特勒分子的企图很有必要。按照上级下达的命令，打垮敌人第二道防御地带是我师的主要任务之一。

我们决定以近卫步兵第81团、坦克第116旅1个坦克营，以及第二梯队（近卫步兵第73团）部分力量组建先遣支队，一路攻往敌人第二道防线重要的支撑点普拉塔瓦。[19]

与双方参战人员撰写的其他著作一样，沙法连科对敌我损失的估计可能有些夸大，但这场战斗的结果很清楚：德军第429步兵团损失惨重，不仅被击退，还遭到猛烈追击。

1月14日，红军在北面扩大进攻。许多匈牙利部队进行了顽强抵抗，但结果没什么悬念。这天结束前，红军部分坦克部队已取得23千米的进展，匈牙利军队一片混乱，第12轻装师几乎全军覆没。这种情况迫使克拉默军辖内德国第26步兵师部分力量介入，企图阻滞苏联人推进。

同一天，红军南部集群进攻德国第24装甲军。当天下午，他们投入了坦克第12、第15军，力图粉碎德军防线的初步抵抗。两个坦克军在行动准备阶段都遇到些问题——坦克第12军于卸载期间遭遇空袭，军长阵亡；坦克第15军部分部队因路况恶劣而耽搁了行程。这天结束前，党卫队骑兵和第387步兵师一部陷入重围。不出所料，费格莱因的部下毫无战斗力，甚至还不如匈牙利人，党卫队骑兵迅速溃败。随后发生了进攻期间最富戏剧性的一幕：坦克第15军辖内部队打垮了第24装甲军军部，致使后者大多数人员丧生（不是在战斗中阵亡，就是被俘后遭处决），军长马丁·汪戴尔中将也在其中。

风暴袭来时，逃离战俘营的波兰裔犹太人加布里埃尔·泰姆金待在匈牙利军队防区内的某个村庄里。匈牙利人搜捕了身强体健的居民，命令他们列队向西跋涉，泰姆金也在其中。他们在途中遇到匈牙利犹太人组成的劳工营，这些人背着沉重的负荷艰难跋涉，不时遭到匈牙利卫兵咒骂和殴打。队伍到达某个小村庄后，匈牙利人把泰姆金他们赶入谷仓，把犹太人留在外面，夜里许多人冻死。匈牙利犹太人遭受的迫害和屠杀大多发生在1944年中期，是希特勒多次对霍尔蒂政府阻挠他的种族政策深表失望的结果，但匈牙利犹太人早几年就普遍受到虐待。虽说他们的处境比波兰或苏联被占领土上的犹太人要好些，但也好不到哪里去。霍尔蒂本人是反对屠杀犹太人的，在奥匈帝国瓦解后那些混乱的日子里，他还抗议过此类行径，另外他还多次拒绝谴责某些团体干出的行径，而这些团体对后来所说的"白色恐怖"负有责任。1940年10月，霍尔蒂写信给他的首相，支持匈牙利普遍存在的反犹观点，但又想合理地说明原因，解释自己为何厌恶目前对犹太人采取的措施：

关于犹太人的问题，我这辈子都是反犹主义者，也从未同犹太人打过交道。我觉得不可忍受的是，匈牙利的一切，所有工厂、银行、大笔财富、公司、剧院、新闻媒体、商业贸易等，都掌握在犹太人手里，犹太人似乎代表了匈牙利的形象，特别是在国外。但政府目前最重要的任务是提高国民生活水平，也就是说，我们必须获得财富。因此，我们不可能在一两年内取代他们，他们手里掌握着一切，以缺乏能力、不称职、夸夸其谈的人取代他们的话，我们会破产的。这项工作至少需要一代人才能完成。[20]

随着战争的持续，匈牙利境内的犹太居民遭受的迫害与日俱增，1941年8月，大约2万名没有匈牙利公民身份的犹太人被运到乌克兰，并在卡缅涅茨-波多利斯基惨遭屠杀，其中大多数人是波兰和捷克斯洛伐克沦亡后逃到匈牙利的，但也有不少人一辈子住在匈牙利，只是没有相关证件证明他们的公民身份。执行屠杀的刽子手既有德国人，也有乌克兰人，还有匈牙利人，被派往苏联的党卫队兼警察高级领袖弗里德里希·耶克尔恩统一指挥这些行动。耶克尔恩素以冷酷无情而著称，因为执行大规模屠杀而臭名昭著，他指挥部下强迫受害者脱光衣物，面朝下趴在预先挖好的坑里（通常趴在前一批遇难者身上），然后对准他们的后脑勺开枪——这种做法称为"沙丁鱼包装"。耶克尔恩于1941年下半年监督了好几场此类屠杀，为此获得佩剑战功十字勋章。匈牙利人后来把大约4万名犹太人编为劳工营，从匈牙利运往乌克兰，大多由强烈反犹的匈牙利军官指挥。匈牙利军队于1943年中期撤离后，只有5000名犹太人返回匈牙利。[21] 泰姆金瞅准机会逃离匈牙利犹太人和乌克兰平民组成的混编队伍，躲在某个村庄里，直到红军开抵。[22]

整个1月15日，北面的红军忙着消灭溃败的匈牙利师，俘虏和战利品迅速增加。沙法连科写到，仅他的师就俘敌600人，还缴获了112门火炮和迫击炮，以及大量其他物品。值得注意的是，他说缴获的战利品包括54支反坦克步枪，可德国军队从来不用这种武器，所以沙法连科要么搞错了，要么就是夸大其词，导致他列举的另一些数字也受到质疑。[23]次日，克拉默军辖内部队四分五裂，红军达成大规模突破。德国第26步兵师和匈牙利第1装甲师企图发起反突击，红军先是挡住对方的冲击，尔后以自己的大规模反突击扭转了局面，德军步兵混乱退却，致使友邻意大利山地军的翼侧暴露在外。山地军军长加布里埃莱·纳希中将想弄清苏联人这场进攻的确切情况，却一无所获，上级只是告诉他敌人取得了"一些"渗透，但其提供的报告却彻底低估了红军的渗透规模。纳希的山地军是意大利军队在东线残存的最后一个大股兵团，他现在满脑子想的是，无论如何都得避免其他部队在"小土星行动"中遭受的厄运。无论他做出何种决定，成功与否取决于他是否能获取及时、准确的情报，可他现在发现，自己收到的报告与实际情况完全不符。

红军第18军是个独立兵团[①]，被部署在第40集团军南面，受领的任务是遂行辅助突击，防止遭隔断的敌军形成庞大而又持久的口袋。他们穿过支离破碎的匈牙利部队，从东面威胁奥斯特罗戈日斯克，而第40集团军辖内部队从北面而来。朝奥斯特罗戈日斯克汇聚的两支红军纵队一旦会合，大批匈牙利官兵就会陷入重围，根本无望设立任何防御阵地。第18军辖内其他兵团向西追击匈牙利和德国残兵败将，而红军南部集群也迅速取得进展。1月15日早上，坦克第12军进攻罗索什，据守该镇的是个混编战斗群，有几辆德军突击炮，外加意大利山地军军部人员和1个营，他们获得斯图卡战机及时提供的支援，击退了苏联人夺取该镇的首次冲击。次日，红军投入更多兵力发动进攻，一举攻克罗索什，开抵的红军步兵换下坦克部队，让他们继续朝西北方发展胜利。坦克第12军转身向北，坦克第15军则迅速攻往阿列克谢耶夫卡，那是红军两个突击集群的主要目标。可是，红军坦克很快就因为补给线的限制变得步履维艰，这种情况在整个冬季频频发生。他们也想过办法改善补给

[①] 译者注：该军的番号应是独立步兵第18军。

问题，大部分坦克携带了一桶油料和几箱额外的弹药（捆绑在战车后甲板上），但许多坦克的柴油几乎耗尽，低下的后勤保障能力无法确保他们到达阿列克谢耶夫卡。为确保机动性，所有油料都被抽给坦克第88旅的战车，没得到油料的车辆则构成环形防御，等待补给物资和援兵从后方运抵。[24]

在德国第24装甲军军部被敌人彻底捣毁后，更严重的后果开始显现了。雅尔认为意大利人已撤离，故而命令全军余部向西退却；B集团军群起初撤销了他的命令，但于1月15日晚些时候终于批准了，德国人开始撤离，他们认为意大利人早已撤往西面，所以没把自己后撤的消息告知意大利山地军。意大利人其实还没有撤退，他们觉得德国人不打招呼就自行退却的做法纯属损人利己，企图丢下意大利人当替死鬼，好让他们自己安然逃脱。[25]而意大利第8集团军司令伊塔洛·加里博尔迪将军，确实请求了B集团军群司令魏克斯批准他们后撤，但意大利山地军军部的纳希将军受到错误情报误导，认为红军的进攻规模不大，故而命令部下发起局部反突击。这些进攻不仅没取得什么进展，还导致他的几个兵团与德国第24装甲军辖内部队失去联系。1月15日晚些时候，纳希发现自己的部下被抛弃了，这才命令山地军后撤。

罗索什陷落后，加里博尔迪设法联系上第24装甲军，随后获悉德国人即将耗尽弹药。但上级部门此时下达的命令经常自相矛盾。1月17日拂晓，纳希将军收到魏克斯发来的电报："绝对禁止未经B集团军群司令部批准擅自撤离顿河防线，我要求您亲自负责执行这道命令。"[26]没过多久，加里博尔迪又发来指令，要求第24装甲军和意大利山地军向西突围。1月17日夺回罗索什的企图失败了，意大利人很清楚，要想安然逃脱，就得穿越镇子北面的地带，跨过几条不适合大规模运动的道路。意大利军队南翼的德国第24装甲军已撤离，除此之外，还有消息称北面的匈牙利人也在退却，这种说法其实并不完全正确，虽然许多匈牙利兵团确实被红军打垮或击退，但另一些兵团仍在坚守阵地。不管怎样，南面的红军对意大利人暴露在外的翼侧构成严重威胁，意大利山地军要想摆脱覆灭的厄运，就得立即后撤。

红军步兵第107师位于第40集团军南翼，该师先遣部队于1月17日到达奥斯特罗戈日斯克。伊万·斯捷潘诺维奇·诺索夫是个炮兵，参加了对德军防御阵地的突击：

我们随后发起炮火攻击，一发发炮弹在敌军阵地上炸开。硝烟萦绕着我们的火炮身管，缓缓腾入空中，消失在冰冷的蓝天。

步兵线很快向前推进，我们也带着火炮跟了上去。可敌人的某个支撑点随后活跃起来。我方几名步兵倒在地上。炮组准备开火，炮长指示我："正前方的灌木丛，敌人的暗堡就在右侧。"我迅速发现了目标，那是个积雪覆盖的小丘，中间就是敌暗堡的射孔。一挺机枪从里面不停地向外喷吐火力。我还看见几个身影离开步兵线，勇敢地朝敌人的暗堡爬去，身后的雪地上留下深深的痕迹。

炮长喊道："放！"我拽动拉火绳。硝烟和飞舞的积雪遮蔽了目标，但法西斯分子的机枪仍在射击。中士稍稍调整诸元，我们再次仔细瞄准。炮弹这次击中了小丘顶部，激起一大团积雪。

炮长阿尔塔莫诺夫中士生气了："您怎么回事？"他迸发的怒火把我吓了一跳，我稳定心神，让自己冷静下来。烟雾刚刚消散，我就朝暗堡开了第三炮。一团火光在射孔闪现，敌人的机枪哑了。"我们本该干得更快些。"炮长说道，他也冷静下来。

我们刚刚消灭这座暗堡，纳粹分子就后撤了，但仍在射击。我方步兵起身向前冲去。我们跳入齐腰深的积雪，推着火炮跟在他们身后。我们的脸上满是汗水，我觉得自己的力气要耗尽了，喉咙发干，很想喝水。中士催促我们继续前进："伙计们，快点，快点！我们得跟上步兵！"

我们艰难地穿过积雪覆盖的田野，随后又是一片灌木寥寥的洼地。翻越一道长坡时，我们累得筋疲力尽，全凭心中燃烧的怒火，才把火炮推入下一处发射阵地。

傍晚前后，我们追上了步兵……这才停下。死一般的疲惫替代了常见的战斗紧张感，我们再也没力气多走一步了。[27]

德军撤离后，红军步兵第107师夺得奥斯特罗戈日斯克，与东面而来的友军会合；匈牙利第2集团军北翼破裂，残兵败将不是向西逃窜就是陷入合围。红军坦克第15军于次日到达阿列克谢耶夫卡。亚历山大·阿列克谢耶维奇·韦特罗夫是该军技术副主任，参加了先遣部队的行动：

军长科普措夫将军率领坦克第88旅部分部队前进，靠近阿列克谢耶夫卡镇西南郊时，天色已黑。他们从一座小山丘上惊异地看见大型火车站的活动一切照旧：

轨道上的火车头喷吐着烟雾,一列列火车正在编组,车厢旁边的人忙碌着。纳粹分子显然没想到我们来了。

端着望远镜察看情况的军长说道:"我们得趁敌人还没发现我们就发动进攻!"

坦克第88旅旅长谢尔盖耶夫中校耸耸肩,迟疑地提出反对意见:"将军同志,可我只有20辆坦克和2个摩托化步兵连。我们收到情报,阿列克谢耶夫卡镇内有一支强大的警察部队,还有几个匈牙利和意大利团。我们等待其他坦克和步兵部队赶上来会不会更好些?"

"不好!我们以手头几个小组立即发起进攻,足以达成突然性,把敌人打个措手不及,这能让我们获得很大的优势。"科普措夫说道,随即为战斗任务下达了详细的命令。

黑暗中,由34名指战员组成的连队冲入该镇西南郊。这场进攻迅速而又猛烈,敌人的兵力比我们多几倍,但从一开始就慌了手脚。我们的冲锋枪手在坦克支援下,随后从另一侧发起冲击。我们很快夺得火车站,还俘虏了许多敌军官兵,蒸汽机车烟雾缭绕,车厢里装满了宝贵的原料。

镇内的情况有点复杂。我们的坦克连起初轻而易举地控制了镇中央的工厂路和工厂,可敌人随后从修道院附近射来猛烈的火炮和迫击炮火力,挡住我们的前进。情况弄清了,镇内驻有很大一股匈牙利守军。总之,敌人从最初的慌乱中恢复过来,发现他们面对的不过是红军小股兵力,便很快加强了各处的抵抗,甚至调集预备队发起反冲击。为击退敌人的进攻,我们的坦克连转入积极防御。但到次日日终,机械化第52旅还没赶来,我们无法坚持下去,只好弃守镇中心,撤回镇南郊。

1月19日拂晓,军主力带着炮兵和几个摩托化步兵营与我们会合。戈洛瓦切夫中校的机械化第52旅,派第2营、第3营找到被敌人逼退到阿列克谢耶夫卡镇南郊的坦克连。实施短暂的炮火准备后,他们重新发起攻击。激烈的巷战爆发开来。敌人负隅顽抗,一再实施反冲击,某些地点在战斗中易手数次。摩托化步兵第2营的战士,在拉普辛上尉指挥下,战斗得特别勇敢。

中午前后,我们粉碎了敌人的顽强抵抗,再次控制了火车站,这里停放着37个火车头,476节装满军用装备的车厢。一两个钟头后,我们的几个坦克旅从南面、西面、东面彻底包围了阿列克谢耶夫卡。镇内守军终于发觉继续抵抗下去毫无意义,纷纷放下武器投降。意大利人率先打出白旗,匈牙利官兵也不甘落后。最后,德国人也挥舞着白布投降了。就这样，我们从敌人手里又解放了一座苏联城市。[28]

第二天，当地一名教师带着科普措夫和另外几名指挥员，来到阿列克谢耶夫卡北部边缘一片烧焦的谷仓废墟。他告诉他们，一群党卫队士兵昨天押着一大群苏联囚徒来到这里，有好多伤兵，妇女和儿童也不少。他们把这群囚徒赶入谷仓，锁上大门，纵火焚烧整座建筑。另外几名目击者描述了当时的惨剧，谷仓侧墙在烈焰下坍塌，一名妇女抱着死去的孩子想从火里爬出来，德国兵开枪打死了她。几位红军指挥员还得知，附近一座营地里关押着奴工：

我们带上军医和两个镇民，乘坐几部车辆出发了，很快来到一座无法遮风挡雨的露天营地，四周设有密密麻麻的铁丝网。

我们在这里也见到可怕的场景。几个营房里关着数千名精疲力竭的奴工，他们又冷又饿，还受到看守的残酷虐待。许多人的身体彻底垮了，甚至无法从木板铺位上爬起来。

有些奴工会说俄语。我们从他们嘴里得知，党卫队警察看守的这座营地，隶属托特组织的筑路队。他们把犹太人从欧洲各个国家押送到这里。囚徒里有杰出的科学家、律师、作家、医生和音乐家。

我们获知，营地里的每个囚徒都有苦役期，而在熬过规定的苦役期结束后，他们很可能被处决。

"我还要干很长一段时间，五个月零九天，"囚徒里为我们担任翻译的一名志愿者说道，背部的伤口疼得他不时发出呻吟，"可我的朋友只剩八天了，他是个奥地利艺术家。"

我们走近一位个头很高、身材瘦削的老人，他的眼中闪露出炽热的光芒，一缕缕长发呈灰白色，条纹外套的左衣袖戴着黄色袖标，上面有颗黑色的六角星。我们询问他的情况。

这名囚徒回答道："我是个律师，来自布达佩斯，今年41岁。一年多来我一直干着掘墓工的工作。要不是红军来了，再过十二天我就会被处决。"[29]

弗里茨·托特于1933年出任德国公路总监，以帝国劳工组织和该组织征募的劳动力建立了"托特组织",目的是加快速度,尽快完成德国正在修建的高速公路网,当初修筑高速公路的工人都是从劳动力市场招募的。这支劳动大军于1938年以托特的名字命名,从1939年起,托特组织越来越多地从事军用工程,而不只是早些年的民用工程项目。托特组织承揽的业务越来越多,再加上大批德国人应征入伍,他们不得不以战俘和占领区的平民百姓充当劳工。德国入侵苏联后没过几个月,托特就确信无法打赢东线战争。他在德国政府里的地位很高,利用这一点,他把自己的看法告知希特勒。1942年2月初,托特因飞机失事丧生,有人怀疑他是因为直言不讳而被干掉的。接替托特的阿尔贝特·施佩尔在回忆录里写到,帝国空军部调查坠机事件后得出结论,排除了人为破坏的可能性,所以不需要采取更多措施,换句话说,他们根本不想弄清事故真正的原因。施佩尔觉得"这很奇怪"。[30] 托特劳工营在东线被广泛用于修筑野战工事、机场,负责完成占领军提出的一切修建要求。随着战争的持续,占领军大量使用集中营囚徒和当地平民百姓。

弗谢沃洛德·帕夫洛维奇·舍曼斯基是红军坦克第116旅的下级通信军官,参加了北部集群的作战行动。1月20日,红军坦克第116旅奉命加快前进速度,攻入戈洛费耶夫卡,该镇位于沃罗涅日通往顿巴斯地区的主铁路线上:

我得说,这项任务可不容易。戈洛费耶夫卡位于敌军防线后方纵深处,要到达那里,我们就得迅速穿过若干村庄,这些村庄驻有实力不等的德国守军。但若能控制戈洛费耶夫卡火车站的话,我们就可切断敌军交通线,他们就无法把预备队调往我方进攻地域。另外,一旦我们夺取火车站,就能掩护我军左翼,防范在奥斯特罗戈日斯克地域陷入重围的德军孤注一掷,发动进攻突出合围圈。坦克兵可以利用快速推进,突然出现在敌人意想不到的地方,来实现上述目标。

……一辆辆坦克排成纵队赶往戈洛费耶夫卡。瓦西里·斯捷潘诺维奇·特卡切夫中尉率领的轻型坦克排担任战斗侦察巡逻队,位于纵队最前方。谢尔盖·热尔诺夫带着电台坐在一辆坦克后面。博布罗维茨基率领的KV坦克连先遣部队跟在侦察排身后,保持必要的距离。再往后是旅里其他部队。夜色已深,暴风雪肆虐,翼侧巡逻队保持无线电静默。

……我们小心翼翼地前进,打算绕过几个村庄,避免与敌小股部队战斗——重要的是悄然逼近戈洛费耶夫卡，突如其来地打击敌人。

驾驶员操纵坦克低速行驶，以前方侦察车辆留下的履带印和路边几乎难以辨别的路标为指引。为避免偏离道路，各坦克车长打开舱盖，站在炮塔里俯身向前，睁大双眼盯着雪白的雾霭，做好了应对一切意外的准备。步兵默默地坐在炮塔后面，感受着发动机传出的暖烘烘的热量，有人打着瞌睡，也有人陷入无尽的沉思，但没人抽烟。暴风雪和狂风的呼啸，掩盖了引擎的轰鸣。

从地图上判断，我们此时在某座大型村庄附近，村内应该驻有敌军。位于前方的侦察坦克驶入田野，绕开村庄。其他车辆跟了上去。行驶了很长一段时间，我们才回到路上。但在此之前，我们见到了熟悉的场景。距离村庄2千米处，我们看见敌人一支车队（约有十来辆卡车）困在雪地里，司机在驾驶室里打瞌睡，等待拂晓到来。但等来的是红军坦克。我们的战士迅速俘虏了这些德国人，他们大吃一惊。我们迅速做出决定，不能为这些卡车浪费时间。博布罗维茨基留下一辆坦克和一队冲锋枪手看押俘虏和车辆，然后继续赶往戈洛费耶夫卡。旅主力赶到后，用坦克牵引陷入雪地的卡车，我方战士驾驶几辆卡车，剩下的车辆由被解除武装的德国司机驾驶。

拂晓前，特卡切夫的坦克逼近戈洛费耶夫卡。他们没发现敌人。一队冲锋枪手奉命赶往火车站。他们穿着白色伪装服，犹如一群幽灵，迅速消失在薄雾和纷飞的雪花中。

我们等了一会儿。只有等过侦察兵返回的人才知道时间过得有多慢。就像先前骤然消失那样，一个个身着雪地伪装服的白色身影突然出现在我们面前。侦察兵报告，车站里停着三列火车，火车头冒着蒸汽。敌人显然没有足够的人手卸车。铁路线岔道口附近有个暗堡，火车站和货车都有人看守。

特卡切夫立即做出决定：利用突然性的优势，毫不拖延地发动进攻……

几辆坦克散开，朝火车站驶去。几座建筑物的轮廓出现在眼前，火车停在轨道上，其中一列开动了，亚米金的坦克离它最近。他射出两发炮弹，准确命中目标，中弹的火车头停在原地。帕夏的坦克射中岔道口的暗堡，消灭了里面的敌人。特卡切夫的坦克冲入车站，朝站长办公室开炮射击。

敌军士兵匆匆跑出站房，随即遭遇我方冲锋枪手的猛烈火力……待谢利瓦诺夫率领他的坦克赶到，戈洛费耶夫卡已落入我们手里……此时是1月22日清晨。斯图平和谢利瓦诺夫组织了戈洛费耶夫卡的防御，派侦察兵去附近的村庄察看情况。他们检查了缴获的卡车，在车里找到了食物。

村民出现了，成群结队地围在坦克兵身旁，焦急地询问前线的情况。我们的战士回答了他们的问题，劝大家回家去。随着时间流逝，我们现在担心法西斯分子会发动空袭。

暴风雪终于停了，太阳出现在空中。侦察兵返回后报告，在附近几个村庄都没见到敌人，倒是有些警察，但在听说红军已进入戈洛费耶夫卡后，都赶紧逃走了。[31]

在红军匆匆挺进的期间，有些部队遇到了意想不到的困难。沙法连科麾下一个团在逼近锡尼耶利皮亚吉村，本以为那里没有敌人，结果，团长比柳京匆匆呼叫支援。待什特科夫率领另一个团赶到后，比柳京赶紧向他介绍了情况：

行军速度大大加快了，所有人都想尽快到达村庄，经历了累人的越野行军，好歹能休息半个钟头。

全团距离锡尼耶利皮亚吉5千米左右，先前报告村里没有德国人的先遣支队指挥员突然发来惊人的新消息："遭遇大股敌军，我被包围了，急需支援。"情况很快搞清了，敌坦克和炮兵组成的一支大股纵队刚刚到达该村。我方先遣支队陷入重围。他们投入战斗，在锡尼耶利皮亚吉村中心占据阵地，组织起环形防御。

"我们仍能听见射击声，"比柳京说着，朝村子点了点头，"由此看来，先遣支队还在坚守。可他们能坚持多久呢？毕竟他们没有重武器。面对敌人的坦克和火炮，仅凭步枪又能做些什么呢？"他迟疑了一下，继续说道，"我很担心他们。他们正满怀希望地等待我们救援。但我们刚刚发起第六次冲击，拼尽全力了。"

我明白他的难处。当然，眼下每一分钟都很宝贵。毕竟在锡尼耶利皮亚吉村内，我们的战士正在牺牲。这些人真英勇！我们必须不惜一切代价营救他们！

我们迅速组织炮兵打击敌火力点，先前的进攻已确认这些火力点。炮兵前移时，我这个团的几个营从两侧绕过锡尼耶利皮亚吉村。我们已经商量好，比柳京团继续遂行正面冲击。

我们的炮兵射出一发发炮弹，火焰和硝烟标示出了村庄外围。不知为何，纳粹分子没有还击，他们也许被如此猛烈的炮击吓呆了，也可能觉察到红军新锐援兵赶到，正准备应对我们更加激烈的冲击。

一发红色信号弹射入灰暗的天空。这是进攻的信号，比柳京团发起第七次冲击，我的几个营在戈洛温、尼基福采夫、奥布霍夫率领下，打击锡尼耶利皮亚吉村翼侧和后方。两个团协同一致的冲击大获成功，我们冲入村内。但激烈的混战在街道上持续了几个钟头，有时候甚至发展为白刃战。[32]

红军最终把德国人赶出了村庄。什特科夫声称击毙、俘虏了 1500 名德寇，还击毁了许多坦克，但该地域几乎没有德军装甲部队，所以他的说法值得怀疑。

红军坦克第 15 军击退德国人的反突击后，于 1 月 21 日继续前进，与第 40 集团军从北面而来的部队会合，构成第二个合围圈。红军形成的每个合围圈，目前都还没有彻底封闭，匈牙利人、意大利人、德国人仍有机会逃脱，但他们必须立即采取行动。随着匈牙利第 2 集团军辖内兵团逐一瓦解，亚尼给 B 集团军群司令部发了封急电，称要是在 1 月 18 日日终前还没收到批准他后撤的明确指令，他就要自行做出决定了。与此同时，尽管魏克斯发来一道道后续命令，要求意大利人尽可能长久地坚守防线，但加里博尔迪将军失去了耐心，命令部下后撤。酷寒天气下，熟悉的一幕再次上演，混乱的前线士兵和后方部队组成一个个纵队，穿过雪地，开始了艰难的后撤。意大利山地军和德国第 24 装甲军

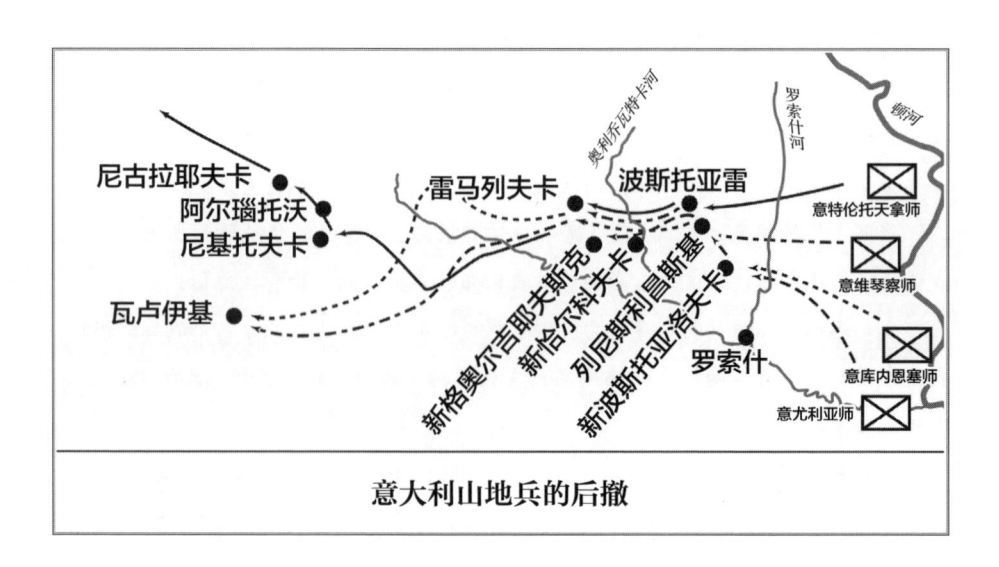

意大利山地兵的后撤

辖内部队混杂在一起,不仅发生冲突,有时候甚至开枪互射。1月17日晚些时候,加里博尔迪收到B集团军群司令部的后续指令,要求他继续坚守防线,掩护第24装甲军后撤。可就算这道指令切合实际,到得也太晚了。

后撤中的意大利人和德国人跨过罗索什镇北面的罗索什河河谷。南路纵队以雅尔第387步兵师的官兵和意大利"尤利亚"师、"库内恩塞"师部分部队组成,沿冰冻的道路艰难跋涉,后撤中的部队被迫丢弃了许多车辆。结果,他们损失了大部分通信设备,进一步妨碍到指挥工作。位于后撤纵队南翼的部队,承受的压力最大,红军和游击队不断发起攻击,给他们造成了严重损失。

主要以"尤利亚"师1个团组成的纵队撤往罗索什北面,于1月19日到达新波斯托亚洛夫卡村,在那里遭遇红军步兵。后撤的这个阶段,意大利人仍带着一些火炮,在9门榴弹炮支援下,他们对村庄发起了冲击。虽说意大利山地兵在村庄东部边缘夺得了立足地,但无法更进一步,苏联人随后投入7辆坦克,迫使山地兵后撤。战斗持续了一整天,意大利人于夜间重组。1月20日拂晓前,他们再次企图攻克新波斯托亚洛夫卡村,但村内守军已获得从罗索什向北开来的援兵加强,击退了意大利山地兵,还给对方造成严重损失。更多意大利部队开抵后,加入这场越来越惨烈的进攻,当天下午,意军对阻挡他们继续后撤的这道山脊发起最后一次冲击,几名意志坚定的军官率领人潮向前涌去:

绝望的人群朝敌人冲去……此时他们只有一个疯狂的念头,那就是"冲不出去就是死路一条"。头几波人潮身后,其他人从雪地里爬起,不顾一切地跟了上去,这些人简直令人难以置信,都是些没有武器的机枪手、军需官、话务员、士官、卫生兵、司机、医生、驭手、炮兵,这些意大利山地兵射光了最后的子弹。[33]

尽管意大利人发起殊死进攻,但苏联人继续坚守村子西部边缘,堵住对方的后撤路线。到这个阶段,除了从事战斗必要的东西,意大利山地兵丢弃了其他的一切,所以,他们对战斗中负伤的战友无能为力。

第387步兵师幸免于难的德国官兵顺利越过意大利人付出惨烈牺牲的山脊,但该师另一个大股集群,以及第27装甲师部分部队、费格莱因的党卫队骑兵旅大部,被红军包围在列尼斯利昌斯基的集体农庄及其周围。德国人弹尽粮绝,饥寒交迫，除了投降别无选择，不愿当俘虏的雅尔饮弹自尽。第385步兵师师长卡尔·艾布尔中将在后来收到了接掌第24装甲军的命令，主要是因为雅尔迟迟没有到达军部，与上级部门失去了联系。

意大利人向北跋涉、迂回新波斯托亚洛夫卡村红军阵地的企图以失败告终，但"尤利亚"师一个纵队当晚在厚厚的雪地里经历了漫长而又艰难的行军，终于穿过红军封锁线，到达沃罗涅日—罗索什公路。此时，他们中的大多数人已经有四天没吃过任何东西了。[34] 这支纵队于1月22日到达新格奥尔吉耶夫斯克，在这里停下来休息。没过多久，红军坦克和步兵出现了，意大利军官显然觉得他们的部下再也无力继续战斗。"尤利亚"师第8山地兵团团长决定与苏联人谈判投降，以免部下付出更多伤亡。寥寥几个小组设法溜过苏联人的封锁线，与后撤中的其他纵队会合。但"尤利亚"师官兵从事的战斗并非徒劳无益，他们在新波斯托亚洛夫卡村及其周围与红军作战，阻止了对方继续向北去打击"特伦托天拿"师的后撤纵队。

后撤官兵面临的处境，与艰难撤离顿河的将士经历的情况同样恶劣。雷马列夫卡的校舍被用于安置伤员，但屋外天寒地冻，其他士兵也想挤入屋内，一位意大利牧师后来写道：

酷寒导致这些士兵变得不顾一切，他们冲破哨兵脆弱的警戒线，涌入几间教室，踩在地上的伤员和垂死者身上。混乱的人群挤在屋内，暗处不时传来惨叫、咒骂、哀求。[35]

后撤中的官兵所途经的许多村庄都有成群结队的游击队据守，还有些村庄则被彻底遗弃。某些村子仍有人居住，尽管许多居民在战争期间经受了普遍而又残酷的暴行，可还是表现出他们的恻隐之心和仁慈善意。意大利士兵维托里奥·特伦蒂尼丢了手套，双手出现了冻伤的迹象。他在一座小木屋里御寒，屋内一名苏联妇女默默地看着他变色的双手，从地上拎起一张羊皮走出屋子。过了一会儿，她带着替他缝制的连指手套回来了：

她亲切地催我试试手套大小，待她确定手套很合适，脸上露出满意的微笑。我一直留着这副手套,它们救了我的手……我满怀感激之情,热烈拥抱了她,我会永远记住这位亲爱的老妈妈……我对她充满无尽的感激,我会永远记住她。[36]

其他人也经历过类似的事情,意大利人穿着破烂不堪、裹着破布的靴子,根本无法御寒,尽管当地农民几乎一贫如洗,可还是对冻伤的意大利人展现出恻隐之心。意大利军人心地善良,品行良好,1942年下半年,当地居民显然都知道这一点。一名中尉后来写道:

后撤期间,我们见识了苏联农民的人情味,他们愿意把简陋的小木屋和仅有的些许食物与我们分享,还为我们安排住处,不是把我们当作侵略者,而是视为同一场灾难的受害者,之后很长一段时间都是这样。[37]

列尼斯利昌斯基北面,红军挡住了南面企图逃窜的敌人,雅尔率领的德军主力被迫投降,但"特伦托天拿"师后撤中的山地兵设法避开了这股红军,并靠近了波斯托亚雷。"特伦托天拿"师师长路易吉·雷韦尔贝里怀疑红军已占领村庄,于是命令一个营夺取村内的房屋。意大利山地兵小心翼翼地进入村内,突然发觉自己中了埋伏。在该营殊死抵抗之际,其他山地兵迅速赶来支援,把苏联人逐出了村庄。与多次发生的情形一样,装备低劣的山地兵为这场胜利付出了高昂的代价。

"特伦托天拿"师的纵队从波斯托亚雷出发,继续向西赶往奥利乔瓦特卡河。在发现一股红军在新恰尔科夫卡挡住他们的退路后,"特伦托天拿"师发起了攻击,一举夺回村庄,打通了后撤路线。这段时间,苏联人忙着为先遣坦克兵团前运油料,所以没能像他们希望的那样,卓有成效地挡住后撤中的敌军。艾布尔将军率领最后一批部队赶往新恰尔科夫卡,他乘坐的卡车靠近村庄时,突然发生爆炸,可能是卡车碾上了地雷,也可能是意大利士兵误以为这群德军官兵是苏联人并朝卡车扔了颗手榴弹,总之,艾布尔的腿负了重伤。[38] 两名意大利军医赶来急救,查看了艾布尔的伤势,认为只有截肢才能救他的命,于是在最简陋的条件下给艾布尔做了截肢手术(没使用吗啡或其他任何药物)。尽管他们倾尽全力,第二天艾布尔还是死于失血过多。[39] 奥托·海德肯佩尔少将接掌第24

装甲军，成为该军一周内换上的第四位军长。

不远处，尼古拉·普斯滕采夫和他的侦察队在全师前方展开行动。夜间行军时，他们在某座农场外遇到一小群游击队员，于是向他们打听德国人在哪里。游击队员告诉他们，附近的村子里驻有敌人的一支后方部队。侦察队朝该村而去，但他们发现村内没有德国人。村民为他们安排了住处，没过多久，他们就被混乱和喧嚣惊醒了：向西撤退的一支德军部队也进入村内过夜。他们赶紧逃入附近的林地，又遇到了先前那支游击队，游击队员把他们领到一处营地。在战前短暂当过骑兵的游击队队长告诉他们，约有200名德国人和匈牙利人盘踞在瓦库洛夫卡村。他建议侦察队配合游击队一同进攻这股敌军，于是，他们行动了起来：

> 黑暗中，一道身影悄然靠近。一个小伙爬到我们身旁，我听见他低声说道："是我，瓦谢克，他们让我告诉您，第二组准备好了。"游击队队长点点头，示意他知道了，随后举起信号枪，朝空中射出信号弹。粉红色火焰照亮了夜空。村内一座座木屋清晰可辨，覆满积雪的屋顶、树篱、菜园、雪堆，在信号弹照耀下呈现出一片粉红色。
>
> 游击队的机枪开火了，敌人从对面的村郊以步枪齐射还击。随着游击队冲入村中央，纳粹分子惊慌失措地跑出小木屋，被游击队员的子弹击中后倒在地上。
>
> 游击队队长命令我们这个侦察队搜索一座孤零零的房屋。我们小心翼翼地走了过去，踹开房门。一幅奇特的场景出现在我们眼前，角落处的桌子上，一盏油灯闪着昏暗的光芒，几名士兵趴在地上。我们的三支冲锋枪对准他们："举起手来！"他们赶紧站起来，高高举起双手。我打开手电筒，几个俘虏都很瘦，脸上胡子拉碴，流露出饥饿的容颜。我用德语问道："德国人？士兵？"
>
> "不是德国人，我们是匈牙利人。"他们畏惧地嘟囔着，还满怀期盼地看着我们。谁知道他们是不是匈牙利人，很可能被俘后心存侥幸，谎称自己是匈牙利人。他们知道苏联人民是多么仇恨希特勒侵略者，这帮匪徒的双手沾满数百万无辜儿童、妇女、老人的鲜血。但天道轮回，恶有恶报。
>
> 我们收缴了俘虏的武器，把他们押到村内临时充当收容点的校舍。教室里塞得满满当当，被俘的敌军官兵至少有100多个。[40]

后撤中的部队一直以为他们应该赶往瓦卢伊基镇，但1月21日晚些时候，第24装甲军的电台（后撤部队仍能使用的电台已寥寥无几）收到电报，得知他们应当撤往尼基托夫卡。"特伦托天拿"师沿主力部队稍北面的路线后撤，继续退往尼基托夫卡，于1月25日经过短暂的战斗占领了该村。其他部队到达瓦卢伊基后，一再击退红军和游击队反复发起的攻击，却没有想到，他们应该跟随"特伦托天拿"师撤向北面。红军骑兵第7军（为表彰该军在此次战役中取得的战绩，该军后来被改称为近卫骑兵第6军）封锁了他们继续退往西面的道路。红军先前的迅猛推进粉碎了几个德军兵团，残存的官兵和意大利人一路后撤，早已累得筋疲力尽，因此突破红军防御的企图纯属徒劳，在阵亡了一些人后，大多数人就在短暂战斗后放下了武器。

穿过尼基托夫卡村，"特伦托天拿"师率领大约4万名由意大利人、匈牙利人、德国人组成的纵队，赶往下一个村庄阿尔瑙托沃。红军在这里也封锁了他们的后撤路线，山地兵一连发起三次冲击都被击退，伤亡惨重。他们稍稍后撤，打算集中兵力再次进攻。"特伦托天拿"师"蒂拉诺"营随后投入进攻，终于驱散了苏联人，但战斗结束后，该营只剩150人。[41] "特伦托天拿"师辖内其他部队绕过阿尔瑙托沃，靠近了尼古拉耶夫卡村。纵队前卫在这里遇到一名朝他们跑来的意大利士兵，他告诉他们，自己先前被苏联人俘虏，后来设法逃脱了，他还提醒他们，别在夜间强攻敌军防御。

1月26日晨，实力虚弱的2个营和兵力相对较强的1个营组成前卫力量，在3辆德军突击炮支援下向前而去。尼古拉耶夫卡村东部接近地有一道开阔的山坡，地上覆满积雪，遂行防御的红军给迎面而来的前卫部队造成严重损失。山坡底部，双方在火车站周围的房屋和建筑物间展开近距离战斗。彼此的损失都很大，但都没取得什么战果。"特伦托天拿"师师长雷韦尔贝里与海德肯佩尔会面，商讨下一步该怎么办。就在这时，德军一架鹳式轻型飞机降落在附近，两人吃了一惊。海德肯佩尔登上飞机，迅速侦察了整片地域，随后返回。飞行员提议把他和雷韦尔贝里带出包围圈，但两人都决定和自己的部下待在一起。夜幕降临，雷韦尔贝里爬上德国人的突击炮，大声鼓励部下："特伦托天拿，前进！"数千名有武器和没有武器的士兵高声呐喊，密集的人潮随后涌向苏联人。红军明显占有火力优势，可还是撤走了。山地军参谋长朱利奥·马蒂纳特将军率领部队突击期间阵亡，但他们占领了村庄，筋疲力尽的意大利人和德国人在尼古拉耶夫卡过夜。春季化冻时期到来后，苏联人在尼古拉耶夫卡村内和周围清点出1.1万具各国官兵的遗体。[42]

令人惊讶的是，就算在战斗中，恻隐之心依然不时出现。一名意大利山地兵中士闯入某座小木屋，想找点食物充饥，他跌跌撞撞地走入房间，惊愕地发现几个全副武装的红军士兵围坐在桌子旁吃晚饭。他惊恐交加，一时间不知所措，就在这时，屋内一名妇女把牛奶和食物递给他，他默默地把步枪挂在肩头，接过食物。吃完东西，他把空碗还给那名妇女，道谢后转身离去，几个红军士兵什么也没说，就这样看着他走出屋子。[43] 战斗刚刚结束，一名意大利中尉在另一座木屋里遇到五个红军士兵，他们坐在桌子旁，等待一名妇女给他们做饭。他们面带笑容地看着他，还指指旁边的空座位。那名妇女给他端上饭菜，待遇和几个苏联人完全一样。他们随后躺在暖炉旁睡觉，几个苏联人鼓励他投奔红军。第二天早上，他们把他叫醒，指明了通往西面的道路，还笑着与他挥手道别。[44]

1月27日，德国人剩下的最后一辆突击炮率领纵队再次出发，冲破了红军设在西面的防御阵地。队伍穿过雪地继续跋涉，但会不时遭遇空袭，许多人因为疲惫、寒冷、饥饿倒在路旁。队伍里所剩无几的骡子再也支撑不住，接连倒地死去，遗弃在路边的伤员徒劳地哀求不要丢下他们，或求告路过的人发发善心结束他们遭受的痛苦。1月29日，幸存者终于到达德军防线。

从苏联人的角度看，他们所说的奥斯特罗戈日斯克—罗索什进攻战役大获全胜。第40集团军司令员莫斯卡连科在回忆录里指出，此次战役俘敌人数超过7.1万，击毙5.2万名匈牙利、意大利、德国官兵，还缴获大批武器装备、弹药、食物和其他物资。据他计算，敌军阵亡和被俘人数超过12.3万，相比之下，第40集团军只损失4527人。[45] 就算参战的其他集团军伤亡更大些，此次战役依然是苏联赢得的重大胜利。不出所料，红军指战员士气高涨，对加强他们必胜的信心很有帮助：

有个奇特的情况值得一提，俘虏太多，我们没办法派遣大批兵力押送他们，只好设立集合地点。我们的战士只告诉这些俘虏朝哪里走，他们随后沿规定的方向而去，到达后再向遇到的人打听接下来去哪里。

俘虏队伍向东而行，而包括第40集团军在内的红军兵团匆匆向西。红军指战员热情高涨，我们心中满怀喜悦：长久期盼的时刻终于到来了！我们打败了法西斯匪徒，解放了我们的祖国，拯救了我们在纳粹铁蹄下苦苦挣扎的父亲、母亲、兄弟、姐妹、孩子。光荣而又难忘的1943年1月，我们仿佛肋生双翅，可以更快地把敌人赶往西面。[46]

匈牙利人后来估计，他们在不到三周的时间里就阵亡了3.5万人，负伤人数也差不多，另有2.6万人被俘。[47]意大利军队在顿河畔遭受的总损失更大些。山地军只逃脱2.5万人，同时在战场上丢下了数万具尸体。红军的"小土星行动"和奥斯特罗戈日斯克—罗索什进攻战役，至少俘虏了7.5万名意军官兵。落入苏联人手里的俘虏大多死于非命，通常是因为患病或暴露在户外，但也有不少人是被立即处决的。不过，有些生还者后来谈到，苏联人以不同方式对待不同国家的战俘。

有些战俘死于战争期间发生的意外。红军在瓦卢伊基把一群意大利俘虏押上货运列车并锁上车门，但火车还没开动，就遭到德国战机空袭。车上数百人丧生，幸免于难者被迫跋涉数日，就像莫斯卡连科说的那样，通常无人押送，而且没有任何食物，最终到达条件简陋的战俘营。[48]

撤到新防线的意大利部队逃脱了被俘的厄运，但通常会面临更多的艰难考验。后勤保障承受的压力很大，再加上意大利第8集团军后方地带部队几乎损失殆尽，导致这里根本没有交通工具把生还者运离前线。因此冻伤、饥肠辘辘的官兵别无选择，只好继续跋涉。他们最后好不容易才登上火车返回意大利，许多人需要住院治疗，但医院的床位不够，只能采取应急措施为他们提供治疗。为掩盖前线的灾难，墨索里尼下达命令，不许民众迎接回国的列车，以免火车站出现凄惨的场面，宪兵不得不执行这项令人不快的任务，阻挡急于获知丈夫、兄弟、父亲、儿子消息的民众。他们最后获准去临时搭设的医院探望伤员，伤员冻伤的四肢生了坏疽，散发出恶臭，吓坏了许多平民。而手里没有抗生素的医务人员则不得不做了数千例截肢手术，那些很快要回家务农的士兵，醒来后发现自己没了胳膊或腿脚，不由得更加绝望了，因为他们知道，自己再也无法回当初离开的农场干活了。墨索里尼傲慢而又愚蠢，根本没有为战争的现实做好准备，第8集团军的官兵为此付出了巨大的代价。

德军在这场战役中损失了6500人，但他们投入交战的兵力总共才1万人。

第385、第387步兵师残余人员编为新组建的第387步兵师，第385步兵师撤编。魏克斯的B集团军群只剩下支离破碎的残部，以及从西面开抵的兵团。正如我们会在后文描述的那样，在奥斯特罗戈日斯克—罗索什战役结束后没几天，B集团军群司令部被撤销，辖内部队分别被编入北面的中央集团军群和曼施泰因位于南面的顿河集团军群。奇怪的是，希特勒没有责怪魏克斯，反而擢升他为陆军元帅。魏克斯在将领预备队闲置了一段时间，又奉命指挥巴尔干地区的德国军队。战争临近结束时，面对来自四面八方的重压，他极为娴熟地指挥军队顺利后撤。战争结束后，西方盟国逮捕了魏克斯，但在等待战争罪行审判期间，又因为他身体状况欠佳而将他释放了。魏克斯后来于1954年去世。加里博尔迪率领第8集团军残部返回意大利，为表彰他在东线做出的贡献，希特勒授予他骑士铁十字勋章。加里博尔迪后来卷入意大利法西斯政府倒台的事件，德国人囚禁了他，先是判处他10年徒刑，次年又以叛国罪判处他死刑，但快速推进的西方盟军救了他。加里博尔迪于1970年去世，他的儿子继承父志，在战后的意大利军队担任高级军官。尽管亚尼一再提醒，他的军队无法抵挡红军大举进攻，可德国人还是把匈牙利第2集团军的惨败归咎于他。战争结束后，亚尼被美国人短暂羁押，但他于1946年自愿返回匈牙利，于次年受到起诉，被控犯有战争罪行。匈牙利共产党说他是"顿河刽子手"，指控他对那些匈牙利官兵丧生负有责任，最后亚尼被判有罪，且被执行了枪决。铁幕瓦解后，亚尼的罪名被撤销。

参考文献

1. Melvin, *Manstein: Hitler's Greatest General*, p.321.
2. Manstein, *Lost Victories*, p.354
3. Adam and Rühle, *Paulus at Stalingrad*, pp.155–60.
4. Vasilevsky, *Lifelong Cause*, pp.224–25.
5. Ibid., pp.225–26.
6. I. Tiulenev, *Cherez Tri Voyny* (Voyenizdat, Moscow, 1972), p.228.
7. A. Mollo, *The Armed Forces of World War II* (Crown, New York, 1981), p.207.
8. J. Fest, *Die Unbeantwortbaren Fragen: Notizen über Gespräche mit Albert Speer Zwischen Ende 1966 und 1981* (Rowohlt, Haburg, 2006), p.143.
9. M. Miller, *Leaders of the SS and German Police* (Bender, San Jose, CA, 2006), Vol. I, p.308.
10. A. Krüger and S. Scharenberg, *Zeiten für Helden – Zeiten für Berühmtheiten im Sport* (LIT, Münster, 2014), p.85.
11. H. Peiper, *Fegelein's Horsemen and Genocidal Warfare: The SS Cavalry Brigade in the Soviet Union* (Palgrave Macmillan, Basingstoke, 2015), p.120.
12. Vasilevky, *Lifelong Cause*, pp.236–37.
13. N. Pustyntsev, *Skvoz' Svintsovoyu V'yugu: Zapiski Razvedchika* (Voenizdat, Moscow, 1966), pp.76–77.
14. Ibid., pp.78–79.
15. L. Veress, *Magyarország Honvédelme a II. Világháború Elott és Alatt 1920–1945* (Nemzetőr, Munich, 1973), p.369.
16. N. Shtykov, *Polk Priminayet Boy* (Voyenizdat, Moscow, 1979), pp.38–39.
17. P. Shafarenko, *Na Raznykh Frontakh: Zapiski Komandira Divizii* (Voyenizdat, Moscow, 1978), pp.140–41.
18. F. Adonyi-Naredi, *A Magyar Katona a Második Világháborúban, 1941–1945* (Kleinmayr, Klagenfurt, 1954), pp.98–108.
19. Shafarenko, *Na Raznykh Frontakh*, pp.143–45.
20. R. Patai, *The Jews of Hungary: History, Culture, Psychology* (Wayne State University Press, Detroit, MI, 1999), p.546.
21. Y. Bauer, *Jews for Sale? Nazi-Jewish Negotiations 1933–1945* (Yale University Press, New Haven, CT, 1994), p.148.
22. G. Temkin, *My Just War*, pp.79–80.
23. Shafarenko, *Na Raznykh Frontakh*, p.147.
24. A. Vetrov, *Tak I Bylo* (Voenizdat, Moscow, 1982), p.104.
25. Vicentini and Rochat, *Il Sacrificio della Julia*, p.61.
26. E. Collotti, *Gli Italiani sul Fronte Russo* (De Donata, Barii, 1982), p.278.
27. I. Nosov, *Vysoty Poluchayut Imena* (Voenizdat, Moscow, 1978), pp.12–13.
28. Vetrov, *Tak I Bylo*, pp.104–05.
29. Ibid., pp.108–09.
30. A. Speer, *Inside the Third Reich* (Weidenfeld & Nicholson, London, 2015), p.279.
31. V. Shemansky, *Pozyvnyye Nashikh Serdets* (Voyenizdat, Moscow, 1980), pp.47–51.
32. Shtykov, *Polk Priminayet Boy,* pp.46–48.
33. E. Corradi, *La Ritirata di Russia* (Mursia, Milan, 2009), p.93.
34. G. Bedeschi, *Centomila Gavette di Ghiaccio* (Mursia, Milan, 2011), p.313.
35. Hamilton, *Sacrifice on the Steppe*, p.156.
36. Hamilton, *Sacrifice on the Steppe,* p.157.
37. Hamilton, *Sacrifice on the Steppe*, p.136.
38. O. Heidkämper, *Witebsk: Kampf und Untergang der 3. Panzer Armee* (Scharnhorft, Heidelberg, 1954), p.22.

39. Gnocchi, *Cristo con gli Alpini*, p.21.
40. Pustyntsev, *Skvoz' Svintsovoyu V'yugu*, pp.89–90.
41. E. Faldella, *Storia Delle Truppe Alpine 1872–1972* (Cavalotti, Milan, 1972), pp.1641–44.
42. M. Bellelli, *Luigi Reverberi: un Soldato, un Alpino, un Uomo* (Centro Culturale Comunale, Vavriago, 2009), pp.40–41.
43. M. Rigoni Stern, *Il Sergente Nella Neve: Ricordi Della Ritirata di Russia* (Einaudi, Turin, 2014), p.88.
44. G. *Bedeschi*, p.393.
45. K. Moskalenko, *Na Yugo-Zapadnom Napravlenii* (Izdatelstvo Nauka, Moscow, 1969), Vol. I, pp.398–99.
46. Ibid., p.400.
47. I. Nemeskurty, *Requiem egy Hadseregért* (Magvető, Budapest, 1982), pp.198–99.
48. Hamilton, *Sacrifice on the Steppe*, p.200.

力挽危局

第九章

红军完全有理由对奥斯特罗戈日斯克—罗索什进攻战役的结果感到满意，但此次战役是否代表红军从更具决定性的地域转移了力量，现在还不好说。苏联人无疑对在顿河中游取得的战果深表欢喜，特别是因为他们粉碎了北面的德军防线，有可能打开通往第聂伯河渡场的通道。但于前进中的部队而言，其打击距离内没有哪个目标可被视为赢得决定性胜利不可或缺的条件。要是以投入此次战役的兵力对付南面的霍利特或弗雷特-皮科集团军级支队，红军很可能从北面到达罗斯托夫和亚速海沿岸，彻底切断高加索地区的德国军队。1942年夏季，希特勒产生了战略贪念，坚信红军已彻底土崩瓦解，无独有偶，面前出现的多种选择也让苏联人挑花了眼。他们认为，自"天王星行动"开始以来，红军的每场突击都取得了胜利。德国第6集团军在斯大林格勒苟延残喘，德军的救援行动被击退。尽管顿河下游周围和高加索地区的德军依然完整，且仍能实施后撤，但切断他们似乎只是时间问题。

奥斯特罗戈日斯克—罗索什战役导致顿河沿岸到沃罗涅日以南的轴心国军队灰飞烟灭，而德国第2集团军南翼也暴露在外，该集团军目前位于暴露的突出部内。突出部北部一连几个月较为平静，那里的防御相当严密，但苏联人在南面的快速推进创造了诱人的机会，不过，在潜在的决定性机会继续于南面招手之际，苏联人却把注意力转向了北面。华西列夫斯基拟制了计划，打算对突出部发起向心突击，一举合围德国第2集团军，他于1月19日提出这项建议。在斯大林当天批准后，华西列夫斯基立即展开了详细的策划工作。先前在战役北部地域率领突击，对付匈牙利军队的红军第40集团军，得到了新锐坦克第4军和3个步兵师的加强，并于1月24日转身向北，莫斯卡连科后来写道：

1943年1月24日早上，暴风雪袭来。各条道路结冰，温度降到零下20摄氏度，最要命的是能见度非常低。我们只好把进攻发起时间推迟到12点。而暴风雪到中午也没停，可要是我们再次推迟进攻，当天就只能放弃行动了。因此，我们还是在12点准时发动进攻。尽管能见度非常低，但炮兵还是实施了30分钟炮火准备。这场炮击按计划进行，成果微不足道。炮兵看不见目标，所以无法压制对方。由于暴风雪太猛烈，航空兵不得不放弃空中突击。

这一切导致我方步兵和坦克的行动更加困难。炮火准备期间，我们的步兵逼近到距离敌军防线的300—350米内，炮击刚一结束，他们就在坦克支援下冲击敌军阵地。

突击部队遭遇敌火炮和机枪火力,整条战线爆发了激烈的交火。但一个钟头后,我们在某些地段粉碎了敌人的抵抗,开始向前推进。集团军辖内几个步兵师击退了敌人的反冲击,在这天结束前攻入敌人设在博恰罗夫、旧尼古拉耶夫斯卡亚地域的防御。

坦克第4军的战果更大。他们粉碎了德国第68步兵师辖内部队的抵抗,且用了两个钟头的时间前进了8千米,一举占领列比亚日耶地域。接下来,该军要攻往阿尔汉格尔斯克。一个个硕大的雪堆迫使克拉夫琴科将军选择最短的路线,穿过旧梅洛沃和新梅洛沃的村庄。

这里的进攻条件极为艰苦,敌人加强了设在几个居民区的环形防御,驶离道路、绕开支撑点的企图纯属徒劳。坦克陷入深深的积雪,不停地打滑,消耗了大量油料。许多地方的道路也被积雪覆盖。[1]

红军第60集团军于次日把德国人赶出了沃罗涅日,部署在德军突出部北翼的红军,于1月26日开始推进。德国第2集团军司令汉斯·冯·扎尔穆特大将束手无策,因为希特勒要求他坚守根本无法守住的阵地,虽然元首最后很不情愿地批准他后撤,可为时已晚,8个德国师和2个匈牙利师陷入重围。前进中的红军企图充分利用眼前出现的机会,于是封锁、消灭合围圈的任务被交给了尼坎德尔·伊夫兰皮耶维奇·奇比索夫将军的第38集团军。

博多·克莱内是第377步兵师的下级军士,该师也陷入了合围。他所在的防区几乎没发生战斗,因为红军的主要突击从他们两侧而过,他和他的战友突然接到命令,弃守阵地向西退却。他描述了这场后撤的混乱状况,以及德军与其他轴心国军队持续的紧张关系:

黄昏时我们离开阵地,在一座废弃的村庄(克里木斯卡亚)集合,全营从这里开始后撤。我们彻夜行军,于午夜过后在苏联人的一个村庄休息,我们不能进入村内的房屋,因为里面住着苏联平民百姓。村里有座房屋正熊熊燃烧,我们躺在屋子旁边的雪地里,这样至少能让自己稍稍暖和一点。在休息了一个钟头后,我们继续后撤。天色渐渐放亮。此时我们看见主干道上,车辆、重武器、行军人员组成的队伍一眼望不到头。队列里夹杂着由一两匹马拖曳的简陋雪橇,上面载着各种装备。

我们担任后卫,也就是说,我们必须掩护队伍后方,抵御苏联人的攻击。主干

德国第 2 集团军的失败

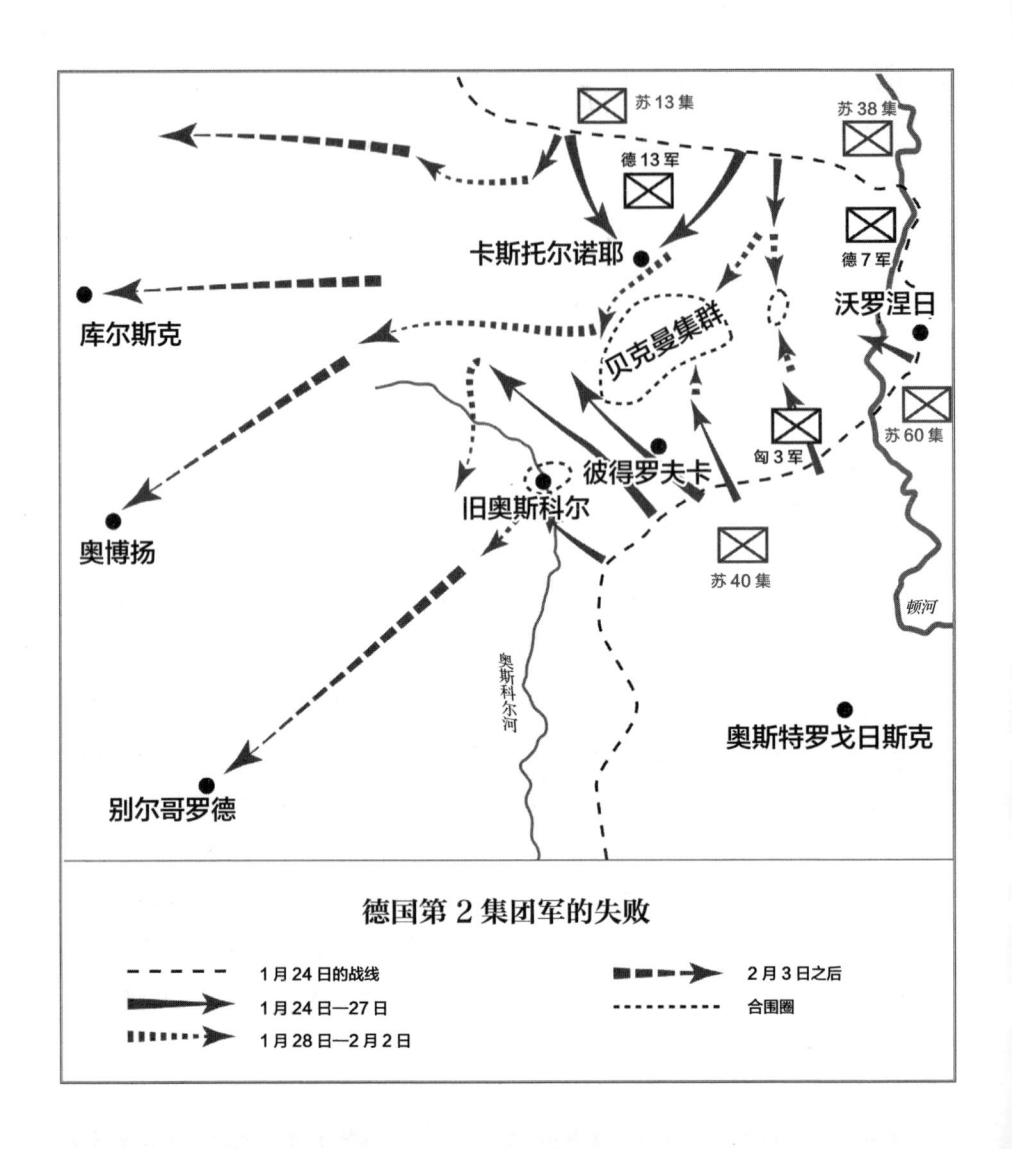

- ---- 1月24日的战线
- ──► 1月24日—27日
- ▬▬► 1月28日—2月2日
- ▬▬► 2月3日之后
- ······ 合围圈

道两侧散落着大量被丢弃的物品,从打字机到收音机,还有各种日常用品,例如毛毯、帐篷、背包、盥洗用具等。每隔约50米就有一匹马倒毙在路旁。这是因为饲料短缺,我们没法带走这些马匹,只好射杀了它们。

就这样,我们冒着凛冽的寒风,穿过不断袭来的雪花,沿主干道不停地跋涉。车辆、马匹、人员吃力地穿过深深的积雪。酷寒造成的粉状雪花非常松散,在这样的雪地上行军特别艰难,军靴的皮质靴底会不停地打滑。

……我们搞到一架船形芬兰雪橇，把装备和机枪放在雪橇上，还从某个村庄弄到块床单，这样就可以把我们的雪橇盖上。有了这件装备，我们节省了体力，还能轮流坐在雪橇上。这里的地形是平缓的丘陵，一连几千米上坡，然后又缓缓下降。主干道穿过山谷时，我们经常遭遇游击队射来的迫击炮火，他们隐蔽在路旁朝我们开火。

我们几乎没有重武器，没办法与他们交火，所以只能以最快的速度跑过山谷，以此躲避对方的迫击炮火。尽管我们是最后一批通过的部队，但通常情况下，山谷里总有几名中弹的士兵躺在地上，我们没法带上他们。不过我们很幸运，每次遭遇游击队都毫发无损。

傍晚前后我们到达某座村庄，想在苏联人的屋子里过夜，却发现屋内挤满了丢掉武器的匈牙利士兵。于是我们把匈牙利人赶了出去，自己住进屋子里。匈牙利人通常在马厩里过夜，那里好歹能遮风挡雨。

……后撤没完没了。我们现在昼夜行军，累得筋疲力尽。苏联人企图包围后撤中的部队。昼间我们经常遭到敌机空袭。敌机飞得很低，就在行军队列上方盘旋，大多是伊尔-2对地攻击机或战斗机。我们以手里各种武器开火射击，可伊尔-2的装甲板很厚，步兵武器没法对付它们。不过，敌机也怕中弹，所以只是在我们队列上方横穿而过，要是它们沿队伍行进的方向飞行，也许能取得更大战果。

我们显然位于不断向西移动的合围圈内，个别敌坦克不时从我们身旁500米外驶过，朝我们的纵队猛烈射击。然后会有人喊道："反坦克炮到前面来！"可四周根本看不见反坦克炮。射击后，敌坦克驶离，消失在下一片地域。苏联人此时仍在对付斯大林格勒合围圈，显然没有足够的兵力对我们发起更猛烈的攻击。

……我们在某个村庄的最后一座房屋里过了夜，在拂晓时突然被枪炮声惊醒。众人赶紧穿上伪装服和军靴冲出屋子。

我忙着穿靴子，屋里只剩我一个，就在这时，一发炮弹在房子前屋炸开。我跑出去，看见马匹的血肉黏在墙上，我们一路携带的两匹马死在雪地里，雪橇也被击中。我随后看见敌人三辆轻型坦克，在大约25名步兵掩护下朝我们驶来。

野战炮营住在另一条道路的最后一座屋子里，几名炮手瞄准目标，几乎同时朝大约500米外的几辆坦克开火。我简直不敢相信自己的眼睛，三辆敌坦克都被袭来的炮弹击毁，只剩敌步兵继续向前。

此时我隐蔽在房子旁边的粪堆后面，冷静地朝身着棕色军装的苏联士兵开枪射击。待他们发现几辆坦克动弹不得后，赶紧撤走了。我跑进屋内去找其他战友，可屋子里空无一人，只在前屋找个无法行走的伤员。我问他其他人在哪里，他告诉我："他们都走了。带上我，别把我丢下。"我告诉他，我去找个雪橇，这样才能带他离开。可周围和远处见不到一个德国人。

几个苏联百姓走出屋子，我问他们有没有看见德国军人。他们指指村子另一端，那里的地势再次上升。我朝那里望去，看见我们那群战友的队伍末端，至少在500米外，正穿过雪地朝山上跑去。我朝他们全速跑去，终于追上队伍里背着迫击炮底钣的最后一名士兵。因为负荷太重，他没能在深深的雪地里跟上其他战友……我无法帮助屋里那名伤员，当前情况下，我没办法带上他。可惜，我不知道他的名字，也不知道他后来怎样了。[2]

游击队无处不在，再加上红军卫生勤务不足，俘虏很难获得相应的医护救治，所以那名伤员很可能无法生还。

克莱内所属的第377步兵师，以及德国第75、第340步兵师，匈牙利第6、第9步兵师，共同构成了贝克曼集群，这是德军企图逃往西面的三个集群之一。面对游击队的滋扰、红空军的攻击以及偶尔遭遇的红军支队，德军后卫部队冒着酷寒艰难跋涉。黄昏前后，他们在某个村庄遇到一支小股车队，发现对方是苏联人，这才反应过来其后撤的路线被切断了。克莱内和其他战友迅速发起攻击，他正要以手里的机枪开火，却发现枪膛被冻住了——德国人广泛使用的MG-34机枪经常出现这种问题。他看着战友冲向村内，苏联人火力很猛，他们的车辆上还有一门20毫米高射机关炮。在打哑这门机关炮后，德国步兵才得以继续进攻，并肃清村子。之后，连队把克莱内留下，派他给第377步兵师另一支部队传达指令。他随后发现，就像德国人嫌弃匈牙利、意大利士兵那样，自己现在成了掉队者，也备受别人的白眼：

和其他掉队者一样，我现在不得不跟着人群后撤，从其他部队得不到任何食物，就连一杯咖啡或茶水都没有。

要是我遇到正为官兵分发热饮或汤水的战地厨房，他们会问我是哪支部队的，但因为我不属于他们的兵团，所以没有给我提供咖啡、茶水、面包或其他食物。

这就是他们说的战友情谊。无奈之下,我只好想方设法弄到食物。我用雪解渴,把雪团放入嘴里慢慢咀嚼,好让它融化,但没什么效果,口渴得似乎更厉害了。[3]

克莱内觉得自己被遗弃了,但其实他很幸运。几天后,他在路上见到一队损毁的车辆,车上躺着德国官兵的尸体,他那个步兵连的战友也在其中。克莱内冒着酷寒,饥一顿饱一顿地跋涉了230千米,到2月份才平安到达德军设在哈尔科夫西北面苏梅的防线。他那个师的主力,以及贝克曼集群余部,此时已灰飞烟灭。

扎尔穆特最近刚刚获得擢升,这种情况可能多多少少起到些作用,他没有因为第2集团军几乎全军覆没而受到追责。尽管如此,鉴于第2集团军的伤亡实在太大(苏联人估计,此次战役毙伤、俘虏8万名轴心国官兵),很难想象他能安然无恙。瓦尔特·魏斯将军接任第2集团军司令,扎尔穆特转入预备役,直到夏季才重返东线。

红军的前进速度很快,各部队竭力跟上战事发展,有时候不免造成些问题。沙法连科师就遇到过这种情况:

在解放了别列佐沃和彼得罗夫卡后,我师第78团和师教导营迅速挺进,到达下格尼洛伊村。希特勒分子在那里发起反冲击。激烈的战斗持续了一整天。随着战斗的发展,该团夺得博戈罗季茨克,1月28日傍晚,他们在赶往戈尔舍奇诺耶的期间遭到我方航空兵误炸,伤亡20来人,教导营副营长索洛明大尉也在其中。

此时我们卷入激烈的交战,许多地段根本没有连贯的战线,态势变化得很快。我方航空兵犯的错误,并不完全是意外。事后调查发现,步兵和飞行员都没有使用识别信号。团长比柳京呈交报告,向我解释了他到达戈尔舍奇诺耶后发生的事情,我很严厉地和他谈了话,这对我们俩都不容易,就我而言,是因为我看出他彻底认识到了错误。师指挥部立即指示各部队,明令要求他们务必要密切查看识别信号。[4]

什特科夫参加了争夺下格尼洛伊村的激烈战斗:

德军发起反冲击,首先遭受打击的是师属教导营,我们团与该营的通信联络不太好。他们掩护翼侧,面对考丘克国营农场。敌人不下一个团的步兵从那里发动进攻,教导营随即陷入困境。

我们竭力援助教导营的学员，团属炮兵以精准的炮火覆盖了法西斯分子的战线，迫使他们立即隐蔽，随后似乎心生怯意了。我们击退了敌人？没有！纳粹分子耍了个狡猾的诡计，可惜，我们和教导营营长格涅拉洛夫少校起初都没有识破。

事情是这样的，敌人再次发动进攻，待他们的战线逼近教导营的战壕时，纳粹分子突然停止射击，站起身，高举双手朝我们的战士跑去，嘴里还喊着："苏联人，别开枪，我们投降！"

教导营学员停止射击，因为德国人投降了。我们的一名战士才后知后觉地喊道："放下武器！"敌人随即露出真面目，"投降的"法西斯分子突然放下手，在近距离内以猛烈的火力射向教导营学员。一分钟的混乱足以让敌人冲到我们的战壕。教导营被分割成两股，一股撤到了我们团阵地，约有120人，另一股退到了师部所在地克柳奇村。教导营学员这一仗的损失很大，完全是短暂丧失警惕性的结果。

敌人不仅冲击了教导营阵地，几乎同时，他们还对我团发起打击。纳粹分子对戈洛温营施加了很大压力，但没能取得太大进展。一千多名纳粹分子进攻我团阵地，而我这个团在先前几场战斗中的损失很大，虽说抵御优势敌军很困难，但近卫军战士打得非常英勇。

……夜晚到来，希特勒分子的攻势毫未减弱。双方借助火光继续战斗。戈尔舍奇诺耶起火燃烧，一座座房屋坍塌，街道上满是碎石瓦砾……到1月31日晨，我团面临的局面极其复杂。此时，我们只控制着学校教学楼、牛奶场、车站站房。当天下午，敌人又对我们的阵地发起两次更加猛烈的冲击。为击退敌人，我们动员了一切人手，就连伤员也重新投入战斗。参谋人员端起冲锋枪，与团里的战士并肩作战。

戈尔舍奇诺耶持续两天的激战给我们造成很大损失……但最让我们悲痛的是，杰出的营长阿列克谢·彼得罗维奇·戈洛温大尉牺牲了。这种损失让我难以接受。此次征程从顿河开始后，我和阿列克谢·彼得罗维奇经历过各种艰难险阻，我亲眼见到他无与伦比的勇气和出色的领导才能，可他现在牺牲了。该死的战争！[5]

遭受严重损失后，什特科夫团被德国人逐出了戈尔舍奇诺耶。尽管红军此时在各处势如破竹，赢得胜利，但这场挫败还是受到了严厉批评，团长别洛夫也被撤了职。什特科夫接掌了实力严重受损的团，奉命夺回戈尔舍奇诺耶。在获得小股援兵后，2月4日—5日，他率领部下实施了成功的突击，并俘虏了少量德国官兵。在命令俘虏列队时，什特科夫惊讶地得知，德国人不肯和匈牙利人排在同一支行军队伍里。[6] 加布里埃尔·泰姆金逃出匈牙利人的战俘营，一直躲藏到红军到来，随后赶往旧奥斯科尔，向新成立的苏联军事当局报到。他发现大批走散的士兵和逃脱的战俘也来到这里：

这里气氛紧张，很不友好。有人压低声音，提心吊胆地说到，要是他们怀疑当过俘虏的人是逃兵，或者与德国人勾结的话，有时候会不经审判，就地处决疑犯……我面带微笑地走入驻军司令办公室，可他毫无表情，我们的交谈很简短。他告诉我，对我们的处理方式都一样，我们得去……卡拉奇的NKVD[①]营地接受甄别。[7]

泰姆金和另一些当过俘虏的红军士兵，搭乘军用卡车赶往卡拉奇，到NKVD营地报到，这座营地设在昔日的家禽饲养场。甄别人员问了他的姓名，包括他真正的波兰名，以及他在被俘期间为隐瞒犹太人身份使用的假名，还问他是否有人能证明他没有通敌。从许多方面看，泰姆金是那种换个情况就会被NKVD视为"有罪推定"的人，可红军现在急需补充兵员，因此，泰姆金虽然因发高烧住了一阵院，但病愈后就获准重新加入军队。

在此期间，战事继续朝东南方发展。1942年年间，克莱斯特的挺进势如破竹，迅速越过北高加索开阔的平原，待他率部逼近南部山区，部队的进军速度就变得慢如蜗牛。苏联人冬季朝相反的方向攻击前进，随即发现自己面临巨大的困难：在夏季勉强够用的道路网，在冬季就完全不适合大规模进攻战役。克莱斯特的军队实施了高效、秩序井然的后撤，遂行追击的红军很少或根本没机会破坏对方的撤军。黑海集群和冲出高加索山区的红军部队，追击得缓慢而又谨慎，秋列涅夫和马斯连尼科夫后来都因为缺乏干劲而受到批评，大本营显然担心克莱斯特突然发动反攻，再次冲向高加索油田。奉命前往该地区监督作战行动的什捷缅科后来写道：

德国第1装甲集团军主力摆脱了我方的北方集群，我军的追击开始得较晚，组

[①] 译者注：NKVD是苏联内务人民委员部，也就是秘密警察机构。

织得也不好。通信器材没做好指挥进攻行动的准备。因此，展开追击的第一天，各部队就混杂在一起。司令部不知道各部队的确切位置和状况。第58集团军落后于友邻兵团，几乎成了第二梯队。近卫骑兵第5军和坦克力量没能超越步兵。方面军司令部企图改变这种混乱局面，但收效甚微。[8]

红军各部队受领的任务是追击、切断德军，但他们还存在兵力严重不足的问题。什捷缅科指出，近卫骑兵第10师的兵力不到2000人，只有6门野战炮和4挺重机枪，而该师的姊妹兵团，也就是近卫骑兵第9师的情况也好不了多少，目前只有2300人、7门火炮、8挺机枪。两个师的马匹疲惫不堪，无法用于长时间行军。第一次世界大战期间，各国军队紧密依靠骑兵力量，希望机动作战时骑兵能大显身手。但德国人于1916年年底与罗马尼亚人交战期间发现，追击溃败之敌可以督促步兵付出更大的努力，可如果骑兵部队采取同样的措施，其马匹会瘫倒在地，另外，饲料方面的后勤需求进一步限制了骑兵的价值，第一次世界大战期间某个阶段，俄国军队的铁路运力主要为马匹运送饲料，而不是士兵的口粮。目前在高加索地区，苏联人学到了同样的教训。1月8日，斯大林不耐烦地催促马斯连尼科夫和秋列涅夫，要求他们付出更多努力：

> 您脱离了自己的部队，与他们失去了联系。不能排除在北方集群混乱无序、缺乏联系的情况下，您的快速部队陷入合围的可能性……
> 这种情况是不能容忍的。
> 我责成您恢复与北方集群快速部队的联系，定期向总参谋部报告您这个方面军的情况，每天两次。
> 您个人要对此负责。[①][9]

在什捷缅科和他率领的总参作战部工作组协助下，马斯连尼科夫和秋列涅夫制订了两场作战行动的计划，力图实现斯大林的目标。"山岳行动"由第56集团军遂行，

---

① 译者注：斯大林这份电报发给马斯连尼科夫，抄送秋列涅夫。

要求在1月18日前占领克拉斯诺达尔,尔后攻往季霍列茨卡亚。什捷缅科和其他人都知道,斯大林希望这场突击一路前出到巴泰斯克,但他们对于兵力较弱的第56集团军能否到达季霍列茨卡亚深感怀疑。另一个行动的代号是"海洋",由黑海舰队和第47集团军协同实施,目标是在1月份第三周前夺回新罗西斯克,尔后攻入塔曼半岛,阻止德军撤往克里木。不出什捷缅科所料,斯大林批准了第二场行动的方案,否决了"山岳行动"计划,还重申:这场突击的最终目标是前出到巴泰斯克。按照他的指示,什捷缅科他们为"山岳行动"添加了第三阶段,以便实现斯大林的要求。但高加索战区的红军高级指挥员,仍怀疑是否有足够的兵力完成这份计划。

尽管马斯连尼科夫、秋列涅夫、什捷缅科尽到最大努力,但天气情况恶化,雨雪交替,导致重装备特别是火炮,几乎寸步难行。斯大林得知后批准两场行动再多准备一两天时间。行动发起后,黑海集群东翼取得了惊人的进展,于1月16日逼近克拉斯诺达尔。相比之下,第56和第47集团军都没能取得太大进展。

德国人顺利撤出高加索山区,无论是因为德军技艺娴熟还是红军迟疑不决,结果都是克莱斯特率领A集团军群稍稍提前于计划时间退到预定战线。不过,A集团军群北翼仍在彼得罗夫斯科耶,与第4装甲集团军之间有个近220千米宽的缺口,这个庞大的缺口部只有两个兵团驻防:党卫队"维京"师和第16摩托化步兵师。马内奇河河谷满是泥泞,大多数地段难以通行,但红军还是有很多机会打击德国两个装甲集团军的内翼。

曼施泰因为自己面临的艰巨任务付出了高昂的代价。第4装甲集团军发起的救援行动,是基于希特勒不断提供援兵的保证,可这些援兵并没有到来(主要因为顿河沿岸爆发了危机)。除了没能提供自己承诺的援兵,希特勒还不断下达指令,要求顿河集团军群实力严重受损的部队不得后撤,务必坚守各条根本无法守住的防线。曼施泰因没有理会,他觉得希特勒的策略"无异于结一张蜘蛛网阻挡敌军"。面对希特勒的不断干预,曼施泰因越来越心灰意冷,1月5日,他致函蔡茨勒,请求解除自己的职务:

> 鉴于这些建议没获得批准,我们在最狭窄的范畴内受到进一步限制,我认为自己无法有效履行集团军群司令的职务。建立相应的军需总监分局似乎更加合适。[10]

曼施泰因的请求自然被否决了,他还得继续完成自己受领的任务。霍特第4装甲集团军遭受的磨难,仅仅是整个危局的一部分,但在很大程度上代表了曼施泰因面临的困难。红军近卫第2集团军和第51集团军施加的压力,迫使霍特撤离科捷利尼科沃,他不仅要设法确保整个集团军完好无损,还必须挡住苏联人朝罗斯托夫的一切推进。另外,他还得阻止红军大举向南攻入德国第1装甲集团军身后。苏联人的确打算采取这种行动,他们派第28集团军绕过霍特集团军,企图对德国第1装甲集团军、第4装甲集团军之间施以打击,但被第16摩托化步兵师挡住,此举的后果是,本打算加入第57装甲军的第16摩托化步兵师,现在忙于从事防御作战。

希特勒终于批准从预备队腾出第7装甲师。前线急需的这股装甲力量被立即投入顿河北面,集中在白卡利特瓦地域(德国人称其为福希施塔特)。镇外有个劳动营的残迹,这座营地是在夏季建立的,苏联百姓从远到斯大林格勒的地方被押到这里。德国人从他们当中挑出身强体健者,送到德国占领的苏联地区甚至德国国内从事各种劳动,把没挑中的人赶到草原上,任由他们自生自灭——1942年年底天气转冷后,不知道冻死了多少人。[11] 汉斯·冯·丰克男爵中将率领的第7装甲师刚一开抵,霍利特就命令他们赶往东面,阻截前进中的红军。1月6日,第7装甲师在白卡利特瓦东北方约30千米处遭遇红军坦克部队。该师第7装甲掷弹兵团的一名军官描述了这场交战,以及上级部门仍对普通士兵隐瞒斯大林格勒灾难的严重性:

情况看上去不太乐观,我们不知道第6集团军陷入合围后,苏联人在斯大林格勒附近达成突破的程度。我们当然对大批罗马尼亚人和意大利人逃往后方地带感到不安,但我们相信这种局面很快会得到控制。我们研究在沙赫特东面展开行动的方案时,突然接到命令,让我们投入福希施塔特附近顿涅茨河河段的战斗。那里正在匆匆构设防线以抵御强大的敌军——敌军在米列罗沃达成突破,正向前推进。师主力在卡利特瓦河东面展开,做好了发动进攻的准备,尾随在后的施泰因凯勒战斗群晚些时候会部署到河西面。1月7日下午,我们首次遭遇敌军。快速推进后,格吕纳特营(第7装甲掷弹兵团第1营)突然遭遇敌人精心构设的强大阵地,这处阵地充分利用了地形。尽管我们把可用兵力悉数投入,但还是没能突破敌军的阵地。团部在夜间撤出,接手指挥师属部队和其他部队共同组成的另一个战斗群,以便把他们部署到新切尔卡斯克村，师里其他部队被投入前线另一处遭受威胁的地段。这段时间，格吕纳特营的处境很艰难。他们不得不在没有炮兵支援的情况下，一次次击退敌人猛烈的冲击，多次杀出对方即将形成的合围圈，还与敌人展开激烈的巷战。

1月11日，该营在卡利特瓦河与顿涅茨河之间接防了一处阵地，受领的任务是阻止敌人攻往福希施塔特至关重要的登陆场。这片防御地段长18千米，由一连串支撑点构成，一旦敌人施加强大的压力，这些支撑点必须在经验丰富的军官指挥下各自为战。与此同时，第7装甲掷弹兵团团长率领战斗群与遂行进攻的敌人展开激烈交战，该战斗群只编有一个装甲营和瓦尔斯贝格营（第7装甲掷弹兵团第2营），但敌人投入的兵力在不断加强。30多辆T-34被击毁……战斗群兵力不足，某些地段无人据守，1月17日晚到18日凌晨，敌人在其中一处达成突破，随即袭击了团部。直到拂晓，我们的兵力劣势越来越明显，这才撤往于夜间准备好的后方阵地。但敌人此时切断、彻底包围了瓦尔斯贝格营和范根贝尔装甲营。团长冯·施泰因凯勒中校以近乎疯狂的方式，乘坐半履带装甲车冲过敌军封锁线，一辆T-34紧追不舍，但他仍顺利到达被围部队身旁。他随后从这里指挥部下攻击新切尔卡斯克村的敌坦克，消灭敌坦克后，率领大部分被围部队突破到我方防线。[12]

在此期间，对罗斯托夫遭受威胁的一切疑虑都被打消了。1月7日，红军顺利绕过霍特的北翼，攻往与新切尔卡斯克（不要与施泰因凯勒战斗群苦战的同名村庄混淆）仅隔20千米的地方——曼施泰因的司令部就设在那里，而罗斯托夫就在西南面33千米处。仓促间，德国人从修理厂搜罗了几辆装甲车，组建起临时战斗群，这才击退敌人，但在新切尔卡斯克和后方罗斯托夫遭受的威胁暂时得到缓解之际，红军坦克开始沿马内奇河河谷朝东南方施加压力，对第4装甲集团军北翼构成威胁。

在赶往罗斯托夫的红军官兵中，许多人缺乏战地经验，有些人——特别是从城市征召的士兵——对冬季长时间暴露在开阔的草原上会发生什么情况都知之甚少，结果许多人冻伤了。另一些没在乡村待过的人，也以其他方式暴露出自己的城市背景。伊萨克·科贝良斯基在近卫第2集团军炮兵部队服役，尽管是个中士，但在秋季才亲身经历战斗。他在基辅长大，突然被招入军队，负责照料拖曳火炮的马匹，不得不尽快学会这门手艺。另一些红军士兵发现,有时候他们更害怕自己人,而不是德寇。科贝良斯基后来谈到此类事情,他们当时驻扎在顿河附近,他的战友谢尔盖·兹沃纳列夫夜间打算从河面的冰洞钓鱼:

他遇到三个人……弯腰盯着河面上的冰洞。他们穿着白色伪装服,似乎在专心致志地钓鱼。兹沃纳列夫从距离三人大约10米外的地方喊道:"伙计,有鱼咬钩吗?"出乎意料,对方没有回答,而是站起身子,用德语朝兹沃纳列夫喊道:"举起手来!"

……部队停下休息时,兹沃纳列夫重新回到队伍里……这个倒霉的渔夫告诉我们,俘虏他的那些德国人于拂晓前撤离了阵地,接下来一周不停地向南撤退,还带着被俘的兹沃纳列夫同行。他们对他很友善,给他的食物也不错……没人专门看押他,兹沃纳列夫瞅准机会躲到村民的家里。他后来判明方向,设法回到团里。

他归队没过半个钟头,团特别部门的一名NKVD军官来了,命令兹沃纳列夫跟他走。我们后来再没听到这个莽撞小伙的任何消息。[13]

兹沃纳列夫幸运地落到对他不错的德国人手里,但苏联当局担心他是德国人派回来的间谍,所以对他疑心重重,特别是因为他显然受到了敌人的善待。即便是战争头几周,红军士兵也很清楚,要是他们投降德国人,活下来的机会少之又少,而负伤后丧失抵抗力,被迫投降的话是可以原谅的,可如果仍有战斗能力却放下武器,则会被视为逃兵。这样一来,他们的家人就享受不到任何福利或扶助,所以,陷入困境的红军指战员自我救赎的唯一办法就是逃跑,或者死在逃跑的途中。而兹沃纳列夫的情况似乎不太符合这两种情况。他很可能受到反复审讯,然后被打发到某个惩戒营——在此类部队活下来的希望很渺茫。与各个时代各支军队的士兵一样,红军士兵以黑色幽默对待此类事件:他们相互告知,要是落入纠察兵或NVKD手里,你得做好明确无误地证明自己不是骆驼的准备。[14]

A集团军群执行了初步后撤,现在打算据守新防线,掩护后方部队继续后撤,至于后撤多远,要由希特勒来决定。尽管北面发生了几起灾难,但希特勒仍固执己见,还想保住1942年取得的部分战果,哪怕仅仅是为了在1943年卷土重来。攻入高加索的前提条件是强大的德国军队部署在顿河和伏尔加河沿岸,而红军被击败后实力严重受损,再也无力干预战事。但短期内这两个条件一个也不具备,仅从战役角度看，德国军队就有足够的理由彻底撤出高加索。这就是曼施泰因想做的事情，德国迄今为止赢得的胜利，都建立在机动作战的基础上，而在目前的情况下，只有放弃无论如何都无法守住的既占地域才能获得机动性，可希特勒敷衍搪塞，迟迟不愿做出任何决断。

顿河北面，霍利特拼凑起一个个筋疲力尽的师和临时性战斗群，在几个不知疲倦的装甲师支援下继续抵挡红军的冲击。德军从泽姆利亚河一线逐渐退往西面，从而缩短了防线，能腾出一些兵力来组建局部预备队。但苏联人也因此从中获益，因为他们可以更有效地集中兵力。在去年11月蒙受了灾难性损失后，OKH（Oberkommando des Heeres，即国防军陆军总司令部）撤销了第22装甲师的建制，又于2月9日下达了相关命令。在此期间，第22装甲师残部与劳斯第6装甲师并肩奋战。与霍特的处境一样，霍利特两翼都受到威胁——北面，弗雷特-皮科在设法恢复于"小土星行动"期间遭受灾难的防线，但依然不断被红军逼退；南面，苏联人继续沿顿河推进，尔后对霍利特或霍特构成威胁。倘若红军在北翼达成突破，就能威胁伏罗希洛夫格勒和顿涅茨河畔的几座渡场，一旦这些渡场落入他们手里，严重性不亚于德军丢失罗斯托夫的顿河渡场。

在近乎持续不停的交战中，德国第6装甲师逐渐退到顿涅茨河防线，不得不反复派出小股装甲力量以鼓舞步兵兵团的士气，并为他们提供急需的反坦克火力。1月初，红军纵队到达贝斯特拉亚河河谷西面的养兔场，双方在那里展开混战，由于第6装甲师不得不抽调战车支援其他兵团，一时间无法集中足够的兵力消除敌人的渗透。1月7日，许纳斯多夫战斗群部署到贝斯特拉亚河东面，打算迂回渗透之敌，迫使对方退却。但各条道路结了冰，又湿又滑，延误了第6装甲师辖内部队的集中，他们的进展很有限，在次日的进攻中也没取得太大战果。最后，战线其他地段发生的情况起到了这样的影响：要想继续执行这场反突击，就得迅速赢得胜利，这样才能把装甲力量变更部署到其他地方。尽管贝斯特拉亚河一线大部分地段都被控制在德军手里，但他们不得不弃守，以便几个装甲师集中辖内部队。

第6装甲师不断发起规模有限的行动，1月17日渡过顿涅茨河；他们目前只剩39辆坦克，但短短两天内，修理厂修复的战车和德国国内运来的新车，让该师的坦克数量上升到71辆。虽然师里的三号坦克做出宝贵的贡献，但在当时的情况下，这款坦克的战斗力无疑很有限，而且很快会过时，正如许纳斯多夫在报告里写的那样：

> 三号坦克根本不符合东线交战的要求，这种坦克的装甲太薄，其火炮的口径也太小。相比之下，尽管突击炮没有旋转炮塔，必须面朝敌人才能瞄准，但在草原的战斗中表现得非常出色。这种出色的表现，主要归功于突击炮的装甲更厚，火炮的口径也更大。[15]

三号坦克即将停产，因为德国人打算为所有装甲师装备一个四号坦克营，这款坦克装有长身管75毫米火炮，外加一个配备新式五号坦克（黑豹）的装甲营。希特勒在1942年5月就批准生产黑豹坦克，但各种延误导致这款战车直到12月才投产。黑豹是一款很有效力的坦克，但首批车辆遇到了一些初期常见的技术问题，直到1943年夏季才投入实战，而且在整个战争期间始终没能解决可靠性问题。重型六号坦克（虎式）配有致命的88毫米火炮，于1942年7月投产，但产量很低，只配给了独立重型装甲营。而三号坦克尽管装甲较薄、火力较弱，但德国装甲师目前只能以这款战车从事战斗。

不远处，德国第7装甲师也撤过顿涅茨河，在卡缅斯克及其西面占据防线。双方展开激战，第7装甲师击退了在河对岸设立小型登陆场的红军，守住防线后，该师没有休整，因为红军在西北方大约40千米处渡过冰冻的顿涅茨河，施泰因凯勒战斗群不得不赶去解决问题。德军连战连捷，士气依然高昂，但伤亡不断增加，特别是无可替代的下级军官。[16]

在红军发动"小土星行动"期间和之后，德军形成的各种独立支撑点都已被放弃。经过长时间抵抗，德国第3山地师撤出米列罗沃退往西南方。附近的德国和意大利部队聚集在切尔特克沃，遭到断断续续的包围，大部分补给物资不得不依靠空运，这又分散了为斯大林格勒空运物资的运输机。情况迅速恶化，运输机着陆变得非常危险，所以不得不低空飞行空投（通常没有降落伞）物资。许多意大利士兵被编入新兵团，1月上旬，他们和德国官兵并肩奋战，击退了红军对该镇发起的两场冲击。他们在1月7日甚至发起反冲击，收复了敌人先前占领的部分防御地段。接下来一周，战斗渐渐平息，1月15日，守军收到向西突围的命令。

在寥寥几辆装甲车掩护下，德意官兵整装列队，冒着酷寒在暮色下动身出发，但他们不得不丢下数千名伤员。位于后撤队伍尾部的几百人被苏联人切断后消灭，红军一股坦克力量对其他德意部队发起攻击，后来幸亏有斯图卡俯冲轰炸机及时提供援助，这才击退了敌坦克。就连长时间保持凝聚力的部队（主要是德军前线部队和意大利黑衫军团），此时的秩序也土崩瓦解，他们在雪地里艰难行进，跋涉了两天两夜后，终于来到一片高原：

我们经过一些野战炮兵掩体，德国人的火炮给我们指明了方向。在这些火炮后方，一个个不平整的土堆在雪地上露出，那里就覆盖着炮兵掩体。

我知道这些火炮掩体意味着什么吗？

我记不太清了。

但我记得这些火炮前方，许多苏联人的尸体躺在雪地里。其中一个蒙古人横倒在小径上，戴着一顶精美而又厚实的绒线帽，覆盖着面部，只有双眼暴露在外。

我想摘下他的帽子，但不太容易，因为死者的双耳被冻得像冰块。我看见绒线帽上沾有血迹，死者宽宽的面庞上也沾满冻结的鲜血。

我戴上他的绒线帽，冻得硬邦邦的帽子很快就稍稍解冻了，散发出轻微而又奇特的味道。"西伯利亚人的气味。"我笑着想道。虽然我没了军帽，但此时不用再把毛毯盖在头上遮挡寒风了。[17]

科尔蒂和少数战友顺利撤到安全处。他们后来估计，意大利第35军原先约有3万名官兵，其中8000来人设法到达了切尔特克沃。1月15日，约5000人撤离该镇，但只有4000人到达德军防线，而且大多数人不是负伤就是冻伤。但他们遭受的磨难仍没有结束，他们还得沿冰冻的道路继续跋涉，赶往为意大利第8集团军残部指定的集中地域。

党卫队"维京"装甲掷弹兵师的坦克终于从高加索开抵，借助铁路完成了这场600千米的行程。他们在途中多次耽搁，这些党卫队坦克车组后来估计，此次行程的平均速度不超过10千米每小时。该师被用于掩护顿河集团军群南翼与A集团军群北翼之间敞开的缺口，腾出来的第16摩托化步兵师则加入第57装甲军，曼施泰因起初希望以这股援兵及时恢复"冬季风暴行动"，可现在不得不把他们投入殊死的防御作战，阻挡攻往罗斯托夫的红军。"维京"师官兵在开赴前线期间，目睹了令人气馁的场面：

> 我们沿通往前线的道路行进，一次次遇到迎面而来的后撤队列。我们独自赶去迎战敌军，不免产生了被遗弃感。我们看见许多东西被遗弃在路边——宝贵的车辆和特种车辆，仅仅因为发生了可能很容易修理的小故障就被丢弃了，车上往往载有深具价值的重要货物。[18]

党卫队"维京"师于1940年围绕"日耳曼尼亚"团组建而成，起初被命名为"日耳曼尼亚"师，但希特勒很快命令他们改称"维京"师，目的是承认该师有大批荷兰、丹麦、佛兰德以及挪威的志愿者。战争结束后普遍的看法是，党卫队"维京"师的记录相对清白些，但和投入东线与德国国防军并肩奋战的其他武装党卫队兵团一样，"维京"师后来也卷入一些战争罪行，例如在兹沃丘夫屠杀了数百名犹太人，该师官兵在这起事件中得到了乌克兰民兵的"积极协助"。屠杀一直持续到赫尔穆特·格罗斯库特中校率领的第295步兵师支队开抵，这支国防军部队随即接管了全镇。[19] 尽管格罗斯库特多次抗议党卫队人员在他的作战地域内行为不端，但正如前文所述，德国国防军在战争犯罪方面的合作和协同屡见不鲜。

最近几周发生的事情，彻底说明面对敌坦克攻击的德军步兵兵团虚弱无力，不断需要装甲力量支援：

> 结果，党卫队"维京"师装甲营只好分拆成一个个装甲连投入战斗，每个连在任何一处受威胁地段都非常重要。
>
> 营长无法再直接指挥麾下几名连长，因为他们经常要视当时的情况自行做出决断。
>
> 步兵指挥官频频要求不胜其烦的装甲连连长：您应该这样做，您应该那样做。这样一来，装甲连连长很容易陷入接受双重指挥的危险境地，既要服从营长的命令，又要听命于步兵指挥官。
>
> 这种做法显然没什么好处，装甲连连长不得不充分发挥自己的个性，把连里的

坦克牢牢控制在手里。否则，步兵很可能把装甲兵的活儿视为副业，掌握到他们手里。这可能是最糟糕的情况：作战中搞砸了是要付出血的代价的。[20]

如此广阔的作战地域，交战双方都没有足够的兵力构成绵亘战线，彼此的部队经常交错混杂。据党卫队"维京"师一名下级军官后来回忆，这种情况引发了激烈的遭遇战：

临近午夜，我们穿过"诺德兰"团前哨防线，与排长谈了几句，看见他的部下蹲在散兵坑里，一个个睡眼惺忪，疲惫不堪……我们在村子边缘找到两座可供睡觉的小木屋，屋内暖烘烘的，住在里面的村民对我们很友好。

……清晨5点，营部一名传令兵把我叫醒，毫无疑问，出事了！没等他传达口令，一串冲锋枪子弹从窗外射来，他倒在我身上，当场阵亡。没过一秒钟，子弹射灭了桌上的油灯，我们趴在地上。几个苏联人很快冲入屋内："举起手来！"我们起初在原地一动不敢动。年轻的勒策浑身发颤，天哪，此时的情况危急万分！

就在这时，屋外传来苏联人和德国人发出的命令，一切发生在几分钟内。一挺MG-42机枪的连发射中房屋墙壁，跳弹穿过破碎的窗户。我迅速下定决心，从身后的枪套里拔出比利时FN手枪，朝几个慌乱的苏联人射光了整整一个弹匣，勒策和我打完就跑，绕开敌人冲向屋外。

勒策被子弹擦伤，但我们设法逃了出去。这场遭遇把我们吓得牙齿打战，浑身是汗，好不容易跑到一座小木屋里，弄到两件苏联人的绗缝棉衣和两双毡靴。

在此期间，村内已乱成一片。"诺德兰"团的前哨见我们穿着苏联人的外套，就用步枪朝我们射击。[21]

持续的战斗中，"维京"师撤到马内奇河防线，于1月19日放弃了东岸。虽然敌人给该师造成的损失并不大，可他们的许多坦克在战斗中受损，战车在冰冻的道路上挣扎，频频发生故障；另外，该师一再变更部署也给他们的修理厂造成很大压力，因为他们不得不转移所有受损的车辆和维修设备。

红军同时遂行这么多行动，后勤保障显然力有未逮，尽管后勤部门全力以赴，采取了各种应急措施，但近期被擢升中将的罗特米斯特罗夫后来写道：

按照我的指示，军参谋长弗拉基米尔·尼古拉耶维奇·巴斯卡科夫上校多次向近卫第2集团军司令部汇报我们面临的补给问题，却毫无结果。

最后，方面军司令员叶廖缅科上将、方面军军事委员会委员赫鲁晓夫、近卫第2集团军司令员马利诺夫斯基来到我的指挥所。我向他们报告，敌人不断加强抵抗，我军缺乏各类物资。

叶廖缅科失望至极，挂着拐杖（他有旧伤），情绪激动地在屋内走来走去，烦躁地说道："我给不了您任何东西，但任务必须完成！务必攻克罗斯托夫，德国人正在那里后撤。"

"好吧，可我们怎么完成任务呢？"

"听着，"叶廖缅科打断了我的话，"您亲自率领一个机械化集群，我把近卫机械化第2军和第5军交给您指挥，再加上您手里的坦克，从损坏或出故障的车辆汲取油料。您想怎么做都行，但必须夺取巴斯泰克和罗斯托夫。另外，我再给您几个气动雪橇营，他们会把德国人吓坏的。"

这是我第一次听说气动雪橇营，不解地问道："什么是气动雪橇营？"

马利诺夫斯基带着讥讽的笑容答道："就是在雪橇上装了个胶合板结构，配有螺旋桨。"

我后来见到这件稀奇的兵器，不由得惊叹，发明者的想法实在太荒谬了。每具气动雪橇搭载一挺机枪，几名冲锋枪手坐在雪橇上。发明者认为，这种雪橇在冬季条件下能发挥很大效力，还能鼓舞士气。

可实际情况并非如此，气动雪橇不仅不适合充当战车，作为运输工具使用也差强人意，特别是在顿河河畔，冬季的霜冻经常与泥沼甚至雨水交替出现。这让气动雪橇损毁了不少，最要命的是，它们很容易沦为敌机的猎物。[22]

从第一次世界大战爆发前不久起，俄国军队就以各种形式使用过气动雪橇。这种雪橇在俄国北部作为运输工具和侦察车确实很有效，当初在苏芬战争期间大显身手，但正如罗特米斯特罗夫说的那样，它在南方发挥不了太大作用。为提高生存能力，有些气动雪橇甚至安装了轻型装甲板，可增加的重量只会让它的速度更慢，更容易被击毁。

巴尔克第11装甲师干劲十足，继续与红军先遣部队交战：

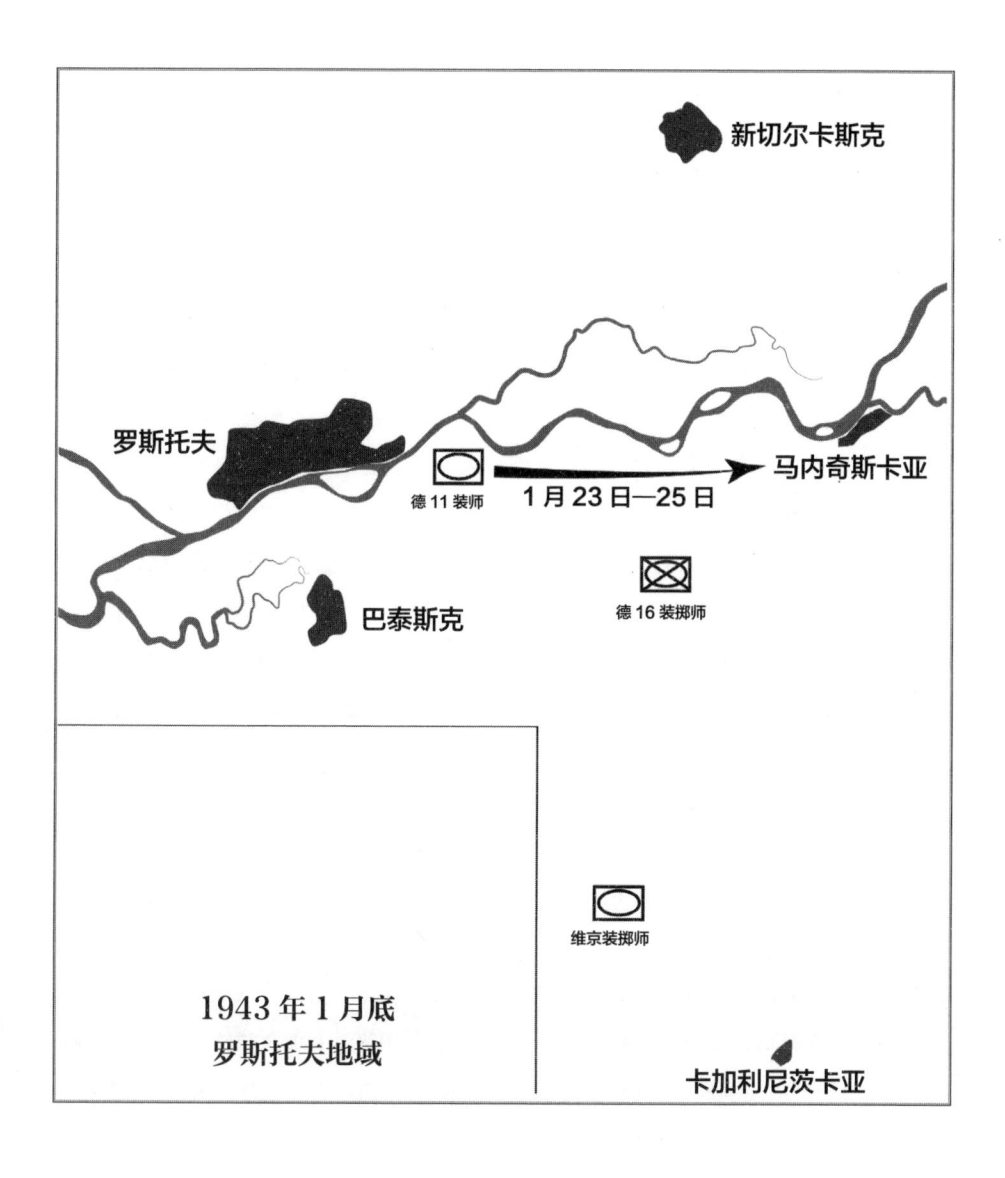

这些交战大多遵循相同的模式。几个装甲掷弹兵团开入拉伸的阵地，装甲团在他们前方发动进攻，消灭朝我们而来的一切。然后我们就能安生一段时间，当苏联人转而进攻友邻部队时，我再以装甲团支援他们。[23]

第 11 装甲师目前的实力明显不足，巴尔克率领该师赢得的胜利，很大程度上是因为当面之敌实力不济。要是红军获得他们投入北面对付匈牙利人和德国人的那些兵团加强,结果肯定会大不相同,至少能把第11装甲师牵制在旷日持久的战斗中,但苏联人没有抓住出现在他们眼前的各种机会。尽管如此,红军沿顿河构成的威胁,以及他们在马内奇河河畔集中兵力,这些情况必须引起重视。因此,曼施泰因命令巴尔克挥师向南——就连这种调动也得和希特勒争执一番,但曼施泰因还是在1月22日下达了命令。高加索地区的德军后方部队撤往北面,补给物资被沿相反的方向运往克莱斯特集团军群,第11装甲师现在打算渡过顿河到达南岸,他们的车辆沿同样的路线艰难行进。雪上加霜的是,油料短缺一直给德军的运动造成麻烦,巴尔克的许多部队几乎动弹不得,罗特米斯特罗夫近卫坦克第3军组建的"机械化集群"不断逼近,对付这股敌军的任务日益紧迫,但巴尔克不得不在罗斯托夫停留一天,等待更多物资运抵。1月23日,第11装甲师打击红军先遣部队,巴尔克写到,他的师迅速击退了敌人;而罗特米斯特罗夫写到,他的机械化集群起初取得不错的进展,随后被优势之敌逼退,尽管听从了叶廖缅科和马利诺夫斯基的建议,但罗特米斯特罗夫的坦克还是所剩无几,就连不太严重的损失也导致机械化集群的坦克实力迅速下降。

　　苏联人被驱赶到河畔的马内奇斯卡亚镇。1月24日,第11装甲师发动初期进攻,没取得太大进展,但次日的行动战果颇丰。巴尔克察看了守军的情况,下令对红军东北部防御阵地实施猛烈炮击,尔后派师侦察营、大批半履带装甲车和卡车,在烟幕掩护下向前推进。马内奇斯卡亚镇内的红军坦克赶来应对这场威胁,巴尔克的炮兵立即把火力转向敌军南部防御,装甲团随即发起攻击。苏联人被打得措手不及,据德方资料称,第11装甲师击毁了约20辆敌坦克,自身的损失很小(1人阵亡,14人负伤),还完好无损地夺得了马内奇河上的桥梁。[24] 但应当指出,德国人对这场交战的叙述,几乎都基于巴尔克的回忆。巴尔克说第11装甲师夺得马内奇斯卡亚,尔后追击溃败之敌,一举歼灭红军近卫坦克第3军,但苏联人的记述表明,在巴尔克夺回马内奇斯卡亚当天,近卫坦克第3军转隶了新的突击集群。[25] 因此,巴尔克消灭的敌兵团,很可能仅仅是罗特米斯特罗夫为前出到罗斯托夫而集中的机械化集群余部。

　　尽管巴尔克和其他干劲十足的指挥官赢得了局部胜利,但顿河以南的态势对德国人越来越不利。"维京"师在1月19日晚些时候放弃了普罗列塔尔斯卡亚附近的马内奇河防线，撤往罗斯托夫。他们不得不杀开血路，穿过已达成迂回的红军：

> 几千米外的萨利斯克已经燃烧了几个钟头。我方几个连队组成车队，好把无法行驶的坦克拖走。我们是最后一批部队，穿过烈焰四起的萨利斯克，取道吉甘特赶往下一个目标罗斯托夫。[26]

"维京"师分阶段后撤，不断遭到迂回，有时候甚至差点陷入合围。到1月底，师属装甲营只剩1个装甲连，退到罗斯托夫东南方48千米的卡加利尼茨卡亚。他们在这片地域休整了几天，随着修复的坦克重返前线，他们的实力逐渐上升。

1月23日，斯大林发电报给叶廖缅科的南方面军，敦促他尽快前进。斯大林明确要求叶廖缅科攻往巴泰斯克，而黑海集群务必切断德国人退往塔曼半岛的后撤路线。外高加索方面军的北方集群现在改为北高加索方面军，尽管红军参战部队和相关机构付出巨大的努力，但恶劣的路况和各种补给问题，以及德军的坚决抵抗，导致苏联人没能在罗斯托夫南面形成第二个斯大林格勒。

这段时期，德国第6集团军仍在经受磨难。保卢斯认为，希特勒没认清严峻的形势是因为掌握的情况不充分，所以他在1942年年底前派第14装甲军军长汉斯-瓦伦丁·胡贝将军去见元首。胡贝于1月7日返回合围圈，带回的消息是，德军解围力量在2月会再次发起救援行动，第6集团军必须坚守到那一刻，希特勒还答应加大空运补给量。这种承诺纯属一纸空文，斯大林格勒合围圈刚刚形成的时候，德国空军就缺乏为被围部队充分提供补给的能力，而现在，他们损失了那么多飞机，再加上红军不断推进，德国空军的运输机不得不从西面更远处起飞，根本无法在第6集团军获救前保障他们的生存和战斗力。不管怎么说，虽然希特勒提出以党卫队装甲军从哈尔科夫攻击前进，发起第二次救援行动，但曼施泰因已排除这种可能性，他认为这场行动断不可行。

胡贝返回斯大林格勒合围圈时，红军要求德军被围部队投降。按照希特勒的指示，保卢斯拒绝了。几天后，胡贝丢下他的部下，最后一次飞离合围圈，有些德军官兵仍坚信元首会解救他们，但大多数人默然接受了残酷的现实。1月10日，苏联人对拒不投降的保卢斯采取了行动，红军实施猛烈的炮击后发起大规模突击。两天后，红军坦克攻入皮托姆尼克，这是合围圈内最重要的机场。德国人击退了这股敌军，但皮托姆尼克机场四天后彻底丢失了。合围圈内仅剩的机场在古姆拉克，可这里的运载能力比皮托姆尼克低得多，而且也在敌军炮火打击下。末日即将到来。

到这个阶段，随着德国第6集团军的战斗力不断下降，他们据守的防御圈逐渐缩小，苏联人开始调离原本部署在合围圈对内正面的大批兵力。因此，被围部队牵制红军兵力的任务越来越无效。可直到1月19日，曼施泰因还告诉空军高级将领，第6集团军继续抵抗仍能发挥巨大的作用，他们必须获得足够的补给才能继续战斗下去。[27]但仅仅过了三天，曼施泰因的看法变了。他后来说他与希特勒展开了"长时间激烈争论"，大意是现在应当批准第6集团军投降。不出所料，希特勒坚决不同意，他认为就算敌人把合围圈分割成几个小口袋，被围部队也得抵抗下去。他还告诉曼施泰因，投降毫无作用，因为苏联人根本不会履行善待俘虏的任何协议：

希特勒拒绝了我批准第6集团军投降的请求，我面临以下问题：是否该辞去集团军群司令的职务以表抗议。

……采取每个必要的军事措施前，几乎都要与最高统帅部展开无休止的、令人神经紧张的斗争，这种情况实在让人难以忍受，萌生辞职的念头我觉得是可以理解的。1942年圣诞节过后不久，我的作战处长布塞上校对第6集团军工兵指挥官说的话，足以证明那段时间我一直在考虑这个问题。布塞说："要不是我为部队着想，再三请他（曼施泰因）留下的话，他可能早就向希特勒提出辞呈了。"

……战争期间的高级指挥官和所有普通士兵一样，显然不能随意撂挑子。希特勒不会被迫接受辞呈，当时的情况下更是这样……

……我当时考虑的不仅仅是第6集团军，整个顿河集团军群乃至A集团军群的命运都危在旦夕！如果我为抗议希特勒不许第6集团军投降而甩手不干……此举不啻背叛了我们在斯大林格勒合围圈外从事生死之战的英勇将士。[28]

1月24日，保卢斯直接给OKH发了封绝望的电报：

要塞只能再坚守几天——这里补给缺乏，兵员耗尽，重武器也无法移动。最后一座机场很快会丢失，补给物资也会降到最低限度。坚守斯大林格勒，这项战斗任务的基础已不复存在……我打算命令所有部队朝西南方发起有组织的突围。个别集群有望突出重围,在红军战线后方制造混乱。如果留在原地,他们肯定会全军覆没,要么被俘,要么饿死、冻死。我建议把少数官兵作为专业人才送出合围圈,以备日后作战所用……请开列这些军官的姓名,我本人当然不在考虑之列。[29]

蔡茨勒回电称,他于四天前已提出几乎一致的建议。希特勒两次的回应如出一辙,尽管他没有断然拒绝这些请求,可还是保留了突围行动的最终决定权。这个例子再次说明,面对他不愿做出的决定,希特勒总是推三阻四。

1月26日,红军把斯大林格勒合围圈切为两段。1月27日,保卢斯麾下几名将领请求他批准投降,但他没有答应。1月28日,北部合围圈又被红军一分为二。1月29日,苏联人派出几名军使,要求残存的德国官兵放下武器。1月30日,希特勒就任德国总理十周年之际,保卢斯又给国内发了封电报:

在您掌权的周年纪念日,第6集团军谨向元首表示祝贺。我们的旗帜依然飘扬在斯大林格勒上方。我们的奋战为生者和后代树立了榜样,也是在困境下决不投降的范例,德国最终会赢得胜利。

元首万岁![30]

亚当说保卢斯越来越痛苦,对德国最高统帅部越来越失望,此时他发出上述电报似乎很奇怪。这种矛盾表明,保卢斯也许不像亚当二十年后说的那样,对希特勒倍感失望。又或者,这封电报可能是施密特起草的,他对希特勒的忠诚自始至终没有动摇过。

1月份最后一天,希特勒擢升保卢斯为陆军元帅,期待德国元帅宁愿自杀也不会率领军队向敌人投降。可相反,保卢斯是个虔诚的天主教徒,强烈反对自杀的念头,他见了红军军使,以个人的名义投降。与此同时,南部合围圈内的官兵放下了武器。所以,保卢斯后来得以声称,他的投降仅适用于他本人,而不是第6集团军。中部合围圈当日晚些时候投降,北部合围圈于2月2日最终放下了武器。红军的"天王星行动"包围了大约25万敌军官兵,最后俘虏近9.1万人,其他人不是死于围困期间,就是在负伤后被疏散出合围圈。筋疲力尽、消瘦憔悴的战俘在战俘营染上斑疹伤寒,数万人丧生。战争结束后,只有5000人活着返回德国。包括曼施泰因在内的许多

275

人指出，这种情况证明希特勒声称苏联人不会善待俘虏的说法正确无误，可实际情况并非如此。因为战俘的数量实在太多，而且他们的身体状况很不好，就算有足够的食物和药物，还是会有很多人丧生。战争期间，苏联人竭力养活自己的军队和平民百姓，根本没有能力为这么多生病、虚弱的战俘解决生计问题。

战斗异乎寻常地突然停止了，曼苏尔·阿卜杜林此时也在战场上：

惊呼声唤醒了我。此时天色已亮，几个小伙凑在一起，朝街道对面张望。那里出什么事了？我挤到他们中间，也朝对面望去，尽管很不舒服，但没人责怪我鲁莽的举动，因为眼前的情景深深吸引了他们。我看着对面房屋空空如也的窗户，一时间不明白究竟发生什么情况。几个窗台斜挂着白色的衣服，小块白布整齐地铺在碎砖堆上。一片寂静。

四周没有任何声音。

投降！

我不记得是谁吐出了这个词，说得小心翼翼，仿佛生怕把它吓跑似的。

我们该出去吗？万一是敌人的诡计怎么办？德国人昨晚还在激烈战斗。好奇心终究占了上风：敌人真的投降了吗？我们现在该怎么做？我突然看见几个小伙露出尴尬的神情，他们面带微笑交换了眼神，有点迟疑，但充满欢乐，他们说："我们脏得像邋遢鬼，满身尘土。接受敌人投降和战斗可不一样，也许我们得派个代表过去。"话说的没错，可我们从哪里能找个看上去体面些的代表呢？我们得尽快接受敌人投降，否则德国人也许会觉得我们害怕他们，说不定会打消投降的念头！

我离开几名战友，走到街道中间。我走得很慢，脚下像粘了黏土。许多房屋挑出白布和白色的衣服，有些建筑物我们先前甚至不知道驻有法西斯分子。

我看见周围出现了许多像我这样的"代表"，一个个犹犹豫豫地走到街道中间。我们尴尬地对视了一眼，大家都很兴奋，可现在像个傻瓜似的暴露在外，倘若敌人开枪的话，我们就不仅仅是尴尬了。

我把枪挂上肩头，向德国人表明了自己的姿态，但我浑身脏兮兮的，不觉得这种姿态能起到什么作用。

几乎是同时，德国人突然从废墟，从他们的藏身处出现了。他们也慢慢地走过来，把武器丢在雪地上，举起了双手。他们对我污秽的外表漠不关心。有个家伙把枪丢到我脚下，此举唯一的理由是让我认出这个骨瘦如柴、裹着条毛毯的人是个军官。他以这种方式把手枪丢给我，是想确保我能意识到这一点……

我突然松了口气，明白过来，不是阴谋诡计，德国人纪律严明，这是真正的投降。

我们的小伙看见希特勒分子的举动，纷纷冲上街头手舞足蹈。我们旁边的希特勒分子，一个个看上去活像稻草人，身上的军装破烂不堪。他们把武器放在堆放处，默默地排列成八到十人宽的纵队。[31]

对斯大林格勒战役的分析，大多不可避免地集中于这场惨败该由谁负责的问题，只有少数人，例如亚当，竭力为保卢斯开脱。巴尔克早在战争爆发前就认识保卢斯，他的分析也许是合理的：

保卢斯在整个职业生涯几乎都是担任参谋职务，从来没有自行做出过决定。他的工作只是接收，然后传达命令。他是个典型的幕后人物，只有在个性坚强的上司领导下，例如赖歇瑙，才能成为不可或缺、发挥最大价值的幕僚……保卢斯性格软弱，始终秉承自己一贯的做法：提出问题，请上级做出决断，然后再把相关决定转化成一道道命令下达给别人。他没有为战地指挥工作做好适当的准备，也没有经过团长、师长、军长等职务的历练，而是从集团军参谋长直接接任集团军司令。

斯大林格勒惨败的罪责不能全部推给保卢斯。哪怕是意志更坚定的军人，在这样的混乱中恐怕也会进退失据。[32]

末日即将到来，保卢斯认为造成这一切的罪魁祸首是德国空军，却没有把戈林、耶顺内克这些身处后方的人与前线飞行员区分开，戈林他们就空运能力问题向希特勒做出完全不合理的保证，而前线飞行员冒着生命危险把物资运入合围圈，经常发生机毁人亡的惨剧。1月19日，驾驶He-111轰炸机参加空运行动的埃里希·蒂尔少校，在第6集团军指挥所见到保卢斯，被这位集团军司令对他的口头攻击惊呆了：

飞机不能降落的话，集团军就会覆灭。不管怎么说，现在为时过晚了……每架着陆的飞机都能挽救1000条性命……空投对我们起不到太大作用，许多补给罐找不到，因为我们没有油料，无法开车出去寻找补给罐……我的军队没有一点点食物，

277

今天是第四天……最后的马匹也吃完了。您能想象吗，那些士兵扑向一匹老马的尸体，砸开它的脑袋，就这样生吞脑浆……德国空军当初为什么要说他们能执行空运任务？谁该为这种承诺负责？要是当初有人告诉我空运任务根本不可能完成，我不会责怪空军，而是会突围。[33]

保卢斯的说法实在有点莫名其妙，几位空军将领，以及除希特勒之外几乎所有人都对保卢斯说过，空运补给的方案完全不切实际，可他还是严格遵守希特勒下达的指令。他和他的参谋长从来没去视察过合围圈内的机场，亲自弄清眼下的状况。保卢斯并不是唯一对斯大林格勒惨败抱有错误观点的高级将领。第6集团军投降两周后，戈林在会议上对空军高级将领说道："保卢斯太软弱了。他没能把斯大林格勒打造成坚强的堡垒……他的集团军完全依赖空军，指望空军创造奇迹。"[34]

无论当时还是后来，戈林从来没有为他在导致第6集团军覆灭的事件中起到的作用承担任何责任。戈林在2月初见到里希特霍芬，竭力为自己辩护，说他不得不服从希特勒不惜一切代价坚守斯大林格勒的指示，真正的责任应当归咎于意大利人，要是他们守住防线，不被红军的"小土星行动"打垮，塔钦斯卡亚和莫罗佐夫斯克本来是能守住的，第57装甲军也能突破到被围部队身旁。里希特霍芬回答得很刻薄：意大利第8集团军土崩瓦解前，空运行动已告失败，要是戈林不辞辛劳，亲自去前线视察一番的话，本来能更清楚地了解前线的状况。希特勒无疑知道戈林受到众人指责，元首与空军总司令的关系本来就不像原先那么亲密，保卢斯投降后的几周，由于希特勒想推脱自己的责任，他们俩的关系更加冷淡了。[35]

接下来几周，红军审讯了在斯大林格勒合围圈中被俘的德国高级将领，当初为逃离纳粹魔爪流亡苏联的德国共产党人也数次到访。保卢斯起初不肯与苏联人合作，但1944年7月刺杀希特勒未遂的事件发生后，他直言不讳地批评了纳粹，加入了"自由德国全国委员会"，还对德国官兵发表广播讲话，呼吁他们别再为纳粹政权而战。保卢斯先前委托飞离斯大林格勒合围圈的最后一架飞机，把他的婚戒带给了妻子，之后再没见过她，而她在1949年去世时，保卢斯仍在苏联坐牢。保卢斯于1953年被获准移居东德，于1957年去世，而就这场与自己的名字紧密相连的战役，他撰写的个人记述仍未完成。

希特勒下令告诉德国民众，第6集团军全体将士为国捐躯。这种做法与先前的政策保持一致：在苏联身陷囹圄的德国战俘，经瑞典红十字会寄回国内的信件都被销毁，以维持苏联人不抓俘虏的"神话"。正如我在书中指出的那样，东线的战斗相当残酷，双方普遍漠视其他地方的常规做法，但前线官兵都知道，苏联人通常是抓俘虏的，不少德国官兵被俘后设法逃回己方防线，讲述了他们的经历。但在斯大林格勒的特定情况下，纳粹领导人迅速做出决定，企图把这场苦战到底、毫无希望的战斗，描绘成与当代德国人熟悉的历史片段同样英勇的壮举。例如在公元前480年，列奥尼达斯国王率领斯巴达勇士在温泉关抵御波斯入侵大军，斯巴达国王决定留下，带着部下奋战到最后一人，为希腊其他军队争取到顺利后撤的时间。戈林在1月31日的广播讲话里指出，德国人民发动对苏战争，是为了保护整个欧洲免遭布尔什维克主义的侵害，他的话进一步表明，德国进攻东面邻国的理由发生了重大变化。他告诉听众，斯大林格勒是德国会赢得这场关键斗争的证据，后代会把斯大林格勒视为德国历史上最英勇的战役，因为奋战得如此英勇的民族最终会赢得胜利。对军人来说，阵亡在斯大林格勒、北非还是其他地方无关紧要：他们遵循的法则要求他们为国捐躯，而斯大林格勒的守卫者做到了这一点。[36] 他特别引用了刻在温泉关纪念碑上西蒙尼德斯的诗句，为描述斯大林格勒发生的事情，他还做了些修改："如果您去德国，请告诉他们您看见我们在斯大林格勒奋战，遵守了为保障德意志人民的安全而制定的法则。"[37]

戈林的讲话，是在斯大林格勒合围圈内德军将士投降前播出的，城内所有官兵都听到了。直接促成这场灾难的人——尽管听众当时知道这一点的人不多——发表这样一篇言辞浮夸的葬礼祭文，效果究竟如何就不得而知了。

德国各大报纸也讨论起这个话题。在2月4日出版的《人民报》上，格奥尔格·德廷格和戈林一样，也以温泉关的斯巴达人和尼伯龙根之歌里勃艮第人最后的抵抗为灵感：

自我们在收音机里听到"好同志之歌"，得知斯大林格勒战役已告结束，才过去几个钟头……

……这无关战役的胜负，也无关战争的潮起潮落……完全是英雄主义、勇气、军事考验的问题……

想想看，您小时候第一次听到克里姆希尔德或埃策尔堡那些勇士的英雄赞歌是

279

什么时候？……想想看，您第一次听说列奥尼达斯和300名斯巴达勇士为了让他们的人民活下去，战死在温泉关隘口的英勇壮举，激动得满脸通红又是什么时候？

……个别的英雄时有出现。而参战者个个是英雄，这种事闻所未闻，历史上没有这般规模的先例，完全是我们这个时代的恩赐……

……士兵与将军并肩奋战，所有障碍和差别消失了，只剩下战士的群体。他们只有一个念头：民族和祖国。这就是他们为之奋战、为之流血牺牲的原因。他们光荣捐躯，是为了德意志的永存。[38]

如果纳粹政权想从灾难中得到些东西，取得某种崇高的精神胜利，就得让德国民众相信，第6集团军全体将士都在战斗中英勇捐躯了。他们还期望这种宣传能坚定德军官兵的决心，更加顽强地与敌人展开斗争——投降的话，敌人是不会大发善心的。但战役结束几个月后，许多德国官兵遵照苏联人的安排，发表了广播讲话，消息传到德国国内，本以为亲人已阵亡的那些家庭开始希望他们还活着。直到战争结束几十年后，仍有人期盼苏联政府有朝一日会释放他们的亲人。

双方都想打造战争的神话版本：己方官兵普遍具有英雄主义和自我牺牲精神，决心战斗到最后一人，而敌人总是残酷无情。许多战俘遭受的虐待表明，残酷无情这个词适用于交战双方，但战争持久的悲剧是，苏维埃制度创造的神话，战争结束后持续了几十年,时至今日，人数日益减少的老兵组织仍对这些神话笃信不疑。如果当局觉得有损于红军的荣誉，那么就连苏联民众（包括军人和平民百姓）遭受苦难的回忆也会受到压制，例如，葬有数百名军人的墓地只刻了十几个人的名字，他们还禁止列宁格勒市民在广播里谈及当初在城内差点饿死的经历。[39]苏联的传说是，俄罗斯无疑遭受了巨大的苦难，但这场苦难实在太惨烈，根本无法面对。多年来，他们并不鼓励老兵撰写回忆录，讲述自己的战争经历，而那些面世的回忆录必须符合正统战争观。德国作者也受到正统观念束缚，尽管这种束缚不是来自官方，他们普遍认为苏联人毫无战术技能，就算有也少得可怜，通常是以压倒性兵力进攻具备高超专业技能的德国军人，这些著作也很少提及他们对苏联人犯下的暴行。

在斯大林格勒悲剧的最后一幕上演之际，就连希特勒也承认，不能再敷衍搪塞了，必须立即就A集团军群的问题做出决定。1月27日，他下达了明确的指令，要求第1装甲集团军撤到第4装甲集团军后方,在罗斯托夫渡过顿河,就像曼施泰因数周来反复请求的那样。但第1装甲集团军的实力有所下降,辖内几个兵团转隶第17集团军,该集团军跟随克莱斯特的集团军群司令部撤入塔曼半岛,在那里通过克里木获得补给。斯大林原本希望黑海兵力集群快速推进,阻止敌人撤离,但没能如愿,一是因为红军的追击过于谨慎,二是因为德军后卫的掩护行动极为娴熟。当年夏季,苏联方面的一份报告分析了冬季战役的经验教训,得出以下显而易见的结论:

歼灭后撤之敌才算彻底完成进攻和积极的追击。坦克、机械化、骑兵兵团应当前出到敌人的后撤路线。[40]

无论红军指挥员多么大胆,由于路况恶劣,再加上补给物资欠缺,这种积极追击无疑超出了黑海集群的能力。

曼施泰因的请求最终获得批准,后撤东线德军漫长、暴露在外的南翼。德国人能否及时后撤,腾出的兵力能否挽救北面的一连串灾难,这些问题仍有待观察。

参考文献

1. Moskalenko, *Na Yugo-Zapadnom Napravlenii*, Vol. I, pp.407–08.
2. B. Kleine, *Bevor die Erinnerung Verblasst* (Helios, Aachen, 2004), pp.24–27.
3. Ibid., p.33.
4. Shafarenko, *Na Raznykh Frontakh*, p.151.
5. Shtykov, *Polk Priminayet Boy*, pp.53–55.
6. Ibid., p.59.
7. Temkin, *My Just War*, p.85.
8. Shtemenko, *Soviet General Staff*, p.72.
9. Ibid., p.76.
10. Manstein, *Lost Victories*, p.386.
11. G. Lübbers, 'Die 6. Armee und die Zivilbevölkerung von Stalingrad' in *Vierteljahrshefte für Zeitgeschichte* (Institut für Zeitgeschichte, Munich, 2006), Vol. 54, pp.87–123.
12. H. von Manteuffel, *Die 7. Panzer-Division im Zweiten Weltkrieg* (Traditionsverband Ehemaliger 7. Panzer-Division Kameradenhilfe, Krefeld, 1965), pp.303–05.
13. I. Kobylyanskiy, *From Stalingrad to Pillau: A Red Army Artillery Officer Remembers the Great Patriotic War* (University of Kansas Press, Lawrence, KA, 2008), p.75.
14. Temkin, *My Just War*, p.90.
15. Paul, *Brennpunkte*, p.288.
16. Manteuffel, *Die 7. Panzer-Division*, pp.307–10.
17. Corti, *Few Returned,* p.225.
18. E. Klapdor, *Viking Panzers: The German 5th SS Tank Regiment in the East in World War II* (Stackpole, Mechanicsburg, PA, 2011), p.128.
19. B. Boll, *Zloczow, Juli 1941: Die Wehrmacht und der Beginn des Holocaust in Galizien* (Zeitschrift für Geschichtswissenschaft, Berlin, 2002), p.898ff; S. Mayer, *Der Untergang fun Zloczów* (Ibergang, Munich, 1947), p.6–10.
20. Klapdor, *Viking Panzers*, p.130.
21. Ibid., pp.138–39.
22. Rotmistrov, *Stal'naya Gvardiya*, pp.158–59.
23. Balck, *Ordnung im Chaos*, p.302.
24. Ibid., p.308; Mellenthin, *Panzer Battles*, pp.186–87.
25. V. Nechayev, *Gvardeyskiy Umanskiy: Voyenno-Istoricheskiy Ocherk o Boyevom Puti 9-go Gvardeyskogo Tankovogo Korpusa* (Voyenizdat, Moscow, 1989), p.42.
26. Klapdor, *Viking Panzers*, p.144.
27. Manstein, *Lost Victories*, p.357.
28. Ibid., pp.361–62.
29. Manstein, *Lost Victories*, p.358.
30. Adam and Rühle, *Paulus at Stalingrad,* p.206.
31. Abdullin, *Stranits iz Soldatskogo Dnevnika*, pp.70–71.
32. Balck, *Ordnung im Chaos*, pp.399–401.
33. United States Air Force Historical Research Agency K113.309-3, Vol. IX 21/1/43.
34. Hayward, *Stopped at Stalingrad*, p.304.

35. Ibid., pp.320–21.
36. *Bulletin of International News* (Royal Institute of International Affairs, London, 1943), Vol. XX, No. 3, pp.100–04.
37. Simon Price and Peter Thonemann, *The Birth of Classical Europe: A History from Troy to Augustine* (Allen Lane, London, 2010), p.162.
38. *Volks-Zeitung* (Vienna, 4 February 1943), pp.1–2.
39. C. Merridale, *Ivan's War: The Red Army 1939–1945* (Faber & Faber, London, 2005), pp.163–66.
40. Rotundo, *Battle for Stalingrad*, p.131.

2月：撤离顿河

第十章

红军仅用短短两个多月的时间就扭转了东线态势，这种情况可能超出了他们最乐观的预期，就连最悲观的德军将领大概也没想到。红军发展"天王星行动"和"小土星行动"的胜利，在头几场战役中粉碎了意大利第8集团军残部，把匈牙利第2集团军打得再也无法恢复实力，还差点歼灭德国第2集团军。莫斯卡连科做出总结，认为这种情况完全在意料中，他的说法可能有点离谱，但在其他方面，他的观点得到了红军各级将士的广泛赞同：

苏联红军在1943年1月中旬和月底的果断行动，突然改变了战争态势，第40集团军的指战员对此并不感到意外。当时正在形成的局面无疑是我们前所未见的。展开行动后没几天，敌人就四散奔逃，我们遂行的交战越来越少，仅仅是切断敌人的逃生路线、分割被围之敌、俘获或歼灭敌军。可是，这不正是我们每个人所期待的吗？从战争第一天起，以及后撤期间最严峻的那几周、那几个月，这不正是终将到来且已经到来的复仇时刻吗？

我永远不会忘记这种感觉，更不会忘记斯大林格勒地域在11月—12月的事件发生后，席卷我们的胜利浪潮，以及我们在1月攻势那几天再次尝到的胜利滋味。期待已久的时刻终于到来了！一切都证明了以下事实：苏联红军正沿宽大的战线挺进，以越来越强大的兵力打击敌人，特别是这些打击非常巧妙，不是击退敌人，而是合围、歼灭对方。

从红军展开的一连串行动不难看出清晰的顺序。很明显，这些行动源自单一的构想，规模和目的都很宏大，由单一的中央领率机构指挥，遵照深思熟虑的计划，以前所未有的广度和作战艺术付诸实施。先是合围斯大林格勒地域的敌军，尔后击败顿河中游之敌，现在肃清敌奥斯特罗戈日斯克—罗索什集团。红军显然正准备对敌人发起更多进攻。

……德国第2集团军的阵地让我想起1941年9月时在基辅附近形成的另一个突出部。与今天的情况不同，当年那个突出部不是伸向东面的，而是向西伸出，据守突出部的也不是敌军，而是我方军队。德国第2集团军会同从北面而来的古德里安装甲集群，对西南方面军辖内部队的右翼施以打击。

敌人当时欢呼雀跃，向全世界宣布红军灰飞烟灭、东线战争即将结束——当然，这种宣传不是第一次了。从那时起仅仅过了一年多，敌人就离战争的胜利越来越远了。德国法西斯统帅部现在也许有充分的理由谈谈东线战争即将到来的结局了，但他们迎来的会是个臭名昭著、可耻的结局，必然导致希特勒德国战败、法西斯主义覆灭。

没错，战争的局势变了。在我们看来，向敌人复仇的时刻到来了。[1]

莫斯卡连科这些将领认为，摧毁德军阵地的一连串打击，是大本营庞大的总体计划的组成部分，可实际情况是，他们的每场行动都创造了新的契机，红军集中足够的预备队，多多少少视具体情况利用眼前出现的机会进行出击。不过，尽管红军一次次赢得胜利，但此次战争的决定性结果仍有待实现，特别是他们的预备队和时间逐渐耗尽了。

德国人开始为曼施泰因手下备受重压的几个集团军调集大批援兵。多年来，党卫队头子海因里希·希姆莱一直想发展坚实的军事力量，与国防军分庭抗礼，并在战前就组建了首批武装党卫队。在1939年入侵波兰时，武装党卫队的战斗表现并不出色。那个阶段，他们的首支作战部队仅仅是被编入第13军辖内的、团级规模的"阿道夫·希特勒"警卫旗队，而且他们被卷入了近距离交战，且没有利用波军防御暴露的翼侧，对此，时任第13军军长的魏克斯严厉批评了当时警卫旗队拙劣的指挥。[2]甚至到一年后，武装党卫队的战斗力仍让人放心不下，尽管他们获得的新兵素质很高，但武装党卫队更看重这些人对党卫队的忠诚，而不是他们的军事技能；巴巴罗萨战役初期阶段指挥中央集团军群的费多尔·冯·博克，1940年4月还是大将，他当时写道：

党卫队那些军士和部队的战备状况欠佳。我们会为此付出不必要的流血牺牲。白白浪费这些优秀的人力资源实在太可惜了。[3]

武装党卫队的许多部队于1941年夏季达到师级规模。尽管他们的训练获得了实质性改善，可还是存在很大问题。进军拉脱维亚期间，有人抗议党卫队"骷髅"师人员四处劫掠，袭击平民百姓，还擅自行动致使友邻部队暴露在外，导致了毫无必要的伤亡。第121步兵师师长奥托·兰策勒少将曾提交报告，严厉批评"骷髅"师，可他在次日就死在了红军狙击手的枪下。[4]

武装党卫队不断扩编，除了完全以德国人组建的兵团，还有从其他国家招募人员组建的新兵团。党卫队"维京"师就是第一支外籍兵团，和初期组建的另一些武装党卫队部队一样，他们的实力和素质不断上升。1942年，许多师被调离前线，被改编、重新装备成摩托化师或装甲掷弹兵师。"维京"师跟随A集团军群进军高加索，于1942年年底被调往北面，掩护克莱斯特集团军群与曼施泰因顿河集团军群之间的缺口，以此来腾出第16摩托化步兵师用于作战行动，党卫队"警卫旗队"师、"帝国"师、"骷髅"师则在法国被编为党卫队装甲军，朝乌克兰集中。希姆莱为武装党卫队师争取到了精良的装备，而且除了装甲团和装甲掷弹兵团，几个党卫队师还编有1个突击炮营和1个重型装甲连——在即将到来的交战中，这些重型装甲连还会配备新型虎式坦克。就战斗力而言，几个党卫队装甲掷弹兵师至少与国防军装甲师同样强大。武装党卫队普通士兵在训练方面的许多缺陷也得到了纠正，但几个师的部分军官以前一直在党卫队任职，缺乏国防军军官的作战经验。不过，也有些老兵的确是技艺娴熟、能力出众的指挥官，党卫队装甲军军长、全国副总指挥保罗·豪塞尔就是个典型的例子，他经历过第一次世界大战，后来他服役于魏玛防卫军，于1941年10月被弹片炸瞎了右眼。

不过，这股强大的力量集中起来需要时间。在此之前，曼施泰因不得不以手头可用的兵力勉强应对。第4装甲集团军继续掩护罗斯托夫渡场，第1装甲集团军穿过罗斯托夫开往北面，准备投入那里的交战——这就是曼施泰因的总体计划。为应对逐渐迂回顿河集团军群、不断向西推进的红军，他打算以交替掩护的方式把麾下兵团调往西面——第1装甲集团军撤到第4装甲集团军和霍利特集团军级支队身后，然后对苏联人发起打击；第4装甲集团军随后在霍利特兵团掩护下后撤，在第1装甲集团军西翼发动反突击。

第1装甲集团军辖内部分兵力被转隶到了第17集团军，特别是第13装甲师，这项决定令人失望，但曼施泰因目前至少有望在一定程度上恢复机动性。不过，从高加索地区腾出兵力，再从法国调来新锐力量，仅仅是解决方案的一部分，曼施泰因还得以空间换取时间，把苏联人诱入能让德军发动猛烈反击的地方。他在这个问题上又遇到了障碍——希特勒不愿批准后撤。他们争论的焦点，在于煤矿开采中心顿涅茨周围的乌克兰东部地区。希特勒一再重申，控制这些煤矿至关重要，至少不能让它们落入苏联人手里。他告诉曼施泰因和其他人，没有顿涅茨盆地（顿巴斯）出产的煤，苏联的焦化厂就无法运作，最终会削弱他们的坦克和弹药产量。曼施泰因将信将疑，他后来写到，尽管红军在1942年和1943年的大多数时间里都没能控制这些煤矿，可苏联还是生产了数千辆坦克、数百万发炮弹，没发现他们缺乏焦炭的显著迹象。顿涅茨盆地出产的煤，也不像希特勒说的那样对德国从事战争不可或缺。而且尽管这些煤适合炼焦，但品质很差，至少火车无法使用，就连把乌克兰出产的煤运回德国的每列火车都不得不靠从德国运来的煤推动，这就给严重拉伸的铁路交通网造成了额外的负担。[5]

在曼施泰因和蔡茨勒这些职业军人看来，经济需求或必要性的一切考虑都是次要的，关键在于军事能力，除非把足够的兵力部署到该地域，否则无论希特勒抱有多么大的期望，德军都无法继续控制顿巴斯地区。希特勒经常以经济方面的理由驳回他那些将领提出的军事现实问题，但到1942年年底，他就这些问题做出的决策已受到质疑。1942年时战争的整个重点是夺取高加索地区的油田，这完全基于希特勒的观点，他认为控制这些油田对苏德两国都很重要。可是，尽管苏联在1942年的大部分时间里都没能从高加索大多数地区获得石油，但红军方面毫无油料不足的迹象。相反，德国军队倒是因为油料短缺多次陷入停顿，他们夺得迈科普后，发现很难让遭受破坏的油井复产——德军占领期间，从高加索地区开采的石油总共只有7吨。[6]如果高加索地区对德国的利益这么重要，那么希特勒痴迷于争夺斯大林格勒废墟这种毫无结果的战斗，似乎就显得更加愚蠢了。

曼施泰因以他特有的严谨性，总结了当时的情况：

OKW（国防军最高统帅部）从其他战线也调不出任何部队，再加上铁路承载能力无法满足这种快速部署，所以我们不得不承受这些短缺造成的后果。德军南翼继续留在顿河下游，凭他们的自身力量是无法封闭缺口的。如果我们期盼的新锐援兵要过很长一段时间才能投入，而且部署在深远后方，与南翼作战行动完全脱节的话，那么南翼部队就无法继续在那里孤身奋战。德军南翼的交战和新锐部队的展开，必须在空间上协同，以此建立作战联系。我们期盼的新锐援兵必须迅速投入，而且尽量向东展开，只有这样，集团军群才有可能在顿河下游和顿涅茨河立足。如果做不到这一点，就只好撤销这番部署。否则，没等开进的援兵发挥作用，敌人就把德军整个南翼切断了。[7]

自"天王星行动"大获全胜以来,切断德军南翼的机会就一直摆在红军面前,始终没有消失。可希特勒却一再告诉蔡茨勒不用担心,因为红军损失惨重,各兵团的实力遭到严重消耗。曼施泰因注意到红军从高加索地区、斯大林格勒调往北面和西面,他毫不怀疑对方仍能集中足够的兵力打垮自己的集团军群,希特勒反复强调红军损失惨重,却对己方军队实力严重下降的现状避而不谈。2月2日,一股强大的红军在伏罗希洛夫格勒东面渡过顿涅茨河,另一股红军从旧别利斯克攻往东南方。两股红军构成了会合后赶往亚速海,或直奔罗斯托夫的威胁。为应对这种威胁,曼施泰因打算以第1装甲集团军发起反突击,但同时他得把第4装甲集团军撤回,这样才能以该集团军在西面也发动反突击。他给OKH发了封长长的电传电报,阐述了自己的想法,还强调指出,从目前的情况看,根本无法继续坚守顿涅茨盆地,他已不止一次提出这种观点。就算短期内能守住防线,顿河集团军群也会留在脆弱的突出部内,日后随时可能遭受威胁。相反,曼施泰因建议把敌军引向第聂伯河下游,而他则把自己的兵力集中到敌军北面,从那里朝黑海攻击前进,一举打垮敌军,最终分割、歼灭对方。

这样一场行动要求德军放弃的远不止顿巴斯地区,尽管只是暂时的,再加上希特勒就连些许后撤也不愿批准,所以没人对他坚决反对曼施泰因的方案感到意外。曼施泰因不得不退而求其次,采用了另一个方案,即两个装甲集团军一旦撤离顿河,就向北发动进攻,而党卫队装甲军从西北面朝他们的方向攻击前进。希特勒急于扭转局势,命令党卫队装甲军率先部署到哈尔科夫地域的"帝国"师向南进攻,一举恢复战线。他没有理会以下情况:"帝国"师已经在哈尔科夫东北方的沃尔昌斯克附近卷入激烈的防御作战。另外,就算"帝国"师能执行这场进攻,向南推进期间也需要获得大量支援,掩护他们的后方地带,可当时根本得不到这种支援。

战场上的态势,继续朝有利于红军的一面发展。仍在前线的罗马尼亚部队寥寥无几,而且毫无战斗意志,正如红军近卫第2集团军参谋长谢尔盖·谢苗诺维奇·比留索夫少将亲眼看见的那样,他当时驱车穿过晨雾,想找到机械化第3军:

雾气渐渐消散了一些。我们注意到前方的行军队列与我们朝同一个方向行进。我们的汽车似乎就在两支纵队之间,沿交汇的道路而行。"看来我们开得很快,"(比留索夫身边的参谋）苏博京说道,"他们肯定是机械化第3军的部队!"

"看上去有点不对劲,"我疑惑地答道,"没见到几部车辆,步行的人也不像近卫军战士。"此时我们距离一支纵队不到200米,行进中的士兵的面容装扮都清清楚楚。很明显,出现在我们前方的是敌人。行军队列里的人也注意到我们,他们扭头看过来,还指指点点。我闪过一个念头:"他们马上要用火炮对付我们了。"可我随后看见几名士兵只是在捣鼓那门火炮。怎么办?我命令司机:"开到队伍前面去!"司机踩下油门,我们沿着道路迅速驶到这支庞大队列的前方。从他们的军装不难猜出,我们面对的是罗马尼亚人。

我下车后举起一只手,队伍停了下来。许多人耸耸肩,不明白出了什么事。我让他们找个高级军官来。一名罗马尼亚上校走了过来,很正式地介绍了自己的身份。我口气严肃地问道:"您带着队伍要去哪里?你们马上就要遇到我们的火炮和机枪!"

上校内疚地眨了眨眼,用磕磕巴巴的俄语解释道:"罗马尼亚人不想再打仗了,我们想投降,可不知道该去哪里。"

我接过他的地图,指明了他们该去的地方,又给后方地带指挥员写了张便条,好让投降的罗马尼亚人得到食物,确保他们继续疏散到后方。我还留下了一个冲锋枪手,为罗马尼亚上校担任向导。此举很有必要,倒不是怕罗马尼亚人走错路,而是要告知我们沿各条道路行进的部队,这股敌人已经投降了。[8]

德国第6装甲师对红军设在顿涅茨河对岸的一座大型登陆场发起攻击,但没能取得任何进展,他们遭遇了对方精心布设的反坦克炮——精准的火力朝遂行进攻的德军坦克袭来,虽然命中10辆坦克,但没能击毁其中任何一辆。鉴于红军当时大多数反坦克炮的穿透力,乍看起来这似乎是个了不起的成就,因为苏联军工厂的产量虽然很大,但无法为所有反坦克部队配备76毫米火炮,所以许多部队仍大量使用反坦克步枪。反坦克步枪在更近的距离内能发挥致命的效力,许纳斯多夫不愿冒上损失坦克的风险,下令取消进攻。不久后,第6装甲师被调离前线,暂时担任集团军群预备队,全师官兵得到他们急需的休整,趁机维修、保养了技术装备,还把新兵编入实力严重消耗的各部队,特别是装甲掷弹兵营和装甲侦察营。[9] 西面,赶往伊久姆的红军几乎没遭遇任何抵抗,曼施泰因对此无能为力,第6装甲师是他手里唯一没有投入战斗的兵团，他必须让该师恢复实力，这样才能把他们投入不久后至关重要的反突击。数日来，顿河集团军群想把霍利特集团军级支队撤到米乌斯河一线，可希特勒拒不批准后撤，而就算霍利特现在能退到米乌斯河一线，苏联人也早已达成迂回。鉴于红军攻往伊久姆，曼施泰因现在请求希特勒批准他立即撤到米乌斯河，而且急需额外的铁路运力。另外，他认为目前滞留在塔曼半岛的强大兵力，特别是第13装甲师，应当开往第聂伯河下游，还得做好一旦苏联人前出到亚速海岸边，就必须以空运提供补给的准备。

红军打算以第47集团军和黑海舰队展开协同一致的行动，迂回退入塔曼半岛的德军翼侧，但这场代号为"海洋"的行动，最终没能实现目标。第47集团军在1月底没能到达新罗西斯克，于2月1日再次展开行动但还是没取得任何进展。四天后，上级下令发动两栖突击，这是"海洋行动"的组成部分，而由于第47集团军没取得任何进展，因此这场两栖突击注定会失败。红军对敌防御阵地的炮击没取得太大效果，他们在新罗西斯克西面南奥泽列伊卡实施的主要登陆以惨败告终，只有1400人登上滩头。在遭受惨重的损失后，红军残部匆匆撤离。红军在斯坦尼奇卡实施的第二场登陆坚持得更久些，但还是失败了。[10]

在德国人撤离高加索地区时，红军各兵团展开了追击，夜间轰炸机第588团也在其中。1943年2月初，该团被改称为近卫夜间轰炸机第46团。这支航空兵部队不太寻常，因为该团的机组和地勤人员都是女性——德国人把她们叫作"暗夜女巫"。她们配备的波-2轰炸机采用胶合板和帆布结构，是一款脆弱的双翼飞机，只能携带少量轻型炸弹。尽管波-2的模样看上去不太牢靠，但很难击落，因为它的飞行速度低于德国战斗机的失速速度，夜间进入轰炸航路时经常关闭引擎实施滑翔攻击。这些轰炸机从靠近前线的机场展开行动——其实只需要一片开阔地就够它们起降了——每晚都能发起几次烦人的空袭。波-2的载弹量不大，但用于滋扰任务非常合适，德国人把它戏称为"缝纫机"或"执勤军士"（执勤军士夜间在战壕里来回巡视，确保部下都醒着，而且保持警惕），被这款轰炸机折腾得不胜其烦，最后模仿红军组建了他们自己的"滋扰中队"，使用各种陈旧过时的开放式座舱双翼飞机。夜间轰炸机第588团跟随近卫骑兵第4军前进，飞行员娜塔莉亚·费奥多罗夫娜·克拉夫措娃在近期的战斗中见到了许多尸体，和交战双方的许多空军人员一样，这种经历令她深感不安：

拉斯舍瓦特卡火焰四起。低低的烟雾笼罩了火车站。仓库里的粮食在燃烧，空气中弥漫着焦煳味。到处都是烟雾，脏兮兮的。马匹的踪迹随处可见，雪地上留有蹄印。基里琴科将军的骑兵军从这里穿过，继续追击敌人。镇内发生过战斗，士兵的尸体还没有被清理，死去的马匹也到处都是。

通往机场的道路旁，我和伊拉·谢布罗娃遇到一具德国人的尸体。他躺在雪堆旁，差点把我绊倒。我们停下脚步，静静地站在那里，凝视着他。

死去的德国人很年轻，没穿军装，只穿着蓝色的内衣。他的躯体苍白如蜡，后仰的脑袋转向一侧，一头金色的直发垂落在雪地上。看上去他似乎刚刚扭头，惊恐地望向道路，大概看到了什么，也许是死神。

这是我们第一次在这么近的距离见到死去的德国人。我们俩都执行过300架次的飞行任务，我们投掷的炸弹播种死亡。但真真切切的死亡是怎样的，我们只是模模糊糊地想象过。我们没认真想过，很可能也不愿多想。

"压制敌火力点""轰炸路口""消灭敌人"，这些话听上去熟悉而又简单，没有任何歧义。我们知道，给敌人造成的破坏越大，击毙的纳粹分子越多，胜利到来的时刻就越早。消灭法西斯分子。似乎就这么简单，我们为此投身战争。可现在，看着死去的敌人，看着他苍白、毫无血色的脸，看着落在他脸上还没有融化的新雪，看着他手指扭曲的双手，我怎么会有种复杂的感觉呢？有点抑郁，有点厌恶，奇怪的是，还有点怜悯。明天我又要执行轰炸任务了，后天也是，就这样日复一日，直到战争结束或敌人把我击落。我要对付的就是像他这样的德国人。那么我为何会产生怜悯感呢？[11]

在德国第1装甲集团军穿过罗斯托夫，顺利完成后撤的期间，党卫队"维京"师为阻挡红军追兵发挥了重要作用，后于2月4日奉命撤回罗斯托夫。他们耗时两天才完成这趟行程，一辆辆坦克在结冰的斜坡上挣扎，前方车辆的通行，把斜坡碾压得像玻璃般光滑。冒着零下30摄氏度的酷寒和凛冽的冬风，"维京"师辖内部队到达罗斯托夫，却发现这座城市被堵得水泄不通，因为大批部队都要从这里穿过，继续撤往北面相对安全处。"维京"师官兵在城内休整一天，维修保养车辆，寻找暖和的住处，还思考了近七个月前，也就是他们南下途中在罗斯托夫渡过顿河后经历的一切。装甲营三名连长中的两名，以及大多数排长非死即伤，全师还伤亡了数千名官兵。"维京"师随后再次上路，奉命赶往罗斯托夫与塔甘罗格之间的桑别克。因道路路况严重恶化，各部队为争夺优先通行权乱成一团，"维京"师耗费15个钟头行进了53千米，这才到达目的地。他们随后开赴塔甘罗格，在那里转隶第40装甲军。

2月6日，希特勒把曼施泰因召到大本营开会，这位压力重重的陆军元帅怀着复杂的心情登上飞往德国的飞机。一方面，顿河集团军群据守的战线上，激烈的战斗仍在进行，要求他时刻加以密切关注；另一方面，他得敦促希特勒做出必要的决断，这样才能更有效地应对前线战事。让曼施泰因稍感意外的是，会议刚刚开始，希特勒就宣布自己为斯大林格勒的灾难承担全部责任，展现出圆滑的手腕。话题随后转向顿涅茨盆地这个棘手的问题。曼施泰因重申了自己的观点，认为顿涅茨盆地无法守住，唯一的问题是，丢失这片地区会不会连带顿河集团军群大部损失殆尽，蔡茨勒赞同他的看法。曼施泰因继续指出，要想挽救局势，唯一的办法是立即把霍利特的部队撤到米乌斯河，批准第4装甲集团军跟随第1装甲集团军，取道罗斯托夫后撤。希特勒老调重弹，以顿涅茨盆地的经济重要性反对曼施泰因的主张，会议拖拖拉拉地持续了几个钟头。元首也听不进缩短防线、腾出兵力的种种好处，他反驳到，这样做的话，苏联人也能更有效地集中他们的兵力。他固执己见，坚信红军实施这么长时间的攻势后，各种资源肯定即将耗尽。希特勒最后指出，弃守顿巴斯地区会造成不利的外交后果，特别是德国与土耳其的关系。

曼施泰因料到希特勒可能会提出的理由，早就为此次会议做了精心准备，他耐心地指出，自己不久前见到德国煤炭协会主席，这位主席向他保证，顿涅茨盆地对德国的经济并非不可或缺。希特勒随后又提出，即将到来的化冻会导致各条道路难以通行，一切作战行动必然陷入停顿。曼施泰因不赞同他的看法，指出这种情况需要化冻期前所未有地早早到来。就算化冻期真能提早到来，德军仍处于暴露的位置，春季又要面对苏联人重新发动的攻势。曼施泰因随后谈到另一个问题：东线指挥权。自对苏战争第一个冬季以来，希特勒一直兼任陆军总司令，曼施泰因此时提出，鉴于元首肩负的其他重任，最好不要再兼任这项职务。不少人先前提议让曼施泰因出任东线总司令，这样他就能毫不拖延地把各个兵团从一处调到另一处，但希特勒对这个话题不感兴趣。他告诉曼施泰因，原先担任总司令的几位陆军将领令他深感失望，他还直截了当地指出，不可能任命某人出任凌驾于戈林之上的职务。

会议持续了整整四个钟头，与会人员筋疲力尽，但好歹就顿涅茨盆地的问题做出了某种决定。希特勒勉强批准了曼施泰因执行计划中的后撤，但最后一刻又请他多等一天。这种拖延毫无意义，因为多占领顿涅茨盆地一天，对德国人没有什么实质性好处，反而会让霍利特的部队毫无必要地多暴露在外一天。不管怎样，曼施泰因终于得以下达一道道指令，如命令霍利特撤到米乌斯河，还通知第4装甲集团军变更部署。霍特辖内各兵团，至少要两周时间才能到达西面的新作战地域，在此期间，苏联人会给德军防线造成多大的破坏尚有待观察。

　　红军近卫第2集团军追击后撤中的德国第4装甲集团军，沿顿河河谷一路杀到罗斯托夫，现在又对霍利特集团军级支队施加压力。但德国人顽强防御，还果断发起反突击，频频挫败红军。科贝良斯基所在的炮兵团展开行动，进攻塔甘罗格北面的新纳杰日达村，步兵在村内夺得立足地，科贝良斯基把他的两门野战炮前移，为步兵提供近距离支援。他们突然发现，德军出人意料地发起夜间了反冲击：

　　咯咯作响的机枪火力和迫击炮弹发出的嘶嘶声和爆炸声，突然打破了沉寂。曳光弹拖着明亮的弧线划过夜幕。一发发信号弹在村内接二连三地升起。几发迫击炮弹在我们停放前车处炸开。一个干草垛中弹起火，其他干草垛随后也起火燃烧。

　　我们的几个炮组迅速行动起来，准备朝街道开炮，可我们只看见枪口的闪烁，担心误击己方部队。突然，德国人几支冲锋枪同时发出猛烈的射击声，片刻后，几名红军步兵伏着身子从我们身边而过，朝河边跑去，身后跟着另外几名步兵。随后又有一群红军战士从我们的火炮旁跑过，两三个机枪手拖着机枪跟在他们身后。这是场真正的溃败，从它开始的那一刻起，就没人能阻止惊慌失措的溃逃。

　　我意识到眼前发生的情况意味着什么，便迅速下达了命令："赶紧把前车拉过来，做好挂上火炮出发的准备！"随后一辆前车被拉了过来，但拖曳第二辆前车的马匹不见了。我们挂上先琴科的火炮，指示他去河边与后撤的步兵会合，西穆宁跑去帮助第二名驭手拖曳他的前车。在我协助下，伊斯梅洛夫炮组费力地推着没有马匹拖曳的火炮穿过雪地，可河流还在很远处！落在后面的步兵不时从我们身旁跑过，朝河边逃去。最后，一群迫击炮兵扛着被拆散的迫击炮部件跑了过去，把我们甩在身后。我们孤零零地落在后面，吃力而又缓慢地穿过积雪覆盖的平原。我们累得要命，可还是推着火炮继续后撤。

这时，德国人出现在村郊，开始朝我们射击……我们离河边还有70米左右，一发开花弹击中火炮防盾。我们跌倒在雪地里……随后丢下火炮，朝河边爬去。

……幸亏德国人待在新纳杰日达村内没出来，否则我们会在冰冻的河面上遭遇真正的屠杀。[12]

第二天夜里，科贝良斯基带着六个人返回新纳杰日达村，找到了先前丢弃的火炮。

曼施泰因于2月7日回到了集团军群设在斯大林诺的指挥所。在希特勒勉强批准后撤后，顿河集团军群司令部人员告诉曼施泰因，红军已渗透到罗斯托夫南郊。彼得·阿列克谢耶维奇·别利亚科夫是红军第28集团军的狙击手，跟随第一批部队进入罗斯托夫城内，随后与德军展开艰巨的战斗，他战后的记述虽然充斥着苏联时代常见的反纳粹豪言壮语，但还是能让我们深入了解狙击手的战斗方式：

罗斯托夫的市民把我们团团围住，他们满怀喜悦，眼中噙满泪水。我们听见他们喊道："我们的解放者！我们的人！你们总算来了！"

"卡车！德国人的卡车！"一辆挂着防水帆布的卡车出现在前方。斯佩西夫采夫瞄准司机开了一枪，当场击毙了他。坐在司机旁边的军官跳出驾驶室，但被一串机枪子弹射倒。跳出卡车后车厢的德军士兵也落得同样的下场。

这场胜利让我们倍感鼓舞，队伍继续前进，随后听见警告声："坦克！坦克！"

我们的指挥员图兹骂道："那帮混蛋发现我们了！"他命令斯佩西夫采夫上屋顶，看看究竟有多少敌坦克。一分钟后，我们听见斯佩西夫采夫喊道："四辆坦克！坦克后面跟着辆卡车！"很快，一辆坦克停在狙击手斯佩西夫采夫待的那座房子附近，我们与他失去了联系。

另一辆坦克的履带嘎嘎作响，沿街道中央缓缓驶来，被我们击毁的德军车辆就停在那里。坦克后面跟着一群德国兵，都端着冲锋枪。我们撤到多洛马诺夫斯基公路，又听到警告声："坦克！"

图兹中尉命令道："隐蔽！"随后我们占据了角落处的一座房屋。屋内已经有几名战士，他们的指挥员是一个身材矮小、肩膀宽阔的人，穿着白色羊皮外套，皮带上插着手枪和两颗手榴弹，此时他神情严肃。图兹告诉我们，这是新营长奥列什金上尉。

我们听见街道上的战斗声，法西斯分子包围了这间房屋。我们觉得这次得战斗到最后一息了。可我们不是孤军奋战，马诺茨科夫中尉率领一群战士加入我们的行列。此时，我们与旅主力所在的车站隔绝了。我们大约有50个人，组织起环形防御，每个人各司其职。我的阵地在角落的窗户旁。我找到一把维也纳式的椅子，把它放在窗台上，自己则隐蔽在椅子后面。我们盯着外面的情形。透过瞄准镜，我将附近几条街道、铁轨、山丘上的房屋看得清清楚楚。这里是狙击手绝佳的位置！一群希特勒分子从车辆后面跑了出来，位于他们前面的显然是个军官，戴着大檐帽，胸前挂着望远镜。我扣动扳机，准确地命中目标。法西斯军官丢掉手枪倒在地上。以往的经验告诉我，其他士兵会设法把指挥官的尸体拖走。果不其然，一个希特勒分子朝毙命的军官爬去。又是一声枪响。右侧，有人奔跑着出现了，裹着条格子披肩，是个女人？我透过瞄准镜察看情况，看见了一挺机枪的枪口。"法西斯强盗！"我做出判断，随即扣动扳机。

"干得好！"我听见营长的声音传来，"继续寻找其他目标！"

……敌人更加谨慎了，一个个趴在地上。军官想让他们发动进攻不太容易。就在这时，一个希特勒分子从混凝土墙壁后面探出脑袋和肩膀，他穿着羊皮外套，看来是个军官，他用俄语喊道："我们投降！"

"既然要投降，他们干吗还荷枪实弹？"这个念头刚刚闪过我的脑海，就听见营长说道："他们不知道我们在哪里，想探明我们的位置，开枪，开枪！"我用瞄准镜里的十字线对准目标，平稳地扣动扳机。法西斯军官不受控制地挥着双手倒下了。

射击声减弱了，我们的弹药即将耗尽。我的步枪弹夹空了，焦急地向中尉报告了情况。他想了想，扭头对机枪手扎瓦利申说道："战士同志，您的弹匣里还有十来发子弹，都给狙击手吧。"

"什么？"机枪手喊道，脸色变得苍白，"我可不能交出子弹！没有子弹我怎么射击呢？"他瞪着眼，一脸愤然。我当然知道子弹现在有多宝贵。扎瓦利申重申道："我不会交出子弹的，指挥员同志，您可以拿走我的大衣、毡靴……什么都行，但不能拿走我的子弹！"

297

中尉以不容置疑的口气说道："狙击手需要这些子弹。"机枪手清空了弹匣，递给我一颗子弹，然后又是一颗，就这样一发发递给我，活像饥肠辘辘的人交出手里最后一块面包。总共11发子弹，少得可怜！

不远处，一个法西斯分子躲在排水管后面。我能看见他穿着靴子的双脚。他不停地踩脚，显然想以此保暖。我的手指痒痒的，很想对他的脚来上一枪……可我还是强迫自己把瞄准镜转向左侧：一群希特勒分子躲在很大的弹坑里，正东张西望。我逐一查看了目标，可惜他们当中没有军官，也就是说，没有重要目标。我只好再等等，但如果这群希特勒分子打算移动的话，我就得射空一个弹夹。

这时一声爆炸声传来，一辆敌坦克在我们这间房子后面开炮射击。透过弥漫的尘埃，我看见一名战士倒在地上，弹片撕开了他的腹部。奥列什金上尉脱下羊皮外套，小心翼翼地盖在他身上……

图兹中尉站在被炸毁的墙顶上，用短点射朝敌坦克射击。房屋的阁楼起火燃烧。中尉跑过来找到我："干掉那个恶棍，就在那里！"我看得很清楚，有个希特勒分子把一名妇女推在前面，正沿街道移动。中尉射伤了他。但这家伙爬入隔壁房屋的地窖，企图躲在那里。我一枪结果了他。

困住我们的包围圈越来越紧密。敌人发觉我们的弹药即将耗尽，开始壮起胆子。敌坦克也从恩格斯大街转了过来，停在我们这间房屋前方。德国兵从藏身处出来，跑向坦克。他们用枪托敲击装甲板，指着我们的方向喊着什么。我们不安地盯着他们。毕竟敌坦克只要开上一两炮就够了，肯定会把我们埋在废墟下。情况也的确如此，坦克开始慢慢转动炮塔，看来马上要开炮了。怎么回事？炮塔舱盖推开了，坦克兵探出头，朝旁边的士兵问了几句。

"狙击手，"营长来到我身后，低声说道，"干掉他！"我把枪托抵上肩头，扣动了扳机。纳粹分子一头倒在舱盖边缘。营长拍拍我的肩膀说道："加油！"

就在这时，敌坦克拐了个急弯，它想做什么？占据更有利的发射阵地？但它转向右侧驶离街道。我们疑惑不解，那辆坦克是不是没弹药了？还是一名组员毙命后，其他人丧失了斗志？不管怎样，敌坦克消失了。没有坦克支援，希特勒分子不敢冲击我们这间房屋。他们随后撤往车站方向，那里传来雷鸣般的战斗声。

傍晚到来，随后入夜。几名指挥员聚在屋子的院落里，商讨该如何离开这片地域。我们赶往旅主力正在战斗的火车站当然是合情合理的，可相关情报称，敌人在那个方向投入的兵力很强大，而我们缺乏最重要的东西——弹药！"[13]

这群红军士兵在夜幕掩护下撤离罗斯托夫赶往巴斯泰克，在那里与其他部队会合。

第4装甲集团军奉命撤往顿河北面，第1装甲集团军首批部队投入战斗，坚守顿涅茨河防线。希特勒答应用于稳定战线的党卫队"帝国"师在北面发动进攻，面对强大的红军部队，这场进攻没取得任何进展。实际上，向前推进的是红军，而不是德国人。在匈牙利第2集团军溃败后，德国第2集团军也大败亏输，前线留下个巨大的缺口。德国人在缺口部组建了兰茨集团军级支队，这又是一股以遭受重创的前线部队、少量援兵、后方地带部队临时拼凑的作战力量。党卫队装甲军完成集中前，胡贝特·兰茨将军手头可用的主要力量是党卫队"帝国"师、第320步兵师、实力虚弱的第298步兵师、第168步兵师、"大德意志"摩托化步兵师一部。这看上去是一股强大的兵力，可他们必须掩护哈尔科夫东面庞大的开阔地域，对付占有巨大优势的红军。"大德意志"师投入该地域的首支部队是规模较小的波尔曼战斗群，只编有1个步兵连、1个重武器连、1个装甲连。当年1月，该战斗群在切尔特克沃的米洛瓦河畔与第298步兵师并肩奋战，"大德意志"师余部集中到库皮扬斯克周围。该师随后奉命沿奥斯科尔河一线向北推进，企图阻止苏联人攻往西面。面对敌人不断施加的压力，"大德意志"师从那里逐渐退往别尔哥罗德。[14]该师本打算与北面的第2集团军恢复联系，可就算红军不施加沉重的压力，德国人面对的缺口也太大了。

诺索夫所在的炮兵连参加了追击"大德意志"师的行动，其任务依然是支援第40集团军的步兵。与许多士兵一样，这是诺索夫和他的战友首次参加的战役。他们从其他人那里得知，德国人在苏联领土上犯下许多暴行，他们在前进期间亲眼看见了各种惨状：

炮兵连已经战斗了一个半月，我们也习惯了前线生活的种种不便，许多时候不得不将就。我们学会了坐着或站着打瞌睡，在雪地里生火烹制食物。我们每天都学得到新东西，也在不断加深对战争的理解……

被损毁的城镇和平民百姓的尸体激起我们的复仇欲。我们不光听说了法西斯分子在我们的土地上干出的兽行，亲眼看见的种种罪行也让我们心如刀绞。

某天，炮兵连穿过雪地缓缓向前，于傍晚前后停了下来。切列德尼琴科中尉取出地图，与我们的排长商量起来。他们谈话之际，几名战士跳下卡车，聚在散发着热量的发动机旁边。暮色中，我们看见了前方的烟囱，但见不到村庄其他部分。

……加入我们炮组的尤里·科兹洛夫得到中士批准后朝前方跑去。当然不是因为好奇，他的任务是给大伙儿找个过夜的地方，最好能再弄到些食物。配发给我们的口粮、弹药、油料，几天下来已所剩无几。

科兹洛夫很快就回来了，起初一言不发，喘着粗气待了好一会儿，他才骂道："恶棍！野兽！就连孩子都不放过！还有个婴儿！这帮禽兽！"他大骂不已，没人呵斥他，就连排里第一门火炮的炮长，平日不能容忍任何污言秽语的费奥多尔·西马科夫中士，此时也沉默了。科兹洛夫拽着阿尔塔莫诺夫的衣袖，用恳求的口气说道："中士同志，去那里看看吧！"

我们拧亮电筒，走入一座地窖，这里显然有人住过。绿色的光芒扫过地窖的墙壁和地面。科兹洛夫站在角落处，一名妇女躺在那里，她的头后仰，双臂伸出。那里还有三个孩子挨在一起，其中一个只穿着内衣，看上去只有两岁到六岁。他们脸朝下躺在地上，苍白的后颈满是血迹，是在近距离内被枪杀的。

一名战士大声呻吟着跑出地窖，其他人沉默不语，一个个脸色阴沉，痛苦而又愤怒。我们回到车辆旁，没人说话。天寒地冻，可愤怒之情让我们浑身发热。"畜生就该吊死！"卡舒京愤怒地攥紧了拳头，咬牙切齿地说道，"绞死它们！"[15]

德国人的记述提到此类事件，通常把这些罪行推给游击队，认为他们处决了疑似与德国人合作的居民，要么就是因为他们企图玷污后撤中德军官兵的声誉。游击队确实有可能在某些地方干过这种事，但毫无疑问，大多数罪行是德国人或他们在当地招募的盟友犯下的。无论是谁杀害了诺索夫他们见到的那个家庭，红军士兵内心的感受不难想象，特别是因为许多红军战士的家人仍住在德国人占领的地区。

彼得·阿法纳西耶维奇·特赖宁是红军政治军官，他注意到与战争初期相比，德国俘虏的举止有了变化，而红军对待他们的方式也变了：

敌人在坎捷米罗夫卡和奥斯特罗戈日斯克—罗索什战败后，我们俘获了大批敌军官兵。俘虏人数实在太多，有时候我们根本派不出足够的战士押送他们。这种情况下，就由集体农庄武装起来的妇女负责押送被俘的纳粹分子。我亲眼看见过这样一支队伍。纳粹分子吃力地徒步跋涉，一个个胡子拉碴，破衣烂衫，许多人冻伤了。1941年那个艰难的秋季，我在莫斯科附近见过被俘的纳粹士兵，现在的情况不同，他们饱受摧残的脸上，再也没了厚颜无耻的自信。

我盯着他们，不由得想道："看看这帮畜生，看上去和我一样。"没错，和我一样，他们战前可能都在从事平凡、有益的工作，耕地、烘焙面包、抚养孩子、照料妻子。是什么让他们突然改变了自己的生活，干起抢劫、屠杀、破坏的肮脏勾当呢？元首的命令，屈从于邪恶的意志？肯定不是！那是什么呢？

从本质上说，我从来就不是残忍或报复心强的人，可看着这些毫无悔意的俘虏，我竟然产生了某种复仇的快感，他们活该，这帮混蛋！

没错，我的心肠变硬了，是战争，也是这帮混蛋的所作所为造成的，他们现在老老实实地朝我们的后方地带徒步跋涉。

我还记得当初在莫斯科附近的战斗中，首次见到纳粹俘虏的情形。那时候我们没认清法西斯分子的真面目，还给他们提供面包和食物，给他们分发香烟，因为解除武装的军人不再是我们的敌人。可随后我在莫斯科附近的奥热列利耶村见到，200座房屋只剩8座，其他的都被付之一炬，不是毁于战火，而是法西斯纵火犯干的，特别部队的士兵企图把纳粹军队撤离的村庄和城镇统统焚毁。没错，这些士兵冷酷无情地烧毁了一个个家园，任由无辜的老人、妇女、孩子在冰天雪地里无家可归。

在莫斯科附近的红村，我们解救了被关入谷仓的一些居民。纳粹分子把他们赶入谷仓，天寒地冻的12月，没有食物，没有水，他们就这样在里面待了八天！三个婴儿被冻死在母亲的怀里。

某天，红军战士给我看了张从被俘的纳粹坦克兵手里缴获的照片，是法西斯禽兽活埋一名红军中尉的场景。照片上，纳粹分子用刀在这名中尉的额头上刻了颗五角星，流血的五角星清晰可见。活埋这名中尉的纳粹禽兽说不定就在这群艰难跋涉的希特勒"勇士"里，谁知道呢！他们当中肯定有人在沃罗涅日附近干出罪恶的勾当，他们把科罗托亚克村夷为平地，还烧毁了斯特罗热夫斯科耶村。

有一次，我们在某个村庄见到焚毁的一座房屋，遍地灰烬，只剩下暖炉，一个男人和一名妇女赤身裸体，四肢不全，被钉在暖炉上。不远处躺着一位年轻母亲的尸体，胸前趴着个身体已僵硬的孩子。这位母亲的双手被砍掉。军人会干出这种事吗，仅仅是为了服从命令？不会的！只有坚信雅利安种族优越性这种邪恶思想的人，才会从容而又愉快地焚烧村庄，钉死、射杀"劣等人"。

这就是我对眼前萎靡不振的俘虏没有一丝同情的原因。[16]

以上这段叙述不太诚实，因为红军于1941年后撤期间，苏联的官方政策是破坏一切基础设施，阻止德军继续前进，奥热列利耶村很可能是红军后撤期间焚毁的。但数十万苏联平民在德国人占领期间遇害，这是实情，许多人因为德军强行征收谷物和其他粮食而被饿死。还有些人因为是犹太人，或涉嫌帮助了游击队而被处决。另外，德国人为报复游击队的活动，经常枪杀无辜的平民百姓。

红军不断赢得胜利，似乎为取得更大的战果创造了无数的机会。德军战线上出现了几个巨大的缺口，斯大林急于发挥自身优势，甚至期盼尽早结束战争，鉴于红军的前进速度，现在似乎只有后勤方面的困难才能阻止他们胜利攻往第聂伯河及其前方。就算春季化冻导致一切作战行动陷入停顿，残存的德国军队实力肯定也很虚弱，只能眼睁睁地看着红军恢复攻势——关键在于最大限度地实现目前能实现的战果。

为此，红军高级指挥员考虑了眼下的选择。瓦图京更倾向于利用顿河集团军群北翼持续的虚弱状况——这是B集团军群土崩瓦解造成的。为了利用敌人的弱点，瓦图京于1月19日向大本营提交了自己的方案，他打算从旧别利斯克向西发起强有力的突击，尔后再转身向南，进入曼施泰因备受重压的军队后方。这样一来，红军就能合围、歼灭这股敌军，或者迫使对方仓促撤往西面，在此期间，他们必然会丢弃大批无法补充的技术装备。无论哪种结果，都会导致德军在乌克兰境内的防御难以为继。斯大林确信德军已经遭到无可弥补的损失，便于次日批准了瓦图京的方案，还把这场行动的代号定为"跳跃"。[17]瓦图京的西南方面军遂行主要突击，负责纵深突破，南方面军击退经罗斯托夫后撤的德军——届时瓦图京会率先投入进攻，而南方面军则1月29日展开突击。同时，红军还打算利用因匈牙利军队溃败、德国第2集团军几近覆灭而出现的巨大缺口。他们在这个方向的主要目标是收复哈尔科夫，尔后再以大获全胜的沃罗涅日方面军向西追击溃败之敌。大本营方面于1月23日下达训令，并于2月1日发动代号为"星"的进攻战役。

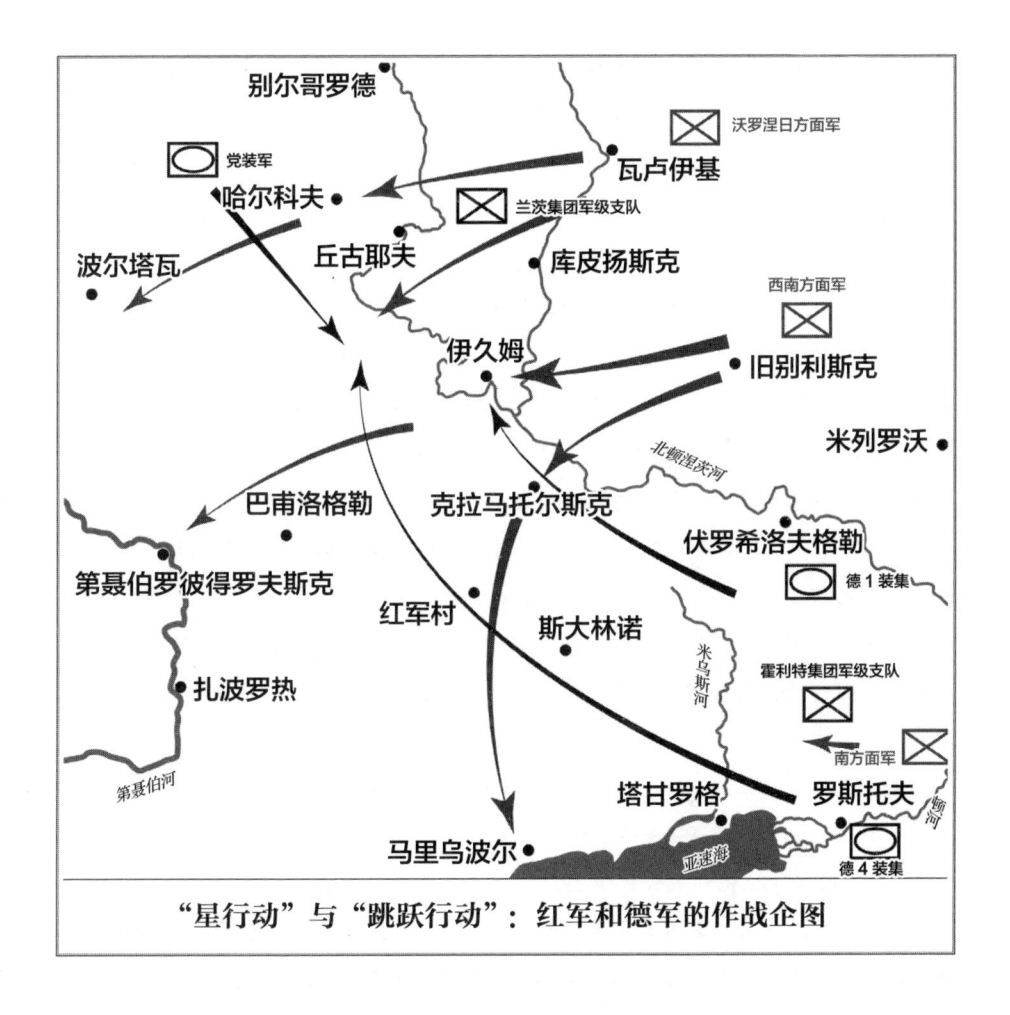

"星行动"与"跳跃行动"：红军和德军的作战企图

赢得胜利的同时，红军进一步讨论了作战兵团的最佳编制，罗特米斯特罗夫奉命去莫斯科参加相关会议：

> 波斯克列贝舍夫（苏共中央委员会特别科科长）请我去最高统帅的办公室。政治局、大本营、政府成员坐在一张长桌子旁。我首先注意到的是莫洛托夫（外交人民委员），他正在调整夹鼻眼镜。原先站在办公室深处的斯大林慢慢朝我走了过来。我赶紧立正，很正式地向他报到，听从他指示。斯大林握着我的手说道："罗特米斯特罗夫同志，我不是命令，而是邀请您来这里，给我说说您是如何打败曼施泰因的。"

我有点尴尬，因为最高统帅肯定了解相关战事，我们在战斗中粉碎了保卢斯陷入斯大林格勒合围圈的军队，详细情况他无疑是清楚的。可既然他问起，我只好做了汇报，分析了这些交战，以及近卫坦克第3军攻往雷奇科夫斯基和科捷利尼科沃期间使用的战术。

斯大林绕着桌子默默地来回踱步，偶尔简短地问上几句。他和其他人都专注地听着我汇报。我很好奇，最高统帅把我请来，不会是让我向他们汇报与曼施泰因交战的经过吧。但斯大林渐渐把话题转向坦克集团军。他说道："我们的坦克集团军学会了如何粉碎敌人，也知道如何打垮敌军防御，实现纵深突破。可是，为什么您认为不能把步兵兵团编入坦克集团军呢？"最高统帅停下脚步，眯起双眼盯着我。我这才明白过来，看来有人把我的观点告诉了他。

我回答道："进攻战役期间，各步兵师落在坦克军后面，结果导致坦克与步兵部队之间的相互支援中断，同时指挥向前疾进的坦克和落在后面的步兵非常困难。"

斯大林反驳道："可是，巴达诺夫将军的坦克军在塔钦斯卡亚地域实施了大胆而又果断的行动，这些行动证明，没有步兵支援，坦克兵很难守住在敌防御纵深夺取的阵地。"

我同意他的看法："没错，确实需要步兵，但必须是摩托化步兵。所以我认为，除了坦克军，编入坦克集团军的应该是摩托化步兵，而不是普通步兵兵团。"

"您建议用摩托化部队替代步兵，可坦克集团军司令员罗曼年科（战争爆发后他先后指挥过坦克第3集团军、第5集团军、第2集团军）对步兵师的表现很满意，还请求再给他增加一两个步兵师。那么，您二位的意见谁对谁错呢？"此前一直沉默不语的莫洛托夫问道。

"我谈谈我的看法。"我回答道，"我认为坦克集团军就该是坦克集团军，是编成上而不是名义上的坦克集团军。每个坦克集团军最好编有2个坦克军和1个机械化军，外加几个反坦克炮兵团。另外，我们还得确保直属部队的机动性，以及司令部与辖内各部队之间可靠的无线电联络。"

斯大林聚精会神地听着我的发言，赞许地点点头，还面带微笑看着莫洛托夫，莫洛托夫打断了我的话，又提出个问题："看来您不喜欢反坦克步枪，想以反坦克炮取而代之。可反坦克步枪对付敌坦克和火力点很有效，不是吗？"

我回答道："莫洛托夫同志，如果敌我双方的距离不超过300米，在战壕里从事防御作战，那么反坦克步枪在过去和现在都是对付敌坦克的有效武器。但在机动作战中，它们无法对抗射程达到 500 米或更远距离的敌坦克炮。所以最好为坦克军和机械化军配置至少 1 个（配备 76 毫米火炮的）反坦克炮兵旅。"

这场讨论持续了两个钟头左右。斯大林对我在进攻战役中使用坦克集团军的看法也很感兴趣。他们最终得出结论，方面军司令员，甚至是大本营，应当以坦克集团军发起大规模打击，首先要对付主要突击方向上的敌装甲集群，但不能死板地规定坦克集团军的进攻路线，这种做法只会严重妨碍坦克的机动能力。我觉得斯大林同志非常清楚集中使用坦克力量的重要性。

他若有所思地大声说道："总有一天，我们的工业能为红军提供大批坦克、飞机和其他军事装备。我们很快能以强大的坦克和航空兵力量打击敌人，我们会毫不留情地驱逐、粉碎德国法西斯侵略者。"斯大林看看桌上的笔记本，又在办公室里踱了一圈，继续说道，"我们现在可以组建新的坦克集团军了，罗特米斯特罗夫同志，您能去领导其中的一个吗？"

我赶紧从座椅里站起来："听从您的安排！"

"这是军人的回答。"最高统帅说道，又一次专注地盯着我，补充道，"不过我认为您会去的，因为您有足够的经验和知识。"[18]

次日，罗特米斯特罗夫出任近卫坦克第 5 集团军司令员，他原先指挥的近卫坦克第 3 军也在该集团军编成内。

毫无疑问，不断遭受打击的德国军队仍在退却，但红军的损失也很大。他们在 1942 年夏末积攒的预备队几乎已耗尽，囤积的油料和弹药很快也要用完了。为发动进攻，戈利科夫的沃罗涅日方面军和瓦图京的西南方面军不得不把几乎所有兵力悉数用于初期突击，第二梯队没几个主力兵团。他们也没有任何战役或战略预备队，根本无法应对任何突发状况。不过，大本营的乐观情绪完全可以理解，他们在 1 月 26 日还下达了一道相当自信的指示：

沃罗涅日方面军、西南方面军、顿河方面军、北高加索方面军的进攻战役大获全胜，我军打垮了敌人的抵抗。敌人沿宽大战线构设的防御已告破裂。他们缺乏战略预备队，不得不把零碎开抵的兵团从行进间直接投入部署。敌军防线上出现了许多缺口，另一些地段仅以小股兵力掩护。西南方面军右翼对顿巴斯地域构成威胁。这是个有利的契机，我们可以合围、隔绝、歼灭顿巴斯地域、高加索山区、黑海沿岸之敌。[19]

自"天王星行动"开始以来，红军遂行的所有进攻战役，就数眼下两场行动风险最大。不难想象，合围斯大林格勒的进攻，以及打击顿河畔意大利、匈牙利军队的行动，可能会意外地遭遇德军抵抗，可如果敌人没有按计划展开，那么"小土星行动"和奥斯特罗戈日斯克—罗索什进攻战役都不会让红军遭受毁灭性反突击。红军最新的行动方案，严重依赖于大本营的判断，即德军实力虚弱、混乱不堪，倘若这种判断是错的，那么红军就面临以下危险：遂行突击的兵团很容易遭到对方反突击。

尽管苏联人发现德军从法国调来的些许援兵陆续开抵，"帝国"师失败的进攻也表明党卫队装甲军先遣力量已到达作战地域，但他们认为击败这些援兵不在话下，敌人的失败很快会发展成越来越严重的溃逃。德军援兵（特别是第6、第7、第11装甲师）在前几周造成的影响，其实预示着红军的"跳跃行动"和"星行动"风险很大，可苏联人信心十足。他们的补给线末端基本上仍在12月初的位置，尽管战场态势混乱，但后撤中的德军还是大肆破坏了铁路线和桥梁，迫使红军后勤部门不得不在当前战线后方很远处卸下物资，再以汽车运到前线。另外，这也是红军自"天王星行动"开始以来，完全以实力不足的兵团首次发起大规模进攻——他们的步兵师根本达不到1万人的编制兵力，每个师只有6000—8000人，里面还有很多新兵。而且与去年11月、12月投入激烈战斗的士兵不同，这些新兵根本没机会在前线相对平静的地段学习作战技能。红军坦克兵团的实力也不足，许多坦克军目前只有30—50辆坦克可用。[20]从理论上说，每个坦克军的战斗力应该与德军加强装甲师相当，因此，进攻战役开始时，他们的实力低得让人担心不已。没错，第57装甲军当初也以实力严重受损的兵团（第6装甲师除外）朝斯大林格勒发起救援行动，可最终的失败充分说明他们承担了多么大的风险。

尽管如此，瓦图京西南方面军集中的兵力还是很强大。除了近卫第1集团军、近卫第3集团军、第6集团军、坦克第5集团军，还有波波夫快速集群（该集群相当于一个集团军），总之，西南方面军共投入了32.5万人和500多辆坦克，位于他们北翼的沃罗涅日方面军也投入了19万兵力和315辆坦克。面对这股庞大的力量，曼施泰因手头的兵力很少。兰茨集团军级支队部署在哈尔科夫前方，目前编有2个步兵师和党卫队"帝国"师，党卫队装甲军辖内另外2个师仍在集中。马肯森将军的第1装甲集团军位于他们南面（目前编有2个步兵师和3个装甲师，兵力只有4万人，外加40辆坦克），该集团军取道罗斯托夫进行后撤，尔后沿顿涅茨河布防。这股兵力还包括新组建的第30军，是由弗雷特-皮科集群的散兵游勇、后方地带部队、支离破碎的作战兵团拼凑而成的。霍利特集团军级支队遭受了一次次打击后幸免于难，目前仍有由7个步兵师和2个装甲师，以及另外2个步兵师残部组成的战斗群，总兵力约为10万人，外加60辆坦克。总之，不算党卫队装甲军250辆坦克的话，德军在装甲力量方面处于一比八的劣势，在兵力方面的劣势也不止一比二。但苏联人能在多长时间内为他们的坦克力量提供补给？面对各种机械故障和其他困难，红军坦克兵团又能正常运行多久？这些未知数对即将到来的战役而言深具决定性。

参考文献

1. Moskalenko, *Na Yugo-Zapadnom Napravlenii,* Vol. I, pp.402–03.
2. National Archives and Records Administration (NARA) (College Park, MD) Microfilm series T314, roll 509, frames 7–10.
3. J. Solarz, *Totenkopf 1939–1943* (Wydawnictwo, Warsaw, 2008), p.18.
4. Bundesarchiv-Militärarchiv Freiburg, *Kriegstagebuch 121. Infanterie-Division,* 2–3 July 1941, RH26-23.
5. Manstein, *Lost Victories,* p.399.
6. H. Boog, W. Rahn, R. Stumpf, and B. Wegner, *Germany and the Second World War* (Oxford University Press, Oxford, 2001), Vol. VI, p.7.
7. Manstein, *Lost Victories,* p.400.
8. Biryusov, *Kogda Gremeli Pushki,* pp.134–35.
9. Paul, *Brennpunkte,* pp.289–90.
10. Shtemenko, *Soviet General Staff,* pp.84–85.
11. I. Rakobolskaya and N. Kravtsova, *Nas Nazyvali Nochnymi Ved'Mani: Tak Voyeval 46-y Gvardeyskiy Polk Nochnykh Bombaardirovshchikov* (Isd-Vo MGU, Moscow, 2005), pp.204–05.
12. Kobylyanskiy, *From Stalingrad to Pillau,* pp.78–79.
13. P. Belyakov, *V Pritsele 'Buryy Medved'* (Voenizdat, Moscow, 1977), pp.50–54.
14. H. Spaeter, *The History of the Panzerkorps Grossdeutschland* (Fedorowicz, Winnipeg, 1995), Vol. II, pp.5–13.
15. Nosov, *Vysoty Poluchayut Imena,* pp.18–19.
16. P. Traynin, *Soldatskoye pole* (Voenizdat, Moscow, 1981), p.69.
17. Shtemenko, *Soviet General Staff,* pp.97–100.
18. Rotmistrov, *Stal'naya Gvardiya,* pp.164–66.
19. A. Yershov, *Osvobozhdenie Donbassa* (Voenizdat, Moscow, 1973), p.10.
20. I. Krupchenko (ed.), *Sovetskie Tankovje Voiska 1941–1945* (Voenizdat, Moscow, 1973), p.100; Glantz, *From the Don to the Dnepr,* p.87.

2月：运动战

第十一章

即将发起的"跳跃行动",其作战地域其实并不特别适合运动战。尽管低矮的山丘不利于防御,但和东面的地形一样,这里遍布峡谷和沟壑,而且缺乏铺面道路,一旦化冻就会给部队的运动造成巨大的困难,特别是在战役发起时那路况恶劣的情况下。费奥多尔·米哈伊洛维奇·哈里托诺夫中将的第6集团军,与北面沃罗涅日方面军辖内坦克第3集团军协同行动,奉命朝西南方面军北翼迅速推进,从哈尔科夫南面穿过,一周内要渗透110千米。瓦西里·伊万诺维奇·库兹涅佐夫中将的近卫第1集团军于次日在稍南面投入进攻,达成初期突破后迅速转向南面,进入德国守军身后。波波夫快速集群部署在第6集团军与近卫第1集团军之间,受领的任务非常重要:先攻入德军防御纵深,尔后前出到马里乌波尔的亚速海岸边。红军吸取了在"小土星行动"期间渗透到塔钦斯卡亚的教训,为防止坦克先遣力量得不到步兵支援而陷入困境,给各坦克军配置了步兵师。这些师装备了足够多的车辆,好跟上坦克的前进速度,或者派步兵坐在坦克上,跟随战车一同前进。罗特米斯特罗夫把机械化步兵兵团编入坦克集团军的建议,还要很长一段时间才能贯彻实施。不过,尽管苏联人想方设法改善坦克兵团的步兵支援问题,但波波夫快速集群的实力远不像在编制表中所表现的那么强大,其后勤保障尤为薄弱。战役开始时,他们的补给物资只够为坦克补充一次油料和弹药,之后的补给就得依靠一路延伸到顿河对岸铁路末端这条漫长的交通线了。波波夫辖内的步兵兵团,弹药和油料保障就更差了。[1]

"星行动"几乎与"跳跃行动"同时发起,红军发起这场战役的目的是收复哈尔科夫,并击退乌克兰北部的德军。他们于1月23日确定了作战方案的初步细节,目标是继续追击败退之敌。大本营要求戈利科夫在2月1日展开行动,他来不及变更部署,也没时间从事其他准备。三天后,戈利科夫得到一天时间的宽限,但同时沃罗涅日方面军受领的任务也扩大了——不仅要收复哈尔科夫,还得夺回库尔斯克。华西列夫斯基后来写到,这是因为大本营希望在党卫队装甲军开抵前取得最大战果,但可能也有某种战役贪念在作祟。[2] 方面军位于北面的2个集团军(第38、第60集团军)向西攻往库尔斯克,部署在南面的3个集团军(第40、第69集团军、坦克第3集团军)负责打击盘踞在哈尔科夫的德军。莫斯卡连科第40集团军兵力强大,共计9万人加100辆坦克,这些力量被编为8个步兵师、1个坦克军、3个坦克旅,但集团军辖内许多部队此时忙于肃清快速推进期间残留在后方的敌人,而且许多坦克需要维修保养,不然战役发起时无法投入交战。不过,他们在奥斯特罗戈日斯克—

罗索什进攻战役中的损失不大，所以士气依然高昂。帕维尔·谢苗诺维奇·雷巴尔科中将的坦克第3集团军，辖2个坦克军和1个近卫骑兵军，共计165辆坦克，是此次战役的主要突击力量。戈利科夫投入哈尔科夫方向的兵力共计20万，外加300辆坦克。面对实力强大的红军，兰茨集团军级支队的北部力量，就算待党卫队援兵开抵后最多也只有7万人和大约200辆坦克守卫哈尔科夫，而希特勒给党卫队装甲军下达了明确无误的指令，要求他们不惜一切代价守住哈尔科夫。[3]

与红军当年冬季遂行的其他战役不同，"跳跃行动"和"星行动"是在先前的推进仍在进行时发起的，德国人起初几乎都没觉察到战役新阶段开始了。红军于1月29日晚些时候攻克旧别利斯克，其他兵团逼近库皮扬斯克，迫使德国第298步兵师从该镇两侧渡过克拉斯纳亚河退却。红军的推进在这里暂时陷入停顿，因为德国步兵实施的抵抗相当顽强，事实证明，第298步兵师和"帝国"师都是很难对付的对手。到2月1日日终时，雷巴尔科坦克第3集团军顺利达成几场纵深渗透，迫使第298步兵师扭转了翼侧。相关报告称，德国人正调来更多援兵，雷巴尔科有点担心，故命令坦克第12军、坦克第15军、近卫骑兵第6军于次日投入交战，把集团军的进攻重点转向南面，充分发展2月1日的战果。尽管如此，后续进展还是让他失望不已。命令中的部分力量确实到达了北顿涅茨河，但更多部队继续受阻，特别是遭到实力相对强大的"帝国"师顽强阻击。不过，近卫骑兵第6军报告，他们顺利切断了德国第298步兵师退往丘古耶夫的主要后撤路线。[4]北面，红军第69集团军遭遇"大德意志"师，也没取得太大进展。他们发现大米哈伊洛夫卡镇是个特别顽强的支撑点，激烈的战斗一直持续到2月4日晚些时候，德军遭迂回后不得不撤离。仅在北面，莫斯卡连科第40集团军遭遇的抵抗较弱，因而取得些进展，构成切断库尔斯克与别尔哥罗德之间德军交通线的威胁。而且他们朝别尔哥罗德推进的速度很快，就算德国人继续坚守南面的防线，也面临遭迂回、红军从北面卷击的严重危险。

脆弱的两翼遭迂回，又面临陷入合围的威胁，赫伯特·米夏埃利斯少将因此命令第298步兵师向西突围，结果遭遇了红军近卫骑兵第6军，对方已进入第298步兵师后方地带。该师被迫丢弃了大部分火炮和其他技术装备，朝党卫队"警卫旗队"师的方向实施战斗后撤，尔后"警卫旗队"师首批部队开始部署到他们后方。尽管米夏埃利斯下达了突围命令，可他的部下仍在顽强战斗，不断扰乱红军推进，因此对方的进展落后于时间表。[5]

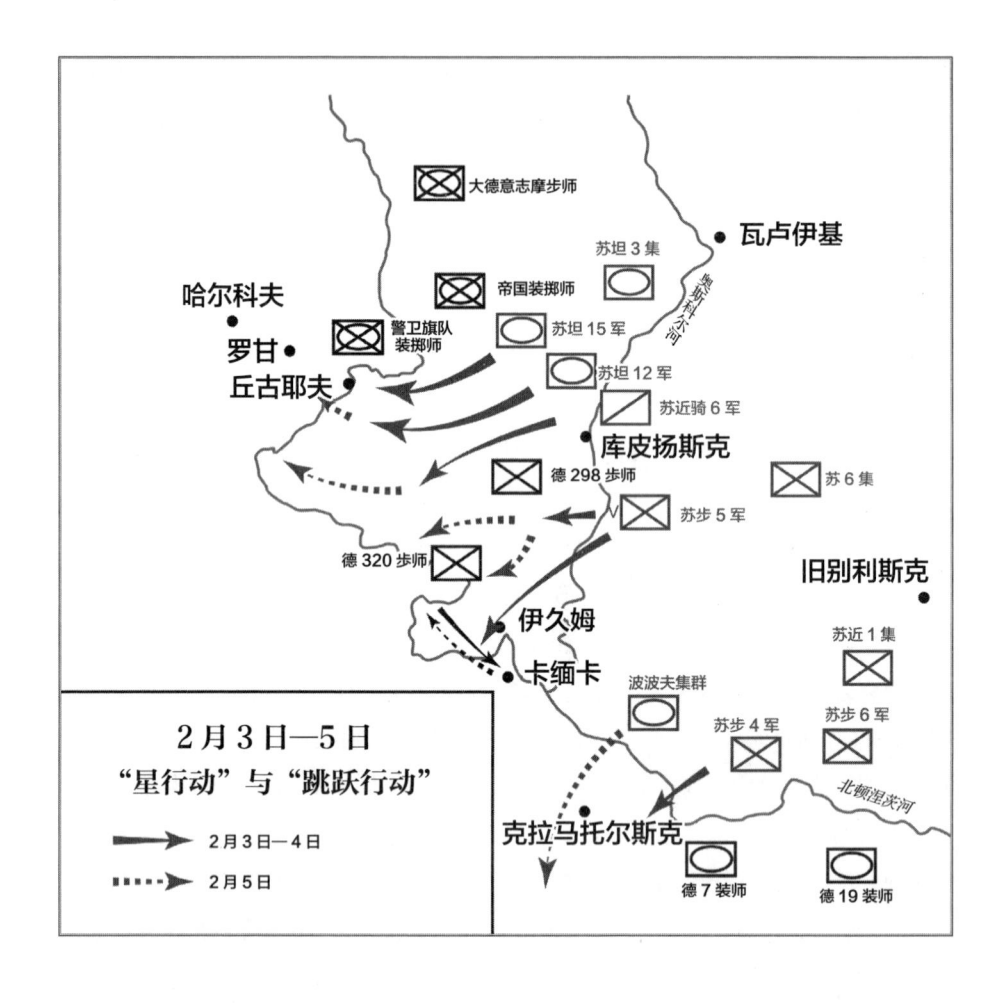

德国人审问了俘虏，还展开了空中侦察，于2月3日日终前终于确定了红军发动"跳跃行动"和"星行动"的大致企图。他们识别出了波波夫快速集群，而兰茨现在终于得到足够的党卫队援兵，打算2月5日发动计划中的进攻，从北面恢复战线，而且党卫队"帝国"师位于哈尔科夫东面，"警卫旗队"师首批部队位于东南面。[6]但眼下重要的是不能让苏联人推进得太快，第320步兵师奉命发起反突击，阻止红军攻往伊久姆南面。格奥尔格·波斯特尔中将报告，路上积雪太深，他的师难以集中足够的兵力发动反突击，兰茨不为所动，命令他按计划行事。2月4日一早，第320步兵师一个团在伊久姆南面顺利夺得卡缅卡北部。但该师位于伊久姆镇内的其他部队报告,游击队和哈里托诺夫第6集团军先遣部队加强了活动。中午前后,红军坦克试探着进入伊久姆镇东北部,他们的骑兵切断了通往西面的几条道路。

更糟糕的是,第320步兵师奉命攻往伊久姆南面的那个团,也被红军先遣部队、游击队、积雪封闭的道路隔断。波斯特尔一再请求兰茨批准他向西撤退,2月4日晚些时候终于获准。波斯特尔当晚率领部队突围,冲破了在北面迂回伊久姆的红军部队。次日清晨,哈里托诺夫的部下收复了伊久姆。

尽管沃罗涅日方面军负责掩护"跳跃行动"和"星行动"的北翼,但他们制定的时间表可谓雄心勃勃,戈利科夫敦促麾下部队继续前进,尽快粉碎德军后撤中的第320步兵师。2月4日,雷巴尔科坦克第3集团军先遣部队企图夺取北顿涅茨河渡场,但被"警卫旗队"师击退,红军次日调来更多援兵。2月6日一早,坦克第15军在步兵支援下重新发起冲击,再次被德军击退。他们的伤亡数不断上升,到2月份第一周结束时,坦克第15军每个坦克旅只剩10—15辆坦克,辖内的机械化步兵营大多只剩一个连兵力。虽说坦克数量的变化取决于有多少修复的战车能重新投入使用,但雷巴尔科麾下几个坦克兵团的实力远远低于编制表,而且在战役接下来的阶段都很可能一直是这种状况。[7]在坦克第3集团军与第6集团军的结合部,近卫骑兵第6军顺利绕过德国第298步兵师,似乎打开了一条更具前景的进军路线,雷巴尔科命令该军向西攻击前进,期望他们迂回"警卫旗队"师的顽强防御,这样就能让他迅速恢复部队在其他地段的推进。这场行动风险很大,近卫骑兵第6军确实是一股快速力量,但无论如何都不能替代在北顿涅茨河畔陷入停顿的坦克力量,骑兵军向西推进,北翼暴露在外,很容易遭到德军反突击。但雷巴尔科一心弥补先前耽搁的时间,另外,他和红军大多数指挥员一样,坚信德国人已被击败,所以他打算承受相应的风险——不管怎么说,红军在前几周遂行的每一场进攻,不都取得了蔚为壮观的胜利吗?但这次的情况不同,他们面对的完全是德国国防军和武装党卫队兵团,而不是德国盟友那些虚弱无力的军队。

起初,红军的冒险似乎合情合理。近卫骑兵第6军先遣部队主力,即坦克第201旅于2月9日渗透到塔拉诺夫卡。在此期间,雷巴尔科命令没能强渡北顿涅茨河一线的部队在稍北面重组,为随后发起的谨慎进攻做好准备。可三天过去了,雷巴尔科仍未发起进攻。戈利科夫和其他高级指挥员恼火不已,认为雷巴尔科过于谨慎,但雷巴尔科的许多部队仍在同后撤中的德国第298步兵师战斗。在雷巴尔科作战地域北端，党卫队"帝国"师2月5日发起了强有力的反突击，在这些部队措手不及间把他们打得实力大损。红军对"帝国"师反复发起正面冲击，但没取得任何进展，不过，红军步兵第184师顺利绕过对方南翼，其他部队尾随其后。2月9日，"帝国"师不得不退守哈尔科夫附近的防线。

2月10日，雷巴尔科的主力再次强渡北顿涅茨河一线。这次终于成功了，主要是因为德国人已决定后撤，"帝国"师也放弃了后续反突击的计划。坦克第12军、第15军分别位于南北两面，苏联人的进攻在起初取得不错的进展，到达并攻克了丘古耶夫。但在西面12千米处，德国人在罗甘设立了下一道防线，让红军的推进戛然而止。当日傍晚，雷巴尔科评估了态势，做出后续变更——坦克第15军在更多步兵力量和1个坦克旅支援下，继续从东面直接攻往哈尔科夫，坦克第12军从东南方发起冲击，近卫骑兵第6军则负责从南面击退德国人。[8]

哈尔科夫是苏联最大的城市之一，希特勒和斯大林都很看重这座声望卓著的城市，元首要求忠诚的武装党卫队坚定不移地据守该城。曼施泰因认为，以他手头仅有的新锐装甲兵团顽固地据守固定阵地毫无意义，而且纯属蛮干，必然导致党卫队装甲军在陷入孤立后全军覆没，还会让德军丧失以运动战恢复态势的唯一希望。另外，几个党卫队装甲掷弹兵师的步兵力量很弱，不适合城内的巷战。不过随着德国国防军退往本土方向的趋势越来越明显，希特勒宣布哈尔科夫为要塞，还任命了要塞司令，要求不惜一切代价守住这座城市。为此，德国人动员了数万人修筑工事，主要是强制劳动的平民。但无论如何，哈尔科夫的守卫力量只有1个保安师，外加几支临时拼凑的后方地带部队。兰茨没有理会希特勒的指令，于2月5日傍晚就已下定决心，他在集团军级支队的作战日志写道：

长时间坚守哈尔科夫是无法做到的。我手头的兵力集中在各个郊区，各司其职。他们的任务是为后撤中的前线部队保持交通线畅通。

"警卫旗队"师和"帝国"师很快会绕过哈尔科夫。要塞司令掌握的部队位于他们之间，其任务是阻滞敌军推进，保全自身的战斗力。所有必要的爆破工作都已做好准备。[9]

尽管曼施泰因另有想法，但就目前而言，希特勒不惜一切代价坚守哈尔科夫的命令依然有效。红军坦克第3集团军主力位于党卫队装甲军东南面，该军很想以全部力量发起反突击，特别是向南打击暴露在外的红军近卫骑兵第6军。不难想象，豪塞尔装甲军随后可以继续攻击前进，设法与南面的德军恢复联系。另外，曼施泰因还要把几乎被隔断在顿河南面的部队转移到西面，第一步措施就是以第1装甲集团军辖内部队从南面发动进攻。待第4装甲集团军撤到霍利特集团军级支队和第1装甲集团军身后就变更部署，加入这场进攻，两个装甲集团军的最终目标是与开进中的党卫队装甲军会合，一举歼灭奔赴第聂伯河的红军。

一旦红军发动进攻，瓦图京就会下达命令，把波波夫快速集群部署到第6集团军与近卫第1集团军之间，遂行纵深渗透和合围，一举歼灭乌克兰东南部的德国军队。波波夫快速集群的最终目标是亚速海沿岸的马里乌波尔，中间目标是红军村。由于红军后勤保障遇到很多困难，因此波波夫的部队展开行动时，油料和弹药都不充足，不过，他们在进攻初期阶段还是能支援与第6集团军、近卫第1集团军毗邻的翼侧。从理论上说，波波夫快速集群是一股强大的力量，它编有坦克第3军、第10军、第18军，以及近卫坦克第4军，外加2个坦克旅、3个步兵师和近卫摩托化步兵第3旅，到2月下半月，又增加了3个滑雪旅。但这些兵团和部队的实力远远低于编制力量，几个坦克兵团总共只有180辆坦克，不过，这个数字还是远远超过了德军的坦克数量。[10]近卫坦克第4军顺利到达并夺取了克拉马托尔斯克，但随后遭遇了德军顽强抵抗，于是赶紧请求增援。他们再次发现，没有步兵支援的坦克部队很难克服敌人的顽强防御。

克拉马托尔斯克周围爆发的交战，标志着曼施泰因首次以他取道罗斯托夫撤回的兵力向北发起打击，但眼下的态势依然岌岌可危。马肯森第1装甲集团军两翼遭受威胁，红军近卫第3集团军已在伏罗希洛夫格勒渡过顿涅茨河，企图切断第1装甲集团军东南翼与霍利特集团军级支队之间的联系，而波波夫快速集群打算取道克里沃伊托列茨河河谷，穿过马肯森西北翼。曼施泰因命令马肯森解决红军在这两处的渗透，先把兵力集中到克里沃伊托列茨河畔，与哈尔科夫附近的德军恢复联系，可他随后得知，第1装甲集团军大部分兵力已投入伏罗希洛夫格勒的交战，所以几乎没有兵力可投入计划朝西北方发动的反突击。他们唯一能派往北面的是第40装甲军，该军编有实力严重受损的党卫队"维京"师，以及第3和第13装甲师部分力量，军长戈特哈德·海因里齐大将告诉曼施泰因，由于地形复杂，他无法绕过克里沃伊托列茨河河谷内红军部队的西翼。相反，兵力虚弱的第40装甲军与前进中的红军正面交锋，这种交战几乎无法迅速赢得德军目前需要的胜利。稍北面，红军第6集团军继续向西攻击前进，尽管巴尔克不愿草率行事，但第11装甲师没等彻底集中就投入战斗。不出所料，该师夺回克拉马托尔斯克的初期行动失败了，但苏联人的损失同样惨重——近卫坦克第4军在2月4日时只剩37辆坦克。次日，红军坦克第3军到达克拉马尔斯克，但该军也只有23辆坦克，而且他们的步兵力量依然薄弱，冬季早些时候，这个问题曾给进攻塔钦斯卡亚的红军造成过很大的麻烦。[11] 更多援兵已在途中，但他们沿路况恶劣、拥挤不堪的道路行进，要过段时间才能到达。

尽管红军努力吸取以往战役的教训，还做出力所能及的改进，可他们把物资和援兵从铁路线末端运往前线的工作，没有任何获得改善的迹象。轰炸专家尼古拉·谢苗诺维奇·斯克里普科中将时任空军第18集团军副司令员，他后来写到，目标太多、气候恶劣、后勤补给需要帮助，这一切对他的机组人员提出了艰巨的要求：

2月初的降雨妨碍了我们的作战部署，但2月5日夜间，天气有所好转，我们立即出动了253架飞机。我们的空军部队轰炸了布良斯克、库尔斯克、奥廖尔、利沃夫、戈梅利、哈尔科夫、扎波罗热、罗斯托夫的铁路枢纽站……

次日夜间，我们出动了218架飞机，再次轰炸上述目标……48个机组打击了斯大林诺地域一座德军机场。

……我们抓住一切机会投入战斗。2月8日夜间，恶劣的气候条件致使我们无法飞往西面。南面的天气稍好些，116个机组袭击了若干铁路枢纽站，其中最重要的是哈尔科夫，那里当时位于敌军主要交通线上。54架飞机发动夜袭，轰炸了这座大型铁路枢纽站……航拍侦察表明，这场打击很有效。德军5个后方集中地域起火燃烧，还伴随剧烈的爆炸。

南面第二重要的铁路枢纽站是罗斯托夫。我方部队解放了巴斯泰克，距离罗斯托夫这座大型工业中心非常近，此地确实是通往高加索的门户。由于气候条件欠佳，我们只出动23个机组轰炸罗斯托夫。他们准确地打击了德军后方梯队和车站设施，扰乱了铁路枢纽站的运作。

我们还投入了大约50架远程轰炸机，猛烈打击斯大林诺地域一座大型机场。从这座机场起飞的敌机，频频袭击攻往旧别利斯克、利西昌斯克、伏罗希洛夫格勒，以及着手解放顿巴斯地区的红军部队。我们的机组使用重型炸弹，严重破坏了德国人的机场，还扰乱了敌空军的活动。他们用小型燃烧弹和杀伤弹轰炸敌机，造成多起火灾和爆炸，还炸毁敌人许多车辆。

2月8日上午，我们的远程航空兵开始执行紧急运输任务。西南方面军辖内部队……昨日夺得克拉马托尔斯克、巴尔文科沃和另一些村镇，已经推进得很远，与身后300千米或更远的补给基地失去联系。不断后撤的纳粹分子大肆破坏铁路，各条铁路线恢复运行需要很长时间，持续不停的降雪和暴风雪导致方面军寥寥无几的破旧车辆运送物资极为困难。大本营命令我们协助瓦图京将军的部队，因为他们的物资补给被严重中断了。我们不得不从战斗任务中抽调47架飞机，派他们为西南方面军运送弹药、口粮、技术专家，又在返程时运送重伤员。[12]

与整个20世纪的空军人员一样，斯克里普科夸大了当时航空兵的效力。红军空袭铁路线和机场无疑给对方造成破坏，但影响并不大，就连西方盟军对铁路枢纽站更加猛烈的轰炸也没能阻止铁路运行。在红军轰炸机兵团所使用的各种飞机中，许多是苏联产机型，例如伊柳申的伊尔-4、佩特利亚科夫的佩-2、图波列夫的图-2、更重型的佩-8，其余一些是西方国家生产的机型，例如道格拉斯的A-20和北美航空公司的B-25。有些机型难以抵御敌人的防空火力和战斗机，还有些机型很难操控，例如佩-2轰炸机的操纵装置太重，女性机组人员驾驶这款飞机，通常要两个人（驾驶员和领航员）同时用力向后扳动操纵杆，才能让飞机顺利起飞。德国空军的情况也是这样，他们的许多机型在战机密布的西欧天空很快就过时了，遭遇现代化战斗机拦截的可能性更大，但整个战争期间，这些老旧机型仍在继续发挥卓有成效的作用。

在伏罗希洛夫格勒周围的激战中，红军有时候遇到令他们意外、惊愕、愤怒的情况，就像步兵第203师师长加夫里尔·斯坦尼斯拉沃维奇·兹达诺维奇后来写的那样：

2月13日，德国人的战壕里突然传出呐喊声，几百个苏联兵朝我们跑来。

我们起初以为某支红军部队在敌人身后达成突破，所以没有开火。可很快发现不是这样，发动进攻的是叛徒，都是弗拉索夫分子。

我们的战士怀着满腔仇恨与祖国的叛徒展开战斗！教导员霍伦日担任副营长的那个营，当时只有100人。我们的战士用猛烈的机枪火力迎接弗拉索夫分子，随后端起上了刺刀的步枪，把他们驱离战场。这一站，我们让50个恶棍永远躺在了他们背叛的这片土地上。[13]

安德烈·安德烈耶维奇·弗拉索夫将军于1941年在红军中的表现非常出色。1942年年初，他率领突击第2集团军发动进攻，企图打破列宁格勒遭受的围困。突击第2集团军取得不错的进展，但两翼其他兵团没能向前推进，弗拉索夫和他的部下陷入重围。

当年6月，敌人彻底消灭了合围圈。上级想派飞机救走弗拉索夫，但他决定跟自己的部下待在一起。他躲入乡村，但在7月时被一个苏联农民出卖了。在被囚禁在德国期间，弗拉索夫越来越直言不讳地批评斯大林，还多次提出以被德军俘虏的红军官兵组建一支反苏军队。1944年，德国人终于批准他组建俄罗斯解放军，通常称作"弗拉索夫军队"。弗拉索夫组建俄罗斯解放军究竟出于何种动机，一直是个颇具争议的话题，许多苏联人声称他纯属投机取巧，但他和加入俄罗斯解放军的红军军官亲身经历过NKVD的暴行，另外，突击第2集团军遭隔断完全是友邻兵团不作为造成的，因此弗拉索夫的痛苦心情不难解释。弗拉索夫组建反苏军队的建议直到战争后期才获得批准，所以兹达诺维奇和他的部下打击的叛徒，不太可能是弗拉索夫军队，也许是1942年—1943年间德国人指挥的哥萨克人、乌克兰人或由其他民族组成的部队。这些部队大多执行后方地带勤务，经常自愿协助德国人屠杀犹太人、游击队员和其他不受欢迎的人，很可能其中一支警察性质的准军事部队投入了伏罗希洛夫格勒附近的战线。[14] 步兵第203师的红军官兵在伏罗希洛夫格勒东南方45千米的克拉斯诺顿镇见到的情形，激发了他们的仇恨，也让他们心中的复仇欲望更加强烈了：

在师部到达克拉斯诺顿时，镇中心广场挤满了人。我们习惯了解放各个城镇时，当地居民兴高采烈迎接红军战士的场面。但克拉斯诺顿的居民却一个个脸色阴沉，我顿时反应过来：出事了！我猜得没错。

一名老妇告诉我："我们遭了大罪。前几天，纳粹分子破获了一个地下青年组织，逮捕了几十个参与者。他们杀了不少人，还把好多人活生生地推入矿井，封闭了出入口。"

……我在这里遇到（伊格纳特·费多罗维奇）别斯帕利科少校，他走过来告诉我，矿井里堆满了尸体。聚在这里的人，都是遇难者的或在被法西斯分子囚禁期间失踪的人的家属。伊格纳特·费多罗维奇喘着粗气说道："克拉斯诺顿的市民认为矿井里还有活着的人，他们想清理出入口，却发现那里埋有地雷。"

我对师政治部主任说道："您亲自去看看，带上工兵，为市民提供一切必要的帮助。"

军人在战争期间什么都见过：焚毁的村庄，受害者坐在灰烬里，悲伤得似乎有点不知所措；失去父母的孩子饥肠辘辘，无家可归，在各条道路上流浪……我们也失去过战友，前一刻他们还在说话、争吵、开玩笑，下一刻就牺牲了；我们还见过坍塌的桥梁，鲜血染红的河水仍在奔流。可我们在克拉斯诺顿见到的情形，就连见多识广的勇士也震惊不已。

我们清理了矿井出入口，终于把尸体搬了出来。10具、20具、30具、50具，整齐地被放在雪地上。在矿井旁站了几个钟头的赤卫队员，小心翼翼地走近被冻僵的遗体，焦急地凝视一张张冻得发青、面目全非的脸，要是没找到自己的亲人，就慢慢地继续往前走。

但也有人在这些了无生气的遗体间突然停下脚步，发出绝望的哭喊，跪倒在地，双臂扎在潮湿的雪地里，摇晃着一具遗体，似乎是想要唤醒死者。

我们随后组织了集会，别斯帕利科少校说道："战士同志们，我们今天向在克拉斯诺顿牺牲的英雄鞠躬致敬。我们悼念他们的牺牲，但我们知道，那些再也无法与我们同行的人也知道：其他人会继承逝者的遗志，勠力前行！法西斯后方的游击运动开展得如火如荼。侵略者脚下的土地在燃烧，他们在前线被打败，他们在前线后方很远处也被打败。全国人民都挺身反抗希特勒的邪恶意志，而我们作为军人的职责，就是要打得更好，更彻底地消灭法西斯侵略者。我们会为克拉斯诺顿的英雄报仇雪恨，我们会永远牢记你们付出的牺牲。我们会攻入法西斯禽兽的巢穴，绝不会手下留情！"[15]

曼施泰因深感烦恼的是，海因里齐抱怨路况恶劣，可复杂的地形没有影响到苏联人的T-34坦克。这款战车配有宽大的履带，越野性能相当出色，另外，红军从克拉马托尔斯克的战斗中撤出近卫坦克第4军，构成了朝西南方突破的威胁。尽管东线其他地段的德国军队也面临种种危机，不愿交出手里的部队，但第19装甲师大举投入机动作战，以第11装甲师在奇尔河畔作战的类似方式打击红军的渗透后，中央集团军群勉强交出该师，把他们变更部署到南面。第19装甲师最初的任务是支援意大利第8集团军，可没等古斯塔夫·施密特中将的兵团赶到，意大利第8集团军已不复存在，该师随后被编入改称第30军的弗雷特-皮科集群。经过激烈交战，第19装甲师被迫撤离克列缅纳亚镇，似乎为苏联人沿宽大战线向南渡过顿涅茨河让开了通道，但天气这次给德国人帮了忙：突然上升的温度融化了积雪，导致大部分道路整整一天都泥泞不堪。德军抓住机会展开行动，第7装甲师开入斯拉维扬斯克周围的阻击阵地。争夺该镇的战斗于2月3日打响，双方迅速调派援兵。这场交战极为关键，如果红军夺得斯拉维扬斯克，就能从北面冲向顿河集团军群，但第7装甲师继续实施顽强抵抗。除了近卫坦克第4军，波波夫快速集群辖内各兵团停滞不前，已经远远落后于他们雄心勃勃的时间表。

苏联最高统帅部大本营仍认为德国人企图撤往第聂伯河，于是在2月10日命令瓦图京，务必想方设法把南方集团军群①牵制在亚速海沿岸。瓦图京则命令库兹涅佐夫近卫第1集团军攻往扎波罗热，同时夺取斯拉维扬斯克和阿尔乔莫夫斯克。由于兵力有限，近卫第1集团军受领的这项任务不太容易完成，他们打算以一个步兵军攻往锡涅利尼科沃和扎波罗热，把另一个步兵军投向斯拉维扬斯克。2月11日，在获得部分急需的补给物资后，波波夫快速集群辖内近卫坦克第14旅于清晨发动进攻，一举夺得了格里希诺，并于当日晚些时候前出到红军村，切断了曼施泰因集团军群依赖的横向铁路线——这条铁路线至关重要。当前的态势发展要求德国人紧急采取行动，他们取消了收复克拉马托尔斯克的计划，打算夺回红军村。马肯森起初可用于这场行动的兵力只有党卫队"维京"师和第333步兵师一部，为了让手头有限的兵力最大限度地发挥效力，他建议"维京"师和第333步兵师进攻红军村之际，

---

① 译者注：顿河集团军群于2月12日改称南方集团军群。

让第 7、第 11 装甲师合兵一处，从斯拉维扬斯克打击苏联人，向西攻入红军村之敌的身后。这样一来，克拉马托尔斯克也就唾手可得了。[16]

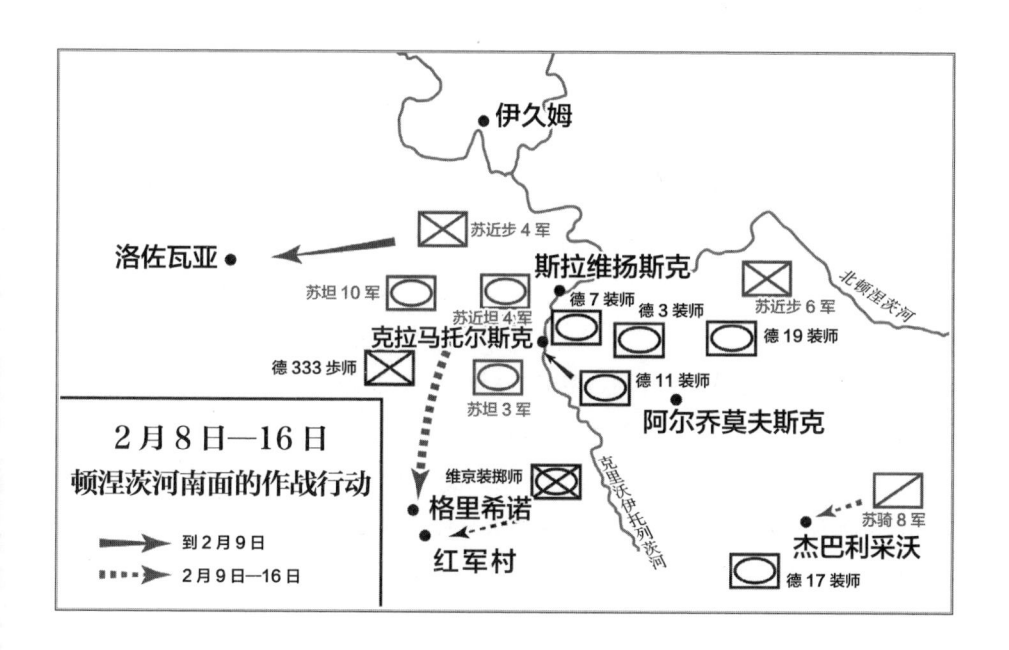

持续不停的交战让"维京"师承受了很大的压力，与交战双方的大多数兵团一样，该师的兵力远远低于编制力量。"维京"师于 2 月 12 日投入进攻，从东面和东北面发起打击，一举攻入红军村边缘，随后与近卫坦克第 4 军展开激战。德军一个团奉命夺回格里希诺，却发现几条道路难以通行，只好绕到西面，企图迂回红军的防御。与进攻红军村的部队一样，该团很快在格里希诺镇内建筑物之间和附近村庄卷入艰巨的战斗，伤亡不断上升，战果却很有限。[17]

德国第 333 步兵师主力的任务是守住斯拉维扬斯克北面的战线，最终与伊久姆附近的德军恢复联系，但红军近卫第 1 集团军部署在北面的部队，于 2 月 3 日突破了第 333 步兵师的防线，击退该师大部，还借助这场突击夺得了洛佐瓦亚镇，那里的铁路枢纽站非常重要。要命的是，上文提到的那个德军团本打算发动进攻协助"维京"师，结果也被敌人逐向西面，导致"维京"师在得不到任何支援的情况下苦苦挣扎。第 333 步兵师余部也被迫退往斯拉维扬斯克西南面，使得第 7 装甲师暴露在外，面临陷入合围的危险。可就在近卫第 1 集团军看似即将突破德军防线之际，第 3、第 11 装甲师的进攻终于取得战果，一举夺得克拉马托尔斯克东部。与此同时，第 7 装甲师得以从斯拉维扬斯克向南而去，避免被敌人彻底包围在镇内。但德国人不得不放弃了在红军村攻入波波夫快速集群身后的计划。

双方将士面临的条件都很艰苦。第 7 装甲师某装甲掷弹兵团的军医在 2 月 4 日向师军医主任提交了一份报告：

> 自 1 月 29 日起，瓦尔斯贝格营一直从事着持续不停的战斗，根本没机会宿营休整……该营的兵力只剩 2 名军官、21 名军士、94 名士兵，其中包括 1 个反坦克炮炮组和 1 个步兵炮炮组，也就是说，他们只有 78 人可作为步兵使用……目前的部署方式导致每日的冻伤发生率居高不下。这些官兵冒着刺骨的寒风趴在露天开阔地，只能在夜里吃点东西。装在饭盒里的食物在被送到最前方的战斗前哨时，已经有点冷了。由于瓦尔斯贝格营所属的战斗群（施泰因凯勒战斗群）兵力下降，该营根本无法得到换防机会。每个人都在寒冷的露天地苦挨了七天，食物不足，几乎没时间睡眠。他们的体力即将耗尽，冻伤和患病造成的减员每天都在上升。许多人身上也爬满了虱子。在当前的情况下，他们根本无法采取相应的对策……
>
> 综上所述，我无法对该营残部持续作战的状况做出任何医务方面的保证，必须立即把他们换下来。[18]

第 7 装甲师面临种种困难，施泰因凯勒战斗群的情况尤为严重，他们一次次陷入遭隔断的境地，但该师牢牢守住斯拉维扬斯克，直到 2 月 16 日才奉命撤往南面，准备变更部署，朝红军村发起攻击。斯拉维扬斯克的交战结束后，师长丰克将军写道：

> 我师得以自豪地回顾施泰因凯勒战斗群于 2 月 2 日—17 日那些艰巨但大获成功的战斗日的情况——战斗群指挥官坚定不移，面对优势之敌，他们牢牢地守住顿涅茨河战线上这块基石，最终让冬季交战的结果发生了决定性变化。在压力重重的这些日夜里，施泰因凯勒战斗群从事的战斗极为艰巨，他们不仅以坚定的意志遂行防御，还以顽强的斗志发起反冲击，多次击退了苏联人的进攻。从意志坚定的团长到每一个优秀的士兵，该团忠实地维护了德国军人的荣誉，再次发扬了维亚济马（战

争初期该团在那里战斗过）的光荣传统……我要特别感谢、表彰斯拉维扬斯克战斗群取得的这份杰出而又重要的成就。[19]

第7装甲师的作战表现的确值得称赞，特别是在如此严酷的条件下，但冬季战役期间，交战双方的其他部队也打得很好，同样值得钦佩。德军和红军为争夺斯拉维扬斯克废墟展开了无情的厮杀，双方抓获的俘虏寥寥无几。

与在去年夏季攻往顿河及其前方的德国军队一样，红军整个"跳跃行动"完全基于敌人已战败、正全面后撤的信念。红军村和斯拉维扬斯克的苦战，说明了红军作战部队严重拉伸到怎样的程度。在战役的这个阶段，库兹涅佐夫近卫第1集团军辖内各师的兵力，勉强达到一个满编步兵团的水平。尽管大批德军显然被部署在斯拉维扬斯克及其周边，但库兹涅佐夫还是遵照瓦图京的命令，继续把集团军作战重点转向西面。波波夫也竭力重整麾下各兵团，命令坦克第10军赶去支援红军村的近卫坦克第4军。近卫坦克第4军在前进期间碾坏的各条道路，又被一场突如其来的大雪覆盖。瓦西里·格拉西莫维奇·布尔科夫少将的坦克第10军沿几条道路艰难行进，平均时速不到2千米，在穿过斯拉维扬斯克西部时，遭遇正从该地域向西进攻的第11装甲师，再次发生耽搁。坦克第10军五天内行进了60千米，于2月15日终于到达红军村。[20]

无论豪塞尔和兰茨如何看待哈尔科夫周围的战事，上级部门都持不同的看法。豪塞尔知道红军主力从东面逼近他的装甲军，因此必须投入大批部队抵御敌军，无法留下足够的兵力执行计划中的进攻——朝南面和西南面对近卫骑兵第6军发起打击——因而请求上级撤销进攻令，好让他执行元首的命令，即坚守哈尔科夫。曼施泰因先前就提出，在必要情况下暂时放弃哈尔科夫，腾出足够的部队发动进攻。如果这场进攻胜利的话，就完全能夺回哈尔科夫，倘若失败，哈尔科夫坚守得再久也没有意义，因为苏联人会到达第聂伯河渡场，就此决定B集团军群的命运。哈尔科夫北面的克拉默军报告，苏联人正迅速攻往别尔哥罗德，导致豪塞尔辖内各师赢得的一切胜利都无济于事，实际情况是，莫斯卡连科第40集团军攻往别尔哥罗德，构成从东面迂回德军防御的态势，这才是哈尔科夫面临的主要威胁。上级领率机构的意图暂时占据上风，因此B集团军群下达的反突击令依然有效。这导致兰茨麾下余部持续遭受压力，他焦急地等待着同样备受重压的2个步兵师后

323

撤的消息。自开始撤退以来，兰茨与第298步兵师彻底失去联系，与第320步兵师的通信也断断续续。第320步兵师派1个团攻往伊久姆南面，可没人知道他们的情况究竟怎样了。2月7日一早，党卫队"帝国"师对红军近卫骑兵第6军发起攻击，随即遭遇对方激烈抵抗，不得不取消了进攻，同时苏联人也发动了进攻，战斗的双方损失都很惨重。但次日，"帝国"师强大的火力发挥了效力，终于击退了近卫骑兵第6军。

克拉默军能否掩护德军反突击北侧和哈尔科夫东北方接近地，似乎很值得怀疑，因为据"大德意志"师侦察营的报告，他们陷入了重围，不得不杀开血路逃到安全处，其他红军兵团对别尔哥罗德构成威胁。对德国人来说，唯一的好消息是第320步兵师的报告——失去联系的那个团顺利冲破敌军封锁线，该师得以继续撤往西面的巴拉克列亚，他们带着500名伤员，通过空投断断续续获得些补给，而第298步兵师残部已到达"警卫旗队"师防线，兵力仅相当于一个战斗群。但两个步兵师阻滞了红军，为党卫队装甲军余部的开抵争取到宝贵的时间。

兰茨集团军级支队压力重重，北翼与德国第2集团军残部之间有个很大的缺口，可希特勒固执己见，不愿放弃任何既占地域，并通过OKH下令坚守别尔哥罗德，哪怕面临陷入合围的危险也在所不惜。[21] 这段时间，德国最高统帅部拒不接受现实，继续给德军的作战行动制造各种障碍。豪塞尔一再指出，鉴于各条道路积雪覆盖、油料短缺、敌军实力强大，他的几个师向南进攻不太可能取得胜利，但魏克斯还是要求他按计划在2月7日晚些时候发动进攻，他还告诉豪塞尔，此次进攻是执行元首的命令，不得提出任何反对意见。兰茨也改了主意，现在打算严格遵照希特勒的指令行事。曼施泰因前不久回德国参加会议时发现，希特勒坚信武装党卫队天下无敌，认为豪塞尔装甲军完全能守住哈尔科夫，同时可向南发动进攻。[22] 豪塞尔对魏克斯的拘泥不化深感无奈，于是直接联系OKH的蔡茨勒，绕开了兰茨、魏克斯这条指挥链。越级上报无疑是严重违规的做法，但从某种程度上说，现实最终还是占了上风。进攻还是要继续，但规模大为缩小。克拉默军被逐出别尔哥罗德的威胁实在太大，有迹象表明，红军第6集团军与后撤中的德国步兵师展开旷日持久的交战后，开始加快前进步伐。因此，红军很可能从北面的别尔哥罗德、南面的巴拉克列亚迂回哈尔科夫。为了避免陷入合围，党卫队"骷髅"师开抵的部队集中在哈尔科夫西南方125千米的波尔塔瓦。不过，虽然"帝国"师和"警卫旗队"师获准局部后撤，但豪塞尔依然被命令在哈尔科夫南面组建一股机动力量，并从那里向南发起突击，进入正朝顿河集团军群暴露在外的北翼推进的敌军身后，歼灭这股敌军，最终与曼施泰因的北翼取得联系。

此时，"大德意志"师据守别尔哥罗德的各个战斗群已被红军逐入城内。他们起初兴高采烈地找到了后方地带部队仓促放弃的补给仓库，与第168步兵师后撤中的部队一样，搞到了许多食物、美酒，甚至还有牙刷，但随后就卷入了越来越艰巨的战斗——掩护第168步兵师撤往西面和西北面，自己也沿通往哈尔科夫的道路退向西南方。"大德意志"师元首警卫营原本负责希特勒的保卫工作，后来被派往前线，该营人员也匆匆组成战斗群。一名生还者描述了他和战友在2月8日晚些时候穿过别尔哥罗德后撤期间经历的战斗：

19点左右，敌人突然发动进攻，所有武器开火射击。没过一个钟头，我们身后的城市就燃起熊熊大火。我们大多数人还是首次经历这么激烈的巷战。战线已不复存在，或者说所谓的战线就是房屋的一角。引擎的轰鸣声传来，可我们不知道是我方还是敌人的坦克发出的。前方枪声大作，左右两侧随后也传来激烈的射击声，10米距离内难辨敌友。"大德意志"师的反坦克炮组拼尽全力，与敌坦克展开近距离交锋。我看见一个炮组在通往道路右侧公墓的狭窄街道上战斗到最后一刻，仅剩的炮手被直接命中的炮弹炸死。

火光照亮了晴朗的冬夜，在雪地的映衬下，我们的冬装起不到任何掩护作用，一举一动远处都能看得清清楚楚。我们连的几名排长竭力收容、集中部下。[23]

"大德意志"师遭受重创的各部队弃守别尔哥罗德，带着阵亡者和伤员撤往哈尔科夫。毫无疑问，遵照希特勒的指令继续坚守别尔哥罗德的话，必然会让"大德意志"师全军覆没。

波斯特尔的第320步兵师继续赶往安全处。2月9日一早，他们从东南面进攻巴拉克列亚。"警卫旗队"师最靠前的部队位于西北方44千米的兹米耶夫。在两股部队之间，苏联人继续攻往西面和西南面，渡过顿涅茨河。为阻滞红军推进，同时把第320步兵师带到安全处，波斯特尔命令部队继续赶往西北方。第320步兵师携带的伤员越来越多，波斯特尔几次想通过空运的方式来疏散伤员，但都没成功，德国空军为地图标注：

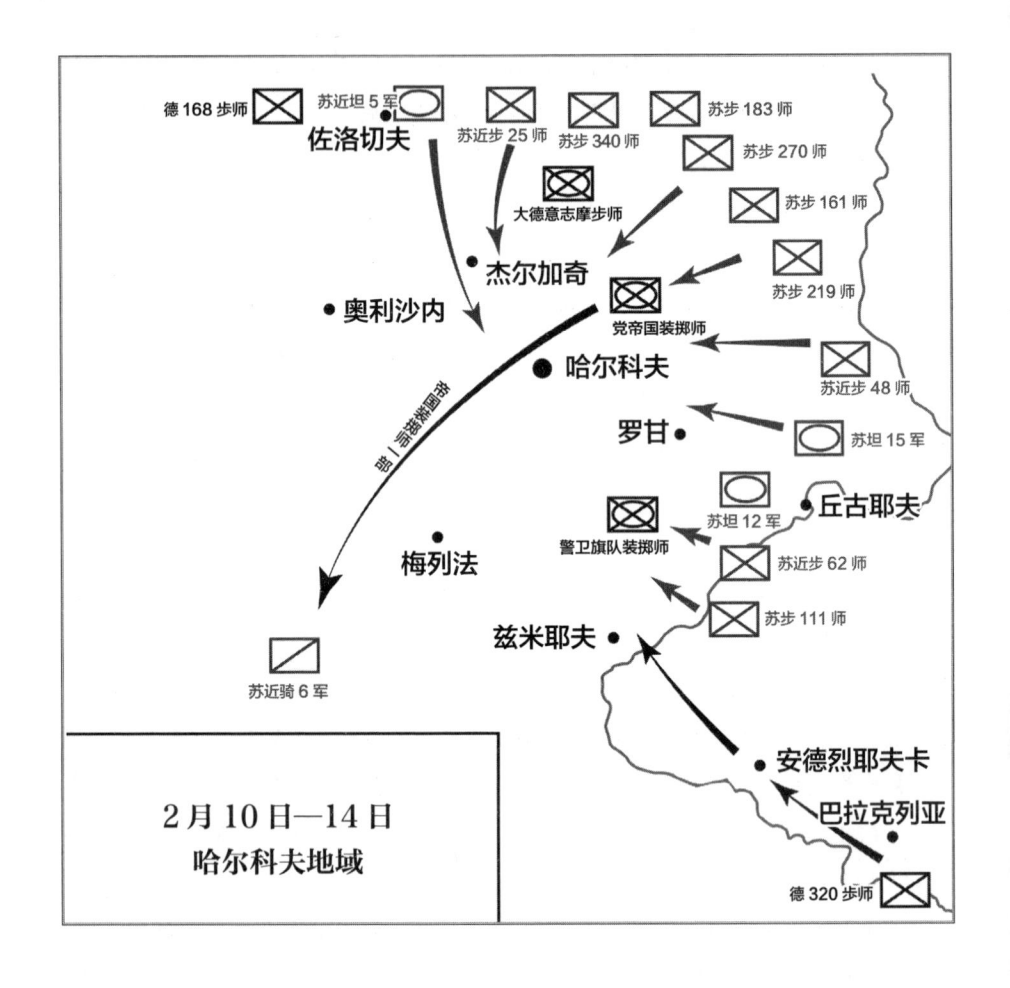

- 德168步师
- 苏近坦5军
- 苏近步25师
- 苏步340师
- 苏步183师
- 苏步270师
- 大德意志摩步师
- 苏步161师
- 佐洛切夫
- 杰尔加奇
- 奥利沙内
- 党帝国装掷师
- 苏步219师
- 哈尔科夫
- 苏近步48师
- 罗甘
- 苏坦15军
- 丘古耶夫
- 警卫旗队装掷师
- 苏坦12军
- 梅列法
- 苏近步62师
- 兹米耶夫
- 苏步111师
- 苏近骑6军
- 安德烈耶夫卡
- 巴拉克列亚
- 德320步师

2月10日—14日 哈尔科夫地域

他们空投的油料和弹药也寥寥无几。次日，他们终于到达安德烈耶夫卡，但他们遭受的磨难仍未结束。党卫队无法朝他们靠拢，因此第320步兵师不得不继续前进。2月11日，在这群筋疲力尽的官兵艰难跋涉之际，党卫队从哈尔科夫南面发动进攻。这场突击起初取得了不错的进展，但很快就遭到了红军强有力的抵抗，没能实现当日的目标。不出所料，前进中的红军构设了牢固的防御，为进攻顿河集团军群的红军提供北翼掩护。但第320步兵师顽强抵抗，党卫队装甲军几个兵团沿顿涅茨河展开，再加上他们那目标有限的反突击，共同导致红军第6集团军位于比原定计划更靠南的地方。

当日日终前，兰茨集团军级支队与两侧的友邻部队彻底失去联系。他们不仅没能同北面的第2集团军恢复联系，而且在别尔哥罗德丢失后，两股德军之间的缺口更大了，另外，该集团军级支队与南面第1装甲集团军之间也有个很大的缺口。2月12日，苏联人从东面和东北面直接进攻哈尔科夫。下午早些时候，第320步兵师残部终于在兹米耶夫东面与党卫队取得联系。该师的重装备损失殆尽，人员折损过半，但因深具凝聚力而幸免于全军覆没，还为严重阻滞哈里托诺夫第6集团军的前进速度做出了贡献。直到那时，该师死里逃生的官兵也没获得休整、恢复的机会，他们被转隶党卫队装甲军，协助该军继续攻往南面。

党卫队装甲军向南发起的进攻，主要以"帝国"师遂行，也的确取得了一些进展。但豪塞尔没能达成决定性突破——事实证明，红军骑兵兵团在积雪覆盖的土地上比德军履带式车辆更灵活。豪塞尔想把这场进攻转向西南方，企图在红军防御薄弱处达成突破，B集团军群否决了他的主张，命令他们继续向南进攻。但当日日终前，德军指挥机构再次发生变动——B集团军群被撤销，司令部人员奉命返回德国，兰茨集团军级支队现在转隶曼施泰因的顿河集团军群。面对复杂的局面，B集团军群辖内人员在前线一直待到夏季。随着B集团军群撤编，克拉默军也迎来了新军长埃哈德·劳斯，后者在先前率领第6装甲师参与了"冬季风暴行动"、顿河与顿涅茨河之间的交战。该师干劲十足、能力出众的装甲团团长瓦尔特·冯·许纳斯多夫接任了师长职务。

曼施泰因后来写到，他不赞成撤销B集团军群，理由是他的司令部不得不在生死攸关的激烈交战中接管北面的部队，可必要的通信网络却还没有建立。德军各兵团之间的通信问题确实引起了各指挥层级的关注，许多师长经常与上级部门失去联系，为此大加抱怨，而那些军长，特别是豪塞尔，更是多次直接联系OKH，而不是通过集团军和集团军群司令部去联系。但曼施泰因也多次批评前线各指挥部门缺乏协同，而新的安排至少能让他亲自掌握在乌克兰境内阻挡红军进攻的所有德国兵团。

雷巴尔科坦克第3集团军继续攻往哈尔科夫。坦克第15军在三天内前进了大约10千米，一路到达哈尔科夫郊外。在此期间，豪塞尔的反突击继续遭遇红军的顽强抵抗。德军在哈尔科夫东面部署的防御依然强大，让雷巴尔科的部队付出了高昂的代价，而红军第69集团军沿别尔哥罗德方向而来的道路不断击退"大德意志"师，他们遭受的损失也很惨重。第69集团军北面的第40集团军，发现"大德意志"师和第168步兵师沿不同方向后撤，利用这个机会，他们从西面彻底迂回了哈尔科夫的防御。莫斯卡连科派近卫坦克第5军进入缺口，一举突破到佐洛切夫——近卫坦克第5军就是原先的坦克第4军，在前几场战役中一直是第40集团军的主要突击力量。第40集团军辖内部队从那里继续攻往哈尔科夫西北郊，而熟悉德军防御阵地位置的当地百姓主动为红军带路。[24]

党卫队队长赫伯特-恩斯特·瓦尔在三天前刚刚接掌"帝国"师，他越来越清楚地觉察到己方的机动空间受到了限制，而且情况愈发严重了。面对红军从东面发动的进攻，要是他继续后撤，势必需要在城内进行代价不低的巷战，但不管他怎么想，红军第40集团军在攻往哈尔科夫西北部后，彻底迂回了他的师和"大德意志"师。瓦尔把他担心的问题汇报给了军长，豪塞尔又向兰茨和曼施泰因做了汇报，曼施泰因又把瓦尔的看法告知OKH。次日一早，他向下级传达希特勒的决定，但希特勒的回复让德军将领大失所望，可又不足为奇：

集团军群司令……建议辖内各军遵照元首的命令，坚守哈尔科夫的阵地。设法从向南进攻的党卫队装甲军里腾出部队，应对敌人朝哈尔科夫的渗透。[25]

为确保部下贯彻执行这道指令，兰茨于2月14日上午10点左右亲自视察了豪塞尔的军部。虽然兰茨明确表述了自己的观点，他也认为哈尔科夫无法守住，但和保卢斯一样，无论自己的实际看法是什么，他都会严格遵照希特勒的指令行事。兰茨所能做的只是建议豪塞尔，把"警卫旗队"师组成的机动力量部署到哈尔科夫南面，用于击退前进中的苏联人。此时，红军已在北面绕过哈尔科夫——有报告称，他们在哈尔科夫西北方55千米的博戈杜霍夫两侧向西攻击前进。过去两周，"大德意志"师辖内大多数部队一直在哈尔科夫附近从事几乎毫不停顿的战斗，士兵在休息时就睡在车里或露天的地方。因此除了战斗减员，被冻伤的人数不断增加，为保持足够的战斗力，许多连队不得不合并。攻克别尔哥罗德后，向西推进的红军也把注意力转向南面，迫使"大德意志"师为避免陷入合围而进一步拉伸防线。在红军近卫步兵第25师夺得杰尔加奇村后，沙法连科师就从那里构成了切断德军西撤路线的威胁。"大德意志"师辖内一个战斗群于2月12日夺回杰尔加奇村，但苏联人只是稍稍转向西面，就向南推进了。待近卫步兵第25师重新进攻杰尔加奇村时，"大德意志"师战斗群迅速撤离，没再从事徒劳的战斗。

巴尔克在回忆录里谈到，这样的事情在战争期间发生过几次——国防军将领发现很难严密掌控党卫队兵团，因为党卫队指挥官经常通过他们自己的通信线路呈交报告，或像豪塞尔那样，干脆绕过上级指挥机构，直接联系OKH。为恢复正常的指挥体系，曼施泰因下达了命令，要求立即停止此类行为。不管怎样，由于战场上的局面越来越混乱，再加上德国人破坏、炸毁了关键设施，导致不同指挥机构间的通信更加困难。夜幕降临后，豪塞尔用电台报告顿河集团军群司令部，表示"帝国"师目前所处的位置非常不利，必须立即后撤，以免该师遭受重大伤亡，届时哈尔科夫也无法守住。豪塞尔指出，希望上级立即下达后撤令，否则他只好自行命令部队撤离。兰茨得知了这番通话，赶紧联系豪塞尔，重申希特勒的指令，要求几个党卫队师务必坚守哈尔科夫，必要情况下"战斗到最后一人"。两人通过电台商讨了一番，兰茨集团军级支队的作战日志记录下谈话内容：

兰茨：情况怎样？

豪塞尔：我们做了许多准备工作，打算攻入南部机场，那座机场已落入敌人手里。

兰茨：今天能守住阵地吗？

豪塞尔：暂时还能守住，但我半个钟头前下达了后撤令。

兰茨：这种命令违背了元首的指令，必须撤销。

豪塞尔：恐怕无法收回成命。

兰茨：必须执行元首的指令。可以用第320师遂行反突击。

豪塞尔：这个师仍在兹米耶夫，没法使用。

兰茨：立即把他们调过来。

豪塞尔：他们作战兵力不足，马匹虚弱不堪，根本没法运动。[26]

豪塞尔做了在整个冬季危局期间都没人敢做的事：尽管上级一再重申希特勒的指令，但他依然自行下达命令，直接违背了元首的指令。他的做法无疑是正确的，红军不仅突破到哈尔科夫防御阵地东南边缘并夺得机场，还导致德军长时间守卫这座城市不复可能。沙法连科近卫步兵第25师先遣部队在当时已穿过哈尔科夫北部，并到达该城西北方大约26千米的奥利沙内。之后哈尔科夫与波尔塔瓦之间的公路遭到炮火打击，可想而知，就算这座城市还没有彻底陷入合围，但也很快了。豪塞尔、兰茨、曼施泰因、蔡茨勒这些职业军人意见一致，但服从命令的习惯让他们不敢轻举妄动，曼施泰因立即向蔡茨勒和希特勒上报此事，请求他们撤销在哈尔科夫坚守到最后一兵一卒的命令。与此同时，德军不再向南进攻，将重点转向守卫哈尔科夫。尽管如此，兰茨还是在上午晚些时候报告，他没有足够的兵力把苏联人驱离哈尔科夫，城内残存的部队即将彻底陷入合围。

态势不断恶化。劳斯军报告，他们设在哈尔科夫北面的防线，有几处遭到了敌军的渗透，强大的红军兵团正从北面和西北面攻往哈尔科夫。下午早些时候，元首大本营发来电报：务必守住哈尔科夫。当日日终时，退往西面的逃生路线进一步缩窄，豪塞尔得出结论，迪特里希"警卫旗队"师的快速集群无法及时赶来恢复态势，不管怎样，仅凭一个战斗群根本不可能改变战役结果。他没再理会元首的指令，通知辖内部队按照他先前下达的命令后撤。在巴尔克和其他人看来，保卢斯大概是个"性格软弱的人"。但豪塞尔的个性完全不同，他可不想让自己的几个师在陷入合围后遭歼灭。于是冒着猛烈的火力和优势之敌持续不断的威胁，"帝国"师仍在哈尔科夫东面奋战的部队陆续撤往西南方，并且在此期间因与红军步兵和游击队展开近战，故遭受了很大损失。"大德意志"师无意间获知武装党卫队已撤离，于是也下达了后撤令。待劳斯军得知党卫队装甲军决定弃守哈尔科夫的消息，"大德意志"师已然撤离：

一辆辆突击炮和坦克封锁了从北面和西北面进入哈尔科夫的主次干道，一支支车队迅速而又有序地驶入城内，穿过城区朝西南方而去。城内枪声四起，但市民没有参与其中。仍在闷燃的火焰随处可见。工兵在桥梁、物资堆栈、机库等重要设施处做好了爆破准备，他们三五成群地待在房屋旁，等待上级下达引爆令。此时临近午夜，大多数部队已离开市区，只有零星的车辆和摩托车传令兵驶过各条街道，朝城市出口而去。"大德意志"师突击炮营的车辆停在街角，夜空映衬出它们的黑色轮廓。这是最后一批撤离的部队，负责运送爆破组。午夜前，剧烈的爆炸打破了夜间的沉寂。大型公路桥飞入空中，给附近几座房屋造成严重破坏。

……我们在驶过铁路桥时看见了火车站，那里已被炸毁，铁轨上满是碎石瓦砾。我们驶离一座座杂乱的房屋，进入哈尔科夫西部边缘工人新村的开阔地。道路在一座砖厂附近稍稍有些上升，车队停了下来。前方的班开了瓶杜松子酒，我们羡慕地看着，这么冷的天气，喝点酒肯定没坏处。我们朝他们喊道，好歹给我们留点，就在这时，有人发现我们左侧大约 300 米的道路上、洼地的另一侧，有几个身着白色雪地伪装服、荷枪实弹的士兵。对方也停下来看着我们，我们注意到他们正把一门反坦克炮推入发射阵地，准备朝我们开炮。"伙计们，是苏联人！"引擎轰鸣起来，我们的车队赶紧开动，驶离道路进入隐蔽处。卡车离开后，慢慢驶上山丘，停在一座房屋后面，前方大多数车辆都停了下来。突然，我们遭到轻武器火力袭击，苏联人一挺重机枪咯咯作响，一串串子弹从砖厂射出。我们身后，安装在自行式底盘上的一门 20 毫米高射炮开火了，随即被敌人击中，轰！剧烈的爆炸伴随着惨叫，那门高射炮不见了。敌人的炮弹直接命中！几名战友赶紧把伤员拖走……

……零星的射击声不时响起。我们小心翼翼地从一座房屋跑到下一座房屋。在一切看来顺利时，伴随一声枪响，我们当中的一名战友倒下了——头部中弹。我们从房屋拐角偷偷朝外张望。呼的一声，子弹从我们头上掠过，就差一点……

过了半个钟头，我们听见身后的远处传来坦克的轰鸣。我们满怀期望地聆听着，装甲兵能找到我们吗？引擎的轰鸣声越来越近，最终在我们身后 200 米停了下来。一名传令兵找到我们："马上离开这里，聚集到坦克旁，动静小点！"

……车队隆隆驶离市区，朝西南方而去。一团团火焰从燃烧的建筑物中窜出。我们在冲出合围圈，朝西南方撤退时，发现一座座房屋都坍塌了——伴随着巨响，火星四溅。我们身后，哈尔科夫在燃烧，天空一片血红。[27]

OKH 立即发来电报，要求对弃守哈尔科夫一事做出解释。兰茨现在成了前线部队与上级部门电报往来的中间人，他对此回答到，因为根本没有足够的兵力去守住哈尔科夫，同时还向南发动进攻，哈尔科夫守军当面之敌约有 20 个步兵师、4 个步兵旅、10 个坦克旅、2 个坦克团、2 个摩托化步兵旅、2 个骑兵师。兰茨无疑高估了红军的兵力，但无可否认的事实是：坚守哈尔科夫无疑会导致党卫队"帝国"师陷入重围，而该师是德军寥寥无几的、宝贵的机动兵团之一，后续作战急需这股力量。不管怎么说，党卫队装甲军各兵团的装甲掷弹兵完全不适合据守在建筑物密集的市区。

弃守哈尔科夫势必造成后果。曼施泰因眼下最担心的是，豪塞尔擅自采取的行动是否会危及北面的劳斯军，特别是"大德意志"师。该师从哈尔科夫周围艰难地撤出了辖内部队，损失很大。党卫队装甲军很少向集团军群司令部汇报请示，曼施泰因对此深感不满，命令党卫队"骷髅"师直属顿河集团军群，而不是编入豪塞尔装甲军。另外，他还向每个党卫队师派遣了陆军参谋人员，确保双方加强通信联络。随之而来的问题是，党卫队装甲军是否应该直属上级领率机构，撤销豪塞尔的军部。另一个问题关乎豪塞尔本人，曼施泰因在回忆录里指出，换作国防军将领，无疑会因为明目张胆地违抗元首的指令而被送上军事法庭。费迪南德·海姆在"天王星行动"期间造成的后果小得多，可还是被解除了第48装甲军军长职务。就在豪塞尔撤离哈尔科夫之际，海姆遭逮捕，还被判处了死刑。但豪塞尔在三周前刚刚获得金质国社党党章，这是国社党内排名第三的奖章。希特勒可能担心豪塞尔这位著名的党员受到纪律处分后使其声望扫地，故而对他的抗命情况未置一词。[28]

莫斯卡连科第40集团军在解放哈尔科夫的战役中发挥了主导作用，多年后，他在回忆录里谈到他对党卫队没遵照希特勒的命令坚守到最后一兵一卒的看法：

德国第6集团军在斯大林格勒地域覆灭。在德国国内的哀悼期结束后仅仅一周，红军就对哈尔科夫发动进攻。法西斯分子的丧钟不断响起，他们的军队在顿河中游，在奥斯特罗戈日斯克和罗索什，在沃罗涅日和卡斯托尔诺耶，不是被歼灭就是被击败。红军一连串强有力的进攻，把希特勒的"勇士"打得心惊胆寒，他们现在一想到随时构成威胁的合围圈就心生惧意。党卫队和党卫队将领显然也不例外，所以，党卫队装甲军逃离即将陷入合围的哈尔科夫一点也不奇怪。

但党卫队装甲军顺利逃出合围圈确实令人遗憾，因为我毫不怀疑，倘若他们遵照希特勒的命令行事，其辖内三个师（"警卫旗队"师、"帝国"师、"骷髅"师）肯定会全军覆没。说不定这就是希特勒决定不处罚党卫队装甲军军长的原因，谁知道呢？

法西斯德国的新闻媒体对德国人民隐瞒了红军解放哈尔科夫的实情，无疑出自希特勒的指示，除此之外，他也做不了什么。当时，解放哈尔科夫的消息传遍了全世界，而德国新闻局在2月18日却宣称哈尔科夫的战斗仍在继续。纳粹不敢对德国人民道出实情，因为丢失哈尔科夫对他们是个极为敏感的打击，更重要的是，斯大林格勒的灾难、法西斯军队在顿河畔的惨败刚刚结束，这场打击就接踵而至。[29]

战争结束多年后，豪塞尔也写下他对这件事的看法，强调了彻底服从命令的局限性：

评估某种状况，总会出现不同的看法。这种情况下，命令决定一切。不服从命令的话，军队就不再是军队了。

如果下级认为命令不妥，必须上报自己的看法，做出详细解释，请求上级更改命令。倘若上级维持原先的决定，那么下级必须服从。要是他觉得自己不能奉命行事，就得为此承担个人责任，要做好受到问责的准备。虽然许多人把抗命视作肆意妄为的行径，但往往忽略了指挥官的另一项职责：对麾下部队负责！

当麾下部队面临覆灭的威胁时，指挥官的良知必然被唤醒，哈尔科夫当时的情况就是这样！

负责任的指挥官做出抗命的决定不太容易，特别是这种决定违背了最高统帅部三令五申的指示，但好在所有顶头上司暗自赞同这项决定。另外，斯大林格勒是个可怕的先例，那个合围圈在两周前，以一场对我们而言可谓灾难的结果而告终。

但不能以同样的标准来评判顶头上司，他们也不需要做出抗命的决定。只有身处前线的指挥官面临这种境地，因为他每天都对部下从事的战斗感同身受，也清楚他们的心声。

做出正确的判断除了需要良好的训练，丰富的个人经验，可能还需要些勇气。[30]

与豪塞尔相比，保卢斯的情况就不一样了。保卢斯确实接受过德国总参谋部的特别训练，可他缺乏经验，也没有自行承担责任的勇气，不敢违抗希特勒明显错误的指令。

1941年间，大多数乌克兰居民满怀热情地欢迎德国人的到来，但在经历了18个月的残酷统治后，到1943年年初，他们的想法发生了很大的变化。不少人虽然仍记得斯大林的政策导致无数人在20世纪30年代饿死了，但总的说来，乌克兰民众依然欢迎红军回来。虽说不无风险，可还是有人趁机报复通敌合作者，例如那些自愿担任警察的人，一名红军炮兵中尉后来回忆道：

1943年2月，由于车辆发生故障……我们这个炮兵连停在了某个村庄。我当时已两天没睡觉了，于是躺在一座小屋旁的地上呼呼入睡，马雷舍夫的嗓门突然惊醒了我，他报告道："我们逮住个警察，您想让我们怎么处置他？揍他一顿还是交到营部去？村民想处决他。"我嘟囔着说道："真见鬼，您想怎么做都行，就是别搅我睡觉。"几分钟后，院子里传来一声枪响。我走出屋子，看见雪地里躺着个死去的警察，一群村民围在那里，我的部下也夹杂其间。村民喊道："死有余辜！"他们随后告诉我们，这个通敌者的行径是多么卑劣。一周后，团特别科（NKVD 部门）的代表找我询问村里发生的事情。在我把当时的情况告诉他后，他笑容可掬，握着我的手，祝我在战斗中取得更大的胜利。下一周，我奉命去师部……师部设在乡村学校的校舍里。师里的军法官走了过来，命令我跟他走。我走入一间教室，师法庭就设在这里！

三个后方地带人员根本不听我解释，劈头盖脸地指控我杀害村民……（短暂休庭后），庭长宣读了他们的判决："八年有期徒刑！"我愤怒地喊道："凭什么？"他继续用干巴巴的声音读道："按照上级部门的建议，如果您在保卫社会主义祖国的战斗中展现出勇气和英雄主义，就可以减刑。"他没有提到惩戒营或刑期推迟到战争结束。他们转身离开教室，我在屋里坐了两个钟头，等待卫兵来扯掉我的纽扣，拿走我的皮带和手枪。可没人过来。我不知道该怎么办。最后我也离开了，骑着马悄无声息地返回炮兵连，根本没人拦我。我心里很不舒服，暗暗骂道："契卡猪猡！这帮混蛋真该去前线！"

我找到营长，原原本本地汇报了这件事。他告诉我："继续战斗吧，别理会那些屁话，我们会解决的。"摊上我这种事，换作其他人可能早就开小差或投靠德国人了，可我是个犹太人，是个苏联共产党员，也是个爱国者，"祖国"这个词在我看来可不是夸夸其谈……又过了两周，我接到电话传达的命令——不再指挥炮兵连，立即去师部报到。看来，我马上要去西伯利亚劳改营了。连里的中士给我装了一袋食物，我向战友道别，还把所有战利品送给了几个朋友，随后步行赶往师部。我在那里遇到另外四名炮兵指挥员，这才弄清楚，原来是上级派我们去新组建的反坦克炮兵部队任职，我们都欣然接受了新职务。我不知道我那件"刑事案"怎么样了，但在我复员时，人事档案里没有当时法庭的相关文件。[31]

参考文献

1. Shtemenko, *Soviet General Staff*, p.106.
2. Vasilevsky, *Lifelong Cause*, p.245.
3. Glantz, *From the Don to the Dnepr*, pp.151–53.
4. A. Zvartsev, *3-ya Gvardeiskaya Tankovaya: Boevoi pit 3- Gvardeiskoi Tankovoi Armii* (Voenizdat, Moscow, 1982), p.44.
5. T. Tebart, 298. *Infanterie-Division 1940–1943: Ruhm und Untergang* (Kameradschaft der 298.Inf.-Div, 1990), pp.102–08.
6. H. Thöle, *Befehl des Gewissens: Charkow Winter 1943* (Munin, Osnabrück, 1976), p.25.
7. Vetrov, *Tak I Bylo*, p.115.
8. Glantz, *From the Don to the Dnepr*, pp.172–76.
9. Bundesarchiv-Militärarchiv Freiburg, *Kriegstagebuch Armeeoberkommando 8*, 5 Feb 1943, T314-54.
10. Yershov, *Osvobozhdenie Donbassa*, p.34.
11. A. Kuzmin and I. Krasov, *Kantemirovtsy: Boevoi put 4-go Gvardeiskogo Tankovogo Kantemirovskogo Ordena Lenina Krasnoznammennogo Korpusa* (Voenizdat, Moscow, 1971), p.57.
12. N. Skripko, *Po Tselyam Blizhnim i Dal'nim* (Voyenizdat, Moscow, 1981), pp.258–59.
13. Zdanovich, *Idem v Nastupleniye*, p.66.
14. W. Strik-Strikfeldt, *Against Stalin and Hitler: Memoir of the Russian Liberation Movement 1941–45* (Macmillan, London, 1970) and J. Hoffmann, *Die Tragödie der 'Russischen Befreiungsarmee' 1944–45. Wlassow gegen Stalin* (Herbig, Munich, 2003).
15. Zdanovich, *Idem v Nastupleniye*, pp.66–67.
16. C. Wagener, *Der Gegenangriff des XXXX Panzerkorps gegen den Durchbruch der Panzergruppe Popow im Donezbecken Februar 1943 in Wehrwissenschaftliche Rundschau* (Mittler, Bonn, 1954), Vol. I, p.26.
17. Bundesarchiv-Militärarchiv Freiburg, *Kriegstagebuch XXX Panzerkorps*, 12 Feb 1943, RH24-40.
18. Manteuffel, *Die 7. Panzer-Division*, p.317.
19. Manteuffel, *Die 7. Panzer-Division*, p.324.
20. Yershov, *Osvobozhdenie Donbassa*, pp.39–40.
21. Thöle, *Befehl des Gewissens*, pp.51–52.
22. Bundesarchiv-Militärarchiv Freiburg, *Kriegstagebuch Armeeoberkommando 8*, 7 Feb 1943, T314-54.
23. Spaeter, *History of the Panzerkorps Grossdeutschland*, Vol. II, p.25.
24. Moskalenko, *Na Yugo-Zapadnom Napravlenii*, Vol. I, p.429.
25. Bundesarchiv-Militärarchiv Freiburg, *Kriegstagebuch Armeeoberkommando 8*, 14 Feb 1943, T314-54.
26. Thöle, *Befehl des Gewissens*, p.100.
27. Spaeter, *History of the Panzerkorps Grossdeutschland*, Vol. II, pp.39–42.
28. S. Mitcham, *SS-Oberst-Gruppenführer und Generaloberst der Waffen-SS Paul Hausser*, in G. Ueberschär (ed.), *Hitlers Militärische Elite* (Primus, Darmstadt, 1998), Vol. I, p.91.
29. Moskalenko, *Na Yugo-Zapadnom Napravlenii*, Vol. I, pp.432–33.
30. Thöle, *Befehl des Gewissens*, p.332.
31. Drabkin, *Ya Dralsya s Pantservaffe*, pp.274–75.

2月：钟摆摆动

第十二章

在党卫队装甲军停止进攻骑兵第6军并撤离哈尔科夫后,2月17日和18日的战场较为平静,因为双方都在评估战场态势。2月18日是苏联红军诞生日,25年前,初生的布尔什维克殊死抵抗贪得无厌的德国军队,后来在布列斯特—立托夫斯克屈辱地接受了强加给他们的和平条款,为纪念红军诞生日,斯大林发表了公告[①]:

红军是保卫和平和各国人民友谊的军队。建立红军不是为了征服别国,而是为了保卫苏联的国界……

……红军就变成了同希特勒军队作殊死斗争的军队,变成了为我们祖国沦陷区遭受德国法西斯恶棍蹂躏和侮辱的兄弟姊妹报仇雪耻的军队。

……红军抗击德国法西斯匪军进犯的史无前例的英勇斗争,已经有20个月了。由于欧洲没有第二战场,红军正单独担负着战争的全部重担。但是,红军不仅顶住了德国法西斯匪军的猛烈进攻,而且在战争进程中变成了让法西斯军队畏惧的力量。

……三个月前,红军部队在斯大林格勒接近地开始了进攻。从此以后,军事行动的主动权就掌握在我们手里,而且红军的进攻速度和突击势头一直没有减弱。目前,红军在艰苦的冬季条件下,沿1500千米宽的战线展开进攻,而且几乎到处都获得了胜利。红军在北方,在列宁格勒附近,在中部战线,在哈尔科夫接近地,在顿巴斯,在罗斯托夫附近,在亚速海和黑海沿岸,正接连不断地打击希特勒军队。

……但不能就此得出结论说,希特勒军队已经不足为患,红军只要把它追击到我国西部边界就完事了。这样想就是沉溺于愚蠢而有害的自欺自慰。这样想就是过高估计自己的力量,过低估计敌人的力量而陷入冒险主义。敌人遭受了失败,可是还没有被彻底打败。[1]

斯大林这份公告的谨慎态度,不一定在军队领率机构自信的情绪中反映了出来,但苏联人认为休整两天很有必要,这样可以整顿哈尔科夫进攻战役期间严重混杂的兵团,并前运油料、弹药、援兵。在此期间,德国人也竭力重组面对重重压力被迫后撤的各部队。

---

① 译者注:红军诞生日是2月23日,于1946年改称苏联建军节,斯大林这份公告是1943年2月23日在莫斯科发布的第95号最高统帅令。

红军赢得了重大胜利，但各兵团的损失居高不下。解放别尔哥罗德和哈尔科夫的进攻战役打响前，沙法连科不得不把近卫步兵第25师的兵力编为两个而不是三个团。在城市西面的战斗中，该师和其他部队力图切断德军后撤路线，进一步消耗了兵力。除了一名经验丰富的团长牺牲外，近卫步兵第25师的实力下降到了危险的地步。他们以完全不满员的状态投入新的进攻战役——兵力不到编制力量的一半。为补充自身实力，与其他红军指挥员一样，沙法连科批准哈尔科夫居民加入他的师。这样一来，近卫步兵第25师从理论上说增加了大约1500人，但由于远离补给站，而且作战行动仍在继续，所以红军各部队缺乏把这些志愿者打造成有用的战士所需要的一切：军装、枪支、弹药、训练时间。[2]

红军攻克了哈尔科夫，但多少有些失望，不过，这种失望之情对希特勒起不到任何安慰作用。红军解放了德国人占领的苏联第四大城市，但没能合围任何一个德国兵团，遂行进攻的几个集团军还付出了高昂的代价。尽管如此，没等彻底收复哈尔科夫，戈利科夫的沃罗涅日方面军就下达了修改过的指令，虽然斯大林提醒大家谨慎行事，但几个高级领率机构依然充满乐观情绪，就像什捷缅科后来描述的那样。他对某位方面军司令员个性的评价很有意思，充分揭示出个人的热情和意见如何影响到上级领率机构的决定：

2月中旬……方面军司令员戈利科夫每天都向大本营报告说，敌人大批部队正向西撤退。西南方面军发来类似的报告……瓦图京也认为敌人的行动是向第聂伯河以西逃窜。

实际上，德军统帅部并不打算把他们的部队撤过第聂伯河。他们的退却和防御，都是在准备反攻……

……敌人为变更部署而实施的调动，仍然被误以为是逃跑，是避开在顿巴斯作战，是为了尽快逃到第聂伯河西岸。尽管事实已经很明显，应该引起西南方面军领导的警惕了，可他们仍然坚持上述错误观点。

瓦图京将军的个人意见在总参谋部很受尊重，当然对形成我军在顿巴斯的战役企图有很大影响。我们非常了解瓦图京，而且有根据地认为他是个很有军事才干、富有浪漫主义色彩、杰出的军事指挥人员，他总是精力充沛，愿意辛勤工作。

……瓦图京认为，敌人的抵抗很快会被彻底打垮。戈利科夫也陷入同样不幸的错觉。这种错觉从方面军司令员传给总参谋部,再从总参谋部传给最高统帅部。身处莫斯科的人也认为,目前遂行的进攻战役基本上是按计划发展的。[3]

这段记述,以及在那个时代苏联高级将领所撰写的回忆录,把过度乐观的主要责任归咎于瓦图京,其次是戈利科夫,可无论他们的个人观点如何,这些说法似乎纯属"事后诸葛亮"。如果说"事实已经很明显,应该引起西南方面军领导的警惕"确有证据的话,那么和瓦图京、戈利科夫一样,最高统帅部和总参谋部也要承担忽视相关迹象的责任。从某种程度上说,瓦图京是相关人员在战后推脱责任很合适的替罪羊,因为他于1944年2月遭遇乌克兰民族主义者伏击后伤重不治,没能写下自己的回忆录。

前进中的红军坦克部队配属了技术小组,以便迅速修复受损的车辆,但这些维修组的能力和技术手段都很有限,各坦克兵团不得不采取种种应急措施。坦克第3集团军辖内坦克第15军,技术副主任韦特罗夫就使用了一切可用资源:

> 为利用当地的工业资源,加快装甲战车的修理速度,我决定和几个坦克旅的人员一同去哈尔科夫拖拉机厂看看……
>
> 我们在厂区见到一幅野蛮破坏的凄凉场景。我们国家最大的机械制造厂之一沦为废墟。这里不是唯一遭到破坏的工厂。我们亲眼见到德国法西斯侵略者在哈尔科夫电工技术厂和另一些工厂犯下同样的罪行,他们甚至破坏了涡轮发电机。
>
> 我们没找到能修理坦克的工厂,不免灰心丧气,但那天深夜,几名原先在坦克厂工作的老工人找到我们,简短地聊了几句,他们就提出为我们修理坦克。这些老工人说,他们已经找到了能用的厂房,以及必要的设备和工具,甚至还有些维修材料。我们的运气真好!
>
> 总之,我们在第二天就着手修理军用装备,忙得夜以继日。我指示坦克修理组、技术人员、驾驶员、军属第96移动坦克修理厂,让他们与这些老工人通力合作。
>
> 伊万诺夫上尉的车辆修理厂值得称赞,这个干劲十足的年轻人率领他的修理组出色地完成了受领的任务。忘我地苦干了几天后,维修人员修复了6辆T-70坦克,给我们的几个坦克旅帮了大忙。
>
> 哈尔科夫的工人也不甘落后,他们凭借熟练的技艺修复了24辆T-34,为实力

下降的几个坦克旅增添了新的力量。[4]

戈利科夫新下达的指令，概述了收复哈尔科夫后即将采取的行动。一旦彻底夺回这座城市，他麾下的第40、第69集团军就朝波尔塔瓦全速推进。莫斯卡连科向西面和西北面发展胜利，前出到克拉斯诺波利耶和斯拉夫罗格勒，尔后攻往列别金（2月21日前务必到达那里），而第69集团军则向西攻往博戈杜霍夫。坦克第3集团军的任务是与友邻第6集团军协同行动,攻往波尔塔瓦和克拉斯诺格勒，戈利科夫的指令明确指出，后续作战企图是越过这些目标攻往基辅和第聂伯河。[5]这就要求红军再挺进126千米到达波尔塔瓦，从那里继续前进103千米，才能到达第聂伯河畔的克列缅丘格。总之，从哈尔科夫攻往基辅需要红军跋涉406千米。就算德国军队是在狼狈逃窜，红军抢在春季化冻把大多数道路变成泥沼前跋涉这么远的路程，对官兵的体力要求也让人望而生畏。另外还要考虑到的是，后撤中的德军很可能继续炸毁桥梁，破坏其他重要设施。这样一场进军，光是为前进中的部队提供充足的油料，无疑就超出了红军后勤保障的能力，无论大本营受瓦图京乐观情绪的影响有多大，红军高级指挥员确实太异想天开了。

戈利科夫的指令还没下达就已落后于计划，他于2月12日签发初期指令时，估计次日能攻克哈尔科夫，而红军把德国人逐出这座城市后，又用了三天时间重组严重混杂的部队。战斗减员导致第40集团军辖内步兵师的平均兵力严重下降，目前不到4000人——第69集团军某些师的状况甚至更严重。[6]莫斯卡连科写道，自年初以来，第40集团军几乎毫不停顿地遂行了三场重大战役：奥斯特罗戈日斯克—罗索什进攻战役、打击德国第2集团军、攻往别尔哥罗德和哈尔科夫。虽说前两场战役的伤亡不大，但哈尔科夫及其周边的战斗艰巨得多，所以他麾下各兵团急需增援和休整。华西列夫斯基于2月16日被擢升苏联元帅，在解放哈尔科夫的次日，他来到这座城市视察了一番，还得出结论：要让沃罗涅日方面军适当地恢复实力，需要为他们补充300多辆坦克和1.9万名士兵。但自"星行动"开始以来，该方面军只获得1600名补充兵。[7]尽管如此，继续前进的指令还得执行。

前线战事的紧张情况有所减缓，部分德军部队趁机休整补充，但也有些部队着手清算旧账。二级突击队大队长约阿希姆·派佩尔先前率领"警卫旗队"师一个战斗群，一路杀到后撤中的第320步兵师身旁，掩护该师顺利后撤。待派佩尔

341

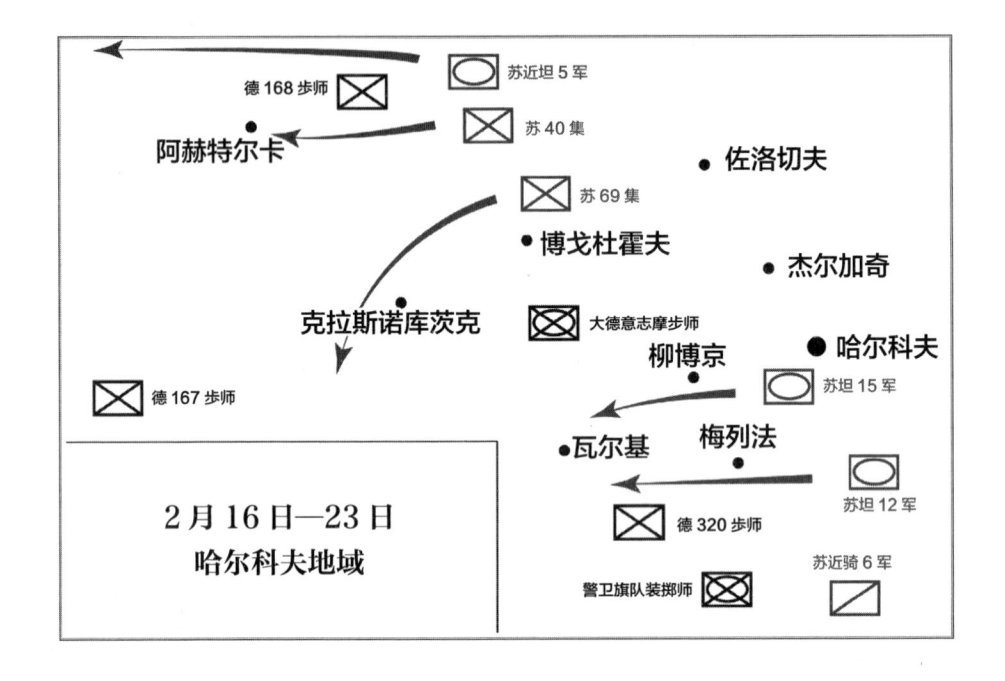

```
                                    苏近坦 5 军
        德 168 步师
                                    苏 40 集
  阿赫特尔卡                                  ● 佐洛切夫
                              苏 69 集
                         ● 博戈杜霍夫
                                            ● 杰尔加奇
  克拉斯诺库茨克      大德意志摩步师
                              柳博京    ● 哈尔科夫
                                              苏坦 15 军
     德 167 步师
                                 ● 瓦尔基  梅列法
                                                 苏坦 12 军
        2月16日—23日
         哈尔科夫地域           德 320 步师
                                            苏近骑 6 军
                              警卫旗队装掷师
```

战斗群后撤时，发现苏联人（可能是红军，也可能是游击队）袭击了党卫队师后方医疗单位。相关记述称，这场袭击导致25个德国人丧生，但另一些记述指出，只有2个德国人负伤。[8]派佩尔战斗群立即施以报复，这种事在东线司空见惯。派佩尔命令部下焚毁两座村庄，杀掉村里的居民，导致不同年龄的872名村民丧生。[9]派佩尔战斗群后来得到"喷灯"的绰号，虽说这个绰号可能是因为他们的车辆上印有喷灯图案，但绰号和图案很可能源于派佩尔动辄下令焚毁村庄的情况。在战争剩下的时间里，派佩尔继续卷入某些值得怀疑的"作战行动"。在"警卫旗队"师调到意大利后，1943年9月，游击队俘虏了两个德国兵，派佩尔命令部下烧毁博韦斯村，22个意大利平民不是被烧死，就是在逃跑时被射杀。他在12月初重返东线后，再次卷入焚毁村庄、屠杀平民百姓的罪行，在1944年12月的阿登攻势期间，臭名昭著的屠杀事件出现了——派佩尔战斗群用机枪射杀了80多个放下武器的美军官兵。这仅仅是该战斗群在突出部战役期间犯下的罪行之一，在整个战斗过程中，派佩尔的部下杀害了362名战俘和111名比利时平民。

红军第69集团军于2月19日恢复行动，朝博戈杜霍夫而去，第40集团军奔向北面,对德军施加额外的压力。德国第168步兵师和卷入2月交战的其他兵团一样,兵力严重低于编制力量,无法守住他们负责的整片防御地段,遭迂回和卷击的风险急剧上升。兰茨得知后立即飞往第168步兵师师部亲自了解情况,随即获悉,截获的无线电报表明苏联人企图绕过该师。下午3点左右,有报告称敌人到达博戈杜霍夫,更让人担心的是,红军先遣侦察力量切断了阿赫特尔卡西面的道路。兰茨在返回司令部后,立即联系了曼施泰因的参谋长,请求派党卫队"骷髅"师加强防线,以防苏联人打垮第168步兵师。集团军群否决了他的建议,但还是把党卫队一个小股战斗群派往北面。曼施泰因必须留下"骷髅"师主力用于计划中的反攻,必要情况下,集团军群打算在北翼继续弃守既占地域,而一旦恢复南面的态势,就把装甲力量投向北面,击退红军,倘若无法恢复南面的战线,那么阻止苏联人攻往阿赫特尔卡也就无关紧要了。[10]

"大德意志"师也备受重压,红军企图在他们与友邻第320步兵师之间达成渗透。"大德意志"师发现红军正准备发动进攻,于是赶紧把3个步兵连调入阻截阵地,企图挡住对方的冲击,可这么点兵力根本没办法挡住并击退苏联人。德国第168步兵师的官兵继续实施顽强抵抗,可他们几乎没有任何反坦克兵器,且彻底暴露在博戈杜霍夫周边开阔地。为挽救局面,刚刚获得首批虎式坦克的"大德意志"师派出了1个反坦克连。2月20日下午3点左右,"大德意志"师与南面的第320步兵师、北面的第168步兵师之间出现了缺口,辖内1个团面临在柳博京陷入合围的威胁,该团在那里抵御红军坦克第3集团军辖下的坦克第15军,双方的损失都不小。当天夜间,第320步兵师一部从南面与"大德意志"师恢复联系,但局面依然很危险。2月21日,德国空军的斯图卡战机发起空袭,多少缓解了第168步兵师承受的压力,但德军放弃了博戈杜霍夫。第40集团军先遣部队绕过第168步兵师北翼,一路向西挺进,在阿赫特尔卡渡过沃尔斯克拉河。柳博京南面,红军坦克第12军遭遇德国第320步兵师残部和"大德意志"师一部,一时间难以继续前进。2月22日,红军穿过守军南翼,终于攻克了柳博京,但付出的代价很大——坦克第15军投入战役时的兵力本就不满编,战后可用的作战车辆更是所剩无几。弃守柳博京其实对"大德意志"师有利,他们得以把兵力集中在一片更小的地段。从别尔哥罗德和哈尔科夫实施战斗后撤后,该师防线承受的压力终于有所缓解。这种情况令德国人深感欣慰,特别是因为"大德意志"师很快就要投入进攻,参与曼施泰因策划的反攻。德

343

国人调来更多援兵，南面的战线逐渐稳定下来，援兵包括从荷兰调到东线的第167步兵师，但该师辖内部队要到3月初才能悉数开抵。虽然第168步兵师继续承受重压，没有局部预备队，但中央集团军群把第4装甲师调到第2集团军南翼，对红军第40集团军北翼构成很大威胁，迫使苏联人不得不派遣部队阻挡德军推进。

  从很多方面看，红军目前经历的战争阶段，与德国军队在去年夏季面临的情况非常相似，几乎如出一辙。他们的高级领率机构坚信敌人已战败，奉命大胆追击想必已土崩瓦解的敌军。但与此同时，红军前线指挥员敏锐地意识到己方部队是多么疲惫，而作战补给线现在被拉伸得越来越长，且越来越脆弱。与德军装甲师不同，红军坦克兵团在战争这个阶段回收、修复受损战车的能力依然有限，因此，德国人能更快地回收受损的车辆，在激烈的战斗中恢复战斗力的速度也更快。某些情况下，例如在斯拉维扬斯克和红军村周边推进的红军兵团南翼，战地指挥员认为德国人根本没有战败，但上级领率机构的看法不同。例如瓦图京就认为没什么可担心的：

  他发给最高统帅部的报告仍然是乐观的，坦克兵前出到红军村更加助长了这种情绪。瓦图京认为，敌人的抵抗很快会被彻底打垮。[11]

  与保卢斯当初一路向前，争夺斯大林格勒的情况一样，红军穿过乌克兰的进军也面临巨大的风险。一旦德军恢复实力，会导致红军几个集团军危险地暴露在外。另外，苏联人的兵力已悉数投入，与德军在斯大林格勒战役期间面临的情况一样，态势一旦逆转，很可能遭遇灭顶之灾。另一个相似之处是，面对态势的变化，红军各集团军司令员不得不遵照上级下达的命令行事，而且对其他地方发生的情况缺乏了解，无法正确判断自身的处境，就像莫斯卡连科写的那样：

  此时，敌人确实挡住了红军坦克第3集团军和第69集团军的进攻。德国法西斯领率机构遭遇几场重大失败后，已经从困境中恢复过来，把大批兵力集中到苏德战线南翼。他们在关键方向上构成优势，以装甲兵发起强有力的进攻，阻挡住前进中的红军，很快把他们赶往东面和东北面。

  我当时并不了解这些情况，因为我不太清楚西南方面军辖内部队、沃罗涅日方面军左翼的状况。因此，起初我只是对沃罗涅日方面军很不合理地把第40集团军的任务复杂化感到不安。但我想，这些安排可能还是反映出某些非常真实的计划。我希望第69集团军和坦克第3集团军协助西南方面军击败敌人，尔后回到原先的作战地段，这样就能缓解第40集团军所承受的压力。

但方面军发来的一道道指令，内容越来越让人担心。某道指令谈到第38集团军的推进严重耽搁，下一道指令又说第69集团军放缓了前进速度。这些情况发生在我们左右两侧，因此确定第40集团军的后续行动时决不能忽视，因为我们的翼侧缺乏掩护。这些原因导致我们左右两侧的防卫出现了几个缺口，到2月25日，这些缺口的宽度达到50千米左右。[12]

不过，曼施泰因要想实现他策划的方案，一举扭转乾坤，还需要更多兵力。尽管第167步兵师及时到达，但曼施泰因仍对其他援兵的开抵速度深感担忧。2月初，他向OKH的蔡茨勒提出这个问题，得到的保证是，开赴他那个集团军群的军列会增加到37列，但到2月14日他只接收到6列。虽然第4装甲师部署到第2集团军是个深受欢迎的举动，但中央集团军群司令冯·克鲁格元帅告诉曼施泰因，最好想办法阻止第2集团军继续退却，不能指望中央集团军群从北面介入乌克兰境内的战事。这时，希特勒宣布他打算亲自去视察南方集团军群的状况。曼施泰因对此深表欢迎，他想趁这个机会与总司令当面交流，但他又担心元首的安全问题，因为南方集团军群司令部设在扎波罗热，而红军正不断逼近这里。尽管曼施泰因忧心忡忡，可希特勒在2月17日还是动身赶往扎波罗热，此时，弃守哈尔科夫的后续影响仍在发酵。不过，给希特勒造成危险的显然不仅仅是苏联人。B集团军群司令部人员还没有返回德国，相关资料称，他们本以为希特勒会视察魏克斯而不是曼施泰因的司令部——真这样的话，他们就打算发动兵变，解除希特勒的权力。

指挥"大德意志"装甲团的是许亚钦特·冯·施特拉赫维茨中校，这位干劲十足的装甲部队指挥官多次负过重伤，最近一次是在斯大林格勒战役期间，他当时在第16装甲师服役。施特拉赫维茨养伤期间，遇到南方集团军群司令部通信军官韦塞尔·冯·弗赖塔格-洛林霍芬男爵上校。弗赖塔格-洛林霍芬先前与党卫队全国副总指挥汉斯-阿道夫·普吕茨曼发生过冲突，普吕茨曼是派驻乌克兰占领区的德国警察首脑，亲自监督过对犹太人和其他人的大规模屠杀。弗赖塔格-洛林霍芬把党卫队和另一些人犯下的罪行告知施特拉赫维茨，他们都认为这些暴行玷污了整个德国，特别是德国军队的声誉。

1943年年初，施特拉赫维茨接掌新组建的"大德意志"装甲团，还结识了汉斯·施派德尔上校，施派德尔原先被派驻意大利第8集团军担任参谋，现在被调到兰茨集团军级支队司令部任职。虽说施派德尔和许多守旧的陆军军官一样，支持希特勒在领土方面的野心，对收回第一次世界大战后德国丧失的领土尤为热衷，但他强烈反对在德国占领的整个欧洲以如此残暴的方式奉行种族政策。2月8日，施派德尔与施特拉赫维茨简短商谈了一番，两人一致认为，鉴于斯大林格勒的灾难和希特勒造成这场灾难的方式，是时候解除希特勒的权力了。而斯大林格勒战役前，密谋者担心军队内部对希特勒的忠诚度太高。

当天晚些时候，他们俩去见了兰茨。应当记住，兰茨此时仍肩负不惜一切代价守住哈尔科夫的任务，他知道这道指令很荒谬，奉命行事只会导致另一个斯大林格勒出现。尽管心存疑虑，但兰茨还是把元首的指令传达下去，并努力执行。据说三人商量后达成一致，待希特勒到访B集团军群司令部，施特拉赫维茨就以他觉得完全忠于自己的"大德意志"装甲团包围希特勒和警卫人员，然后向希特勒宣布他已被逮捕，要是对方反抗的话，施特拉赫维茨就动用武力。[13]

他们的计划落了空，因为希特勒没去B集团军群司令部，而是前往扎波罗热视察南方集团军群司令部。施特拉赫维茨的堂兄是个积极的反希特勒密谋者，他后来说，施特拉赫维茨告诉过他，要是密谋者杀掉希特勒的话，就是赤裸裸的谋杀行径，另外，施特拉赫维茨深受普鲁士荣誉准则束缚，不太可能参与此类阴谋。[14]当然这番叙述的真伪有待商榷。但不可否认，东线许多军官确实打算对希特勒采取极端措施。几周后，元首到访中央集团军群设在斯摩棱斯克的司令部。一群密谋者打算趁机干掉或逮捕希特勒，但元首的安全措施很周密，不仅带了几支警卫队，还多次更改斯摩棱斯克城内的行程路线，致使密谋者没能采取行动。但希特勒和随行人员离开时，参与密谋的亨宁·冯·特雷斯科夫上校请OKH的参谋海因茨·勃兰特中校给柏林的朋友捎了一个包裹。这个包裹被包装得像两瓶美酒，但里面装有炸药和定时器，在元首的飞机仍在苏联上空时，定时器会引爆炸药，届时把希特勒之死归咎于飞机失事，甚至是红军战斗机的截击。密谋者焦急地等待飞机失事的消息，可他们震惊地获悉，希特勒一行安然返回德国。密谋者竭力挽救局面，至少要防止此事败露，所以想办法取回了包裹——他们拆开包裹后发现，定时器正常工作，小瓶酸液蚀穿外壳触发了雷管，雷管正常燃烧，但没能引爆两枚英制蛤形磁性地雷构成的炸药，可能是因为包裹一直放在没有取暖设施的飞机货舱里，温度太低导致没能正常引爆。[15] 有趣的是，想想看，要是勃兰特把包裹带在身边，放在飞机客舱内，会发生什么情况呢？除了这起阴谋，东线其他地段肯定也存在类似活动。

在 1943 年头几周，军队里的密谋者很可能接触了曼施泰因。1 月 26 日，顿河集团军群司令部仍在塔甘罗格时，曼施泰因接待了一群到访者，克劳斯·申克·冯·施陶芬贝格伯爵少校也在其中。当时在曼施泰因司令部任副官的亚历山大·施塔尔贝格后来说，他透过半开的房门听到了两人的谈话，他们就变更德国政治领导人的可行性激烈争论了一番。[16] 当然，曼施泰因没有在日记里记下谈话内容，1944 年 7 月施陶芬贝格暗杀希特勒的行动失败后，大多数反希特勒密谋者送了命，再加上战后多年培养起来的神话，导致后人根本没办法弄清当事人的真实想法，更何况在当时的情况下，任何人流露出丝毫异议都有可能遭逮捕、身陷囹圄甚至付出生命的代价。但曼施泰因在写给妻子的信里，评论了 1 月到访司令部的那些人：

我同（希特勒的副官长）施蒙特长谈了一番……其他人忧心忡忡地跑来找我，好像我能给他们提供灵丹妙药似的。他们的信赖之情确实令人感动，可我如何能改变不在我能力范围内的事情呢？[17]

巴尔克在回忆录里写到，随着斯大林格勒的战斗临近尾声，高级领率机构里好多人似乎越来越直言不讳地埋怨希特勒。许多普鲁士军官以"不问政治"为荣，和他们一样，巴尔克知道希特勒与军方上层人物之间缺乏信任，但他觉得军人应当专注于军事事务，而不是参与政治问题。[18] 当然也有人持不同看法。许多反对希特勒的平民密谋者，对大批高级将领不愿参与他们的密谋感到震惊，这些将领声称自己宣誓效忠元首，所以拒绝采取行动，可他们却在斯大林格勒向苏联人投降了。密谋者一直认为，除非发生重大军事挫败，否则不太可能对希特勒采取行动，而眼下看来，斯大林格勒的灾难不仅没有引发广泛的反抗，反而让高级将领与希特勒走得更近。

希特勒于 2 月 17 日到达扎波罗热，但在首日会谈中就暴露出他与曼施泰因的分歧。经历了备受挫折和灾难的冬季，曼施泰因终于掌握了他想要的两样东西，这是恢复态势必不可少的：机动性和援兵，特别是装甲力量。他还知道苏联人的战线被过度拉伸得有些危险，南方集团军群完全可以抓住正确的时机，利用第1装甲集团军、第4装甲集团军、党卫队装甲军这些机动力量，给红军来一场破坏性逆转。只有这样才能恢复前线的完整性，并消除东线南部地区持续遭受的威胁。除了上述问题，曼施泰因可用的时间所剩无几——最多还有一个月，春季化冻就会到来，届时，一切作战行动都得被中断数周。交战双方会利用化冻期重新集中兵力，但必须消除第聂伯河渡场面临的危险，否则到了夏季苏联人就能直接恢复他们深具威胁的进攻。因此，曼施泰因告诉希特勒，他打算以手头的兵力尽早歼灭乌克兰南部的红军。这场行动以第1、第4装甲集团军向北攻击前进，党卫队装甲军向南发动对向进攻来实现。尔后他就可集中兵力，一举夺回哈尔科夫。

相比之下，希特勒最关心的问题恰恰相反。他仍对豪塞尔弃守哈尔科夫的决定痛心不已，希望尽快夺回这座城市，他要求优先考虑此事，然后再对南面的红军展开计划中的行动。曼施泰因对此提出反对意见，称如果苏联人继续在南面构成威胁，那么德军朝哈尔科夫发动的反攻要么以失败告终，要么就得被迫放弃一切既得战果，再加上春季化冻先降临在黑海沿岸，然后才会朝北面的哈尔科夫周边蔓延，所以应该优先考虑南面的作战行动，一旦击败南部地区的红军，就算此地开始化冻，仍有时间夺回哈尔科夫。但希特勒怎么都不接受。曼施泰因又汇报了在兰茨集团军级支队南翼与第1装甲集团军北翼之间的缺口部推进，以及进攻米乌斯河畔霍利特集团军级支队的敌军规模，还是没能说服希特勒。希特勒固执己见，认为红军兵团元气大伤，先歼灭这些敌军，尔后再夺回哈尔科夫这么重要的城市，这种先后次序是错误的。最后他故技重施，又祭出与军事专家艰难讨论时的制胜法宝：任由苏联人继续控制哈尔科夫和顿涅茨盆地的话，他们会在经济和工业方面获得巨大的收益。

前几周的经历教会曼施泰因，要想打消希特勒的反对意见，就得付出极大的耐心。首日的会谈，他最多只能与元首达成以下共识，党卫队装甲军要到2月19日才能集中到克拉斯诺格勒与哈尔科夫之间地域，届时再做出向北还是向南进攻的最终决定也不晚。2月18日，也就是希特勒到访扎波罗热次日，曼施泰因报告，希特勒一直认为实力即将耗尽的红军已经沿米乌斯河达成几处渗透。另外，一股强大的敌军位于霍利特的杰巴利采沃防线后方，虽说几支德军部队限制了对方的活动，但无法将之消灭。更重要的是，哈里托诺夫第6集团军辖内部队出现在克拉斯诺格勒南面，而库兹涅佐夫的近卫第 1 集团军已攻克巴甫洛格勒。曼施泰因最后告诉希特勒，立即发动进攻夺回哈尔科夫无法做到，因为波尔塔瓦周边地域突如其来的化冻，导致"骷髅"师轮式车辆部队陷入深及车轴的泥泞。曼施泰因提出的最后一个理由多少有点牵强，因为他昨天还声称化冻先影响南面的作战行动，尔后才会波及哈尔科夫地域，但不管怎么说，目前确实无法立即展开党卫队装甲军夺回哈尔科夫。所以就像曼施泰因建议的那样，最好以可用兵力向南发起打击。希特勒勉强同意了。

曼施泰因随后谈到更长远的问题。就算他策划的反攻大获全胜，他还是担心能不能彻底消除红军构成的威胁，因为几乎可以肯定的是，夏季到来后，苏联人会再次企图把他的军队牵制在黑海沿岸。避免这种情况唯一的办法是，现在就得考虑全年的作战方案，必须实施更多运动战，换句话说，在必要情况下放弃既占地域，把苏联人诱入便于德军发动进攻、歼灭对方的位置。两人对这个问题意见相左，争得不可开交。希特勒坚称红军的实力遭到严重削弱，曼施泰因反驳道，德国军队的状况也好不到哪里去。元首答道，夏季就能解决这个问题，曼施泰因指出，苏联人的兵力届时也会大幅度加强。希特勒随即转移话题，声称红军控制顿涅茨盆地的话，那里的资源会让苏联人进一步扩大军备生产，而德国军队很快会装备新式兵器，届时就能解决问题了。曼施泰因对第二天会谈的评论简洁明了："我们就像活在不同的思想世界里。"[19]

2 月 19 日是希特勒到访扎波罗热的最后一天，A 集团军群司令克莱斯特应邀参加会议。希特勒下达命令，现在必须把库班半岛的德国军队视为"就近兵力储备库"，必要情况下调拨给南方集团军群——曼施泰因松了口气。可惜，希特勒的承诺完全是一纸空文，取道克里木后撤、赶去支援乌克兰境内战事的德军部队寥寥无几。有报告称，库兹涅佐夫近卫第 1 集团军的坦克部队占领锡涅利尼科沃，切断了曼施泰因集团军群南部力量依赖的主要铁路线，对红军不断前进构成威胁的所有疑虑因此烟消云散。另外，红军先遣部队此时距离希特勒所在的扎波罗热不到 70 千米。元首和随行人员登上飞机返回德国时，德国第 15 步兵师正从法国调往第 4 装甲集团军，曼施泰因打算以该师部分力量应对锡涅利尼科沃和北面的敌军。红军坦克离扎波罗热近在咫尺，在这座重要城市周边部署防御至关紧要，与在整个冬季时的做法如出一辙，德国空军部署在当地的高射炮部队迅速组成临时战斗群。指挥该战斗群的不是旁人，正是赖纳·施塔赫尔，施塔赫尔此时平步青云，刚刚被擢升为少将。

面对红军的威胁,曼施泰因采取了反制措施,但他不得不冒很大风险:为增加胜算,他必须把所有可用的机械化部队投入反突击,也就是说他别无选择,只能削弱为前线提供的装甲支援力量。最危险的是霍利特集团军级支队据守的米乌斯河防线,那里只剩寥寥几辆突击炮,但曼施泰因的想法很简单:反攻必须获胜,而为实现这个目标,他必须冒一切必要的风险。因为如若行动失败的话,有利于苏联人的战场态势就再也无法逆转了。红军骑兵第8军渗透了德国人沿米乌斯河构设的防御,前出到杰巴利采沃。与参战的其他红军兵团一样,骑兵第8军的兵力远低于编制水平,且很快就因缺乏油料和弹药而陷入停顿。该军被德国第17装甲师隔断,但反过来说,他们也在关键的几天里牵制了这股德军,致使德国第17装甲师无法转向其他地段。因他们达成的突破和旷日持久的抵抗,骑兵第8军残部被表彰且被改称为近卫骑兵第7军。2月23日晚些时候,残存的红军骑兵向东突围。交战双方都把这段插曲视为胜利:德国人认为他们粉碎了该军的战斗力,把对方逐出了战线;而苏联人认为,骑兵第8军的渗透歼灭了几支德军部队,还牵制了敌人宝贵的装甲力量。[20]

红军近卫机械化第4军在突破德国人沿米乌斯河构设的防御后,也被对方隔断。近卫机械化第4军所属的近卫第2集团军司令部,想方设法与陷入孤立的部队取得联系。在无线电通信短暂恢复后,近卫第2集团军参谋长比留佐夫命令他们撤回米乌斯河,可收到电报的红军部队误以为这是德国人要的诡计。直到后来双方终于建立起长时间的无线电联络,近卫第2集团军这才发出加密电文:

近卫机械化第4军探明了敌军防御的薄弱地段,于是先向南推进,但尔后被迫折返,之后又趁夜间向东实施战斗后撤。该军没能返回先前达成突破的地段,所以无法与近卫第2集团军会合,而是遇到我们左侧的第51集团军。这就引发了新的问题:黑暗中,第51集团军以为他们是敌人,随即施以猛烈的火力打击。

误会很快澄清了,炮兵停止射击,近卫机械化第4军(更确切地说,是这个曾经强大的兵团的战斗核心力量)再次回到己方阵营。该军撤到后方休整补充。军长塔纳希申中将和参谋长日丹诺夫上校出色地指挥了战斗,因此荣获红旗勋章。该军一大批英勇作战的指战员也获得了各种勋章和奖章。[21]

曼施泰因以第40装甲军对红军发起首场反击。第7装甲师撤离斯拉维扬斯克,海因里齐得以集中兵力进攻红军村。巴尔克第11装甲师2月18日在克拉马托尔斯克南面发动进攻,以临时组建的雪犁小组扫清了接近地的道路;每部雪犁身后是该师侦察营一个骑摩托车的步兵班,坦克和半履带装甲车尾随其后。短短几个钟头,第11装甲师就彻底切断了波波夫的补给线。在此期间,党卫队"维京"师和第7装甲师攻往红军村和格里希诺。

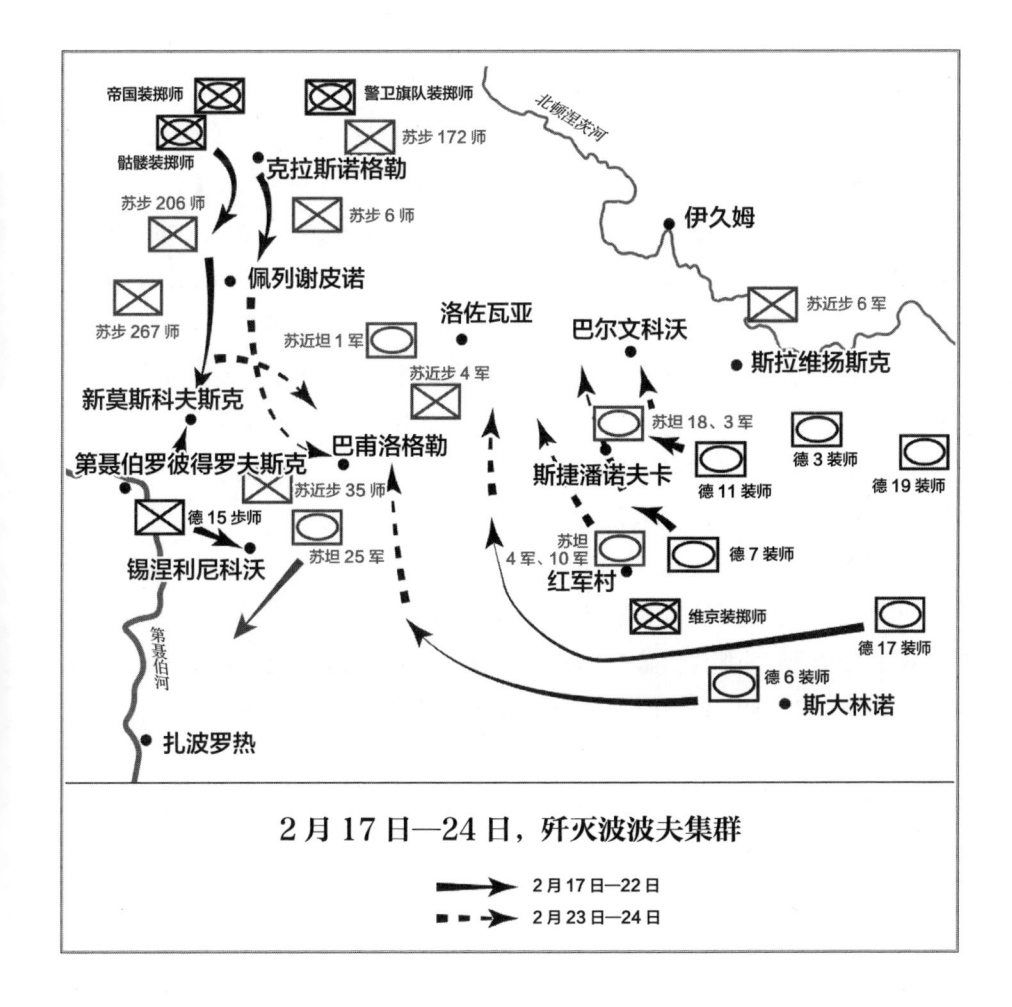

2月17日—24日,歼灭波波夫集群

→ 2月17日—22日
--▶ 2月23日—24日

德军这场进攻,几乎把红军近卫坦克第4军和近卫摩托化步兵第3旅打得全军覆没——到2月18日,整个近卫坦克第4军只剩17辆坦克。[22] 虽说坦克第10军顺

利到达红军村,可他们的状况也好不到哪里去,两个军都严重缺乏油料。近卫坦克第 4 军军长帕维尔·帕夫洛维奇·波卢博亚罗夫少将竭力组织防御,德国第 7 装甲师攻入红军村中心,他的部队发起了坚决的反冲击。近卫坦克第 14 旅旅长在激战中阵亡,但他的部队终于挡住前进中的德军。此外,从南面发动进攻的"维京"师也遭遇红军顽强抵抗。

波波夫在接到辖内部队打来的求救电话后,就想方设法提供支援。波波夫快速集群在斯拉维扬斯克和克拉马托尔斯克据守防线的坦克部队,奉命把防御地段交给快速集群辖内步兵师,这些步兵师在积雪遍地的道路上艰难跋涉后到达指定地域。待坦克部队撤出当前阵地,就和两个滑雪旅一起全速赶往红军村。可这股援兵至少还要两天才能到达波卢博亚罗夫身旁,2 月 18 日晚些时候,波卢博亚罗夫企图以手头的兵力夺回红军村关键地区,但行动失败了,近卫坦克第 4 军损失惨重。次日,第 7 装甲师绕过红军村北部防御,党卫队"维京"师和第 333 步兵师部分力量攻入镇内。北面,红军坦克第 3 军赶去支援波卢博亚罗夫,但被德国第 11 装甲师挡住。红军村镇内的战斗于 2 月 20 日平息,遂行进攻的德国人救出了一大群俘虏,其中有德国、意大利、罗马尼亚军人,还有铁路人员和托特组织的建筑队——红军坦克部队到来后,这些人都被羁押在镇内。近卫坦克第 4 军残部弃守阵地,设法溜过德军封锁线,最终逃到巴尔文科沃,后来在那里重新配备了新坦克。

尽管遭遇这场重大挫败,其他迹象也表明德军即将发动反攻——例如红军空中侦察发现德军车辆集中在克拉斯诺格勒附近,新锐力量从第聂伯河渡场向东调动,而不是像他们预计的那样后撤——但苏联人依然充满信心。在近卫坦克第 4 军仍在红军村殊死奋战之际,波卢博亚罗夫就接到命令,要求他包围该地域的敌军,阻止对方逃离。2 月 20 日下午,西南方面军参谋长谢苗·巴甫洛维奇·伊万诺夫中将仍认为,德国人把党卫队装甲军两个师集中在克拉斯诺格勒附近,是敌人从米乌斯河防线撤往第聂伯河下游的先兆,因此他敦促西南方面军辖内所有机动部队全速向前,"不惜一切代价"前出到预定目标。[23] 伊万诺夫指出,德国人投入装甲力量的企图是击败挡住他们后撤路线的红军先遣部队,他还从这个角度解释了红军村争夺战,认为这是德军仍打算大踏步后撤的证据,对方的反突击不过是为后撤争取时间和空间。问题不在于没能觉察德军的动向,而在于误判对方的企图,许多红军高级指挥员以他们坚信无疑的想法解释自己见到的情况。

伊万诺夫的判断似乎过于乐观，但从最高统帅部大本营到集团军司令员一级如何看待总体局势，这个问题也值得谈谈。冬季战事的首场进攻战役，即"天王星行动"，彻底打垮了罗马尼亚第3集团军和第4集团军，还合围并最终歼灭了德国第6集团军，这股敌军无疑是东线德军的重兵集团。德国人随后企图解斯大林格勒之围，但以失败告终。这场战役中的交战双方损失都很大，在此期间，红军的"小土星行动"粉碎了意大利第8集团军，还给顿河中游寥寥无几的德军部队造成破坏。德国人被迫放弃了高加索地区大片地域，尽管他们付出了种种努力，可还是丢弃了大批技术装备，而奥斯特罗戈日斯克—罗索什进攻战役歼灭了匈牙利第2集团军。总之，一个德国集团军在斯大林格勒灰飞烟灭，另一个集团军（第4装甲集团军）在争夺斯大林格勒和随后的救援行动中遭到重创，此外红军还歼灭了德国盟友的四个集团军。德国第2集团军随后遭遇灭顶之灾，残部混乱后撤。

虽说"跳跃行动"和"星行动"的开局阶段都落后于计划时间，投入进攻的部队也严重不满编，而且是在严重拉伸的补给和交通线末端作战，但这两场进攻战役还是取得了实质性战果。西南方面军辖内部队竭力肃清德军设在斯拉维扬斯克的防御，波波夫快速集群没能一路攻往亚速海，但胜利似乎近在咫尺。德军弃守哈尔科夫也助长了苏联人的乐观情绪——大本营应该知道希特勒下达了不惜一切代价坚守哈尔科夫的指令，可素以忠诚著称的武装党卫队却抗命撤离，这种情况无疑说明德军兵力到了山穷水尽的地步。

在欧洲各个帝国投身第一次世界大战时，有一种盛行的学说，即进攻战役是赢得战争唯一的手段，后来的布尔战争和日俄战争证明了这一点。在第二次世界大战期间，苏联最高统帅部大本营似乎也对进攻战役抱有类似的信念。从某种程度上说，这种信念源于红军理论家在两次世界大战之间就坦克和机械化作战撰写的大量著作，随后因为德军装甲力量在战争初期战役中显而易见的胜利被进一步加强。但红军当时几乎没人想到，以装甲力量对过度拉伸的进攻兵团发起反突击同样有效，不仅如此，他们还以大批反坦克炮构成防线来应对德军装甲部队的冲击。与其他人相比，巴尔克也许能更好地证明，一支集中兵力、指挥出色的装甲部队，完全能以一连串积极而又精确的进攻，击败占有数量优势但较为分散的敌军，但德国人目前可能还没有认清并吸取这些经验。战争爆发前，红军就对进攻战役情有独钟，而德国军队眼下显然无力阻止他们的进攻，这就进一步加强了他们的信念。另外，他们还对当前态势做出了过于乐观的解释，导致红军危险地暴露在外。[24]

曼施泰因麾下的部队全面展开，准备发动他策划的反攻，同样重要的是，苏联人无意间把几个集团军置于很容易遭受攻击的位置。在霍利特集团军级支队的掩护下，霍特第4装甲集团军司令部从顿河下游顺利撤到第聂伯罗彼得罗夫斯克，麾下除了辖第6、第17装甲师的第48装甲军，还编有豪塞尔的党卫队装甲军。苏联人在克拉斯诺格勒与红军村之间达成渗透，因此以上两个装甲军的任务就是打击这股敌军的两翼。"警卫旗队"师暂时脱离党卫队装甲军，仍直属兰茨集团军级支队，负责掩护这场反突击的北翼，待遂行进攻的两个装甲军在洛佐瓦亚或附近会合，其辖内各师就继续攻往顿涅茨河，从南面迂回据守哈尔科夫的红军部队。第1装甲集团军辖内第40装甲军编有第7装甲师、第11装甲师、党卫队"维京"师，奉命从红军村向北攻往巴尔文科沃，一举歼灭波波夫快速集群辖内部队。待把苏联人赶到顿涅茨河对岸后，德军再夺回哈尔科夫。

经历了冬季的失算和厄运——德国人交些好运也可以理解，仅仅是时间问题而已——曼施泰因开始在两个方面受益。第一，如前文所述，他把第1和第4装甲集团军交替撤往西面，让苏联人误以为这是德军仓促后撤的迹象，促使他们更加卖力地奔向第聂伯河，想抢在德国人逃脱前到达那里。第二，希特勒没完没了的敷衍搪塞，也许极大地延误了曼施泰因发动反攻的日期，让红军获得更多时间向西疾进，结果把他们的部队暴露在德军即将发起的打击下。尽管运气不错，但曼施泰因策划的作战行动风险不小，而且投入此次反攻的许多兵团，特别是第1、第4装甲集团军辖内各师，经历了几个月近乎持续不停的交战，实力已严重受损。

毫不夸张地说，为顺利发动反攻，曼施泰因在展开麾下部队方面取得了很大的成就。高加索地区的德军部队获准后撤当然是个至关重要的因素，而新锐部队从西面开抵，替代了覆灭在斯大林格勒的兵团以及德国盟友灰飞烟灭的几个集团军，同样功不可没。为尽快撤出高加索地区的军队，曼施泰因与希特勒展开旷日持久的争论，还为克莱斯特的部队提供了足够的油料和列车运力，把德国军队的后勤能力发挥到了极限。要知道，这番成就是在德军补给线穿越数百千米占领区、不断遭受游击队滋扰的情况下实现的。其他地方的事态发展，进一步妨碍了德国人向乌克兰境内运送后勤补给和调运兵力的工作。斯大林格勒的灾难发生时，适逢蒙哥马利在阿莱曼大获全胜，美军登陆北非的"火炬行动"随之而来。一如既往，希特勒不肯及时减损，不仅没有努力挽救先前派往北非的军队，反而继续增派援兵，投入这场注定要失败的事业。激烈的交战持续到 5 月，残存的德国军队最终在突尼斯投降，维希法国军队不愿与美国人交战，所以就算隆美尔的非洲军能从阿莱曼战役的惨败中恢复过来，也会遭到从西面而来的美国军队彻底迂回。把援兵和更重要的补给能力调往北非，加剧了乌克兰境内德国军队获得援兵和后勤补给的压力，但从苏联人的角度看，西方盟友提供的支援远远低于他们的预期。

斯大林一直敦促英美两国在西面开辟第二战线，美国人起初至少是愿意积极响应的。1942 年 3 月，罗斯福写信给丘吉尔：

> 我对今年夏季在欧洲大陆开辟新战线的事越来越感兴趣，当然是为了发起空中行动和突袭……我们无疑要付出重大牺牲，但这种损失会得到弥补，因为德国人至少要付出同等的代价，他们还得从苏联前线抽出各种大股部队。[25]

几周后，美国陆军参谋长乔治·马歇尔将军带着两份方案到访伦敦。第一份方案代号"围捕"，内容是于 1943 年春季以 48 个盟军师大规模登陆法国，而代号"大锤"的第二份方案，行动规模稍小些，是于 1942 年夏季夺取布雷斯特或瑟堡，也可能同时夺取这两处。后一份方案，初期主要由英国军队遂行，因为美国陆军还没做好准备，暂时无法提供大批兵力。这场行动的目的是控制布列塔尼或科唐坦半岛，于 1942 年冬到 1943 年春集中大批兵力，待美国师开抵就可朝内陆突破。出于各种原因，英国人对这两份方案毫无热情。第一，他们认为现有的两栖登陆能力不足以实施"围捕行动"，就连规模小得多的"大锤行动"恐怕也执行不了。第二，英军主力目前已投入其他战区，例如北非和远东。第三，就算在法国沿岸夺得一座港口，德国人也很可能部署大量水雷和潜艇，致使盟军无法按计划加强登陆行动。英国人最后提出，缺乏经验的美国军队先在不太关键的地区（例如北非）参战，尔后再登上欧洲大陆对付德国军队，这样也许更好些。尽管美国人很积极，但"大锤行动"实际上是完全不可能完成的任务。盟军最多只能把 6 个师送上滩头，而且要对付至少 30 个德国师，包括在法国休整、换装的几个装甲师。盟军初期夺得的登陆场，很难坚守到冬季，因为登陆场内的部队的补给取决于盟国海军肃清德国水雷场和潜艇的能力，而且很可能遭到德军强大的反突击——就算勉强守住登陆场，随后发起的突破也得面对德国人获得大量时间加强的防御阵地。几乎可以肯定,这场行动造成的人员损失,会像第一次世界大战那般惨烈。盟军于1942年8月19日在迪耶普发起的"拉特行动"以失败告终,彻底打消了他们尚存的一切怀疑——该次行动投入了6000人(主要是加拿大官兵),目的是看看能否在短时间内夺取某座港口。登上滩头的人员损失了60%以上,德国宣传部门大肆宣称他们粉碎了盟军全面反击的企图,但德国军队对整个行动困惑不解,一名审讯人员问被俘的加拿大军人:"要说突袭嘛,你们的兵力太多了;可要说是全面反击,你们的兵力又太少。你们究竟想做什么?"[26] "拉特行动"充分证明,盟军目前尚不具备顺利反攻欧洲大陆的能力。所以,"围捕行动"从1943年中期被推迟到了1944年中期,最终发展成"霸王行动"。在此期间,英美两国决定进攻北非,以此作为进一步发展两栖登陆能力、加强美军作战经验和战斗力的契机。

盟军进攻北非,确实分散了德国的后勤资源,但远远达不到莫斯科开辟第二战线的要求。普遍的看法是,东线德军之所以能重整旗鼓,在很大程度上要归咎于西方盟国没能开辟第二战线,要是他们把德国军队牵制在法国或西欧其他地方,曼施泰因不太可能获得源源不断的援兵,也就谈不上恢复战线了。战后岁月里,许多苏联作家指出,迟迟不开辟第二战线是西方资本主义国家蓄意而为的政策,目的是让德国腾出手来对付苏联,而且盟军没把德国军队引到西面缓解苏联人民的压力,反而是红军牵制了大批德军部队,让西方盟国得益。华西列夫斯基在回忆录里写道:

(1943年2月16日)斯大林告诉我……他以苏联政府的名义给罗斯福和丘吉尔发了封电报。电报里指出,盟国没有兑现援助苏联的承诺,也没有把德国军队从苏德战线引开,情况恰恰相反:由于英美军队在突尼斯的作战行动规模太小,希特勒才得以把额外的兵力调往东线……因此,苏联政府坚持认为,1943年下半年前,必须在欧洲,特别是在法国开辟第二战线。[27]

红军前线将士显然都很兴奋,在经历了重大损失和严重挫败后,他们终于找到了对付德国侵略者的办法,但他们也纷纷猜测,苏联的盟友何时能把德军兵力从东线引开。兹达诺维奇的步兵师先前竭力冲杀到塔钦斯卡亚的巴达诺夫坦克军身旁,但以失败告终,他现在也关切地询问到访的西南方面军军事委员阿列克谢·谢尔盖

耶维奇·热尔托夫中将,盟国在西面开辟第二战线的前景如何:

热尔托夫想了想,走到我摆放地图的桌子旁,看看地图,又看看我,眼中闪现出愉快的神色。

"以前有句谚语说得好:依靠上帝,尽己所能!我们现在知道,上帝是不存在的。同样,盟友的第二战线也是不存在的。我们还得再等等,至少目前是这样。但对我们来说,现在必须依靠自身的力量。"

他随后给我详细介绍了我们国家日益增长的经济和军事潜力。后方工人的无私奉献,以及迅速引入的各种新技术,让红军获得的坦克、火炮、战机数量不断增加。无论有什么困难,前线指战员的任务都是全速追击纳粹军队。

热尔托夫总结道:"总之,我们得靠自己,不能给敌人丝毫喘息之机。"[28]

这些观点暂且不提,德军从高加索地区和西欧变更部署,协助东线稳定态势,给德国国防军的后勤体系提出了巨大的挑战,特别是因为顿河集团军群还得把大批物资运到库班地域,为第17集团军提供补给。而且,这仅仅是为曼施泰因恢复战线的企图提供兵力。另外,他策划的反攻只有在苏联人位于他希望对方所在的地方才能成功,换句话说,他必须预料到苏联人的企图,并相应地修改自己的作战计划,甚至他在这片庞大战场发动反攻的时机也需要被谨慎协调。哈尔科夫与亚速海沿岸的马里乌波尔相距332千米,出于局部战术原因,某些兵团,例如位于红军村的第40装甲军,必须先于其他兵团发动进攻,但最重要的是,不能让苏联人觉察到即将发生的情况。发起整个行动的时机当然至关重要,太早的话,红军就能做出应对,采取相应的反制措施;太晚的话,苏联人就会切断德军补给线,而且春季化冻会导致一切运动战戛然而止。与希特勒反复磋商就已经把曼施泰因累得够呛,他还得密切关注司令部不断收到的各种情报和侦察结果,权衡麾下兵团目前的位置,根据需要修改自己的计划,这番工作充分证明了他的聪明才智。准确把握兵力、空间、时间的变量,这种能力实属罕见,而在巨大的压力下从善如流,最终赢得胜利,这种能力就更加不同寻常了。

就算充分考虑到以上因素,也妥善地加以利用,曼施泰因的计划依然存在执行的问题。虽说一连几个月的激战严重消耗了红军的实力,他们也确实在漫长的补给线末端作战,可兵力还是比当面之敌多得多。与所有遂行进攻的军队一样,曼施泰因的部下确实可以在某些限制条件下,把兵力集中到他们选中的地点,但即将到来的反攻能否获胜,在很大程度上就得取决于各级部队执行曼施泰因计划的方式。整个战争期间,德国军队,特别是他们的装甲师,展现出从事运动战的天分和技能,往往导致敌军在他们身后陷入困境,但红军的作战技能,通过巴巴罗萨战役头几周笨拙的努力也得到了极大改善。德军将领有充分的理由继续认为,在战术层面,任何一支军队都无法与他们和他们的部下匹敌,但在东线,交战双方的差距已大幅度缩小。德军奉行"任务型命令"学说,也就是把任务交给值得信赖、训练有素的部下,让他了解总体任务,这样就可赋予他更多自主权和发挥的空间,这种做法为德国在战争初期一次次赢得的胜利做出了巨大贡献。在接下来的日子里,德军的学说和出色的发挥至关重要。

几个党卫队装甲掷弹兵师在短暂停顿后重组了部队,又在补充了各种物资后,做好了恢复作战行动的准备。2月19日,就在红军企图从哈尔科夫地域向西攻击前进之际,党卫队"帝国"师突然从克拉斯诺格勒南面的集中地域发动了进攻,该师兵分三路,取得了不错的初期进展。但进攻伊始,国防军与党卫队就出现了摩擦的迹象。党卫队装甲军参谋长维尔纳·奥斯滕多夫旗队长,于上午10点左右联系曼施泰因的司令部,汇报了最新进展,随后补充到,他认为南方集团军群向党卫队装甲军派驻联络官,代表不信任该军参谋人员。曼施泰因的参谋长同意把这件事交给OKH处理。当天下午,OKH发来复电:蔡茨勒支持曼施泰因。无论党卫队多么反感这项安排,他们都得接受。[29]"帝国"师遭遇的抵抗越来越激烈,但还是取得了30千米的进展,并于深夜前后夺得了佩列谢皮诺镇。在穿过该镇的河流上,公路和铁路桥完好无损地落入了德国人手里——这一点很重要,"帝国"师可以利用这些桥梁继续向南进攻。他们毫不停顿,一路攻击前进,2月20日上午10点左右,他们顺利夺得南面34千米的马里亚诺夫卡镇。当天下午,"帝国"师先遣部队到达新莫斯科夫斯克,与从西面而来的德国第15步兵师一部会合。

2月20日,红军夺回哈尔科夫造成的后果又多了个受害者。在豪塞尔违抗希特勒"不惜一切代价坚守哈尔科夫"的指令时,党卫队装甲军还隶属兰茨集团军级支队,现在胡贝特·兰茨的职务被解除了,由维尔纳·肯普夫将军接替。官方给出的理由是,兰茨只指挥过山地兵和步兵,而肯普夫在法国战役期间任第6装甲师师长,从巴巴罗萨战役开始到1942年9月一直指挥第48装甲军。希特勒为说明这项决定的正确性，给出的理由是眼下需要一位经验丰富的装甲兵将领。兰茨受到的对待很不公正，他指挥装甲部队的能力毫不逊色于肯普夫，还严格执行了希特勒的指令，一再命令党卫队装甲军不得撤离哈尔科夫。但希特勒不能或不愿惩处豪塞尔的抗命行为，只好把兰茨撤职了事。

兰茨在将领预备役赋闲没多久，希特勒又把他派往了巴尔干地区，先后指挥第49、第22山地军。在墨索里尼被推翻，且意大利新政府与英美两国展开停战谈判后，兰茨积极参与了解除希腊群岛意大利军队武装的行动。兰茨指挥的部队接到命令，不能把意大利人视为俘虏，因为他们的国家背叛了德国——仅在凯法利尼亚岛被杀害的意大利官兵就超过了5100人。在兰茨的部队占领科孚岛后，他下令处决了近30名意大利军官，还把他们的尸体抛入海里。这并非兰茨首次犯下战争罪行，在他于1941年担任第1山地师师长期间，该师占领了利沃夫，随即发现撤离的苏联人在城内监狱里杀害了德国人。德国人把这起事件归咎于效忠NKVD的犹太人，随后对利沃夫的犹太平民展开血腥屠杀。至少在一开始，这场屠杀的刽子手是乌克兰人组织的民兵力量，帝国保安总局在报告里对他们的所作所为大加赞赏：

苏联军队撤离没几个钟头，乌克兰民众就对犹太人采取了值得称赞的行动……为报复不人道的残酷行径，警察（即乌克兰民兵）抓捕、枪毙了大约7000名犹太人。[30]

尽管许多杀戮一开始是城内乌克兰居民干的，但在南方集团军群后方展开行动的党卫队C特别行动队迅速接手，乌克兰民兵此后在德国人监督下行事。不管怎么说，因为兰茨的部队没有制止屠杀，短短几天就有4000多名犹太人遇害。而且兰茨甚至发布公告，指责犹太人"挑衅"城内的乌克兰居民。[31]希腊群岛发生的事情，也不是兰茨干出的最后几起暴行。1943年年底，因游击队杀死了一名德国军官，兰茨不分青红皂白地下令炮击一座希腊村庄，造成82名村民丧生。战争结束后，纽伦堡法庭裁定兰茨犯有战争罪行，判处他12年有期徒刑，但他于1951年就获释了。据说兰茨参与了逮捕，甚至干掉希特勒的密谋，我们在这里应当指出，他不是唯一被控犯有战争罪行，同时声称自己是某个反纳粹团体成员的德国高级将领。但实际情况是，密谋者反对希特勒的动机各不相同。有些人，例如弗赖塔格-洛林霍芬、格罗斯库特、克莱斯特，确实对第三帝国的种族政策和在波兰、苏联境内残酷虐待平民的行径深感震惊，但其他人，特别是出身传统的普鲁士容克家族、祖祖辈辈都担任普鲁士和德国军官的那些军人，反对希特勒的动机主要是担心他把德国领向军事灾难，这种动机并不妨碍他们配合、参与党卫队和其他组织肃清犹太人和其他"不受欢迎者"。

党卫队"帝国"师的推进，严重影响到红军向西攻击前进的企图。该师沿他们的进军路线设立了一连串支撑点，这些支撑点击退了苏联人从东西两面发起的几次进攻——红军援兵和补给纵队从东面而来，而步兵第267师和步兵第106旅则从西面发起冲击，因为他们突然发现自己的交通线被德军切断了。党卫队"骷髅"师奉命集中在克拉斯诺格勒，以便支援姊妹师，还可以越过新莫斯科夫斯克继续攻往巴甫洛格勒——在此期间，"帝国"师和第15步兵师于2月21日上午全力击退了红军的反突击。随着"骷髅"师接防进军途中的若干支撑点，"帝国"师把兵力集中在新莫斯科夫斯克及其周边。尽管有明确的证据表明德军发起了强大的反突击，还隔断了哈里托诺夫第6集团军近半数兵力，可苏联人仍坚信自己掌握着主动权。为了给前进中的方面军提供新动力，瓦图京命令近卫坦克第1军和坦克第25军迅速开赴巴甫洛格勒周边地域——不是阻挡德军的进攻，而是继续向西推进，这两个坦克军实际上是瓦图京仅剩的坦克预备队。这个新锐快速集群奉命攻往第聂伯河，试图在2月22日日终前夺取渡场。

党卫队装甲军在新莫斯科夫斯克周围巩固阵地时，瓦图京的新锐快速集群动身赶往第聂伯河，绕过锡涅利尼科沃的德军阵地，前出到距离扎波罗热不到25千米处。面对德军从北面构成的威胁，红军唯一采取的措施是投入近卫坦克第1军辖内2个旅，掩护波尔塔瓦西北方接近地。实际上，整个近卫坦克第1军也很难抵御党卫队"帝国"师这么强大的"装甲掷弹兵师"，区区两个实力不足的旅完全不够。[32]另外，瓦图京还请沃罗涅日方面军抽调兵力向南开进，对攻往巴甫洛格勒的德军施加压力，但他认为此举不过是解决烦人的局部问题，完全没想到战场上的态势发生了决定性的逆转。

党卫队"骷髅"师和"帝国"师在新莫斯科夫斯克及其周边重组后，于2月22日动身赶往锡涅利尼科沃和巴甫洛格勒，但各条冰封的道路延误了"骷髅"师主力的开抵。"帝国"师"德意志"装甲掷弹兵团辖内一支部队，于上午10点左右到达巴甫洛格勒郊外，没过多久，师里其他部队就与第15步兵师据守锡涅利尼科沃的部队会合。党卫队兵团在前进途中遇到的红军部队，大多隶属近卫第1集团军辖下的近卫步兵第4军，这些部队四散奔逃——刚刚开抵的红军新锐纵队也一触即溃。

直到此刻，瓦图京仍在敦促麾下部队继续前进。快速集群接到的命令依然是攻往第聂伯河，占领那里的渡场，而第6集团军奉命以北翼力量尽快夺取克拉斯诺格勒。实际上，该集团军大部已被"帝国"师的推进隔断。红军步兵第267师和步兵第106旅的弹药及补给物资几乎消耗一空，他们不得不丢下重装备，溜过党卫队设在他们身后薄弱的支撑点防线向东逃窜。瓦图京的快速集群全速向前，力图到达并渡过第聂伯河，但与战役这个阶段几乎所有红军兵团一样，他们严重缺乏油料、弹药、口粮，几乎因此彻底陷入停顿。大本营在2月22日晚些时候给沃罗涅日方面军下达命令，即应瓦图京昨日的请求，批准沃罗涅日方面军派坦克第3集团军和第69集团军南下。这样一来，第40集团军就得向北拓展自己的作战地域，这无疑分散了他们实施局部推进的兵力。党卫队装甲军向南发动的反突击大获成功，为肯普夫集团军级支队备受重压的北翼提供了帮助，先前一直对德国第168步兵师施加压力的红军部队，现在不得不掩护被大幅度拉伸的战线，再也无法集中兵力发动后续进攻了。尽管如此，苏联人还是在阿赫特尔卡顺利包围了第168步兵师北翼——该师伤亡惨重，被迫后撤，其重装备和火炮也几乎耗光了。无论德军在南面赢得多么大的胜利，眼下的确存在苏联人顺利分割肯普夫集群北翼，深入德军后方地带的危险。为组建一股摩托化打击力量，"大德意志"师正撤出前线，从西面调来的更多援兵估计会在3月第一周开抵，但在此之前，曼施泰因必须以现有兵力勉力应对。似乎是为了强调希特勒"几个虎式装甲营足以扭转局面"的说法荒谬绝伦，施特拉赫维茨报告：补给短缺，再加上新型战车初期出现的问题，严重限制了虎式坦克发挥效力。没过几天，"大德意志"装甲团就封存了大部分虎式坦克，但几个党卫队师还在继续使用这款战车。[33]

此时，霍特在南部发起反突击，党卫队装甲军目前隶属他麾下第4装甲集团军。第48装甲军眼下编有第6、第17装甲师，于2月23日向北突击。尽管他们在漫长的冬季交战中损失很大，但仍是一股强大的力量，特别是在师属各部队紧密配合、几个师协同作战的情况下。因积雪覆盖了各条道路，第6装甲师在2月23日没能悉数投入辖内部队,但这场进攻很快形成了突击势头。尽管红军近卫坦克第1军和坦克第25军获得了补给,但第6装甲师与党卫队"帝国"师会合一举切断了红军交通线。雪上加霜的是,遭隔断的红军坦克兵团现在面临持续不停的空袭。接下来几天,幸存的官兵丢下车辆,像"帝国"师初期进攻阶段遭切断的红军步兵那样,徒步向东逃窜。

党卫队"骷髅"师也不甘落后地展开行动,2月23日攻往东南方,巴甫洛格勒稍北面的波帕斯诺耶两侧。面对红军实力虚弱的1个坦克旅和近卫步兵第35师,他们取得出色的进展;"骷髅"师继续攻往维亚索夫卡,遭遇的抵抗越来越激烈,红军开始集中兵力,以防西面和南面的部队陷入合围。与此同时,"警卫旗队"师突然对当面的红军步兵发起打击,一举打垮了红军步兵第172师师部,但由于肯普夫集团军级支队北翼险象环生,哈尔科夫西面的所有德军兵团(特别是"大德意志"师辖内部队)奉命缩短战线,腾出机动力量。苏联最高统帅部大本营命令红军把作战重点转向南面,严重削弱了第40集团军在阿赫特尔卡打击德国第168步兵师、发展胜利的能力。虽然在接下来几天他们夺得了更多地盘,但进展缓慢,而且德军防御面临的危机实际上已告结束。

2月24日,没有迹象表明苏联人觉察到即将到来的灾难,他们仍在加速向南变更兵力部署,特别是没有采取任何措施来取消北面的后续进攻。这样一来,他们就分散了力量,各部队继续开往会把他们置于更危险境地的方向。沙法连科近卫步兵第25师,于2月19日从第40集团军转隶坦克第3集团军,现在又置于第69集团军辖内。在全师官兵看来,情况没什么不同——他们在深深的雪地里艰难跋涉,一个个精疲力竭,而且缺乏弹药和其他物资。师长召集什特科夫和另外几名团长开会:

我们严重缺乏弹药。

情况很快弄清了,缺乏弹药的不仅仅是我这个团。参加会议的另外几名团长也汇报了同样的情况:弹药短缺,没办法继续战斗。师后方梯队代理负责人皮萨列夫大尉听着众人的抱怨,最后说道:"我从哪里能弄到弹药呢?我们师已转隶雷巴尔科集团军。他们的弹药库空空如也。要是有更多运输工具就好了。还有个希望,就是我们原先的上级,第40集团军,他们也许会看在昔日的情分上帮我们一把。他们在卡扎希亚洛帕尼存有弹药,离这里不远。我去跟他们谈谈,但几位团长得帮我,你们要弄到马匹、大车、卡车，否则我什么也做不了。"

参加会议的师政治部主任巴甫洛夫说道："我觉得在座的指挥员用不着担心这些问题，集中精力指挥各团的作战行动就好。同志们，情况很复杂。至于运输工具，师政治部会想办法的。赶紧行动起来！时间不等人。南面，我方部队已撤往顿涅茨河，作战态势图上的蓝色箭头标出了纳粹的位置，我们得朝这个方向前进，顶住敌人的进攻。"

师炮兵指挥员古谢利尼科夫上校若有所思地说道："我们是近卫军，肯定会继续前进，但能抵御敌军多久呢？毕竟坦克第3集团军的步兵已投入交战，他们的部队几乎没有反坦克兵器，T-34早就耗尽了，他们仅仅是个名义上的坦克集团军。"

师长随后简明扼要地向我们保证，他会采取一切措施为各部队提供弹药。他最后说道："明天是红军和红海军成立25周年纪念日，我们要全力以赴地投入战斗。我会把师里所有运输工具移交给各个团，各部队指挥员也得把手里的资源都拿出来。我们必须再次击退敌人，以此作为我们献给光荣的红军诞生日的战斗礼物！"[34]

以上这段记述充分说明红军仍抱有多么强烈的自满情绪，他们依然没有觉察到德国人正在发动强大的反攻，担心的仅仅是如何弄到物资补给，确保部队继续前进。尽管与会人员想尽种种办法，还是没弄到足够的弹药，特别是炮弹，因此师属炮兵支援步兵的效力大为下降。

在此期间，党卫队"骷髅"师在获得连夜调运的补给物资后继续前进；巴甫洛格勒郊外，"帝国"师击退了苏联人从西北面多次发起的冲击。当天下午，两个党卫队师朝巴甫洛格勒东北面的韦尔布基汇聚，而且很快就会合了。之后，德军彻底夺得巴甫洛格勒镇，还牢牢控制了两个党卫队师的后方地带。红军近卫步兵第35师残部此时仍能获得近卫坦克第16旅仅剩的9辆战车支援，在德军从地面和空中施加的巨大压力下苦苦挣扎，但随后就被迫丢下大部分重装备，跟随被前进中的德军击溃的其他红军部队一同向东退却。从南面而来的德国第48装甲军继续挺进，其辖内第6装甲师与红军近卫步兵第41师发生遭遇战。近卫步兵第41师兵力严重不足，该师于2月21日报告他们只剩3000人，且弹药几乎耗尽，因此没办法挡住德军。在师长尼古拉·彼得罗维奇·伊万诺夫少将和师政委、一名团长于战斗中阵亡后，该师支离破碎的残部绕过巴甫洛格勒郊区，向东逃窜并将所有火炮丢在了身后的战场上。[35] 东面，只剩 8 辆坦克和 11 辆突击炮的第 17 装甲师继续进攻红军坦克第 3 军——此时德军兵力虚弱的窘况稍有显现。第 6 装甲师的作战日志里写到，部队的推进速度太快，无法彻底消灭绕过的敌军兵团，且因快速前进的先遣部队没能与其他部队保持紧密联系，所以无法俘获大批敌军官兵。[36] 的确，在他们全速挺进时，红军残兵败将正设法从德军各战斗群之间溜过，但他们不得不丢下所有重装备。

红军以兵力严重不足的兵团发起"跳跃行动"和"星行动"，方面军和集团军司令员把寥寥无几的预备队和手头可用的部队悉数投入前线。面对德军的进攻，他们唯一的办法是把部队从一个地段调到另一个地段——就像"天王星行动"期间和之后，德国人被迫采取的应急措施一样，但红军面临的难题更多。德国、罗马尼亚、匈牙利、意大利集团军的后方地带，几个月来基本被控制在轴心国军队手里，而红军目前在刚刚收复的，道路、桥梁、铁路都遭到严重破坏的领土上作战。就算他们能横向调动部队，变更部署也要耗费很长时间——因为被横向调动的部队一再遇到由东向西艰难行进的后勤补给纵队，又加剧了交通问题。

更糟糕的是，德国空军部队虽是被迫撤往了西面的基地，但实际上那里更利于他们展开行动：这些基地离补给站和德国本土更近，且及时获得零配件的困难小得多。1942 年夏末和秋季，德国空军想尽办法才保持了 30% 多的战机出勤率，而现在的出勤率稳步上升。相比之下，红军歼击机和轰炸机仍从东面原先的机场起飞，而且就算不断前进的地面部队夺取或临时构设了新机场，为机场运送足够的油料和弹药也对压力重重的后勤保障提出了难以实现的要求。在红空军提供的空中掩护减少的同时，德国空军的实力逐渐恢复，导致红军后方地带反复遭到空袭，交通堵塞持续不断，进一步延误了作战部队变更部署，至关重要的补给纵队也难以向前运动。

苏德战争爆发时，与红军地面部队一样，红空军也处于巨大的劣势。而当时严重的人员变动又将劣势进一步加剧了——16 名空军集团军司令员中有 15 名被撤职，超过 75% 的空军高级指挥员遭处决、囚禁、降级或免职。[37] 与坦克兵很相似的是，红空军也配备了大批用途各异的技术装备。就算这些战机技术先进、性能出色，零配件短缺的问题也给红空军的战斗力造成了严重影响。巴巴罗萨战役初期，德国空军凭借经验丰富的战斗机飞行员迅速夺得了制空权，其轰炸机编队猛烈轰炸一座座机场，给红空军造成了巨大的损失。在入侵的头几天，德国空军就以损失 35 架飞机（战斗损失只有 20 架）的代价，消灭了红空军 2000 多架飞机。[38] 苏联政府之后集中力量生产了更具效用的伊尔-2强击机和雅克-1歼击机，逐渐恢复了空军的实力，但与德国空军在1942年年末遭遇的情况如出一辙——面对漫长的补给线和复杂的气候条件，就连装备精良、训练有素的空军也举步维艰。

瓦图京可能仍觉得胜券在握，但波波夫却不抱这种幻想——到2月21日，他的坦克第10军只剩17辆坦克，坦克第3军的情况更惨，只剩12辆战车。他们与只剩8辆战车的坦克第18军遭遇敌人越来越猛烈的打击，其当面之敌是编有党卫队"维京"师、第7装甲师、第11装甲师的德国第40装甲军。波波夫先是请求上级批准他率部于2月21日拂晓前撤离暴露在外的位置，但瓦图京断然拒绝，他还告诉这位下属，此举会让德国人安然无恙地撤往第聂伯彼得罗夫斯克，这完全不符合赋予波波夫快速集群的任务。[39] 可德军没想撤往西面，而是要歼灭波波夫止步不前的坦克力量，第7装甲师对坦克第10军发起猛烈打击，一个战斗群企图把苏联人牵制在他们的防御阵地上，另一个战斗群冲向东北面，攻入红军后方地带部队，并迅速到达，一举攻占了斯捷潘诺夫卡。西面，党卫队"维京"师冲击坦克第3军，而第11装甲师与坦克第18军反复交战，把该军残部赶往北面。不断后撤的红军坦克兵团，会同近卫坦克第4军和波波夫快速集群的步兵兵团残部，企图在退却的途中整顿部队。他们组建了几个短命的临时性兵团，顺利实施了程度不一的抵抗，但至2月24日日终时，波波夫快速集群残部被德军驱赶到巴尔文科沃南面约15千米一线，关键是他们已经没有可用的坦克了。第40装甲军辖内部队现在向北攻击前进，左侧的第48装甲军在他们前方。

战役打到这个阶段，就连瓦图京也不得不面对现实。西南方面军司令部于2月24日晚些时候给大本营发了份报告，瓦图京在其中指出，他的坦克先遣力量目前的状况极为虚弱，为确保坦克兵团继续前进，他和其他红军指挥员效仿德国人的做法，命令修理组伴随坦克军一同前进，可这些修理组不是被德军歼灭，就是在被打垮后被迫丢弃了维修器材。他目前没有可用的预备队，无法抗击挺进中的德军，如今已下令停止了一切进攻。此外，他还紧急请求大本营命令北面的友邻军队提供支援。但无论苏联人采取何种措施，曼施泰因几个兵团已牢牢掌握了主动权。第48装甲军先前一路向南、与第6和第17装甲师会合的几个党卫队兵团，于2月25日转向东北方，会同东面的第40装甲军，展开势如破竹的进军。党卫队"帝国"师奉命从巴甫洛格勒东北面的阵地出发，前进45千米攻往洛佐瓦亚，"骷髅"师位于其左侧。他们于拂晓时动身出发,其先遣部队中午前后到达洛佐瓦亚——苏联人在这里构设了强大的防御,还以火炮和反坦克炮提供加强,这是红军为应对德军的反攻设立的第一道防线。两个党卫队师的主力当日一路向前,但进展甚微,一是因为苏联人的抵抗,二是因为各条道路的路况很差——许多地段被苏联人丢弃或德国空军击毁的车辆堵得水泄不通。夜幕降临时,霍特敦促两个师继续前进,可还是无济于事。虽说红军在某些地段的抵抗较为混乱,但足以阻止德军快速推进,两个党卫队师不得不对付先遣部队身后的大批红军溃兵,这些溃败的部队缺乏组织,有的只想逃窜,也有的打算实施抵抗。

稍东面,第48装甲军朝同一方向攻击前进。第6装甲师紧邻"帝国"师东侧,交战双方的兵力都严重不足,因此面对红军近卫步兵第41师和步兵第244师,德军取得的进展不大。红军在波格丹诺夫卡村周围掘壕据守,展开顽强抵抗。第6装甲师东面,第17装甲师先遣部队取得的进展更好些,渗透了红军步兵第195师的薄弱防御。第17装甲师师长后来写道:

> 我们这场推进,深深楔入后撤中的大股红军部队。我亲眼见到斯图卡俯冲轰炸机如入无人之境,对苏联人漫长的纵队发起攻击。我手头寥寥无几的坦克随即追上七零八落的敌军残部,激烈的战斗爆发开来……遗弃的装甲侦察车、马拉大车、负伤的人员和马匹、无数的死者堵塞了道路,一时间难以通过。[40]

要穿过红军后撤中的残兵败将虽然困难重重,但在这天结束时,第17装甲师还是遥遥领先于友邻部队。第6装甲师位于西面后方一段距离处,而东面第40装甲军辖内各师,在巴尔文科沃南面遭遇了红军坚决抵抗。库兹涅佐夫把手头拼凑的全部兵力投入到了德军前进路线中,来避免对方分割他的近卫第1集团军——3个步兵师和4个坦克军组成的混编力量,共投入了大约50辆坦克,终于挡住几个德军装甲兵团。

瓦图京可能觉察到自己军队面临的威胁,但某些指挥员仍在敦促麾下部队继续前进。在瓦图京和库兹涅佐夫殊死抵御第4装甲集团军果断推进的同一天,莫斯卡连科第40集团军收到沃罗涅日方面军发来的指令,要求他们在向北攻往苏梅的同时,协助南翼第69集团军攻往波尔塔瓦。莫斯卡连科手里只有6个步兵师和1个坦克军,各兵团的兵力严重不足，现在却要沿146千米长的战线展开行动。第40集团军之所以能缓缓前进，主要是因为德军的兵力集中在南面，而当第40集团军先遣部队在逼近苏梅时，其遭遇的抵抗就变得越来越激烈（从法国开来的德国第332步兵师，刚刚占据镇内阵地）。为抢在德军组织起防御前一举攻克苏梅，莫斯卡连科没有停下来重组各部队，其辖内部队刚刚到达就投入战斗——这与保卢斯当初进攻斯大林格勒的打法如出一辙，只是规模小得多。在此期间，莫斯卡连科投入了一个个步兵团、几乎没有战车的坦克旅、反坦克炮兵团。不过，这些部队不仅弹药不济，就连其他物资也很缺乏。激烈的战斗持续了好几天，双方的损失都在不断增加，但德军仍牢牢控制着苏梅——穿过德军兵力薄弱的防线向前试探是一回事，以手头有限的兵力突破敌军防御阵地则完全是另一回事。第40集团军与两侧的友邻集团军失去联系，莫斯卡连科越来越担心自己暴露在外的翼侧，故而请求沃罗涅日方面军司令部批准他停止进攻。3月1日，他终于获准停止进攻并转入防御。[41]

库兹涅佐夫本来能拼凑50辆坦克加强巴尔文科沃的防御，以此来抵御德国第1装甲集团军辖下的第40装甲军，但油料的严重短缺使其不得不将坦克半埋起来充当固定炮台，这样做无疑严重削弱了它们的效用。在激烈的战斗中，党卫队"维京"师顺利穿过红军防区西部边缘，第7装甲师也在东面绕过对方的阵地。被留下的第11装甲师从南面进攻红军防御力量，翼侧的两个装甲师则继续攻往顿涅茨河和伊久姆。近卫步兵第38师也在据守巴尔文科沃的红军部队中，去年秋季，他们参与了斯大林格勒城内激烈的巷战，在短暂休整补充后投入了"小土星行动"。而这个实力严重受损的师，现在不得不与步兵第52师残部并肩抵御重整旗鼓的德国军队发动的进攻，当时在该师担任下级指挥员的伊万·弗罗洛维奇·克洛奇科夫后来回忆道：

这座城市陷入合围，纳粹分子用迫击炮、火炮猛烈轰击守军，还发起大规模空袭。敌人的轰炸机一波波飞向我们的阵地，每次多达60架。此外他们还以坦克发起冲击，但近卫军战士英勇地击退了敌人的猛攻，阻挡住大批敌军。我们在这些战斗中的损失也很大——近卫步兵第38师师长A·A·奥努夫里耶夫少将、师参谋长萨丘克上校、许多指挥员、军士、战士都英勇牺牲了。我们当初在师长率领下，与空降兵第4军在白俄罗斯的森林里跋涉，尔后参加过在莫斯科附近、顿河、斯大林格勒、沃罗涅日、罗斯托夫、乌克兰境内的苦战。我们喜爱这位师长，钦佩他的勇气，决心以他为榜样奋战到底。牺牲的师长、参谋长和其他英雄以全套军礼被安葬在新利曼城内，我们在公墓旁宣誓，一定会为他们报仇雪恨。争夺巴尔文科沃的艰巨战斗一连持续了三天，西南方面军司令部命令我们师撤离该城，退往伊久姆。我们在几个地段组织了突围，最后是步兵第115团团长德罗贝舍夫斯基上校率领部队冲破了巴尔文科沃北郊的敌军封锁线……

一连三天，近卫军战士一边与追击的敌人展开后卫防御战，一边一路撤到北顿涅茨河。3月1日夜间，我们团在卡缅卡村附近突破到北顿涅茨河河畔，随后在伊久姆镇附近沿左岸占据了防御阵地……敌军就在右岸，防御作战开始了。在我们看来，与艰苦的冬季交战相比，眼下的防御战根本不算什么。[42]

虽说近卫步兵第38师和友邻部队顺利撤到顿涅茨河一线，可他们被迫丢弃了大部分重装备。

党卫队兵团攻往洛佐瓦亚所引发的战斗也十分激烈，近卫步兵第58师在近卫坦克第1军、近卫骑兵第1军残部支援下，竭力阻挡德军推进。"帝国"师逐渐攻入城内，从西面推进的"骷髅"师既攻往洛佐瓦亚，又构成迂回北面红军的威胁。2月26日下午，遂行防御的红军部队退到该镇西北部的工业区，在那里再次掘壕据守。虽说德军进展不大，但能稳步向前，而守军的兵力和弹药即将耗尽，几个红军兵团的残部要想顺利逃脱，就得尽可能长时间挡住德军。在近卫步兵第58师与"帝国"师激战之际，步兵第15军辖内实力虚弱的几个师殊死抵御"骷髅"师，为近卫步兵第35师和步兵第267师杀开血路撤往东北面争取到了宝贵的时间。此时出现了怪异的交战样式，即双方的部队大致朝相同的方向而去。德军装甲兵团没有足够的步兵力量，无法构成绵亘战线阻止红军后撤，而苏联人也无法超过德军先遣部队。双方频频发生遭遇战，都沿遭到严重破坏的道路向东北方而去，积雪和战斗留下的残骸堵塞了道路，不期而至的化冻经常导致路况更加复杂。春季日益临近，留给曼施泰因胜利结束这场反攻的时间越来越少了。

2月26日，德国人遭遇了重大损失。"骷髅"师师长，党卫队全国副总指挥特奥多尔·艾克与师里的装甲团失去联系，于是乘坐轻型飞机去找他们。执行此类任务的鹳式飞机非常灵活，几乎能在各种开阔地段起降，但这款飞机很容易遭到地面火力打击。下午早些时候，这架鹳式飞机飞越一群红军士兵，对方正企图逃离进攻中的党卫队师，但飞机却被地面火力击中后坠毁了——艾克、随行的一名党卫队军官、飞行员丧生。后来"骷髅"师炮兵团团长，党卫队旗队长赫尔曼·普里斯接任了"帝国"师的师长职务。艾克与党卫队许多大人物一样，有过不太光彩的历史。第一次世界大战爆发后，他自告奋勇地加入巴伐利亚军队，作为团里的出纳经历了战争。战争结束后他当了警察，因为参与反政府暴力示威而被解雇。艾克此时已加入纳粹党，随后又因为策划用炸弹袭击政治对手召开的集会而被定罪，他后来逃往意大利，直到希特勒 1933 年上台后才回国。艾克刚一回来就与纳粹党大区领袖约瑟夫·比尔克尔发生冲突，结果被比尔克尔关入精神病院。但希姆莱注意到了艾克，很快释放了他。没过多久，希姆莱派艾克担任达豪集中营指挥官，艾克为看守和囚犯制定了严格的规章制度，其他集中营很快也采纳了这套制度。在希特勒于 1934 年清洗冲锋队期间，艾克发挥了重要作用，亲手处决了冲锋队领导人恩斯特·罗姆，一跃成为集中营总监部总监。为争夺集中营控制权，党卫队头子希姆莱与赖因哈德·海德里希争得不可开交，艾克坚定地支持希姆莱，因此很快就出任党卫队新组建的"骷髅"师师长，该师于 1939 年年底以集中营看守部队的人员组建而成。但在此之前，艾克已投入战斗，他率领党卫队骑兵和步兵组成的混编力量进入波兰，积极参与对波兰犹太人的屠杀，特别是在弗沃茨瓦韦克和比得哥什。党卫队"骷髅"师继续犯下类似罪行几乎是必然的，1940 年 5 月，他们在比利时帕拉迪斯杀害了 95 名英军战俘。巴巴罗萨战役头几个月，"骷髅"师在北方集团军群辖内作战，参与了对红军战俘和波罗的海犹太人的屠杀。如前文所述，他们过于热衷这些行径，没能为友邻与红军交战的国防军部队及时提供支援，因此多次引发抗议，但陆军的抱怨没起到太大作用。艾克对纳粹党忠心耿耿，还在各大集中营残酷推行他那套规章制度，因而深得希特勒的青睐，他在死后被奉为英雄，"骷髅"师一个团还以他的名字命名。[43]

在"骷髅"师东面不远处，争夺洛佐瓦亚的激战仍在肆虐。2 月 27 日，在斯图卡俯冲轰炸机实施猛烈空袭后，"帝国"师攻入镇北部，最终控制了全镇——但工业区除外，因为那里是红军的抵抗中心。"帝国"师部分部队没再理会残余的守军，而是越过洛佐瓦亚向北发展胜利。"骷髅"师西面，肯普夫集团军级支队的南翼仍有个小缺口——"警卫旗队"师除了数日来在那里多次击退红军的冲击外，还发现红军大股兵团向南运动的迹象，这是因为坦克第 3 集团军辖内部队奉命把进攻方向调整到西南方。红军的进攻没取得任何重大进展，而党卫队师则获得了补充，再加上修理组做出的贡献，因此先前在哈尔科夫及其周边遭受的损失很快得到了弥补。红军这些进攻唯一的成果，可能是"警卫旗队"师无法从前线撤出部队，组成打击力量恢复进攻。备受重压的"警卫旗队"师位于叶列梅耶夫卡的南翼，该师师长，即党卫队全国副总指挥约瑟夫·"泽普"·迪特里希一再请求上级批准他撤下严重受损的部队。在与劳斯的军部长时间商讨后，双方最终达成了这样的一致："警卫旗队"师暂时守住防线，以适当的机动预备队发起一连串反冲击，粉碎对叶列梅耶夫卡构成威胁的红军部队。[44]

2月27日夜幕降临时，曼施泰因打电话给肯普夫。德军侦察部队发现，红军坦克第3集团军把部分兵力集中在"警卫旗队"师据守的防线与"骷髅"师先遣部队之间——是时候解决这个威胁了。曼施泰因想以"警卫旗队"师向东攻击前进，进入坦克第3集团军翼侧。肯普夫对此表达了看法，他担心"警卫旗队"师无法腾出足够的兵力执行进攻，因为该师的兵力已悉数投入，正全力据守目前的防御地段。德国空军的侦察表明，苏联人正从"警卫旗队"师北翼当面撤离，但肯普夫指出，战场上的实际情况并非如此，那里的压力还是很大。肯普夫又同迪特里希商量了一番，与他担心的情况不太一样，迪特里希报告，他觉得"警卫旗队"师至少能以一个战斗群发动进攻，而且胜算很大。[45]由于迪特里希先前请求劳斯批准他后撤南翼，看来他向上级汇报的情况多少有些言不由衷。

2月28日，苏联最高统帅部把坦克第3集团军转隶西南方面军，命令他们攻往洛佐瓦亚，支援第6集团军遭受威胁的部队。虽说第69集团军必须拉伸战线，好让坦克第3集团军腾出兵力执行新任务，但集团军辖内兵团还是要执行原先的指令，也就是继续攻往第聂伯河。后来有人认为，红军高级领率机构过于乐观的情绪主要归咎于瓦图京，但大本营于2月底似乎仍在幻想继续攻往第聂伯河，而瓦图京此时已觉察到自己犯下的错误有多么严重。卡扎科夫的部队被严重拉伸，他致电沃罗涅日方面军司令部，表达了无法完成受领任务的担心。戈利科夫的回复有点刻薄："距离第聂伯河还有400—450千米，再过30—35天，春季化冻就要到来，您好好想想该得出怎样的结论。"[46]

苏联人打算恢复态势，于是命令坦克第3集团军进攻党卫队"骷髅"师，雷巴尔科的部下吃力地赶往指定出发点。2月最后一天，坦克第15军和3个步兵师在经历了一番彻夜行军后，进入克吉乔夫卡周边阵地等待坦克第12军到来。近卫骑兵第6军位于计划中这场进攻的东翼,当德军从洛佐瓦亚继续攻往北面时,该军就立即遭受到"骷髅"师辖内部队施加的压力。2月28日一早,党卫队装甲军军部突然遭到袭击,对方可能是企图逃往东北方的诸多红军残部中的一股。军通信营伤亡惨重,最后还是附近一个高射炮连解决了问题——他们呼叫了空中支援,迅速赶来的德国空军驱散了遂行进攻的红军。稍北面,殊死守卫洛佐瓦亚的红军部队实施的抵抗开始减弱,"帝国"师稳步取得进展,于昼间前进了20千米左右。西面,第6装甲师与第17装甲师齐头并进,前出到北顿涅茨河岸边——在河流前方实施抵抗的只有红军近卫骑兵第1军残部。党卫队"维京"师和第7装甲师也到达北顿涅茨河,第7装甲师甚至攻入了伊久姆南部。

即便到这个阶段,德军的反攻也已取得很大战果。实际上,苏联人突破到第聂伯河、把德军南翼隔断在河东面的一切希望已荡然无存。他们的物质损失很大,尽管被俘人数不多,但折损的坦克、火炮和其他重装备要很长时间才能得到补充。不过,曼施泰因最终能赢得多大的胜利,要取决于眼下展开的行动。在苏联人看来,结束冬季战役的最后希望依然是继续威胁第聂伯河渡场,这一点则取决于坦克第3集团军能否歼灭德军装甲力量;而对德国人来说,要想维持曼施泰因扭转的局面,就得打赢下一阶段的交战。

参考文献

1. J. Stalin, *O Velikoi Otechestvennoi Voine Sovetskogo Soyuza* (Gosudarstvennoe izdvo Politicheskoi Literaturi, Moscow, 1946), pp.89–91.
2. P. Shafarenko, *Na Raznykh Frontakh: Zapiski Komandira Divizii* (Voyenizdat, Moscow, 1978), p.161.
3. Shtemenko, *Soviet General Staff*, pp.102–03, 108.
4. Vetrov, *Tak I Bylo*, pp.117–18.
5. Moskalenko, *Na Yugo-Zapadnom Napravlenii*, Vol. I, p.437; N. Kazakov, *Nad Kartoi Bylykh Srazhenii* (Voenizdat, Moscow, 1971), p.171.
6. Kazakov, *Nad Kartoi Bylykh Srazhenii*, p.169.
7. Moskalenko, *Na Yugo-Zapadnom Napravlenii*, Vol. I, pp.438–40.
8. D. Parker, *Hitler's Warrior: The Life and Wars of SS Colonel Jochen Peiper* (Da Capo, Lebanon, IN, 2014), p.94.
9. C. Bishop and M. Williams, *SS: Hell on the Western Front* (MBI, St Paul, MN, 2003), p.170; Parker, *Hitler's Warrior*, pp.356–57.
10. Thöle, *Befehl des Gewissens*, pp.123–26.
11. Shtemenko, *Soviet General Staff*, p.212.
12. Moskalenko, *Na Yugo-Zapadnom Napravlenii*, Vol. I, pp.446–47.
13. P. Hoffmann, *The History of the German Resistance 1933–1945* (McGill-Queen's University Press, Montreal, 1996), pp.279–80.
14. H. Röll, *Generalleutnant der Reserve Hyacinth Graf Strachwitz von Groß-Zauche und Camminetz: Vom Kavallerieoffizier zum Führer gepanzerter Verbände* (Flechsig, Würzburg, 2011), pp.182–86.
15. Hoffmann, *History of the German Resistance*, pp.281–83.
16. A. Stahlberg and P. Crampton (trans.), *Beholden Duty: The Memoirs of a German Officer 1932-1945* (Brassey, London, 1990), pp.239–47.
17. H. Breithaupt, *Zwischen Front und Widerstand: en Beitrag zur Diskussion um den Feldmarschall von Manstein* (Bernard & Grafe, Bonn, 1994), p.64.
18. Balck, *Ordnung im Chaos*, pp.465–67.
19. Manstein, *Lost Victories*, pp.423–27.
20. D. Lelyushenko, *Moskva-Stalingrad-Berlin-Praha* (Nauka, Moscow, 1987), pp.125–28.
21. Biryusov, *Kogda Gremeli Pushki*, p.144.
22. Kuzmin and Krasov, *Kantemirovtsy*, p.62.
23. V. Morozov, 'Pochemu ne Zavershilos Nastuplenie v Donbasse Vesnoi 1943 Goda' in *Voeno-Istoricheskii Zhurnal* (March 1963), p.16.
24. Glantz, *From the Don to the Dnepr*, pp.119–20.
25. R. Neillands, *The Dieppe Raid: The Story of the Disastrous 1942 Expedition* (Indiana University Press, Bloomington, IN, 2005), p.75.
26. Ibid., p.1.
27. Vasilevsky, *Lifelong Cause*, p.247.
28. Zdanovich, *Idem v Nastupleniye*, pp.54–55.
29. Bundesarchiv-Militärarchiv Freiburg, *Kriegstagebuch Armeeoberkommando 8*, 19 Feb 1943, T314-54.
30. J. Weiss, *The Lemberg Mosaic* (Alderbrook, New York, 2010), p.173.
31. *Die Zeit* (Hamburg), 21 June 2001.
32. Yershov, *Osvobozhdenie Donbassa*, pp.81–84.

33. Bundesarchiv-Militärarchiv Freiburg, *Kriegstagebuch Armeeoberkommando 8*, 23 Feb 1943, T314-54.
34. Shtykov, *Polk Priminayet Boy*, pp.71–72.
35. A. Yaroshenko, *V Boi Shla 41-ya Gvardeiskaya: Boevoi put' 41-I Gvardeiskoi Strelkovoi Korsunsko-Dunaskoi Ordene Suvorova Divizii* (Voenizdat, Moscow, 1982), pp.65–66.
36. Paul, *Brennpunkte*, p.292.
37. K. Bailes, *Technology and Legitimacy: Soviet Aviation and Stalinism in the 1930s in Technology and Culture* (Johns Hopkins University Press, MD, 1976), Vol. XVII No. 1, pp.63–64.
38. L. Ratley, 'A Lesson in History: the Luftwaffe and Barbarossa' in *Air University Review* (Maxwell AFB, March 1983) available online at http://www.airpower.maxwell.af.mil/airchronicles/aureview/1983/mar-apr/ratley.htm.
39. V. Morozov, 'Pochemu ne Zavershilos' Nastuplenie v Donbasse Vesnoi 1943 goda' in *Voenno-Istoricheskii Zhurnal* (March 1963), p.26.
40. F. von Senger und Ettelin, *Panzer Retreat to Counteroffensive* (US Army Europe Historical Division, Wiesbaden, 1956), p.10.
41. Moskalenko, *Na Yugo-Zapadnom Napravlenii*, Vol. I, p.451.
42. I. Klochkov, *My Shturmovali Reykhstag* (Lenizdat, Leningrad, 1986), pp.43–44.
43. C. Hamilton, *Leaders and Personalities in the Third Reich* (Bender, San Jose, CA, 1984), Vol. I, pp.261–63.
44. Bundesarchiv-Militärarchiv Freiburg, *Kriegstagebuch Armeeoberkommando 8*, 27 Feb 1943, T314-54.
45. Bundesarchiv-Militärarchiv Freiburg, *Kriegstagebuch Armeeoberkommando 8*, 27 Feb 1943, T314-54.
46. Kazakov, *Nad Kartoi Bylykh Srazhenii*, pp.173–74.

哈尔科夫

第十三章

红军各个层级迟迟没有察觉曼施泰因这场反攻的规模和威胁。红军战地指挥员起初认为德军的进攻是局部反突击，企图恢复战线，可他们很快发现，德军的进攻规模很大，似乎别有所图。瓦图京和其他红军将领又认为对方不过是企图击退红军，好继续撤往第聂伯河。德军整个冬季遭受的严重挫败让红军坚信，战场上的态势已不可逆转，德国人最多只能恢复局部态势，而且很容易对付：红军部署在相应地段的部队足以击败对方，另外，红军在其他地方继续赢得胜利，会让德国人取得的一切进展变得无关紧要。即便到2月最后几天，战地指挥员和大本营终于觉察到德军迅速展开的反攻规模很大，可他们依然抱有上述误判。这些高级指挥员的看法，与希特勒的观点有某种奇特的相似之处：冬季交战期间敌人肯定遭受了严重损失，无力发动强大的进攻。这就是苏联人没有让波波夫集群迅速摆脱险境的主要原因，当然，就算下达了后撤令，油料短缺也会导致该集群难以执行。另外，这也解释了苏联人没有全力以赴，仅以局部部队抵挡德国第4装甲集团军进攻的原因。但从很大程度上说，苏联人这种做法也是出于无奈，因为他们已经把局部和地区层级的预备队悉数投入，唯一的办法只能是命令部队迅速后撤，可基于他们对总体战略态势的普遍看法，后撤的命令又是不可能被下达的。到2月底，情况已经很清楚了——红军变更部署的局部力量不足以挡住曼施泰因的军队。尽管如此，苏联最高统帅部似乎仍坚信，只要投入乌克兰境内实力被严重消耗、缺乏补给的兵团，对同样兵力不济的德军发动反突击，就能一举恢复态势。因此，他们决定把坦克第3集团军派往南面去对付霍特第4装甲集团军。他们采取这种措施是基于以下预期：肯普夫集团军级支队辖内部队已被彻底击败，只能保持消极防御。但正如前文所述，"大德意志"师已做好加入曼施泰因这场反攻的准备，几个党卫队师也根本没被击败。

　　第1、第4装甲集团军到达顿涅茨河岸边，曼施泰因正在考虑接下来的方案。他对红军西南方面军遭受的破坏做出的评估，与苏联人对肯普夫集团军级支队所做的假设类似，但更加准确：瓦图京麾下几个集团军的损失惨重，已无力发动后续进攻。曼施泰因的下一个目标是对付沃罗涅日方面军，对此希特勒一再要求他尽早发动进攻，夺回哈尔科夫，蔡茨勒也为此在几份电报里反复提醒曼施泰因。曼施泰因认为哈尔科夫是个无关紧要的目标，只要击败该地域的红军，这座城市自然会落入德军手里，可如果任由敌人留在战场上，夺回哈尔科夫的行动会让德军卷入激烈的巷战，面临第二个斯大林格勒的风险。[1]黑海沿岸的春季化冻已到来，时间很快就会耗尽,沿米乌斯河继续从事坦克战几乎不太可能,霍利特集团军级支队筋疲力尽的官兵终于可以喘口气了。南方集团军群面临选择:可以追击溃败之敌渡过顿涅茨河,尔后转身向北,进入哈尔科夫周边之敌身后,也可以直接向北发起打击。后一个选择又有两个可能性,即德军可以正面进攻敌军,从南面和西南面攻入哈尔科夫,也可以从西面迂回该城,绕过哈尔科夫北郊,尔后攻往东南方,切断守军,然后再设法夺取该城。与希特勒和斯大林不同,曼施泰因这位职业军人不太受战略贪欲影响。追击败退之敌渡过顿涅茨河会带来两个巨大的风险。首先,即将到来的化冻可能会导致德军滞留在河东面。顿涅茨河目前依然封冻,冰面的厚度足以让步兵在任何一处渡河,可冰面一旦破裂,河上的浮冰甚至会导致无法架设浮桥,渡过河流的部队都得面临遭隔断的风险。其次,待德军攻往东北面,而哈尔科夫周边之敌仍没有被击败,相当于邀请苏联人发起反突击,攻入第1、第4装甲集团军翼侧。不管怎样,把红军顺利驱赶到顿涅茨河的几个德国师已筋疲力尽,无法在补给物资艰难前运的情况下,以近乎最佳的作战表现毫不停顿地继续从事战斗了。曼施泰因故而决定在顿涅茨河畔停止追击,并挥师向北。不过就连这项决定也得做出妥善安排,曼施泰因知道,党卫队兵团当初弃守哈尔科夫引发了希特勒的怒火,他们现在急于弥补自己的过错,因此,曼施泰因不得不以新设立的联络官制度来确保党卫队兵团执行自己的命令。他策划的机动是从西面绕过哈尔科夫,尔后在北面和东北面包围这座城市,这就要求德军装甲力量继续前进,北翼和西北翼很可能暴露在外,遭到红军反突击,但这种情况肯定比陷入城内的巷战强得多。

2月28日拂晓,德国空军发起空中突击,为"警卫旗队"师开辟前进道路。相关报告称,这场空中打击非常成功,一个个轰炸机机组忙碌了一整天,不断打击敌军防御阵地和后方地带部队,几乎没遇到敌机干扰。但正如前文所述,在飞行员高速飞越敌军防空火力时,此类观察的准确性值得怀疑。迪特里希把"警卫旗队"师突击群集中在克吉乔夫卡,德军的侦察很快发现,一支红军纵队正开赴同一地域,约有800来人、2辆坦克、50部其他车辆。[2] 德国空军迅速发起空袭,红军纵队因此反复遭到打击,随即停止了前进。"警卫旗队"师继续从事准备,打算朝"骷髅"师的方向攻击前进,但仅限于局部反突击,尽管如此,迪特里希于这天结束前还是报告,他的部下缴获18辆敌坦克,包括一辆四号坦克——肯定是苏联人在先前的交战中缴获的——这辆德制战车随即被编入了"警卫旗队"师。迪特里希汇报的战果，说明红军近卫骑兵第 6 军损失很大，该军的任务是掩护坦克第 3 集团军后方地带，而坦克第 3 集团军此时正集中力量对付德国第 4 装甲集团军。尽管骑兵军蒙受了损失，但"警卫旗队"师为大举进攻耗费的准备时间，证实了红军大本营的观点，即德军这场反攻仅限于第 1、第 4 装甲集团军的推进，从西面而来的威胁微乎其微，甚至可以说根本就没有。因此，坦克第 3 集团军主力继续向南开进。可是，尽管应对德军推进的任务非常紧迫，雷巴尔科还是向上级报告，他无法按照预定计划做好在 3 月 2 日进攻的准备，而且他的集团军只剩 30 辆坦克。[3] 几位军长就即将发起的进攻向部下做了任务简报，却发现他们一个个面露难色，韦特罗夫后来写道：

（坦克第 15 军后方地带部队负责人）费多托夫中校坐在我旁边，困惑地看着我，压低声音问道："每辆坦克只剩 10 发炮弹，所有车辆的油箱半空，这种情况下怎么能前进呢？"

我只能耸耸肩，表示赞同他的话。是啊，我又能说什么呢？我很清楚几个坦克旅的弹药、汽柴油补给情况极为困难。我还知道，由于缺乏油料，隶属我们军的炮兵部队、移动坦克修理组和另一些战斗支援部队被滞留在梅列法。但这种状况不是我方后勤人员疏忽大意造成的。首先，我们离己方补给基地越来越远，交通路线和展开地域频频发生变化，前线的局面非常复杂。其次是天气原因，整个 1 月和 2 月部分时间，降雪和风暴不停地肆虐，春季化冻此时提早到来，就连坦克都难以行进，更别说包括油罐车在内的轮式车辆了。

军长瓦西里·阿列克谢耶维奇·科普措夫少将好像猜到后方地带部队指挥员对我嘀咕了什么，他说道："同志们！我知道我们耗尽了军和集团军的油料、弹药补给。没错，我们的兵力也大幅度减少了，剩下的坦克就连编一个合成旅也不太够。可你们要知道，极度复杂的作战态势要求我们采取最有力、最果断的行动。你们知道，希特勒分子击退了西南方面军的部队。所以，我们怎么能不帮助他们，怎么能不分担他们的重负呢？"科普措夫揉了揉他宽大的额头，最后说道："我们会提供弹药和油料的。"指挥员向我们保证，弹药和油料很快会运到，哪怕通过空运也在所不惜。

的确，我们很快获得了部分弹药和油料。[4]

当然，他们收到的补给物资是否充足，这个问题值得怀疑。红军各兵团目前的兵力远远低于编制力量,他们把所有可用车辆拼凑起来派往前线。韦特罗夫视察了军里的修理厂,找到5辆T-34和2辆T-70,修理工甚至为这些坦克配备了足够的弹药和油料,还志愿加入坦克车组参加战斗。科普措夫对韦特罗夫发挥的主动性深感欣慰,还表达自己的感谢之情,他告诉韦特罗夫,这股小小的作战力量,实力已超过他麾下的某个坦克旅。[5]

数日来,"大德意志"师一直在补充在别尔哥罗德、哈尔科夫战役期间遭受的损失,他们集中在后方地带,油料短缺造成的妨碍不亚于敌军的行动。该师于2月27日下午晚些时候报告,他们的油料只够在80千米半径内活动。尽管如此,从国内运来的补充兵和新装备还是让"大德意志"师恢复了满编,于次日送来的更多油料也极大地改善了情况。"大德意志"师恢复了实力,曼施泰因开始考虑攻往东北方,威胁别尔哥罗德,把这个目标纳入他不断发展的反攻计划。肯普夫集团军级支队的反应不太令人鼓舞,他们认为"大德意志"师要到3月4日才能做好战斗部署,另外,拟议的进攻需要使用的道路,在近期的战斗中遭到严重破坏。

3月1日,集团军群司令部讨论了肯普夫集团军级支队作战地域内的路况。集团军群工兵指挥官报告,大部分道路的路况都不太好,某些地区已出现春季化冻的迹象——留给曼施泰因反攻的时间不多了。各兵团补给纵队越来越多地使用次要路线,他们在这些地方受到的威胁很大,经常遇到游击队或后撤中的红军掉队者。第4装甲集团军参谋长弗里德里希·范戈尔也表述了担忧:尽管从南面发动的进攻取得了出色的进展,几支装甲纵队在多处到达或逼近顿涅茨河,但各条道路正迅速恶化。他得到保证,"警卫旗队"师会按计划攻往"骷髅"师,但迪特里希也向肯普夫司令部报告过,说部队在化冻的泥泞里艰难行进,肯定会发生延误。尽管如此,"警卫旗队"师还是接到命令,要求他们按计划行事,即在3月2日投入进攻。因为再拖延的话,目前位于"骷髅"师与"警卫旗队"师之间的敌军,很可能会在"警卫旗队"师发动进攻前撤离。

3月1日晚些时候,迪特里希再次联系肯普夫。他报告位于克吉乔夫卡的当面之敌看上去正准备撤离,还建议立即展开追击。各级指挥部随后展开一连串交流,午夜前不久,曼施泰因下达了最终命令。"警卫旗队"师可以展开强有力的侦察试探,但次日必须发起主要行动,与此同时,"骷髅师"向北攻击前进。这一整天,党卫队"骷髅"师和"帝国"师继续前进,偶尔遭遇红军后卫顽强抵抗后停下,但应尽力粉碎对方的抵抗或干脆绕开敌防御阵地。东面几个友邻陆军师继续攻往顿涅茨河一线——苏联人在那里掘壕据守,准备实施坚决抵抗,但德国人现在很清楚,红军并不打算阻止河流南面的德军先遣部队。第48装甲军作战地域内的大多数战斗,以及东面第1装甲集团军辖内第40装甲军遂行的交战,都出现在德军战线后方,主要是后撤中的红军部队与开进的德军纵队发生的遭遇战。攻往顿涅茨河的德军部队现在可以休整一两天,因为一连数周这些部队几乎毫不停顿地从事作战行动,早该好好睡上一觉了,另外,他们也急需前运补给物资和补充兵。

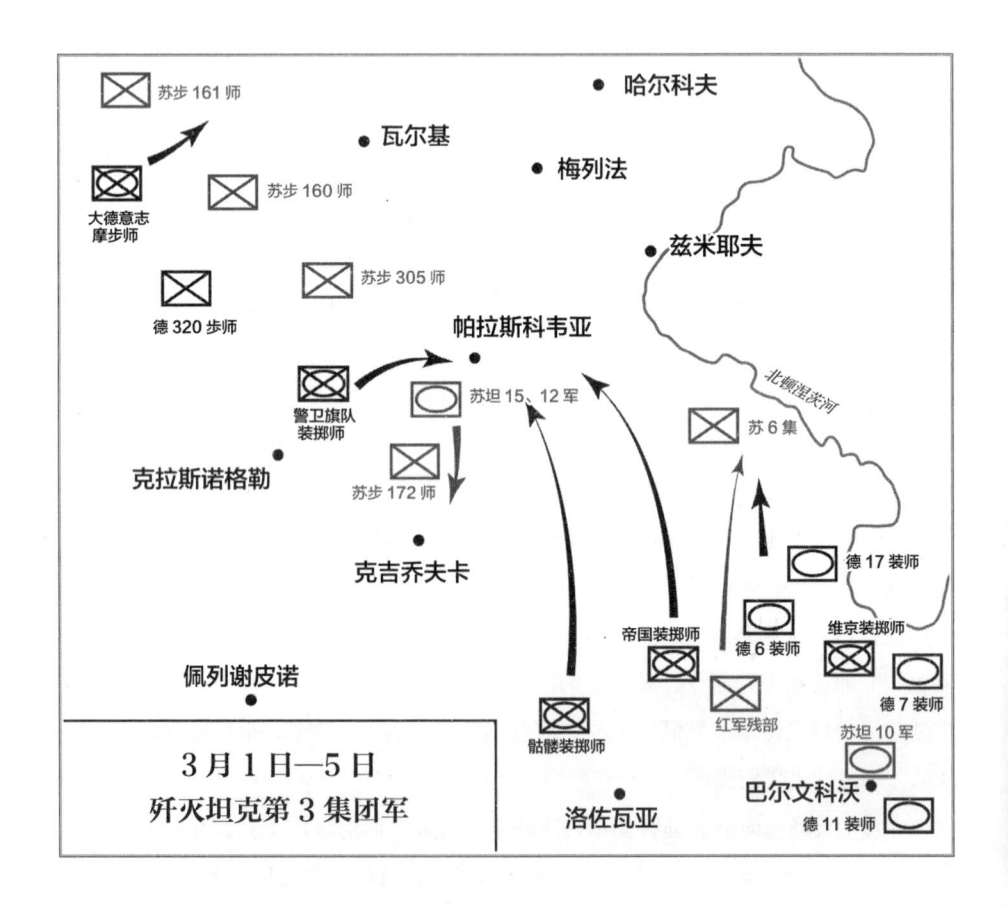

3月2日拂晓,"警卫旗队"师向前推进。上午10点左右,该师报告取得进展,苏联人在大多数地方几乎没有实施抵抗,但与昨晚的报告相反,红军没有弃守克吉

乔夫卡，党卫队师企图攻破对方的防御，双方发生激烈的战斗。东面，"骷髅"师和"帝国"师继续前进，但坦克第3集团军部分部队发起规模有限的局部进攻，企图为预定在3月3日发动的进攻夺取更好的出发阵地。混乱的战斗中，获得坦克支援的一群红军士兵——可能是几个党卫队师绕开的红军部队的掉队者——迅速打垮了他们遇到的一处德军炮兵阵地，但在德国人看来，此类挫败无关大局，对进攻的总体速度和势头没什么影响。3月3日，"警卫旗队"师回到豪塞尔装甲军辖内，以便与另外两个党卫队师更好地协同，共同展开向心突击。当天上午，该师先遣部队朝帕拉斯科韦亚前进了10千米，直接进入雷巴尔科军队后方。

3月2日一早①，雷尔科终于对党卫队装甲军发起攻击。科普措夫的坦克第15军只剩寥寥几辆坦克，他知道德国人已构成合围的威胁，故而请求上级批准他撤往北面，但雷巴尔科认为至少要试试进攻能否奏效。科普措夫只能命令坦克第15军和1个步兵师向南进攻，对付党卫队"骷髅"师，结果迎面遭遇发动后续突击的德军。坦克第15军和随行的步兵立即转入防御，但"骷髅"师辖内部队与"警卫旗队"师在北面会合，包围了这股红军。党卫队装甲军的作战日志描述了当日的战斗：

> 被围之敌疯狂地企图突围，但他们的行动完全缺乏协同，另外，路况极为恶劣，严重妨碍了我们继续前进并完成既定目标，这就是当日作战行动的大概。[6]

雷巴尔科麾下另一个坦克兵团，即坦克第12军，奉命攻往东面对付党卫队"帝国"师。他们也撞上了迎面而来的德军。此时的温度升到零摄氏度以上，红军在前进期间碾压的各条道路布满厚厚的泥浆，给德国人造成的阻碍远远超过红军的抵抗。随着"警卫旗队"师辖内部队从西面逼近，坦克第12军终于发现，他们和友邻坦克第15军一样，也陷入了包围。坦克第3集团军进攻几个党卫队师、恢复战场态势的企图彻底破灭，随着夜幕降临，雷巴尔科取消了继续向南进攻的行动。坦克第12军、第15军合兵一处，另外3个步兵师的兵力仅相当于1个步兵团，这些兵团统归坦克第12军军长米特罗凡·伊万诺维奇·津科维奇少将指挥，由他负责率领部

---

① 译者注：应是3月3日。

队突出合围圈。津科维奇命令坦克第15军在一个步兵师支援下向东进攻，坦克第12军和第二个步兵师尾随其后，第三个步兵师担任后卫。

科普措夫命令辖内部队分成两股纵队突围。他们于3月3日[①]拂晓动身出发，所有重武器弹药几乎耗尽，油料也只够勉强支撑一天的战斗。北路纵队到达某个小村落后，被占据了阻截阵地的德军以猛烈的机枪火力逼退，在企图绕过村庄时，又遭到了猛烈的炮火打击。随着北路纵队仅剩的一辆坦克被击毁，率领该纵队的韦特罗夫决定掉头折返，跟随科普措夫率领的南路纵队突围：

上午11点左右，我们听见左侧某处传来枪声，炮弹在我们前方的道路上炸开。"德军坦克！"我们听见有人惊叫起来。众人赶紧下车，隐蔽在路边的沟里，但又遭到侧面射来的步枪和机枪火力打击。

我们迅速觉察到，一场激战在所难免。科普措夫将军立即组织环形防御。他语气坚定地下达了简练、精准、明确的命令。

透过望远镜，我看见15—20辆敌坦克就在我们前方1千米左右，对付这股敌军不太容易。就在这时，敌人的坦克和反坦克炮朝我们开炮射击，一场炮兵对决随之而来。当然，我们坚持不了太久，因为正如我前面说过的那样，我们的弹药所剩无几。

频频落下的炮弹震颤着地面，积雪融化了，弹片雨点般落下。突然，科普措夫将军呻吟着倒在地上。我赶紧朝他跑去。就在这时，我觉得左胫骨一阵刺痛。军直属排排长尼古拉·尤金中尉率领几名冲锋枪手冲了过来，把军长放在一件皮大衣上，拖着他隐蔽到车辆后面。

"韦特罗夫，接替我指挥，挺住！"这就是科普措夫的遗言。他失去了知觉。我没时间包扎伤口，赶紧组织全军继续前进。我挂着一根树枝，从一门火炮跑到下一门火炮，从一辆坦克跑到下一辆坦克。我的靴子里漫满鲜血，发出烦人的扑哧声，但我没加理会。现在必须调整我们的炮火。

敌坦克几次企图对我们发起攻击，但我方炮兵组织完善的英勇行动阻挡住敌军的逼近，他们射出的炮弹不多，但打得很准。诚然，我方人员，特别是汽车的损失

---

① 译者注：应是3月4日。

不断增加，但德国人那一侧也腾起三股冒着浓烟的火柱，敌人随后就不敢贸然行事了。

　　傍晚前后，我再次负伤。卫生员把我扶到军部的大巴车上，医疗勤务大尉达莉娅·格里戈里耶夫娜·申卡连科用酒精替我清理了伤口。她的神情看上去有点担忧，我意识到情况不太好，果然，她告诉我："您胸腔右侧有个20厘米的撕裂伤，三根肋骨骨折，左腿也负了伤。"她又补充道："我手上没有抗破伤风血清，也没有能止痛的药物，救护车上的东西都被烧毁了。"

　　我赶紧安慰她，不打破伤风针也没事，随后询问科普措夫将军的伤情。达莉娅·格里戈里耶夫娜告诉我："瓦西里·阿列克谢耶维奇就躺在旁边的车上，右腿负伤，失血过多。"

　　医生离开后，军长的副官弗拉基米尔·列武什金上尉走入车内，他报告道："我们还在包围圈内，天黑后我们就离开公路向北突围。"这是正确的做法。我们必须坚持到天黑。

　　我们挺住了。天一黑，两辆T-34就搭载几名冲锋枪手向前驶去。运送科普措夫将军的汽车尾随其后，我乘坐的大巴车缓缓跟在后面。再往后是其他车辆，最后一辆T-34坦克跟在纵队身后。军事技术员米哈伊尔·切尔尼亚克、我的司机费奥多尔·杰梅什科和我一同坐在车上，他们想方设法不让我受到颠簸，可无济于事。很快就发生了最糟糕的情况：大巴车耗尽了汽油。我们不得不用钢缆把它与纵队尾部的坦克连接起来，此时，剧烈的颠簸、持续不停的晃动，我的头麻了，开始呕吐起来。

　　坦克拖着我们的大巴车行驶了很长一段时间，但在下一个急弯处，大巴车突然急剧倾斜，滑到路边。钢缆断裂，我们被丢下了。黑暗中，坦克车组没注意到后面发生的事情。[7]

　　韦特罗夫与纵队里的其他人失去联系后没多久，科普措夫将军伤重不治。坦克第15军只有少数官兵徒步逃脱，韦特罗夫也在他们当中，他在医院里躺了两个月，这才恢复伤势。

　　雷巴尔科集团军被大部就歼，但他还是竭力构设防线，企图阻止德军继续前进。他随即获得援兵，共计1个步兵旅、2个坦克旅、近卫步兵第25师、1个捷克营，可这些部队大多是从前线其他地段直接调来的，兵力远远达不到编制力量。雷巴尔科西北面，卡扎科夫第69集团军也在构设防线，放弃了继续攻往第聂伯河的一切企图。

莫斯卡连科第 40 集团军也奉命停止前进，据守既占阵地。另外，他们还腾出 3 个步兵师用于东南方，打算在那里发起反突击，恢复战线的连贯性。这样一来，第 40 集团军只剩 3 个步兵师和 1 个实力严重受损的坦克军，却要掩护长达 120 千米的防线。

沙法连科近卫步兵第 25 师减员严重，眼下只能编成 2 个团，为开赴新作战地域，他们需要面对一场艰难的行军：

> 我们赶去参加的战斗，绝不会比先前的交战更容易。上级要求我们一天内行进 80 千米左右，泥泞期已到来，而且我们前方的各条道路无疑处在敌机监视下。全师指战员都知道，上级之所以规定这么紧迫的期限，完全是迫于当前形势。我们冒的风险很大，但这是绝对必要的。
>
> 几个团的先遣支队搭乘车辆和雪橇动身出发，率领我们师虚弱的主力赶往新战线。政工人员和党员向近卫军战士说明了眼下的情况，全师指战员竭尽全力在规定时间内完成受领的任务。
>
> 行军刚刚开始，我就策马与各部队指挥员、炮兵、工兵、侦察兵一同行进。了解情况、实施侦察、确保各部队的协同很有必要，只有这样，指挥员才能与友邻部队取得联系，让部下毫不耽搁地移防他们的防御阵地。
>
> 根据我们对地形的了解，我们估计敌人会从南面和西南面发起主要突击，因为从那些方向通往哈尔科夫的道路路况很好。从我们的前线地段通往东南方（也就是该师的行进方向）的几条道路很难到达，特别是姆扎河与北顿涅茨河交汇部的兹米耶夫附近。对敌人来说也是如此。
>
> 我们没能联系上左右两侧的友邻部队。我们派出的侦察支队沿姆扎河北岸前进，最后在梅列法南郊遇到一个 NKVD 营。[8]

持续化冻的迹象越来越多。各条道路迅速沦为泥沼，尽管"大德意志"师多多少少做好了进攻准备，但由于地面状况恶化，一时间难以确定最佳进军路线。该师辖内部队于 3 月 5 日开赴指定集中地域，但次日能否按计划发动进攻，依然是未知数。在此期间，党卫队装甲军辖内几个师着手消灭红军坦克第 3 集团军和另一些陷入重围的部队。他们把后方地带部队编为一个个"战斗群"和"清剿群"，尽量不使用主力作战部队。3 月 4 日中午，党卫队装甲军一支宪兵分队找到了科普措夫将军的尸体，"骷髅"师协助后方地带部队消灭合围圈内的红军残部，"帝国"师和"警卫旗队"师继续攻击前进，但没取得太大进展。陷入重围的红军各兵团残部不是遭歼灭就是被打散，整个3月5日，双方在前线后方的小规模战斗持续不停。"骷髅"师于这天结束前的报告是，缴获了36辆坦克、11辆装甲车、159门火炮、500多辆卡车，但报告里没提到俘敌人数。[9] 虽说许多红军官兵很可能丢下武器装备向东逃窜，但鉴于"骷髅"师过去的所作所为，更有可能的是，他们处决了大批投降的红军官兵。

随着党卫队装甲军后方地带的秩序基本得到恢复，他们打算在3月6日恢复大举进攻。德国人评估了航拍照片和俘虏的交代，证实了曼施泰因的看法（瓦图京西南方面军辖内部队已被彻底击败），也就是说他现在可以毫无顾忌地转而对付戈利科夫的沃罗涅日方面军。曼施泰因打算以第4装甲集团军攻往哈尔科夫，由党卫队装甲军率领这场突击，第48装甲军守卫他们的东翼。与此同时，肯普夫集团军级支队辖内步兵师和"大德意志"摩托化步兵师在西面发起强有力的进攻，"大德意志"师负责攻往博戈杜霍夫，在红军第69集团军与坦克第3集团军之间打开一个缺口。曼施泰因谨慎行事，确保自己下达的各道指令明确无误：他打算击败据守哈尔科夫的敌军，尔后从西面迂回这座城市。霍特知道几个党卫队师急于夺回哈尔科夫，以此安抚希特勒，因而细致地重申了曼施泰因下达的指令。

"警卫旗队"师居左，"骷髅"师居中（该师参加了消灭坦克第3集团军被围部队的行动，无法立即投入进攻），"帝国"师居右，但他们遭遇雷巴尔科刚刚获得的援兵的顽强阻截。在几个斯图卡中队的支援下，翼侧两个党卫队师对红军仓促构设的防御发起猛烈冲击，东面的突击力量迅速迂回红军设在新沃多拉加的防御。经过短暂而又激烈的战斗，"警卫旗队"师当面之敌退却，迪特里希的兵团继续前进。党卫队装甲军东面，第6装甲师攻入近卫步兵第25师守卫的塔拉诺夫卡，双方展开持久的争夺战。近卫步兵第25师在两天前刚刚编入坦克第3集团军，现又转隶雷巴尔科东南面的第6集团军。这完全是为便于指挥做出的调整，与坦克第3集团军不同，第6集团军仍有足够的弹药和油料，可朝兹米耶夫西南面的塔拉诺夫卡调运物资和援兵。

沙法连科近卫步兵第25师严重减员，但他们决心尽可能长久地坚守塔拉诺夫卡。第6装甲师侦察营发起试探性进攻，但被镇郊一个红军排击退，这个排只有1门45毫米反坦克炮，但轻而易举地击退了德军的冲击，沙法连科当时不明白德国人为何后撤：

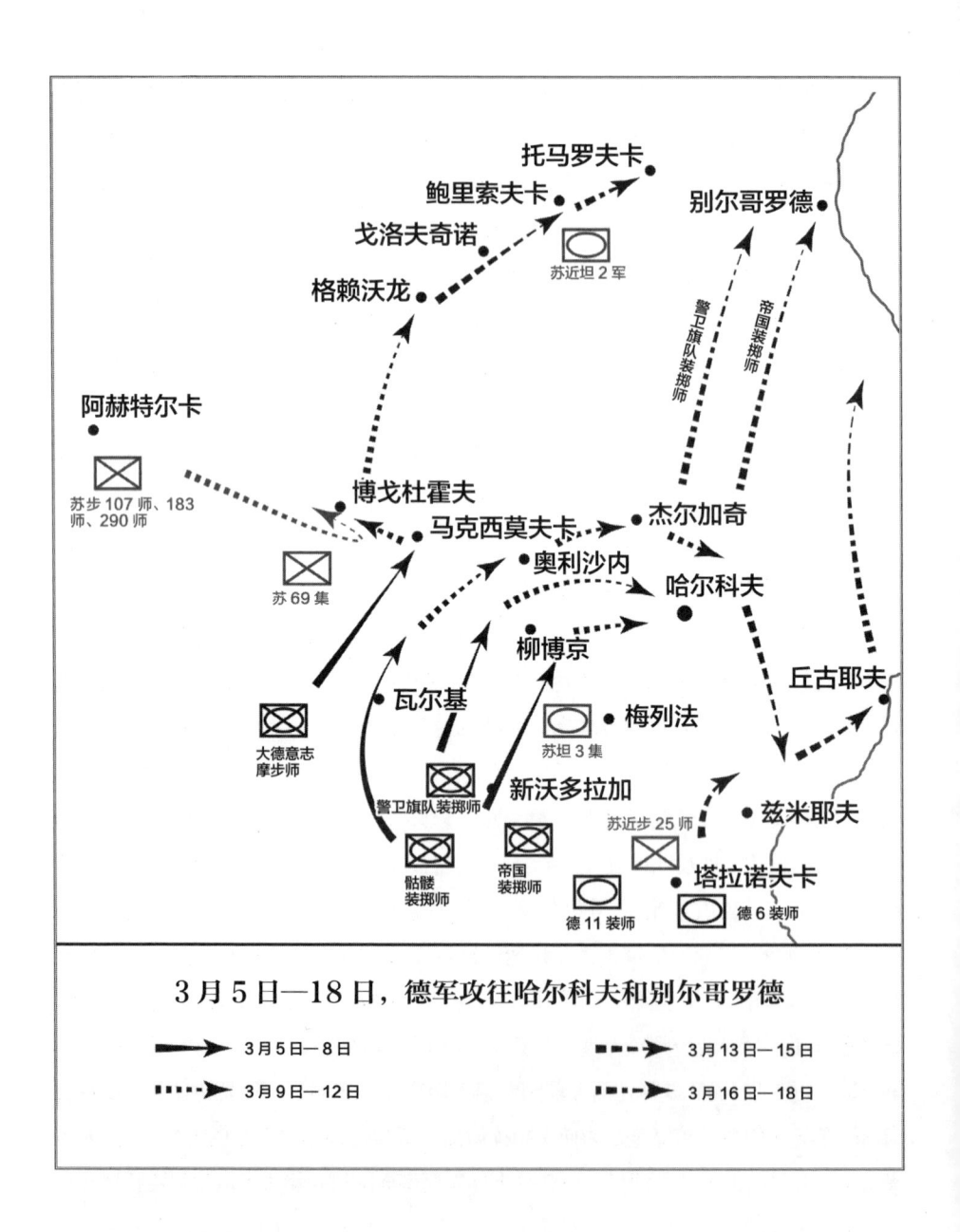

3月5日—18日，德军攻往哈尔科夫和别尔哥罗德

→ 3月5日—8日
┅► 3月9日—12日
┅► 3月13日—15日
┅► 3月16日—18日

我们很快就清楚了，30多架容克斯（斯图卡俯冲轰炸机）出现在上空，分成两个波次发起攻击。第一个波次飞往塔拉诺夫卡，第二个波次在上方盘旋集结，开始轰炸镇郊排的阵地，还对整片地域发起打击。空气中充斥着汽笛的尖啸、引擎的轰鸣、炸弹落下的呼啸，连吹起的细雪都夹杂着浓烟。

幸运的是，纳粹匪徒的大部分炸弹投向了我们昨日挖掘的假阵地。一颗炸弹在希罗宁中尉附近炸开，冲击波把他掀入战壕底部，他踉踉跄跄地爬起来，看见四周被敌机炸得满目疮痍，硝烟四起。塔拉诺夫卡镇内也起火燃烧。

45毫米反坦克炮炮组在空袭中悉数牺牲。[10]

德军再次发起冲击，沙法连科的部下怀着巨大的勇气和决心顽强抵抗，但他们的反坦克炮已无法使用，遭受的压力越来越大。不过，德军的进攻重点不在这里，第6装甲师辖内其他部队绕过孤零零的镇郊排，攻入塔拉诺夫卡镇内——激烈的巷战爆发开来。

次日，面对不断进逼的几个党卫队师，雷巴尔科坦克第3集团军步步退却，放弃了昨日遭迂回的新沃多拉加。"骷髅"师变更部署，撤出两个姊妹师之间的阵地，部署到党卫队装甲军西翼，他们接到明确的指令，绕过哈尔科夫西郊和北郊，包围这座城市。"骷髅"师西面，"大德意志"师终于投入进攻。与冬季早些时候几个德国装甲师的做法一样，"大德意志"师把大部分兵力集中到施特拉赫维茨指挥的装甲战斗群，起初进展顺利。到下午早些时候，施特拉赫维茨已经推进了很长一段距离，他随后放缓速度，率领装甲力量向西移动，好让"大德意志"师一个步兵战斗群向前推进。该师报告损失轻微，因为他们遇到的敌军大多仓促退却，没有实施坚定的抵抗。

西北面，红军领率机构对莫斯卡连科第40集团军奉命交出、用于支援第69集团军的3个步兵师的归属问题纠缠不清。莫斯卡连科认为这3个师已经转隶卡扎科夫第69集团军，而卡扎科夫声称他们依然归第40集团军统辖，第40集团军应当以这几个师发起反突击，恢复两个集团军之间的战线。不管怎么说，这3个师因为先前的战斗严重减员，眼下急缺炮弹，他们沿两周前满怀信心踏上的路线折返，艰难地赶往新作战地域。莫斯卡连科第40集团军南翼，目前还没有同友邻部队取得联系。[11]

苏联人竭力应对战场上快速变化的态势，德军继续前进。3月8日，第11装甲师一部在塔拉诺夫卡与第6装甲师会合，把近卫步兵第25师逐出了该镇。德军随后攻往兹米耶夫与新沃多拉加之间的索科洛沃，在那里遭遇捷克营——这是调给雷巴尔科的援兵之一。捷克营据守的阵地有利于防御,尽管兵力和火力都处于劣势,可他们打得非常英勇,暂时挡住德军的推进,第6装甲师一名成员后来写道:

> 经历了前几周近乎持续不停的作战行动,部队开始出现疲惫的迹象。军官以身作则,师长和第4装甲掷弹兵团团长端着步枪走在最前方,部队这才再次向前推进。14点,第1营和侦察营的几个连队攻入索科洛沃。捷克士兵在大批反坦克炮支援下顽强据守村庄,我们不得不在艰巨的巷战中逐一肃清敌军。[12]

根据记述,双方都认为塔拉诺夫卡争夺战异常激烈,不亚于东线任何一场战斗。近卫步兵第78团一个营的残部在镇中心古老的教堂里顽强据守,隐蔽在厚厚的墙壁后面。弹药耗尽后,他们打算在夜色掩护下突出重围,可就在他们准备撤离时,红军一辆坦克赶到,为他们送来急需的补给物资。不过,德军最终还是击退了近卫步兵第25师和捷克营的残部。

如果说第48装甲军被苏联人挡住的话,那么,党卫队装甲军的情况就完全不是这样。"骷髅"师与另外两个党卫队师会合后,穿过瓦尔基向北攻击前进。这三个党卫队兵团击退了挡在前方的红军部队,隔断了柳博京。温度再次下降,在稍西面,施特拉赫维茨战斗群冒着纷飞的雪花攻往柳博京西面的旧梅尔奇克,与红军的阻截相比,复杂的地形给该师轮式车辆部队造成的妨碍更大。"大德意志"师估计,卡车搭载的步兵在夜间能与师先遣部队会合,之后就能继续攻往博戈杜霍夫。几个党卫队师迅速逼近哈尔科夫南郊,"大德意志"师继续前进的话,就能掩护豪塞尔装甲军西翼,让他们免遭红军反突击。这种情况不仅会给哈尔科夫的防御造成严重后果,还会影响到红军第69集团军、第40集团军位于西面的部队。

降雪彻夜未停,"大德意志"师兵分三路,沿积雪堵塞的道路艰难行进。师里许多步兵仍未追上装甲先遣部队,到中午,最东面的纵队实际上已停下脚步,温度再次降到零摄氏度以下,近日刚刚融化的积雪结成冰,冰面上又落下新雪。这股纵队止步不前,先遣部队无奈地报告,他们眼睁睁地看着前方的苏联人逃往东北面,大多是徒步跋涉。[13]但施特拉赫维茨保持了机动性,待虎式装甲连再次投入战斗后,他的战斗群又攻击前进,在马克西莫夫卡切断了博戈杜霍夫通往哈尔科夫的主干道。他的坦克和少量搭乘半履带装甲车的步兵随即卷入激烈的战斗,企图向东逃窜的红军部队,是莫斯卡连科奉命派往第69集团军3个步兵师的先遣部队。苏联人没能打通这条至关重要的公路,施特拉赫维茨请求上级提供足够的油料,他好继续攻往东北面。但曼施泰因的参谋长在电台里告诉"大德意志"师师长瓦尔特·赫恩莱因少将,先前的指令依然有效,也就是说"大德意志"师负责掩护德军这场反攻的西翼。他们必须夺取博戈杜霍夫,尔后才能攻往北面和东北面。由于各兵团补给纵队沿寥寥几条可用的道路艰难前行,后方地带发生了严重的交通堵塞,因此曼施泰因司令部急于压缩德军这场推进的正面宽度来避免交通问题进一步加剧。

"帝国"师于3月9日一早夺得了柳博京。稍西面,"骷髅"师与"大德意志"师取得联系,派先遣部队攻往奥利沙内,而就算红军对施特拉赫维茨战斗群的冲击大获成功,一举打通了从博戈杜霍夫而来的公路,现在也被"骷髅"师挡在了第二处(奥利沙内)。红军在该地域唯一的部队是近卫骑兵第6军残部,他们企图与坦克第3集团军、第69集团军保持联系,但两股红军没有实施长时间抵抗就匆匆撤离了。当天下午,麾下部队的前进速度让霍特深受鼓舞,他联系豪塞尔,商讨接下来该如何行事。最重要的是,能否在苏联人组织起恰当的防御前,利用对方的混乱一举夺回哈尔科夫。豪塞尔不太确定,他的几个师要在明天才能展开这样的行动,而且还得把油料和弹药运给先遣部队。但当日傍晚,他没有与霍特通气就给"帝国"师、"警卫旗队"师下达了明确的命令,要求他们直接进攻哈尔科夫。第4装甲集团军司令也考虑过,要是能迅速夺回哈尔科夫的话,就不妨对这座城市发起快速突击,但豪塞尔决定抓住机会,一举攻克哈尔科夫,无论敌人是否会实施激烈的抵抗。

在苏联人看来,战场上的态势在看似短得惊人的时间内急剧恶化,完全超出了他们最坏的预料。莫斯卡连科第40集团军还是没有同两翼部队取得联系,第69集团军现在与友邻部队也失去了联络。稍南面,几支红军部队对第48装甲军发起了坚定的反突击,企图杀开血路退回塔拉诺夫卡,可他们无法保住既得战果,再次被迫退却。伊久姆位于顿涅茨河河曲部,第7装甲师没有足够的兵力守住整条河流防线,苏联人抓住机会跨过依然处于冻结状态的河面,渗透到了该镇南面。苏联人在顿涅茨克夺得一座低矮的山脊,顽强抵御第7装甲师猛烈的反突击。红军的后续进攻打垮了该师部分防线,形成了攻入他们后方地带的威胁。第7装甲师装甲掷弹兵营营长里夏德·格吕纳特少校召集部下,率领他们发起反冲击,但第7装甲师辖内其他

部队被敌人逼退,他也只好率部先行后撤,准备待该师集中起兵力,就展开一连串坚定的反冲击:

> 我们粉碎、击退了敌军,给对方造成极为惨重的损失。敌人只控制了顿涅茨克的战场,那里对我们没有太大价值。当然,我们的损失也不小。[14]

第7装甲师伤亡很大,不得不暂时解散了一个装甲掷弹兵营。格吕纳特继续身先士卒地率领部下进行战斗。3月13日晚些时候,他亲自率领一个摩托化连发起反冲击,以对付苏联人的渗透,随后又率部赶往邻近的防御地段,增援他麾下另一个被攻击的连队。但在那里他被炮弹炸死了,后来被追授骑士铁十字勋章橡叶饰。

红军在伊久姆和塔拉诺夫卡的一连串进攻,旨在应对德军的反攻,但收效甚微。苏联人充其量只能自我安慰,他们牵制了第4装甲集团军部分兵力,阻止对方与其他德军兵团会合后继续攻往哈尔科夫。此时,激烈的战斗危险地逼近哈尔科夫,尽管哈尔科夫不在第40集团军作战地域内,但斯大林还是指示莫斯卡连科赶往哈尔科夫,评估那里的防御:

> 我率领小股作战指挥组赶往哈尔科夫。沃罗涅日方面军副司令员德米特里·季莫费耶维奇·科兹洛夫中将在当时负责监督哈尔科夫的防御,他在小股守军帮助下竭力组织防御。敌人以优势兵力逼退了实力虚弱的第69集团军和坦克第3集团军,目前在哈尔科夫南郊和西南郊战斗。敌坦克和步兵正朝市中心攻击前进。
>
> 太迟了!要想守卫这座城市,本来应该尽早抽调第40集团军辖内部分兵力加强防御。但如今我们在哈尔科夫最多还能坚守几个钟头,这么短时间内,我们根本没办法考虑抽调兵力组织防御的问题。我向方面军司令员汇报了情况。他也认为已无法加强哈尔科夫的防御,于是命令我返回集团军,采取行动对付敌人迂回该城右翼的企图。[15]

公平地说,战场态势恶化得太快,完全出乎苏联人意料,他们先前根本没考虑过加强哈尔科夫防御的问题,未雨绸缪的想法未免过于悲观,因为就在两周前,他们还信心十足地认为自己即将前出到第聂伯河,把德国军队困在黑海沿岸。保卫哈尔科夫的作战力量,现在只有刚刚从统帅部预备队调来的步兵第19师、坦克第86旅、近卫步兵第48师残部、NKVD步兵第17旅,以及被迫退入哈尔科夫的部分前线部队。就算上级命令莫斯卡连科抽调第40集团军辖内部队增援守军,他也腾不出兵力,因为他麾下各师据守的防线超过了35千米。

3月10日,苏联人没获得喘息之机。党卫队装甲军和"大德意志"师不断向北推进,莫斯卡连科和卡扎科夫担心敌人隔断第40、第69集团军辖内部队,这一切都取决于第40集团军腾出的3个师所遂行的进攻,他们的任务是与第69集团军恢复联系。一旦完成这项任务,他们就需要继续向东调动,再次发动进攻,恢复第69集团军与东面红军兵团的联系。红军实施了威力并不强大的炮火准备后,让步兵向前而去,一头撞上"大德意志"师展开进攻部署的装甲力量。没有坦克支援,红军步兵无法继续进攻,这场不平等的交战很快就结束了,苏联人混乱地退往博戈杜霍夫。尽管施特拉赫维茨对虎式坦克的可靠性深表怀疑,但这些战车在战斗中证明了自身的价值。与德国人在1941年遭遇T-34坦克的情形如出一辙,苏联人惊愕地发现,他们的反坦克兵器对敌人这款最优秀的战车无能为力。随后坦克第3军投入战斗,竭力阻挡"大德意志"师。莫斯卡连科后来谈到了军长的报告:

我记得在鲍里索夫附近见到了沃夫琴科将军,他说他的坦克无法射穿敌坦克正面装甲。我很惊讶,因为此前从未有过这类报告。沃罗涅日方面军军事委员会委员费奥多尔·费多托维奇·库兹涅佐夫中将、第40集团军军事委员会委员伊万·萨莫伊洛维奇·格鲁舍茨基上校也参加了会议。我们一同去沃夫琴科将军的观察所,想看看他说的情况是否属实。透过望远镜,我们看见我方坦克射出的炮弹,击中敌坦克正面装甲时迸发了一串火花,然后就弹飞了。

但我们的炮兵很快解决了这个问题。他们觉得德寇新型坦克的正面装甲非常坚固,在这种情况下,正面轰击无济于事,应该打击敌坦克的侧面和后部装甲。当然,这是个新点子,不仅要在反坦克支援阵地安排不同的兵器配置,还需要最大的勇气。毕竟他们要让德国人的坦克先从身边驶过,然后再从后方施以打击。但众所周知,红军战士的斗志和勇气完全能胜任这项任务。因此,虎式坦克并不比法西斯的其他战车强到哪里去。[16]

虎式坦克正面装甲厚达 100 毫米，侧面装甲厚 60 毫米，而德军当时列装的三号、四号坦克，正面装甲厚 50 毫米，侧面装甲只有 30 毫米。相比之下，T-34 正面装甲厚 45 毫米，侧面装甲 40 毫米，但装甲板的倾斜度有效地加强了厚度，也加大了炮弹被弹飞的概率。为提高被炮火攻击时的生存概率，虎式坦克车组受过相应的训练——打击敌目标时把坦克稍稍转向一侧，而不是直接面对目标，这样，袭来的炮弹就会倾斜地击中虎式坦克正面或侧面装甲。莫斯卡连科说得没错，红军反坦克部队确实改变了战术，不再打击虎式坦克厚重的正面装甲，但贯彻新战术需要时间，而且虎式坦克的侧面和后部装甲也很厚，红军大多数火炮还是无法将之射穿。短期内，特别是在哈尔科夫周边的交战中，苏联人仍对虎式坦克心怀畏惧，德军的战斗损失因此微乎其微。几个党卫队师的重装甲连，每个连只有 9 辆虎式坦克，"警卫旗队"师、"骷髅"师、"帝国"师各损失 2 辆虎式坦克，而且并不都是敌人的打击造成的。[17] "大德意志"师的损失大致相当，苏联人还要很长一段时间才能与强大的对手抗衡。不过，虎式坦克并非十全十美。这款战车重达 50 吨，技术性能已经发挥到极限，但引擎和传动装置很容易出故障——为避免引擎负荷过大，技术人员还特意叮嘱车组不要让引擎在最大输出功率状态下运转。虎式坦克配备了宽大的履带，以此减少对地面的压力，但这款战车的重量限制了它的战斗部署，比如驶过一座座桥梁就是个大问题，特别是在乌克兰，那里的各座渡场数周来经受了繁重的交通。虎式坦克在崎岖地段的油耗也远远高于预期，这段时间，油料短缺的问题把德国军队折腾得焦头烂额，因此，高油耗也是虎式坦克难以发挥效力的一个主要限制因素。但无论虎式坦克在机动性方面受到哪些限制，它们配备的 88 毫米火炮都为车组提供了强大的武器，能在超过 1.6 千米的射程内轻而易举地击毁世界上任何一款坦克。

"大德意志"师逼近博戈杜霍夫之际，希特勒再次到访曼施泰因设在扎波罗热的司令部，该地区所有集团军司令都参加了在当天上午召开的会议。会上讨论了好几件事，希特勒最关心夏季战役的作战方案，他打算投入若干装甲师，配备装有 75 毫米长身管火炮的四号坦克和新式黑豹坦克，对苏联人发起一场粉碎性打击。众人商讨了一番，认为夏季攻势的目标应当是中央集团军群与南方集团军群之间、库尔斯克周围向西伸出的突出部。一如既往，希特勒对新式装备的兴趣远比他那些将领更大，而在陆军将领看来，新式坦克仅仅是供他们使用的工具，更重要的是如何使用这些工具。倘若选错进攻目标，无论技术装备多么优秀，作战行动都会失败。[18]

吃完工作餐，参加会议的将领返回各自的司令部，他们麾下的兵团继续攻往哈尔科夫。党卫队装甲军当日的作战企图是迅速向北攻往哈尔科夫西面，尔后转向该城，赶在苏联人组织防御前，从西北面夺取哈尔科夫。在"警卫旗队"师的前进路线上，红军加强了抵抗，双方在哈尔科夫西北面的杰尔加奇及其周边展开激烈交战。红军后卫顽强抵抗，再加上德军履带式、轮式车辆驶过缓慢融化的雪地和几乎遭到彻底破坏的各条道路时遇到种种困难，几个党卫队师迟迟才集中起兵力投入新任务。很明显，他们无法像霍特期望的那样，以一场快速突击攻克哈尔科夫。尽管如此，进攻哈尔科夫的命令依然有效。在此期间，"大德意志"师击退了红军步兵的反突击，停下来前运补给物资，尔后继续攻往博戈杜霍夫。

党卫队"骷髅"师一整天都在遭遇红军激烈抵抗，可还是击退了近卫骑兵第6军、步兵第160师、近卫步兵第48师，还再次重创了红军实施拦截的这些兵团。他们右翼，"警卫旗队"师转向哈尔科夫，从北面和西北面攻入城郊。沃罗涅日方面军副司令员科兹洛夫任命坦克第3集团军副司令员叶夫季希·叶米利亚诺维奇·别洛夫少将为哈尔科夫城防司令，为应对党卫队从北面构成的威胁，别洛夫被迫从西面和西南面的防御抽调兵力。此举削弱了"帝国"师前进路线上的阻力，该师得以逼近哈尔科夫，但红军迅速破坏了各条道路，一再给德国人造成麻烦，他们无法集中足够的兵力，只能穿过红军后卫迅速前进。无奈之下，豪塞尔命令麾下几个师在夜间重组，于次日再发起决定性突击。

沃罗涅日方面军司令员戈利科夫，一心期盼莫斯卡连科第40集团军腾出的3个步兵师能以反突击恢复局面，进攻失败后，他不得不迅速采取行动，以防敌人隔断、歼灭第69和第40集团军。卡扎科夫奉命率领第69集团军后撤，掩护从哈尔科夫通往别尔哥罗德的公路，在哈尔科夫北面设立防线，此外他还收到坚守博戈杜霍夫的命令，可他的兵力不足以执行这项任务，只能把第69集团军与第40集团军之间的部队匆匆组织起来，为第40集团军辖内部队守卫该镇提供足够的兵力。在此期间，莫斯卡连科设在格赖沃龙的司令部遭到德军猛烈空袭，不得不迁往东北方的克留科沃。[19]最高统帅部大本营命令坦克第1集团军和第21集团军在别尔哥罗德北面展开，从那里可以介入哈尔科夫争夺战，在斯大林格勒地域重建的第64集团军也奉命重返前线。[20]

正如交战双方一再证明的那样，在战场上不折不扣地执行命令，完美地实现上级的意图是个巨大的挑战。大本营派往交战地域的3个集团军，在3月底之前很可能无法在哈尔科夫战役中帮上任何忙。在此期间，哈尔科夫周围的红军部队不得不拼尽全力。3月11日清晨，"大德意志"师恢复对博戈杜霍夫的进攻，肯普夫集团军级支队几个步兵师，对红军第40集团军、第69集团军据守的宽大突出部施加了压力。德国第2集团军恢复了部分战斗力，从北面发起有限的进攻，打击莫斯卡连科位于北面的部队，一举夺回列别金。"大德意志"师很快遭遇红军顽强抵抗，请求空军协助粉碎对方的防御。随后，该师装甲力量从北面逼近博戈杜霍夫，几个步兵战斗群也从南面发起冲击。下午早些时候，博戈杜霍夫落入德军手里。"大德意志"师从这里攻往格赖沃龙，追上了后撤中的几支红军纵队，一举消灭了对方。

几个党卫队师先前违抗元首的指令，擅自从哈尔科夫撤离，致使希特勒怒不可遏，他们目前在哈尔科夫郊外作战，急于恢复武装党卫队的声誉。豪塞尔麾下兵团与苏联人展开持续不停的激战，一路杀入城市西部。尽管曼施泰因下达了明确的指令，但几个党卫队师以霍特发起快速打击、一举夺回哈尔科夫的建议为借口，对这座城市展开了全面突击，霍特发觉后，立即命令"帝国"师撤出战斗，部署到城市北面，好让"骷髅"师开往东面和东南面，确保后方地带免遭红军滋扰。豪塞尔回复称，眼下难以撤出"帝国"师，该师违抗了上级下达的所有指令，卷入越来越激烈的巷战。这天结束前，豪塞尔给曼施泰因和霍特发了份简报，强调装甲军取得的战果和面临的问题：

整个夜间，越来越多的迹象表明，敌人在配备反坦克炮和坦克的强大后卫掩护下，正撤离哈尔科夫。估计敌人会从（哈尔科夫西北面的）佐洛切夫发起反突击。"帝国"师、"警卫旗队"师在城市东部、北部、西部边缘牢牢站稳了脚跟。我们已攻入哈尔科夫东北部。通往沃尔昌斯克和丘古耶夫几条道路的交汇部（即通向东南方、东北方的主干道）暂时被控制在我们手里。我们正把"警卫旗队"师的主要突击方向转向他们东翼。

"骷髅"师仅以2个团的兵力据守长达45千米的防线，该师1个装甲营正与"帝国"师协同作战。

哈尔科夫北面的路况很不好，"帝国"师的调动需要36个钟头。几座桥梁部分受损。冰面的厚度不足以负重。无法确保补给物资及时运抵"警卫旗队"师。

我据此得出结论：以目前的战斗部署继续进攻，把后续突击重点转移到东翼。占领哈尔科夫后，军主力集中在城市东面，准备向南发起突击。[21]

应当公正地指出，虽然几个党卫队师卷入激烈的战斗，在某个地段甚至被红军坦克的反冲击逐出市区，可他们确实重创了别洛夫部署的防御力量。[22]霍特重申命令，要求"帝国"师立即撤出战斗，但该师发起夜袭，一举打垮了红军顽强据守、在当天下午争夺激烈的防线，霍特认为该师故意违抗自己的命令，绝不能容忍。他立即给党卫队装甲军下达书面命令："帝国"师部署到北面，以便"骷髅"师继续包围哈尔科夫。豪塞尔回电称，几个党卫队师仍由他负责，还说他对这些师是否会执行霍特的命令深表怀疑。为劝说霍特改变主意，豪塞尔提交了后续态势报告，再次指出，苏联人在城内的抵抗已土崩瓦解，路况恶劣，"帝国"师难以变更部署，但霍特不为所动。3月12日中午前不久，第4装甲集团军司令部下达了明确无误的指令，要求"帝国"师遵照先前的命令行事。可"帝国"师依然我行我素，该师师长，党卫队旅长瓦尔找出种种理由推诿，还说他的部队无法脱离战斗，下午晚些时候，他也收到霍特的书面命令——继续抗命再也行不通了。[23]

当天，"大德意志"师继续追击莫斯卡连科第40集团军溃败的部队。德军实施猛烈的空袭后，在日终前夺得格赖沃龙，迫使红军退往戈洛夫奇诺。此举有效消除了红军从佐洛切夫方向对党卫队装甲军构成的威胁，这一整天，"警卫旗队"师辖内几个战斗群全力攻入哈尔科夫市中心。曼施泰因认为巷战会给部队造成严重伤亡，这种担心合情合理，因为红军在后撤期间安排了狙击手，还组织了伏击，遂行进攻的德军装甲掷弹兵付出了高昂的代价。红军后卫起初为争夺每一座建筑物展开激烈战斗，可随着时间推移，他们的抵抗逐渐减弱。城市北面，"骷髅"师先向东攻击前进，尔后转向东南方，构成了切断哈尔科夫城内及周边红军部队交通线的威胁。日终前，豪塞尔向霍特报告，哈尔科夫三分之一的城区已落入德军手里。"帝国"师辖内部队奉命开往新作战地域，师里许多军官抱怨不迭，他们奋力攻入哈尔科夫，即将取得丰硕的战果，现在却被迫放弃了。夜间，"警卫旗队"师几个战斗群经过激烈战斗，到达并夺取了捷尔任斯基广场，战役结束后，这里被更名为"警卫旗队广场"，但这个名称只保持了几个月，红军在1943年晚些时候再次回到这里。如今它被称为"斯沃博达广场"。

党卫队师从北面包围哈尔科夫后,霍特命令第48装甲军(辖第6、第11装甲师)攻往哈尔科夫东南面,彻底完成合围。此举给竭力前运补给物资的后方地带部队造成越来越大的压力,特别是因为第48装甲军和党卫队装甲军现在使用同样的接近路线,为解决交通问题,霍特派一名高级参谋协调补给运输任务。哈尔科夫城内,"警卫旗队"师继续进攻,3月13日晚些时候,德军牢牢控制了市区西部和北部,苏联人显然正弃守东部。油料短缺,路况恶劣,"骷髅"师无法完成从东郊包围哈尔科夫的任务,也就谈不上阻止城内守军撤离了。

夺得格赖沃龙后,"大德意志"师沿通往别尔哥罗德的公路推进。莫斯卡连科后来写到,第40集团军后撤中的部队在戈洛夫奇诺削弱了德军的突击势头,但肯普夫集团军级支队的作战日志称,"大德意志"师先遣部队3月13日下午早些时候到达戈洛夫奇诺,日落前彻底占领该镇。[24] 该师随后赶往鲍里索夫卡,又一次被迫停止前进,等待后方为他们的装甲战车运来油料。德国人知道巴达诺夫近卫坦克第2军正赶来加强红军的防御,显然想尽快投入战斗,而根据截获的电报得知,对方企图守住别尔哥罗德与哈尔科夫之间的公路。3月14日中午前不久,"大德意志"师在鲍里索夫卡附近遭遇了红军一群坦克,历时两天的激战就此爆发。

近卫坦克第2军编有3个坦克旅和2个机械化步兵旅,投入"跳跃行动"时共有175辆坦克。[25] 该军经历了激烈的战斗,到3月初只剩大约90辆坦克,而且他们转向北面时被迫留下了大部分机械化步兵,因此全军的实力明显减弱。尽管如此,近卫坦克第2军投入大批坦克,依然是一股强大的力量。党卫队先遣部队攻入哈尔科夫城郊,该军几个坦克旅穿过市区,起初打算守卫这座城市。但"骷髅"师和"大德意志"师对哈尔科夫西面、西北面构成的威胁越来越大,红军急需坦克力量发起反突击,并与第69集团军恢复联系,因此,近卫坦克第2军奉命立即开赴指定地域。哈尔科夫市民为红军坦克指点方向,在他们的帮助下,3个坦克旅先是向北,尔后转向西北方,不过途中不断遭到德国空军滋扰。全军在"大德意志"师的前进路线上占据阵地后,巴达诺夫奉命前往第69集团军司令部,商讨如何妥善使用这批宝贵的坦克。变更部署期间,近卫坦克第2军收到不同领率机构发来的各种命令,这些命令从一个兵团传达到另一个兵团,往往自相矛盾,所以巴达诺夫急于理清指挥系统的问题。此时,近卫坦克第2军参谋长不得不在军长缺席的情况下,自行指挥一场大规模交战。

3月14日一整天,哈尔科夫城内的战斗仍在肆虐。"骷髅"师继续实施包围运动，上午10点左右到达城市东南面的罗甘，击退了红军从东面发起的冲击。仍在哈尔科夫城内战斗的党卫队部队缺乏油料，这个问题并不亚于红军的抵抗，实际上，大多数红军部队都打算瞅准机会迅速撤离。黄昏后不久，党卫队装甲军宣称他们夺回整座城市，虽然与掉队的红军官兵和游击队的零星战斗还要持续几天，但有组织的抵抗已告结束。德国人欢欣鼓舞，为表彰这番功绩，"警卫旗队"师师长迪特里希被授予骑士铁十字勋章橡叶双剑饰，曼施泰因也被授予了骑士铁十字勋章橡叶饰。哈尔科夫南面，第48装甲军朝党卫队装甲军先遣部队的方向而去，企图包围从哈尔科夫逃离的红军残部。尽管霍特和曼施泰因尽到最大努力，但几个党卫队师还是在城内的战斗中遭受了严重损失，战斗兵力只剩编制力量56%左右（损失数也包括市区争夺战开始前他们遭受的伤亡）。[26]

3月15日，"大德意志"师向前推进，打算对付红军坦克力量，据空军报告，这股红军占据阵地，封锁了通往别尔哥罗德的公路。苏联人把近卫坦克第2军投向别尔哥罗德—哈尔科夫公路，原本的意图是协助红军部队与推进中的党卫队装甲军脱离接触，但"大德意志"师的开进也不容忽视。获得师属突击炮营加强的侦察营担任"大德意志"师先遣力量，突击炮营营长彼得·弗朗茨上尉后来描述了这场行动，表明德军逐渐效仿苏联人的做法，也以装甲战车搭载步兵一同前进：

当天上午，突击炮营从鲍里索夫卡东端动身出发，侦察营的士兵坐在战车上。马戈尔德上尉率领突击炮第1连……占据了关键位置。该连很快与敌军接触，苏联人也投入了坦克。突击炮第1连用电台发回的观察结果和报告表明，敌人正在集中强大的兵力。就在我考虑该如何对付已探明的敌军时，一架德军侦察机从低空飞来。我们赶紧铺开地空识别标志，还发射了烟幕弹和照明弹。侦察机盘旋了两圈，弄清我们的确是德军部队后，飞行员摇摆机翼，投下了一个消息罐。我们赶紧打开罐子，看了看飞行员绘制的草图。从图上看，6—8千米外约有100—120辆敌坦克和轮式车辆朝我们驶来。情况就是这样！第1连从目前的位置稍稍向南退却，但没退多远。第2连部署在有利的防御阵地上……韦迈尔中尉率领第3连，作为营预备队和警戒力量部署到东南面。各连接到命令，没得到营里批准不得开火。我们的突击炮忙于携带尽可能多的穿甲弹（突击炮的正常携弹量是48发炮弹，但紧急情况下可装载100发炮弹）之际，侦察营的轻型装甲车奉命集中到鲍里索夫卡方向……第一波T-34

随后出现在眼前,共计 10—12 辆。敌人散开队形,径直朝我们占据的高地驶来……一波波坦克冲了过来。有些坦克稍稍转向北面,驶入一条小山谷,从我们的视野里消失了,但师装甲团的部分力量应该在那里或中途部署就位了。那些坦克就留给他们去对付吧!敌坦克刚刚进入我们的有效射程,战斗就打响了。冲在最前方的 5—6 辆 T-34 中弹爆炸。后一波敌坦克停了下来,他们也遭到正面炮火的打击。第 1 连紧张地询问是否可以投入战斗,收到的回答是"暂时还不行"。每个人都想取得自己的击毁战果,但目前还不清楚,报告里提到的 T-34 坦克是否都进入了我们的伏击圈。只有等他们都进入我们的伏击圈后,第 1 连才能发起翼侧突击。更多 T-34 朝我们扑来。弄清敌人没有从南面包抄我们后,第 3 连赶往第 1 连的方向。两个突击炮连现在从南面对敌坦克部队发起翼侧攻击……赢得坦克战后,我们准确地清点了战果,这是个罕见的战例。我们控制了整片战场,共击毁了 43 辆 T-34。[27]

共击毁 43 辆 T-34,这个数字看上去真实无误,但突击炮营其实只击毁 21 辆敌坦克,剩下的是"大德意志"装甲团对付红军坦克余部时被干掉的。装甲团一名下级军官描述了这场持续到夜间的战斗:

机枪子弹呼啸着穿过鲍里索夫卡郊外的花园,从头顶掠过的炮弹发出怪异的声音,明亮的鲜红色尾迹清楚地暴露出炮弹的飞行轨迹……我方坦克的电台通信表明战场上忙得不可开交:敌步兵偷偷摸摸地溜过我们的坦克,有些敌人已进入后方;四面八方都闪烁着炮口发出的火光,无疑是敌坦克在开炮。

激战持续了三个钟头,一座座燃烧的房屋照亮了黑夜。爆炸声此起彼伏,一辆坦克中弹后弹药殉爆,数百发曳光弹窜入夜空。每个人都不安地思忖:中弹的是敌人的还是我们的坦克?3 月 15 日凌晨 1 点左右,我们击退了敌坦克对鲍里索夫卡北部桥梁的三次冲击,击毁 8 辆 T-34。敌人暂时退却了……

电台里随后传来命令:"第 7 连加强北部桥梁的防御。"

我们排成安全的间隔悄然驶过桥梁。尽管受到火焰遮蔽,可我们还是能看见街道上炮口发出的火光,第一轮炮弹朝我们袭来。我们不得不离开此地,因为似乎敌人的所有火炮都瞄准了桥梁。第一辆坦克的驾驶员马上觉察到眼前的情况,没等车长下达命令就驾驶坦克驶离道路,消失在黑暗中。第二辆坦克紧随其后,另外两辆也隐蔽到暗处。我们这些坦克凑得很近，构成环形防御圈……

关键的时刻现在到来了。突然，敌坦克的柴油引擎轰鸣起来，就在1000米外，不是三五辆，而是更多。我们必须为艰巨的战斗做好准备！

3月15日清晨，引擎的轰鸣声逐渐逼近。我们的装甲指挥官看见第一辆T-34的轮廓出现在道路上。紧贴瞄准具的炮手紧张不安，而且在雾霭环境中，他们还无法明确识别目标。他们屏住呼吸，待第一辆T-34进入瞄准具视界，他们兴奋地喊了起来，紧张的情绪一扫而空。

装填手在火炮旁严阵以待，手里端着一发炮弹，另外两发炮弹夹在两腿间，此时每一秒都至关紧要……T-34无所顾忌地驶过雪地和泥泞，7辆敌坦克出现在我们眼前，在炮手看来，敌坦克的舷侧构成极为诱人的目标。

要是敌人过早发现我们怎么办？这种情况下最好立即开火，不要等待命令。电台肯定出了问题！要不就是排长负伤或阵亡了！此类念头不停地浮现在脑海。尽管如此，大家还是严格遵守射击纪律。T-34无法确定前方的情况，半数坦克的火炮转向右侧，另一半转向左侧；我们与敌人平行，位置非常好。每个炮手都知道自己该对付哪辆敌坦克……

我们的神经绷得紧紧的，几名坦克车长透过观察孔朝排长的座车望去。一时间，他们在多次战斗中表现出的冷静似乎动摇了。最后，我们等待已久的命令终于到来：注意，打开保险，开炮！激烈的轰鸣随即响起。几秒钟内窜出四道、八道、十二道闪亮的绿色尾迹，起初还有简短的无线电通信，随后只剩下我们的火炮在射出一发发炮弹。

一股股巨大的火焰和烟雾腾起。最后一辆T-34企图调转方向逃离，结果陷入泥沼。车组人员像猫那样跳离炮塔，但随即被我们的机枪火力射倒。[28]

苏联人声称德军投入100多辆坦克和其他战车发起攻击，有半数以上被红军击毁，但战斗结束后，瓦西里·米哈伊洛维奇·波利亚科夫上校的近卫坦克第25旅只剩5辆坦克。雪上加霜的是，在鲍里索夫卡北面的战斗中，军部与几个坦克旅失去联系，无法协同作战。波利亚科夫不知道军部和其他坦克旅在何处，只好命令旅里的残部撤往别尔哥罗德。他的参谋长率领残余的坦克和大批伤员最终逃到安全处，但在德军空袭和地面部队不断进逼造成的混乱中，奇袭塔钦斯卡亚的英雄波利亚科夫不见了，时至今日，他和各国下落不明的数万名官兵一样，仍被列为"在战斗中失踪"。接下来两天，红军另外两个坦克旅继续与"大德意志"师鏖战，但面对协同作战的德国空军和装甲部队，他们无法阻止德军推进，残余的坦克也折损大半。近卫坦克第25旅声称击毁敌战车的数量，与"大德意志"师作战日志列出的每日可用战车数不符，而且需要指出的是，德国人宣称的击毁战果，实际上超出了近卫坦克第2军和在该地域作战的其他坦克兵团已知的战车总数。夸大其词、多次击中同一辆战车、战争的迷雾相混合，很可能影响到交战双方的报告，这种情况很常见，整个战役期间一向如此。[29] 鲍里索夫卡及其周边的战斗一直持续到3月18日上午，红军小股坦克群反复渗透到镇郊。

红军坦克部队随后遇到了更严重的情况。与几个坦克旅失去联系后，近卫坦克第2军参谋长布尔杰伊内突然发现军部遭到攻击：

拂晓时，我走出过夜的房屋来到院子里，看见峡谷对面有动静，这道深邃的峡谷从我身后一直延伸到布罗德基村南面某座无名高地。起初我以为是近卫坦克第25旅，可透过望远镜仔细查看，却发现情况并非如此。一名摩托化兵疾驶上山顶，随即消失在高地反斜面后方，我反应过来，出现在我们前方的要么是敌军侦察部队，要么是敌主力先遣部队。我没法向任何人汇报此事，因为军长去了马斯洛瓦码头附近的第69集团军司令部。我必须立即做出决断。

幸运的是，从高地攻入布罗德基村只有一条田间道路，这条小径从高地而下，沿峡谷延伸到村东郊，我们的军部刚刚设在村内，近卫坦克第4旅就在东郊安排了警戒分队：彼得罗夫中尉指挥的3辆T-34和列夫琴科中士率领的摩托化步兵排。村西郊也部署了2辆装甲车和1个摩托化步兵排，我们还在村口埋设了地雷。从高地顶峰到村中央的直线距离约为1千米，沿田间道路行进的话，可能有1200—1300米。

敌人发现了我们的指挥车和天线杆，但没有立即攻入村内。他们的侦察行动先前遭到伏击，现在很谨慎，也许是在等待主力开抵。我看见了戴着德式钢盔的人四处移动，也看见了半履带车的上部，引擎的轰鸣声听得清清楚楚。眼前这一切发生在短短几分钟内。

我没有耽搁时间，立即拉响军部的警报，作战处长拉夫连季耶夫中校命令军部全体人员到街上集合，所有车辆和人员立即赶往东面的马斯洛瓦码头，我们知道，那里有一艘渡轮可以让我们渡过北顿涅茨河。他还命令第一辆车上的奥加涅斯扬茨大尉去村东郊检查警戒分队的准备状况。

一如既往，村内各条街道活跃起来：众人奔跑着跳上车辆，随即向东疾驶，赶往10—12千米外的马斯洛瓦码头和渡场。

当然，敌人立即注意到村内的动静，也很清楚我们的意图。他们的高射炮和坦克立即开火，轰击村庄和向东行驶的车辆。与此同时，敌军装甲车、摩托车和几辆坦克借助炮火掩护驶下高地，冲向村东郊，企图拦截我们驶往东面的车辆。

我们的警戒线寂静无声，在我看来，一场灾难势不可免。可敌人前进了没多远，我方坦克炮突然开火，重机枪也嘶吼起来。我稍稍松了口气，看来奥加涅斯扬茨大尉及时到达了警戒线。第一轮炮击命中敌人的装甲车和摩托车，接下来又先后击中两辆敌坦克，随后又是一辆、两辆坦克接连起火燃烧，另外两辆履带断裂，不得不停了下来。纳粹匪徒显然没料到这场遭遇战，待他们发现我们精心伪装的坦克已为时过晚。他们陷入混乱，在燃烧、损毁的坦克周围狼奔豕突，随后沿原路撤回高地。

燃烧、损毁的车辆和大批死伤的法西斯匪徒被遗弃在战场上，但高地上的敌人仍继续以高射炮和重机枪猛烈射击。[30]

从德军投入的摩托车看，这股力量可能是"大德意志"师侦察营一部，尽管击退了他们的进攻，但布尔杰伊内的麻烦并没有结束。他乘坐的汽车被炮火击中，因此他不得不弃车而行，最终徒步赶到渡场。军部部分人员落在后面，许多人负了伤，但接下来几天，大多数人终于逃到北顿涅茨河。为阻挡德军，红军最后一个重要的坦克兵团耗尽了兵力，眼下阻止曼施泰因军队的唯一希望是温度迅速上升，把地面变成泥沼。

3月15日，在"大德意志"师对付巴达诺夫近卫坦克第2军的坦克力量之际，党卫队"骷髅"师继续前进，于拂晓前到达了丘古耶夫。"帝国"师一部尾随其后，但很快就离开通往丘古耶夫的道路向南而去，第6装甲师从梅列法南面向东攻击前进。次日，德军两股先遣力量会合，包围了哈尔科夫东南面的红军部队。但德国人没有足够的步兵封闭合围圈，很难阻止大批苏联人徒步逃离，红军官兵有的逃往东南方，也有的逃往东北方，不过，就像此次战役期间多次发生的那样，他们被迫遗弃了大部分重装备。不断后撤的红军部队伤亡惨重，7个步兵师和2个坦克军丧失了战斗力，短时间内无法投入后续交战。

整个乌克兰境内，春季化冻已到来。趁红军溃败之际发展胜利迫在眉睫，可除了恶劣的路况和地形,持续的油料短缺也给曼施泰因造成妨碍。沿米乌斯河延伸的战线南段已经沉寂了一段时间,苏联人把几个兵团调往北面,企图缓解哈尔科夫东面己方部队的压力,尽管他们投入了这些援兵,但"骷髅"师于3月16日还是攻占了丘古耶夫。由于在哈尔科夫东南面陷入合围的红军部队迅速瓦解,再加上德国步兵开抵,德军装甲力量转身向北,企图利用剩下的时间夺取更多地盘。第48装甲军辖内2个装甲师奉命把红军继续赶往哈尔科夫东面,而党卫队装甲军的任务是攻往别尔哥罗德。哈尔科夫城内和周边部队为下一阶段的作战积极准备时,"大德意志"师和肯普夫集团军级支队几个步兵师继续从西面发起攻击,"大德意志"师赶往托马罗夫卡,击退了红军坦克部队反复发起的反冲击。施特拉赫维茨可能对新型虎式坦克在战役初期的表现不太满意,但他现在认为这款战车"很优秀"。[31]不过,虽说此处的地面不像米乌斯河沿岸地带那么湿软,但很明显,冬季战役的季节即将结束。曼施泰因在3月16日联系肯普夫,敦促他的几个步兵师展开更积极的行动,这些步兵师此时正缓缓逼退莫斯卡连科的第40集团军:

10点55分,集团军群司令部与集团军级支队司令部的无线电交谈:
集团军群司令部认为几个步兵师的前进速度太慢,
集团军级支队司令部称主要原因是路况恶劣得难以言述;
集团军群司令部指出,集团军级支队司令部昨天还报告路况不错,
集团军级支队司令部解释,路况不错仅仅是在夜间和清晨结冻的情况下。[32]

当天,曼施泰因的参谋长布塞将军又与肯普夫商谈了一番,他问到,要是步兵师沿"大德意志"师使用的主要补给路线前进,能否取得更快的进展呢?肯普夫的回答一点也不令人鼓舞——这条道路已被几支装甲部队的补给纵队堵得水泄不通。

这些装甲部队,主要是"大德意志"师装甲战斗群,继续与红军坦克鏖战。德军先遣部队攻入托马罗夫卡北面的红军集中地域,迅速击毁、缴获22辆坦克,尽管赢得胜利,但他们身后道路的大多数地段仍在红军坦克炮火打击下,直到傍晚前后才彻底控制了道路,补给纵队得以继续向前。哈尔科夫北面,几个党卫队师攻往别尔哥罗德,那里是此次重大反攻的下一个目标,但整个3月16日,红军在丘古耶夫周围反复发起反突击,阻碍了"骷髅"师挥师向北的企图。党卫队装甲军和"大

德意志"师朝别尔哥罗德汇聚，几条接近路线堵塞得越来越严重，"大德意志"师作战参谋建议派部分部队开往北面，掩护全师暴露在外的北翼，但这项建议没获得采纳，因为没有迹象表明红军部队集中在那片地域。实际上，苏联人实施的抵抗，大多在别尔哥罗德周围。到当日下午，从哈尔科夫出击的几个党卫队师已经前进了半数路程，"警卫旗队"师居西，"帝国"师居东，"骷髅"师掩护这场进军的东翼。第6装甲师先遣部队已到达丘古耶夫，换下党卫队师，好让他们向北变更部署。另外，目前隶属第48装甲军的第39步兵师，奉命尽快开赴丘古耶夫接替第6装甲师，好让该师在路况依然允许的情况下展开机动作战。

从3月18日拂晓起，几个党卫队师迅速攻往别尔哥罗德，击溃了沿途遭遇的红军部队，党卫队装甲军作战日志称："阻挡我军几个师向北推进的抵抗相当轻微，先遣部队很快到达他们的首个目标。"[33] 德国人逼近别尔哥罗德，红军的抵抗不断加强，但到夜间，几个党卫队师已到达别尔哥罗德，还攻入城内。战斗持续了好几天，丘古耶夫与别尔哥罗德之间，"骷髅"师逐渐击退北顿涅茨河西面的红军部队，"警卫旗队"师调转方向，正面朝西，挡住红军第69和第40集团军残部的后撤路线。部分红军官兵顺利溜过党卫队封锁线，逃到东面的红军防线，相对完整地逃出合围圈最大的一股力量是步兵第161师，他们与四面八方而来的德军持续不停地战斗了两天，随后设法突围，先是向北，尔后转向西北面。劳斯军辖内几个步兵师缓慢前进，于3月22日终于到达别尔哥罗德，适逢春季化冻正式到来。

随着地面沦为泥沼，交战双方都获得了急需的喘息之机。开往作战地域的红军援兵终于到达了，第21集团军在第40、第69集团军之间占据阵地，坦克第1集团军在后方担任预备队。坦克第3集团军也获得援兵，但残余的坦克已不能冠以"坦克集团军"番号，暂时改称第57集团军。苏联人仍能把若干大股兵团调往前线，相比之下，德军没有这么强大的预备队。他们所能做的，充其量是让南方集团军群辖内筋疲力尽的师休整一番，希望他们恢复满编力量。双方都利用战事停顿之机前调补充兵、新坦克和火炮，在这个问题上，德国与苏联的资源再次形成鲜明对比。整个1943年，德国生产的坦克和突击炮稍稍超过5600辆，相比之下，苏联军工厂仅T-34就生产了1.6万辆，坦克和自行火炮更是总共生产了2.4万辆。希特勒对德国最新式的坦克寄予很大的希望和期盼，因为这些战车要想击败部署在对面的红军部队，就得特别出色才行。

参考文献

1. Manstein, *Lost Victories*, p.433.
2. Bundesarchiv-Militärarchiv Freiburg, *Kriegstagebuch Armeeoberkommando 8*, 28 Feb 1943, T314-54.
3. A. Zvartsev, *3-ya Gvardeiskaya Tankovaya*, p.52.
4. Vetrov, *Tak I Bylo*, pp.119–20.
5. Ibid., p.121.
6. Bundesarchiv-Militärarchiv Freiburg, *Kriegstagebuch II SS-Panzer Korps*, 3 Mar 1943, RS2-2.
7. Vetrov, *Tak I Bylo*, pp.127–29.
8. Shafarenko, *Na Raznykh Frontakh*, p.163.
9. Thöle, *Befehl des Gewissens*, p.214.
10. Shafarenko, *Na Raznykh Frontakh*, p.165.
11. Moskalenko, *Na Yugo-Zapadnom Napravlenii*, Vol. I, p.452; Kazakov, *Nad Kartoi Bylykh Srazhenii*, p.177.
12. Paul, *Brennpunkte*, p.293.
13. Bundesarchiv-Militärarchiv Freiburg, *Kriegstagebuch Armeeoberkommando 8*, 8 Mar 1943, T314-54.
14. Manteuffel, *Die 7. Panzer-Division*, pp.329–30.
15. Moskalenko, *Na Yugo-Zapadnom Napravlenii*, Vol. I, pp.452–53.
16. Ibid., Vol. I, p.454.
17. J. Restayn, *Tiger I on the Eastern Front* (Histoire & Collections, Paris, 2001), p.96, 104, 116.
18. Melvin, *Manstein: Hitler's Greatest General*, pp.423–427.
19. Moskalenko, *Na Yugo-Zapadnom Napravlenii*, Vol. I, p.453.
20. *Istoriia Vtoroi Mirovoi Voiny, 1939–1945* (Voenizdat, Moscow, 1976), Vol. VI, pp.139–40.
21. Thöle, *Befehl des Gewissens*, p.270.
22. K. Margry, *The Four Battles for Kharkov* (Battle of Britain International, London, 2001), pp.20–22.
23. Thöle, *Befehl des Gewissens*, pp.275–76.
24. Bundesarchiv-Militärarchiv Freiburg, *Kriegstagebuch Armeeoberkommando 8*, 13 Mar 1943, T314-54.
25. Glantz, *From the Don to the Dnepr*, p.383.
26. M. Reynolds, *Steel Inferno: I SS Panzer Corps in Normandy* (Sarpedon, New York, 1997), p.10.
27. H. Spaeter, *The History of the Panzerkorps Grossdeutschland* (Fedorowicz, Winnipeg, 1995), Vol. II, pp.70–71.
28. Ibid., Vol. II, pp.71–73.
29. Burdeyny, *V Boyakh za Rodinu*, pp.186–88.
30. Ibid., pp.188–91.
31. Bundesarchiv-Militärarchiv Freiburg, *Kriegstagebuch Armeeoberkommando 8*, 15 Mar 1943, T314-54.
32. Bundesarchiv-Militärarchiv Freiburg, *Kriegstagebuch Armeeoberkommando 8*, 16 Mar 1943, T314-54.
33. Bundesarchiv-Militärarchiv Freiburg, *Kriegstagebuch II SS-Panzer Korps*, 18 Mar 1943, RS2-2.

喘息之机

第十四章

冬季战役结束了，战线又回到与前一年冬季告终时几乎完全相同的位置，唯一的不同之处是：苏联人在库尔斯克周围留下了一个伸向西面的巨大突出部，这是他们计划歼灭第聂伯河以东的德国军队的表现。

交战双方的损失都很大，至少在数量上，一如整个战争期间贯穿始终的情况，红军在斯大林格勒以外地区的交战中，损失的人员和技术装备远远高于德军。但夸大这一点的重要性是错误的。首先，苏联承受此类损失的能力远远强于德国。其次，战略天平已不可逆转地倾斜。虽然曼施泰因的反攻暂时恢复了东线的稳定，但红军很快就能掌握主动权。交战双方都在休整补充，可随着时间推移，坦克产量对比无疑会对德军不利。

整个漫长的战役期间，曼施泰因一直担心会发生比斯大林格勒战役更大的灾难。倘若红军到达罗斯托夫和亚速海沿岸，就能切断、歼灭高加索地区的德国军队；要是红军坦克夺得第聂伯河渡场，那么乌克兰境内所有德军部队都会覆灭。无论最终出现哪种结果，对德国都深具灾难性，顿河集团军群司令因而认为，阻止这些情况的发生比其他一切任务更重要。第6集团军陷入重围，他们的生死存亡显然无关紧要，那么问题来了：曼施泰因真认为能救出保卢斯的军队吗？

也许有人会说，要是曼施泰因和霍特不受希特勒束缚，可以更自由地使用手头掌握的兵力，那么"冬季风暴行动"本来能取得更大成果：滞留在高加索地区的装甲部队腾出后投入北面的作战行动，要是上级更早地批准他们加入第57装甲军，那么就算保卢斯不肯从合围圈内发动进攻，合围圈外的救援力量似乎也能攻到第6集团军身旁。但仅仅冲出合围圈是不够的。一旦红军集中兵力，以强有力的反突击对付第57装甲军，确保走廊畅通的德军部队无疑会不堪重负。第6集团军及时向西后撤同样至关重要，但这同样需要得到希特勒的批准，而保卢斯缺乏豪塞尔的自信，绝不会允许一切未经批准的后撤。就算希特勒勉强批准（可能性不高），第6集团军也得在后撤期间继续牵制包围他们的红军部队，否则，苏联人会腾出这些兵团用于进攻其他地方，极大地提高红军顺利到达黑海沿岸或第聂伯河渡场的可能性。

曼施泰因非常清楚这些因素，且在回忆录里写得很详细。因此，他肯定知道顺利解救第6集团军的可能性很小，甚至不可能做到。尽管如此，救援还是要展开，那么多德军将士陷入斯大林格勒合围圈，不采取救援行动、直接抛弃他们是不可想象的。而更大的灾难迫在眉睫，一旦看清这种威胁，希特勒和保卢斯就再也不会改变主意，曼施泰因毫不犹豫地从第57装甲军抽调兵力，阻止苏联人实现有可能赢得战争的胜利。这种果断的做法充分说明，为避免更大的失败，曼施泰因宁可牺牲第6集团军。

从德国人的角度看，曼施泰因最终实现的是一场险胜，因为如果希特勒再迟疑不决的话，就会造成致命后果。但正如前文所述，希特勒的拖延实际上至关重要，因为苏联人据此得出德军正在逃窜的结论，致使向西推进的红军部队彻底暴露在曼施泰因的反攻下，而且他们向西推进得不够远，没能切断、歼灭德军部队。而德国人仅仅从西面抽调几个师开赴乌克兰，再腾出高加索地区的作战力量也是不够的，就算这些兵团部署就位，大规模反攻也需要德军各个层级发挥最高水准的军事技能。尽管德军在严酷的冬季交战期间严重受损，尽管斯大林格勒的灾难给他们的士气造成严重影响，但德军士兵和下级军官的表现令人钦佩。与交战双方在东线每次取得的成就如出一辙，这场非凡的军事壮举与实现这番壮举的无情手段脱不了干系。德国人对这些交战的记述，大多集中于军事行动，很少提及平民百姓，许多各个层级的德国官兵后来声称，他们对德军处置当地居民的做法一无所知。可正如以下叙述阐明的那样，前进中的红军发现了德国人实施暴行、设立劳动营的大量证据，让人很难相信德国人的说法，而且就算后来撰写回忆录的许多人没有亲身参与对平民百姓的虐待，他们无疑也知道当时发生的事情。以残暴的方式对待乌克兰民众，德国可能白白浪费了赢得战争的良机——在当时，许多乌克兰人并不待见苏联当局。1941年年间，不少乌克兰人把德军视为解放者，热烈欢迎他们到来。要是德国人把他们看作对付苏联的潜在盟友而不是奴隶的话，至少能阻止游击运动的蓬勃发展，还可能让整个战争的结果大不相同。

红军差一点在1942年冬到1943年春赢得战争。倘若真发生曼施泰因担心的情况，那么德国似乎不太可能从这样一场灾难性挫败中恢复过来，他们必须抽调大批作战师设立新的东线，至少会极大地减少西方盟国面临的障碍，也许能促使他们更早地登陆法国。当然，英美两国在1943年是否具备足够的两栖登陆能力，这个问题有待商榷。曼施泰因在回忆录里指出，苏联人本来能取得更大的战果：

他们的首轮打击是合围德国第6集团军，这种决定无疑是正确的。一旦成功……就能歼灭德军最强大的突击力量。但更好的办法，是把首轮打击与进攻意大利、匈牙利集团军的防线相结合。这样，他们从一开始就可以施以协同一致的大规模进攻，完成在罗斯托夫或亚速海沿岸切断德国军队的目标。但显然因为可用的突击炮兵力量不足，他们不得不错开各场突破的时间。另外，红军的运输状况可能也无法把所有突击力量同时运抵前线，并为他们提供补给。[1]

曼施泰因的总结性评论有点轻描淡写，很难想象红军能在不超出后勤保障限制的情况下，把冬季所有作战行动集中于一场大规模攻势。曼施泰因的假设多少有点"事后诸葛亮"的意思。"天王星行动"发起前,谁都无法保证红军的进攻能赢得胜利。苏联人必须培养对自身能力的信心——这一点至关重要——因为从斯大林到下级指挥员，都没有足够的自信，像曼施泰因建议的那样提出这般规模的进攻战役。尽管如此，曼施泰因继续做出的评论不无道理：

红军顺利突破匈牙利集团军的防线，在顿涅茨河到沃罗涅日的德军防线上打开了一个缺口，可苏联最高统帅部还是没有投入强大的兵力迅速攻往决定性方向，也就是一路突破到第聂伯河渡场。他们没有为赢得胜利而孤注一掷，以紧密协同的强大突击集群一路向西推进，而是越过库尔斯克，分别攻往阿赫特尔卡、波尔塔瓦、第聂伯河，并沿斯拉维扬斯克—利西昌斯克—伏罗希洛夫斯克一线渡过顿涅茨河……这样一来，德军领率机构趁机从东面向西翼转移兵力，再加上前调的援兵，最终在决定性地点实现了兵力优势。[2]

苏联人之所以挥霍资源，是因为他们错误地认为德国军队遭受了无法弥补的损失，与希特勒在前一年夏季分散兵力的决定如出一辙，他当时对红军的评估错得离谱。两种情况下，待双方认识到真实的情况已为时过晚。

德军在1942年时的战略目标是夺取高加索油田，切断苏联获得石油的来源。当年大部分时间，苏联人从这些油田获得的石油很少，而德国人获得的更少。虽说红军确实在冬季交战的关键时刻遇到了油料短缺问题，但这种情况并非全面缺乏油料造成的，纯粹是因为后勤保障被过度拉伸，难以在各条严重路况恶化的道路上快速前进。油料短缺也频频给德国人造成麻烦，而这种情况就不仅仅是后勤问题引发的了。实际上，德军到达高加索油田对苏联继续从事战争无关紧要，而德国却极度缺乏石油。罗马尼亚油田产能有限，德国生产的合成燃料无法替代他们不足的天然资源。基于这种考虑，批评希特勒没有全力支援克莱斯特集团军群是很容易的，与1942年冬到1943年春的苏联人一样，他认为敌人已被彻底击败。因此，他并不急于完成夏季战役。

对苏联人来说，3月的惨败与他们去年12月和今年1月欣喜若狂的欢庆形成了鲜明对比。华西列夫斯基写到，瓦图京先前敦促大本营批准他迅速攻入敌军纵深的计划，斯大林没有答应，想等哈尔科夫解放后再说，但西南方面军和沃罗涅日方面军司令部普遍存在过于乐观的情绪，后来也感染了他。在曼施泰因发动反攻时，华西列夫斯基正奉命赶往沃罗涅日方面军，而在与雷巴尔科商讨坦克第3集团军的状况后，他觉察到了局面的严重性。华西列夫斯基声称大本营随后朝作战地域派遣援兵，这才阻止德军取得更大战果，特别是在库尔斯克方向，但他没有提及春季化冻的到来。

苏联人迅速开展对冬季战役的详细分析。为实现坦克、步兵、火炮的最佳编成，他们再次研究坦克兵团的编组问题。他们还在较高层级进一步改组了前线军团，在沃罗涅日方面军北翼组建了新的库尔斯克方面军，该方面军由奥廖尔方面军改编而成，几天后改称布良斯克方面军。沃罗涅日方面军在先前的战役中没能协同一致地展开行动，戈利科夫受到申斥，还被召回莫斯科。换作1941年，这可能是遭逮捕、被处决的前奏，但斯大林现在知道，此类严酷的措施有害无利。相反，经验丰富的戈利科夫随后出任苏联副国防人民委员，随后又担任总干部部长。戈利科夫受到申斥似乎有欠公允，他奉命把麾下兵力调往南面支援西南方面军，一旦他的兵团分散开来，就很难不被德军各个击破了。瓦图京接替戈利科夫出任沃罗涅日方面军司令员，而过度自信的瓦图京也受到严厉申斥，但斯大林似乎很欣赏他的热情和干劲，不仅没处分他，还擢升他为大将。

交战双方都把注意力转向了日后的战事。曼施泰因认为德军沿顿涅茨河构设的防线依然脆弱，很容易遭到苏联人朝第聂伯河渡场发起的强大攻击，他估计红军会从别尔哥罗德—库尔斯克地域攻往西南方。他打算诱使对方发起行动，把德军装甲力量集中到苏联人这场突击的北面——待时机成熟就投入这股力量，朝东南方发起反突击，攻入前进中的红军翼侧和身后。曼施泰因认为，这场行动不太可能彻底击败苏联，因为至少在近期，德国军队的能力做不到这一点，最好的结果是削弱红军实力,尔后通过谈判单独媾和。

从表面上看,斯大林不太可能与德国单独媾和,但值得注意的是,泥泞期到来后,日本和瑞典政府都表示愿意充当苏德战争的调停者。虽说这位年迈但衣着艳丽的苏联驻瑞典公使、亚历山德拉·米哈伊洛夫娜·柯伦泰夫人是个根深蒂固的仇德者,但另一些级别较低的外交官,特别是弗拉基米尔·谢苗诺维奇·谢苗诺夫和鲍里斯·亚尔采夫,都希望与德国和解。斯大林觉得西方盟国寻找各种借口,迟迟不愿在西面开辟第二战线,对此越来越不耐烦,经他批准,苏联外交官于1943年4月在斯德哥尔摩附近会晤德国代表,展开非正式会谈。双方的最低主张毫无调和余地——斯大林希望恢复1941年时的边界,而希特勒则提出在乌克兰建立一个卫星国,还要求苏联在经济方面做出让步,谈判很快破裂了。

从两个独裁者提出的条件看,很难想象他们达成的任何协议能带来持久的和平,特别是因为苏联人非常清楚德国在波罗的海诸国、乌克兰,包括他们占领的其他苏联欧洲部分干出的暴行。但斯大林同意谈判可能是因为西方盟国迟迟不愿进攻欧洲大陆,另外,他们希望恢复东欧诸国在战前时的边界线——这里指的是1939年,而不是1941年的边界线。苏联人与德国人谈判,也许仅仅是想对英美两国施加压力,但必须在这种背景下看待此次谈判:曼施泰因希望取得些军事成果,促成此类谈判达成协议。[3]

曼施泰因策划了1943年夏季的反攻,这场后发制人的行动有风险,但充分发挥了德国军队的长处,特别是他们杰出的战术和战役能力。不过,希特勒基于三个理由反对这场行动。第一,此次反攻再次要求德军放弃乌克兰境内的领土,尽管只是暂时的,而希特勒固执地认为,控制乌克兰无论对德国还是苏联继续从事战争都至关重要。第二,希特勒担心红军长驱直入,哪怕是暂时的,也会给罗马尼亚和土耳其造成不利的政治影响。第三,这场行动风险太大,任由红军推进,而德军的反攻万一失败的话,等于把乌克兰彻底让给苏联人。曼施泰因可能觉得这些理由仅仅是合理化建议,抱有这种想法的大概不止他一个,而实际情况是,希特勒发自内心地反对放弃一切既占领土,不断重申他在1941年12月要求德国军队在莫斯科前方坚守的命令。因此,元首要求制订先发制人的作战方案,也就是说,不能让苏联人先行进攻。库尔斯克突出部是个显而易见的目标,3月10日,希特勒与他那些将领会晤期间初步讨论了这件事。曼施泰因指出,真要发动进攻,就得在5月份地面变干后立即付诸实施,趁红军遭受了2月和3月的挫败、实力依然虚弱之机发动进攻至关重要。可是,为改善各装甲师的技术装备,增加新式坦克的数量,希特勒一再推延行动,完全忽略了苏联的坦克产量比德国高四倍、一切拖延只会有利于红军的事实。

斯大林格勒的灾难给德国政府高层造成很大影响。时任军备部长的阿尔贝特·施佩尔后来回忆起戈培尔安排的一场晚宴,戈培尔在宴会上谈到英国政府为继续从事战争,全面动员国内民众和工业,而德国却没能做到这一点。戈培尔说,这是因为1940年时近乎灾难的敦刻尔克战役促使英国做出了必要的改变。他认为斯大林格勒战役也能在德国起到同样的作用,现在必须集中精力,动员民众和工业投入"全面战争"。甚至没等乌克兰境内的战事因春季化冻而告终,戈培尔就在一场重要的演讲中宣布了这项政策,可事实证明,执行"全面战争"政策非常困难。相关建议,例如不得为纳粹党高层人士免费供应奢侈品,就遭到了多方抗议。比如希特勒的情妇埃娃·布劳恩在得知削减化妆品产量的消息后,就在元首面前大加抱怨。尽管如此,为显著增加军备生产,施佩尔还是做了出种种变革。[4]

苏联人也很关注即将到来的夏季战役,华西列夫斯基写道:

1943年3月末,结束了冬季战役,红军统帅部立即着手拟制后续作战计划,并全面保障这些行动的实施。4月初,总参谋部就根据大本营的委托向各方面军发出指示:利用春季泥泞期改善作战地域的防御,特别是反坦克防御,还要发展防御工事,在主要方向建立预备队,组织各部队进行战斗训练,主要是演练进攻战斗和进攻战役。中央委员会、国防委员会、大本营……一向关心建立强大的预备队,储备坦克、飞机、火炮、弹药、油料和部队遂行大规模进攻需要的其他物资,现在更是如此……

看来我们已经为组织进攻做好了一切准备。但没过多久,我们就对大本营拟定在西南方向实施主要突击的夏季攻势计划做出重要修正。苏联军事情报部门及时侦察到希特勒军队准备在库尔斯克突出部发动大规模进攻,甚至还探明了进攻日期。[5]

由此可见,红军最初的作战企图不出曼施泰因所料,对方还是想把南方集团军群牵制在黑海沿岸。苏联军事情报部门幸运地获得"露西"间谍网收集的情报,这个间谍网的总部设在瑞士,由鲁道夫·勒斯勒尔经营,他是个巴伐利亚人,在纳粹掌权后逃离德国。德国军方的反法西斯人士联系了勒斯勒尔，特别是弗里茨·蒂勒中将和鲁道夫·冯·格斯多夫上校，利用他们在国防军统帅部通信部门担任的职务，为勒斯勒尔提供了一台"恩尼格玛"密码机和一部电台，还给他分配了官方电台呼号。国防军统帅部通信部门的工作划分是这样的：给电文加密的人不知道电报发往何处，而发送电报的人不知道电报的内容。勒斯勒尔很快就意识到了苏联是法西斯德国最强大的敌人，于是通过中间人向莫斯科传递情报，这个中间人名叫亚历山大·拉多，代号"露西"，之所以取这个代号，是因为他仅仅知道勒斯勒尔经营的间谍网设在瑞士卢塞恩（Lucerne）。露西间谍网于 1941 年和 1942 年为苏联提供了德国的作战计划，现在又传递了德军即将对库尔斯克发动进攻的诸多细节。大多数情况下，柏林做出的决定不超过 10 个钟头就可被送抵莫斯科。[6]

朱可夫在 4 月 8 日建议斯大林，根据军事情报部门得到的消息，与其先敌进攻，倒不如先让德国人发动进攻。待红军消耗了敌军装甲力量，仍有足够的时间发动进攻。斯大林担心红军无法挡住敌人大举进攻，可他那些高级指挥员却不这么认为。双方的军队都与 1941 年或 1942 年的状况不可同日而语，经过适当准备，几位方面军司令员都坚信他们能挡住德军装甲师的冲击。尽管冬季交战结束后红军欢欣鼓舞，但在 2 月末和 3 月遭受的挫败表明，现在还不能骄傲自满，他们显然学到许多教训，什捷缅科写道：

制定 1943 年夏季战役的计划时，必须像老话说的那样，三思而后行。我们现在也不具备立即发动进攻的能力。甚至可以肯定，要想粉碎敌人的进攻，我们必须认真加以准备：补充和集中部队、预备队，运送弹药，储存油料。例如，发起大规模进攻战役前，仅航空油料就需要 20 个基数。[7]

斯大林格勒的灾难发生后，德国军方弥漫着悲观情绪，待曼施泰因以实际行动证明德国军队依然是一支强大的作战力量后，他们又抱以谨慎的乐观，但也有人对战役结果深感失望。德国在战争初期赢得了一场场胜利，因此民间和军队内部各种反纳粹团体得出结论，必须等德军遭受重大挫败，才能开展反对希特勒的行动。他们普遍期盼重大军事灾难发生后，军方将领对希特勒丧失信心，届时会加入推翻希特勒的行动，要是得不到大部分军方人员支持，逮捕或刺杀元首的一切企图注定会失败，就算干掉希特勒，接替他担任元首的也很可能是纳粹党内另一位要人。最大的障碍是每个军官的效忠誓言，但密谋集团希望斯大林格勒的灾难被明确无误地告知军方将领，无论他们做出何种宣誓，都必须采取行动。汉斯·吉泽菲乌斯积极参与过几起反对希特勒的阴谋，他描述了共谋者的心声：

斯大林格勒的灾难结束后，东线那些元帅就该采取行动。他们不用违背当初对希特勒这位国家元首或最高统帅立下的效忠誓言，只要拒不服从他作为东线总司令下达的命令即可。西线总司令维茨莱本元帅以军事理由为借口与希特勒决裂。随后必然发生混乱，贝克大将接掌指挥权，恢复统一的军事指挥。随后投入奥尔布里希特将军准备充分的后备军，我们就能实施一场合法的政变。[8]

值得注意的是，密谋集团这个阶段的意图是剥夺希特勒的权力，而不是一定要干掉他。吉泽菲乌斯的错误在于，维茨莱本公开批评了入侵苏联的决定后，格尔德·冯·伦德施泰特元帅于1942年接替他出任西线总司令，但维茨莱本当时的健康状况确实不太好，因而退出现役回家休养。不过，他在战争爆发前就参与了反对希特勒的密谋，与同谋和军队里的志同道合者过从甚密。无论他能否说服伦德施泰特元帅与希特勒决裂，反正身处东线的中央集团军群司令克鲁格元帅告诉密谋者，除非保卢斯向德国军队和民众发表公开讲话，宣布希特勒对这场灾难负有责任，他才会拒不服从希特勒的指令。而保卢斯沉默不语地投降了，计划失败，克鲁格本来就对推翻希特勒的密谋不太热心，据说他告诉密谋者，他勉强决定再给希特勒最后一次机会。尽管遭受挫败，但密谋者仍认为事态可能对他们有利：

克鲁格置身事外，但我们没有放弃希望。另一起惊人的事件，即大批军队在突尼斯投降，在几个月前就已埋下伏笔。我们希望利用这个机会。可惜，我们本以为英美军队在北非赢得胜利后会立即渡海，攻入西西里岛——岛上当时几乎没有德国军队驻守……

贝克和格德勒的决心毫未动摇，他们认为必须推翻希特勒的统治，因为如今每天在都造成新的、更严重的伤亡。一晚接一晚，轰炸持续不停。几乎不需要任何想象力，就能预测到我们今天见到的可怕破坏。可我们能指望军方将领发动政变吗？看来很难。这一点到1943年2月时已经很明显。因此，贝克终于同意干掉希特勒，在此之前，他和格德勒出于宗教和政治原因，一直不愿以暗杀的手段除掉希特勒。[9]

在1942年冬到1943年春至关紧要的这几周，好多事情都处于危急关头。在曼施泰因顺利发动反攻前，整个东线德军的命运岌岌可危，有那么一段时间，反希特勒密谋集团期盼的政变前提条件似乎即将到来。曼施泰因取得的非凡成就，建立在德军各级将士杰出的专业技能上，一举解决了两方面的问题，尽管只是暂时的。许多红军指战员一直认为自己最终会赢得胜利，现在对如何赢得胜利有了更好的认识。德国密谋者本以为军事灾难会让前线将领与希特勒彻底决裂，现在不得不得出结论：德国拥有希望的前提是除掉元首。斯大林格勒的惨败严重打击了希特勒的信心，但到春季，他似乎迅速恢复了自信，然而扭转前线态势完全归功于其他人付出的种种努力，与他没有太大关系。苏联红军和德国国防军的官兵、双方领导人，以及德国各抵抗团体，都在期待1943年的夏季会发生些什么。

参考文献

1. Manstein, *Lost Victories*, p.439.
2. Ibid., pp.440–41.
3. V. Mastny, 'Stalin and the Prospects of a Separate Peace in World War 2', in *American Historical Review* (University of Chicago Press, 1972), Vol. 77, pp.1365–88.
4. Speer, *Inside the Third Reich*, pp.350–55.
5. Vasilevsky, *Lifelong Cause*, pp.264–65.
6. A. Read and D. Fisher, *Operation Lucy: Most Secret Spy Ring of the Second World War* (Coward, McCann & Geoghegan, New York, 1981); V. Tarrant, *The Red Orchestra: The Soviet Spy Network Inside Nazi Europe* (Cassell, London, 1999).
7. Shtemenko, *Soviet General Staff*, p.155.
8. H. Gisevius, *To the Bitter End: An Insider's Account of the Plot to Kill Hitler 1933–1944* (Da Capo, New York, 1988), p.466.
9. Ibid., p.468.

1944年1月的尼古拉·瓦图京大将。

1942 年秋季，红军援兵冲入斯大林格勒工厂区占据阵地。

红军骑兵从斯大林格勒向西进击，路边有一门德军遗弃的 37 毫米反坦克炮。

红军步兵从一架被击落的德国飞机旁冲过。

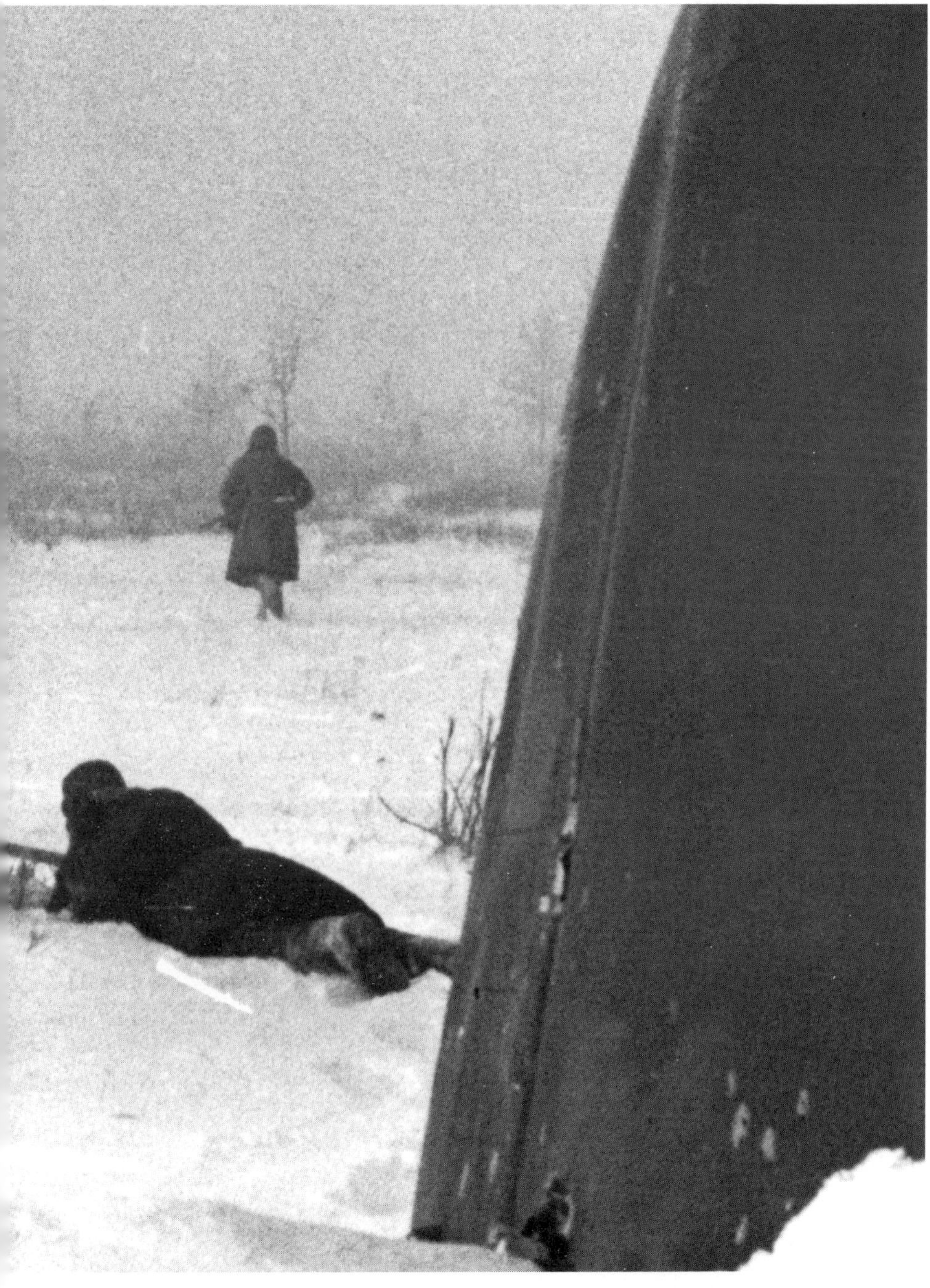

整个战争期间，红军大量使用骑兵来执行追击和侦察任务。

红军的战利品：德国人遗弃的两辆装甲车。

等待出发的罗马尼亚战俘。后来,他们中的许多人加入了苏联支持的"图多尔·弗拉迪米雷斯库"步兵师。

1943年2月,一群被俘的轴心国士兵正在跨过伏尔加河冰冻的河面。

一群被俘的德国士兵向东跋涉，朝着战俘营而去。

1943年2月，红军等待前进的T-70坦克纵队。

在哈尔科夫郊外的红军步兵。

红军进入哈尔科夫郊区。

1943年2月16日,哈尔科夫解放,红军坦克驶过捷尔任斯基广场的工业宫。

1943年2月—3月，德军进攻期间，伏击阵地上的T-34坦克。

红军战士痛饮每日配发的100克伏特加，庆祝他们解放了某个城镇。

红军的76毫米高射炮严阵以待,防备敌机接近。

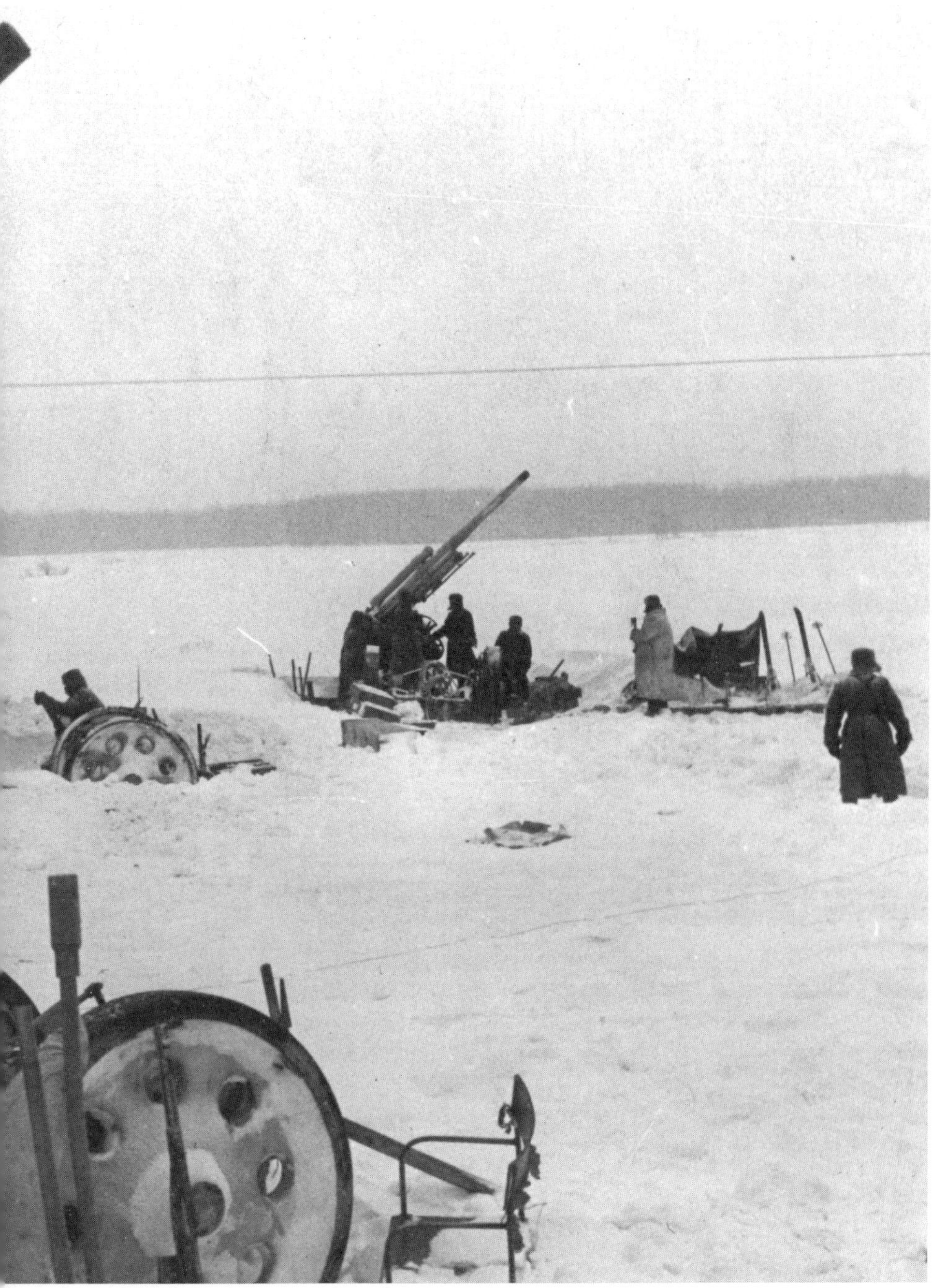

红军的重炮：一门280毫米M1939型BR-5迫击炮。

S-65"斯大林"式牵引车正在把一门152毫米M1937型ML-20榴弹炮拖入炮位。后面的雪橇上摆放着备用油料和弹药。

M1931 型履带式 203 毫米 B-4 榴弹炮正在瞄准目标。

苏联难民艰难跋涉，逃往安全处。

T-34 带着"坦克搭载兵"投入进攻。

红军战士聚在一起聆听最新一期《真理报》的消息,其中几人携带了 SVT-40 自动步枪。

执行任务的红军侦察兵列队出发。

1943年3月,面对逼近的德军,红军冲锋枪手在前线严阵以待。

1942年9月,斯大林格勒市中心。德军火炮右侧是即将成为标志性地标的巴尔马雷喷泉。

1943年2月1日,弗里德里希·保卢斯元帅投降。

德军三号坦克纵队停在路上，补给部队正在肃清道路。

乌克兰东部草原上的德军机枪阵地。

面对不断前进的红军，德军不得不后撤。一门 150 毫米重型榴弹炮正等待开拔令。

经过精心伪装的德国步兵。

身着白色伪装服的德军士兵，其衣袖上用于识别敌我的红色条纹清晰可辨。

德国空军给红军战线后方造成严重破坏。

德军战线后方空旷的草原（已被积雪覆盖）。

1943年2月,德军后撤。

1943年2月，德军部署在哈尔科夫西面的20毫米轻型高射炮。

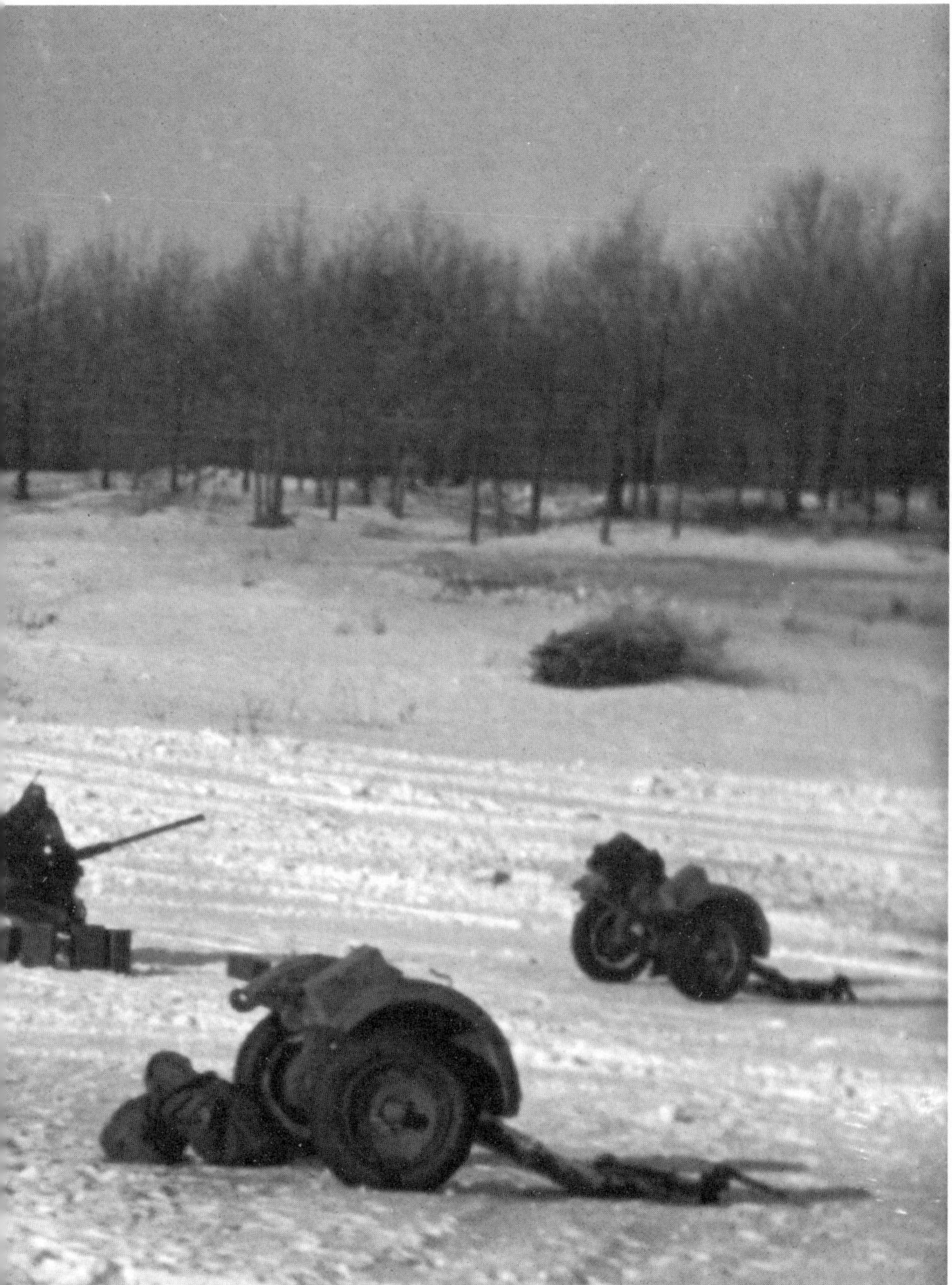

1943年3月，一辆损毁的T-34。坦克第3集团军在此期间损失惨重。

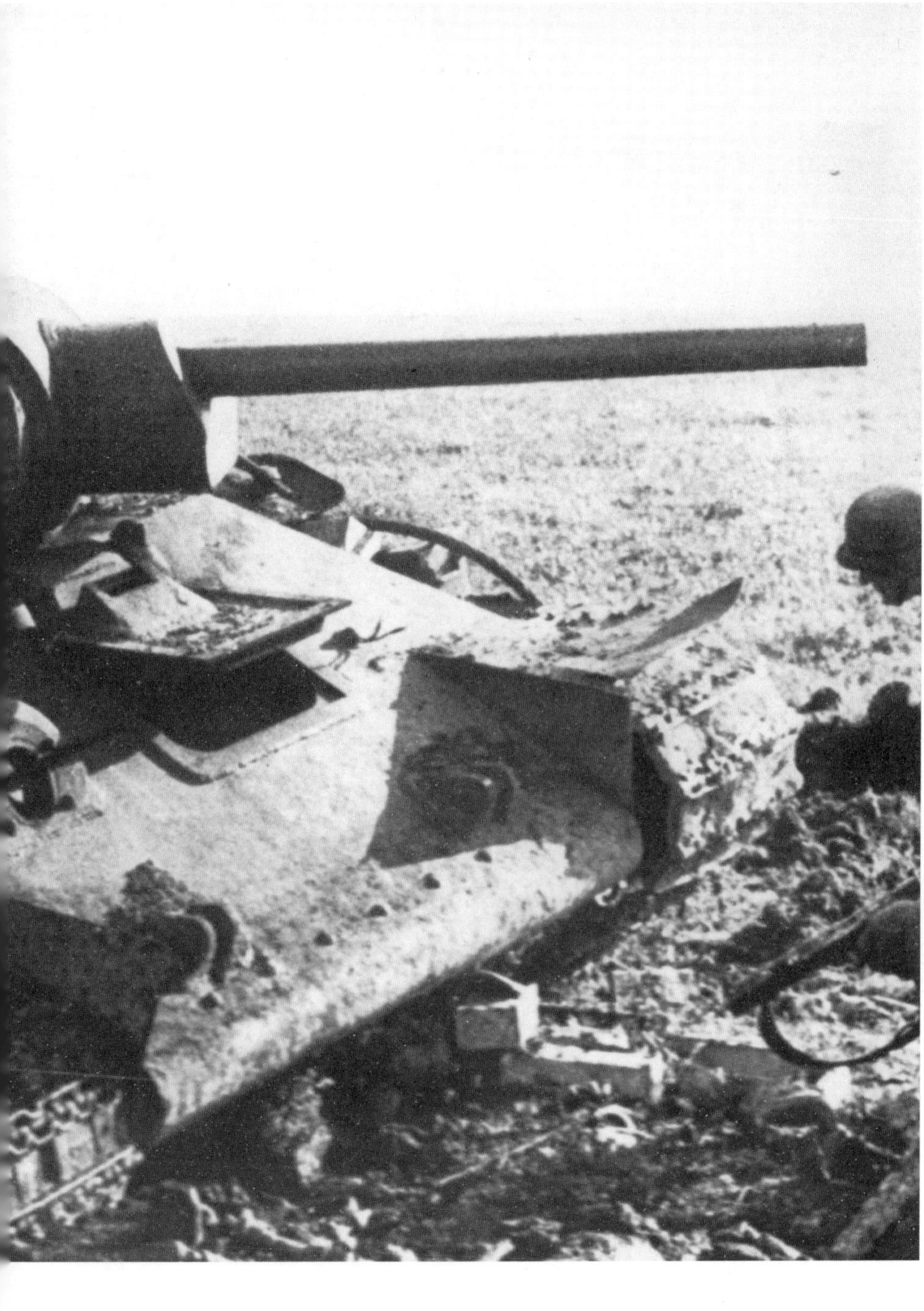

德军重型火炮：一门210毫米M18臼炮。

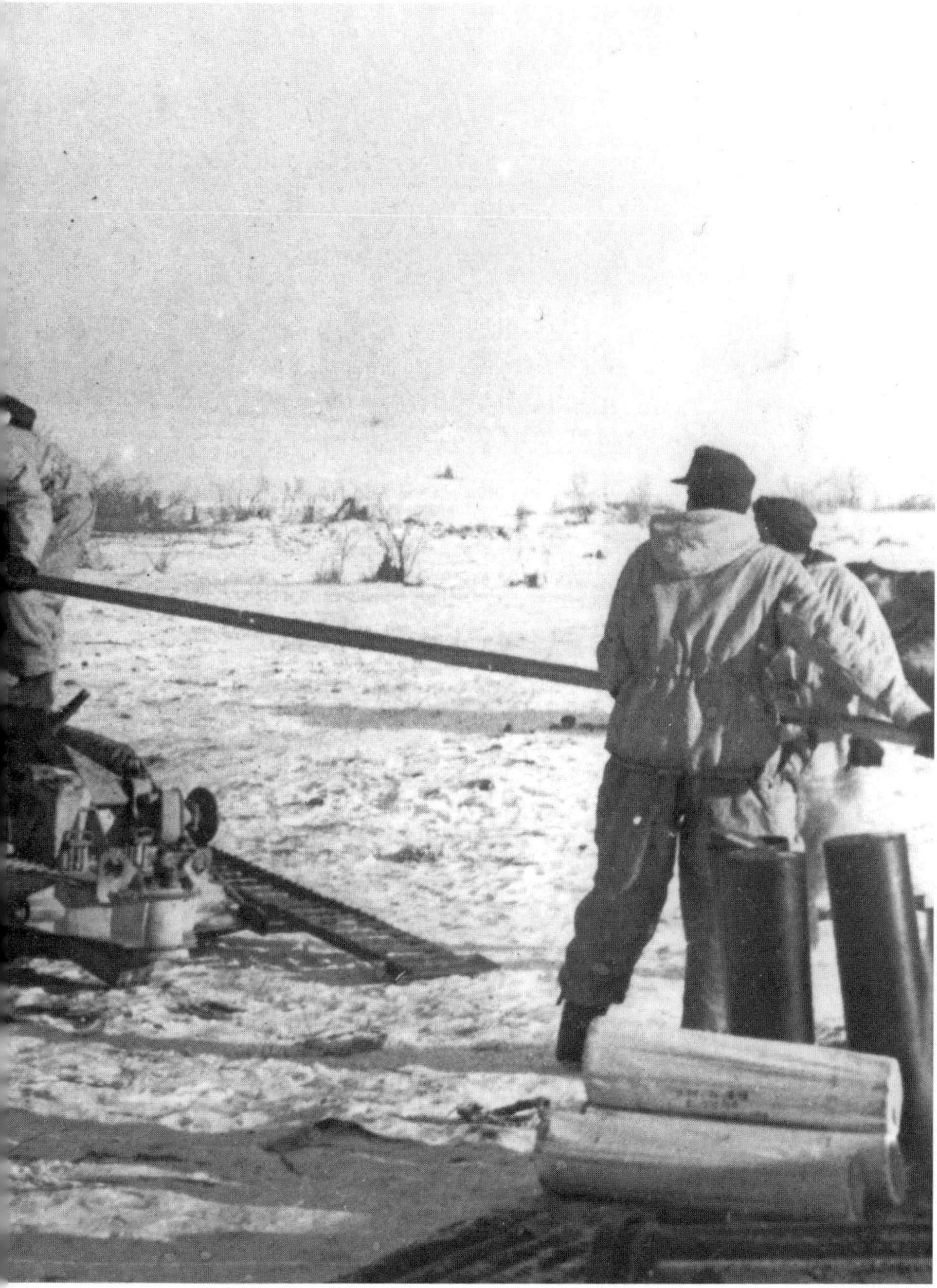

德军在后撤期间实施了焦土政策，不给苏联人留下任何可供御寒过夜的房屋。